U0583302

"十三五"国家重点图书出版规划项目

国家出版基金项目
NATIONAL PUBLICATION FOUNDATION

《中国经济地理》丛书

孙久文　总主编

青海经济地理

张海峰　李生梅　周　强　牛　月　等◎著

QINGHAI

经济管理出版社
ECONOMY & MANAGEMENT PUBLISHING HOUSE

图书在版编目（CIP）数据

青海经济地理/张海峰等著.—北京：经济管理出版社，2024.4
ISBN 978-7-5096-9685-9

Ⅰ.①青… Ⅱ.①张… Ⅲ.①区域经济地理—青海 Ⅳ.①F129.944

中国国家版本馆 CIP 数据核字（2024）第 090935 号

组稿编辑：申桂萍
责任编辑：谢　妙
责任印制：黄章平
责任校对：张晓燕

出版发行：经济管理出版社
　　　　　（北京市海淀区北蜂窝 8 号中雅大厦 A 座 11 层　100038）
网　　　址：www.E-mp.com.cn
电　　　话：（010）51915602
印　　　刷：北京晨旭印刷厂
经　　　销：新华书店
开　　　本：720mm×1000mm/16
印　　　张：21.25
字　　　数：414 千字
版　　　次：2025 年 4 月第 1 版　　2025 年 4 月第 1 次印刷
书　　　号：ISBN 978-7-5096-9685-9
定　　　价：98.00 元

·版权所有　翻印必究·
凡购本社图书，如有印装错误，由本社发行部负责调换。
联系地址：北京市海淀区北蜂窝 8 号中雅大厦 11 层
电话：（010）68022974　　邮编：100038

《中国经济地理》丛书

顾　　问：宁吉喆　刘　伟　胡兆量　胡序威　邬翊光　张敦富

专家委员会（学术委员会）

主　　任：孙久文
副 主 任：安虎森　张可云　李小建
秘 书 长：张满银
专家委员（按姓氏笔画排序）：

邓宏兵　付晓东　石培基　吴传清　吴殿廷　张　强　李国平
沈正平　陈建军　郑长德　金凤君　侯景新　赵作权　赵儒煜
郭爱君　高志刚　曾　刚　覃成林

编委会

总 主 编：孙久文
副总主编：安虎森　付晓东　张满银
编　　委（按姓氏笔画排序）：

文余源　邓宏兵　代合治　石培基　石敏俊　申桂萍　安树伟
朱志琳　吴传清　吴殿廷　吴相利　张　贵　张海峰　张　强
李　红　李二玲　李小建　李敏纳　杨　英　沈正平　陆根尧
陈　斐　孟广文　武友德　郑长德　周国华　金凤君　洪世键
胡安俊　赵春雨　赵儒煜　赵翠薇　高志刚　涂建军　贾善铭
曾　刚　覃成林　滕堂伟　薛东前

总　序

今天，我们正处在一个继往开来的伟大时代。受现代科技飞速发展的影响，人们的时空观念已经发生了巨大的变化：从深邃的远古到缥缈的未来，从极地的冰寒到赤道的骄阳，从地心游记到外太空探索，人类正疾步从必然王国向自由王国迈进。

世界在变，人类在变，但我们脚下的土地没有变，土地是留在心里不变的根。我们是这片土地的子孙，我们祖祖辈辈生活在这里。我们的国土有960万平方千米，有种类繁多的地貌类型，地上和地下蕴藏了丰富多样的自然资源，14亿中国人民有着五千年延绵不绝的文明历史，经过近40年的改革开放，中国经济实现了腾飞，中国社会发展日新月异。

在中国革命时期，毛泽东同志就明确指出："中国革命斗争的胜利，要靠中国同志了解中国情况。"又说："认清中国的国情，乃是认清一切革命问题的基本根据。"习近平总书记在给地理测绘队员的信中指出："测绘队员不畏困苦、不怕牺牲，用汗水乃至生命默默丈量着祖国的壮美山河，为祖国发展、人民幸福作出了突出贡献。"李克强同志更具体地提出："地理国情是重要的基本国情，要围绕服务国计民生，推出更好的地理信息产品和服务。"

我们认识中国基本国情，离不开认识中国的经济地理。中国经济地理的基本条件，为国家发展开辟了广阔的前景，是经济腾飞的本底要素。当前，中国经济地理大势的变化呈现出区别于以往的新特点：第一，中国东部地区面向太平洋和西部地区深入欧亚大陆内陆深处的陆海分布的自然地理空间格局，迎合东亚区域发展和国际产业大尺度空间转移的趋势，使我们面向沿海、融入国际的改革开放战略得以顺利实施。第二，我国各区域自然资源丰裕程度和区域经济发达程度的相向分布，使经济地理主要标识的区内同一性和区际差异性异常突出，为发挥区域优势、实施开发战略、促进协调发展奠定了客观基础。第三，以经济地理格局为依据调整生产力布局，以改革开放促进区域经济发展，以经济发达程度和市场发育程度为导向制定区域经济政策和区域规划，使区域经济发展战略上升为国家重大战略。

因此，中国经济地理在我国人民的生产和生活中具有坚实的存在感，日益发挥出重要的基石性作用。正因为这样，编撰一套真实反映当前中国经济地理现实情况的丛书，就比以往任何时候都更加迫切。

在西方，自亚历山大·洪堡和李特尔之后，编撰经济地理书籍的努力就一直没有停止过。在中国，《淮南子》可能是最早的经济地理书籍。近代以来，西方思潮激荡下的地理学，成为中国人"睁开眼睛看世界"所看到的最初的东西。然而对中国经济地理的研究却鲜有鸿篇巨制。中华人民共和国成立特别是改革开放之后，中国经济地理的书籍进入大爆发时期，各种力作如雨后春笋般涌现。1982年，在中国现代经济地理学的奠基人孙敬之教授和著名区域经济学家刘再兴教授的带领和推动下，全国经济地理研究会启动编撰《中国经济地理》丛书。然而，人事有代谢，往来成古今。自两位教授谢世之后，编撰工作也就停了下来。

《中国经济地理》丛书再次启动编撰工作是在2013年。全国经济地理研究会经过常务理事会的讨论，决定成立《中国经济地理》丛书编委会，重新开始编撰新时期的《中国经济地理》丛书。在全体同仁的努力和经济管理出版社的大力协助下，一套全新的《中国经济地理》丛书计划在2018年全部完成。

《中国经济地理》丛书是一套大型系列丛书。该丛书共计40册：概论1册，思想史1册，"四大板块"共4册，34个省（自治区、直辖市）及特别行政区共34册。我们编撰这套丛书的目的，是为读者全面呈现中国分省份的经济地理和产业布局的状况。当前，伴随着人口、资源、环境的一系列重大问题，中国经济发展形势复杂而严峻。资源开发问题、国土整治问题、城镇化问题、产业转移问题等，无一不是与中国经济地理密切相连的；京津冀协同发展、长江经济带战略和"一带一路"倡议，都是以中国经济地理为基础依据而展开的。我们相信，《中国经济地理》丛书可以为一般读者了解中国各地区的情况提供手札，为从事经济工作和规划工作的读者提供参考资料。

我们深感丛书的编撰困难巨大，任重道远。正如宋朝张载所言，"为往圣继绝学，为万世开太平"，我想这代表了全体编撰者的心声。

我们组织编撰这套丛书，提出一句口号：让读者认识中国，了解中国，从中国经济地理开始。

让我们共同努力奋斗。

孙久文

全国经济地理研究会会长

中国人民大学教授

2016 年 12 月 1 日于北京

目　录

第一章　资源环境基础

第一节　区位条件

一、地理区位

青海省位于青藏高原东北部，我国西北部内陆腹地，处于黄土高原与青藏高原的交接地带，是内流区与外流区、季风区与非季风区交汇地带，也是农耕文明和游牧文明的交融地带。东部和北部与甘肃省为邻，东南部毗连四川省，西北部同新疆维吾尔自治区接壤，西南部与西藏自治区相连，成为我国东部地区通往西藏、新疆、甘肃北部的重要通道，地理位置十分重要。因境内有我国最大的内陆咸水湖——青海湖而得名，简称"青"。

青海省地理范围介于东经 89°35′~103°04′，北纬 31°9′~39°19′，东西长约1200 千米，南北宽 800 余千米，面积 72.23 万平方千米，约占全国总面积的7.5%，仅次于新疆、西藏、内蒙古 3 个自治区，居全国第 4 位。青海省境内山脉高耸，地形多样，河流纵横，湖泊棋布。全省地势总体呈西高东低、南北高中部低的态势。巍巍昆仑山横贯中部，唐古拉山峙立于南部，祁连山矗立于北部，茫茫草原起伏绵延，柴达木盆地浩瀚无垠。青海东部河湟谷地、祁连山地、柴达木盆地和青南高原构成青海省四大主要地形区域。

截至 2019 年末，青海省辖西宁、海东 2 个地级市，海西、海南、海北、黄南、果洛、玉树 6 个自治州，共 8 个地级行政区划单位；下设 7 个市辖区、4 个县级市、26 个县、7 个自治县，共 44 个县级行政区划单位；设有 37 个街道、144 个镇、194 个乡、28 个民族乡，共 403 个乡级行政区划单位；478 个居民委员会、4144 个村（牧）民委员会。

青海省地广人稀，人口分布极不平衡。2019 年末，全省常住人口 607.82 万人，人口密度为 8.47 人/平方千米；男性人口 311.81 万人，女性人口 296.01 万

青海经济地理

人。全省城镇常住人口 337.48 万人，城镇化率为 55.52%；少数民族人口 285.49 万人，占全省总人口的 47.71%，省内主要少数民族有藏族、回族、土族、撒拉族和蒙古族。全省人口集中分布在东部地区，该区面积占全省的 4.8%，人口占全省的 70% 左右，人口密度 122 人/平方千米；西部地区面积占全省的 95.2%，人口占全省的 30% 左右，人口密度 2.7 人/平方千米。

二、经济区位

自古以来，青海地理位置特殊，具有非常重要的战略地位，是经济、政治、文化沟通的桥梁。因此，不论是在古丝绸之路还是在当今的"一带一路"中，青海都是不可忽略的必经通道。作为古丝绸之路南线重要节点，青海是我国西部五省的中心，向西连接新疆直至中亚、西亚，向南通过西藏、云南连接印度，向东连接我国内陆中东部地区，向北通过蒙古国进入俄罗斯。青海曾在丝绸之路的发展史上闪耀绚丽的光芒，为传播中华文明，促进古代东西方政治、经济、文化交流作出了积极贡献。

青海矿产资源、能源丰富，是我国实现资源战略转移和战略储备的重要支撑平台。同时，青海地处国内资源丰富地区和主要消费市场的中间地带，具有较好的区位优势，是承接中东部产业转移的理想基地，也是国家重要的新能源新材料基地。柴达木循环经济试验区的快速发展将进一步扩大其在能源领域的发展，增强中国与中亚国家之间的合作和沟通，实现战略性新兴产业和循环经济的共赢发展。因此，青海省可以依托自身的资源优势以及地处连接中巴经济走廊和丝绸之路经济带的十字要冲的地缘优势，扩大和加强与中亚、南亚乃至欧洲的对外开放和合作交流。

第二节　自然资源

青海省面积辽阔、资源富集，是我国重要的战略资源接续地，是我国可再生能源的"富矿区"，是我国五大牧区之一，也是我国矿产资源富集区，矿产资源品位高、类型全，分布集中、开采条件优越，在探明储量的多种矿产资源中，有 60 种居全国前 10 位、20 多种居全国前 3 位、11 种居全国首位，特别是盐湖资源，占全国已探明储量的 90% 以上。青海是我国清洁能源富集区，境内黄河流域是我国水电资源的富矿区，蕴藏量达 2166 万千瓦，居西北之首，得天独厚的高原气候，提供了丰富的太阳能资源，已成为全国最大的光伏发电基地。同时，风能、可燃冰、页岩气储量可观，发展清洁能源前景广阔。青海天然草原辽阔，是我国五大牧区之一，发展畜牧业物质基础雄厚，可利用草场面积 4.7 亿亩，被誉为"世界四大无公害超净区之一"，为发展特色农牧业提供了较好的条件，同时具备发展高寒草地畜牧业得天独厚的优势，牦牛存栏量占世界的 1/3，藏羊存栏量居世界之首。动植物资源种类丰富，高原特有珍稀物种分布集中，经济价值高，发展高原特色生物产业前景广阔。全省经济动物及野生植物，具有贮藏量大、种类多、用途广、高原特色显著的特点，大部分可开发利用，药用价值极高。

青海各地降水量差异显著，久治、班玛等地降水量较多，柴达木盆地降水量最少。年均降水量 16.7~776.1 毫米。冰川是该省重要的水源，主要分布在西部和北部。水能资源是青海能源的最大优势，蕴藏量达 2300 万千瓦。

青海省土地资源丰富，盐湖、石油天然气、有色金属、非金属等矿产资源储量丰富，水能、太阳能、风能等可再生资源优势突出，农牧业资源独具特色。

一、土地资源

（一）土地类型与土地利用

青海省地形复杂，山地多且高差大，土地类型垂直分布明显。20 世纪 80 年代青海土地科学考察队通过对全省土地资源的实地考察，将全省土地类型划分为 13 个一级土地类和 75 个二级土地型（见表 1-1）。

表 1-1　青海省土地类型划分

一级类	分布区域	二级型
河湖滩地及湿地	柴达木盆地、茶卡盆地、青海湖盆地、共和盆地和海晏盆地的湖滩周围和河滨低地	盐湖滩地、沼泽盐土湿地、草甸沼泽盐土湿地、草甸盐土湿地、盐化沼泽草甸湿地、盐化草甸湿地、湖滨草甸沼泽湿地、杂类草草甸湿地 8 个土地型
平地	柴达木盆地、青海湖盆地、共和盆地、门源盆地和东部的山间盆地	盐化草甸平地、荒漠草原棕钙土平地、干草原栗钙土平地、草甸草原黑钙土平地、龟裂土平地、盐漠地、雅丹及风蚀劣地 7 个土地型
绿洲地	柴达木盆地，共和盆地有少量分布	灌耕绿洲地 1 个土地型
平缓地	湟水、黄河流域，青海湖盆地、共和盆地	荒漠草原灰钙土平缓地、荒漠草原棕钙土平缓地、干草原栗钙土平缓地、草甸草原黑钙土平缓地 4 个土地型
台地	山前由河流下切形成平台地，表面较平坦，河流一面有陡坎，相对高度一般不超过 50 米，完全不受地下水影响	荒漠草原灰钙土台地、干草原栗钙土台地、草甸草原黑钙土台地、荒漠草原棕钙土台地、荒漠灰棕漠土台地、高寒草甸台地、高寒草原台地、高寒荒漠草原台地、高寒荒漠台地 9 个土地型

一级类	分布区域	二级型
河谷沟谷地	地表汇水泄流的通道。多数阶地土层较厚，水分和土壤条件良好，在热量条件较好地区可发展种植业或半农半牧	杂类草草甸河谷、荒漠草原灰钙土河谷、干草原栗钙土河谷、草甸草原黑钙土河谷、荒漠草原棕钙土河谷、干旱荒漠河谷、高寒草原河谷、高寒草甸河谷、高寒荒漠草原河谷沟谷地9个土地型
沙漠	干旱和半干旱柴达木盆地、共和盆地和青海湖盆地、青南高原西部和祁连山地西部局部地区	固定沙地、半固定沙地、流动沙地3个土地型
戈壁	柴达木盆地前山倾斜平原	洪积冲积砂砾质戈壁、冲积洪积砾质戈壁、剥蚀石质戈壁3个土地型
低山丘陵地	全省除青南高原、祁连山地高寒高山地外，其他地区均有分布	荒漠草原灰钙土低山、灰钙土梁峁地、小灌木草原栗钙土低山、干草原栗钙土低山、荒漠草原棕钙土低山、荒漠灰棕漠土低山丘陵地6个土地型
中山地	分布于山体中部，3900~4300米，北部上限下降3300米	落叶阔叶林灰褐土土地、针阔叶混交林灰褐土土地、针叶林（圆柏林）碳酸盐灰褐土中山地、针叶林（云、冷杉林）淋溶灰褐土中山地、草甸草原黑钙土中山地、中生杂类草（淋溶）黑钙土中山地、中生灌丛杂类草淋溶黑钙土中山地、干草原栗钙土中山地、荒漠草原棕钙土中山地、荒漠灰棕荒漠土中山地10个土地型
山原	青南高原和祁连山地的高原面上	高寒草甸山原、高寒草甸草原山原、高寒草原山原、高寒荒漠草原山原、高寒沼泽山原、高寒草甸山原平缓地、高寒草原山原平缓地、高寒荒漠草原山原平缓地8个土地型
高山地	青南高原和祁连山地山体上部。祁连山地海拔3300米以上，青南高原4000米以上	高寒草甸高山地、高寒落叶阔叶灌丛高山地、高寒草甸草原高山地、高寒草原高山地、高寒荒漠草原高山地、高寒沼泽高山地6个土地型
极高山地	高大山体的顶部，雪线为其分布的下限	垫状植被寒漠土极高山地、冰川永久积雪极高山地2个土地型

资料来源：青海土地科学考察队．青海土地资源及其利用［M］．西宁：青海人民出版社，1989．

　　青海省地域范围广，地形起伏大，气候差异显著，形成整体上以草地和未利用地为主，局部河谷地带地类复杂多样的土地利用结构。根据《青海省第三次全国国土调查主要数据公报》，全省面积一半以上为草地，广泛分布于全省范围内；以冰川、戈壁、裸地、水域、沙地和盐碱地等为主的未利用地次之，主要分布于青海的西北部和青南高原北部地区；其他地类总和不足50%，其中林地面积相对较多，集中分布于果洛州、玉树州和海西州，而耕地面积较小，主要分布于河湟谷地，并且随海拔升高，呈现出农牧过渡特征，由种植冬小麦、蔬菜和瓜果向喜凉作物青稞、油菜以及牧业转变；居民地及建设用地最小（见图1-1）。

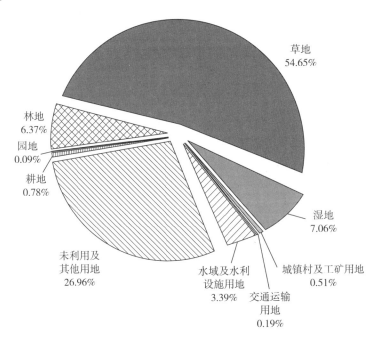

图1-1 青海省土地利用结构

资料来源：《青海省第三次全国国土调查主要数据公报》。

（二）青海土地资源的特点

1. 土地面积广，地形起伏大，类型复杂多样

青海土地面积辽阔，东西经差近4°，南北纬差8°，气候、土壤和植被等类型多样，构成了丰富的土地类型和土地利用方式。既有适宜粮食作物和经济作物生长的耕地，又有适宜林业生产的宜林土地，更有适宜发展牧业的广大草原，还有较大面积的水域，它们为农林牧渔业的全面发展奠定了基础。

2. 土地质量差，利用效率低

青海省地处青藏高原，海拔高，气温低，降水少，土壤发育程度低，造成青海土地总体质量差。目前，近30%的土地为未利用地，省内分布着较多沙漠、戈壁、中高山地和河湖滩地等，给开发利用带来了极大困难。

3. 草原面积广，宜农、宜林土地少

青海地势高亢，气候高寒，适合草地生长。全省草地面积占全省土地总面积的一半以上，耕地面积占全省总面积的比例不足1%，垦殖率还不到全国平均

水平的 1/10。林业用地也低于全国平均水平。宜农和宜林土地很少。

省内草地、宜林地、宜农地分布相对集中。草地集中在青南高原、祁连山地和柴达木盆地东南部边缘山地，还有一部分分布在共和盆地、青海湖盆地；宜林地分布在东部和东南部地区，乔木林地几乎分布在东经 95°以东地区；宜农地集中于东部河湟流域、柴达木盆地东部和共和盆地内。

4. 生态环境脆弱，开发治理难度大

由于全省自然条件差，因此大部分土地生态环境脆弱。加上人们在生产活动过程中环境意识薄弱，导致东部黄土分布区水土流失严重，西部和南部地区沙漠化、盐渍化及草原退化日趋加剧，因此恢复治理被破坏的土地难度大，开发未利用的土地难度也较大。

二、水资源及其特征

（一）青海省水资源总量

据《2020 年青海省水资源公报》可知，2020 年全省地表水资源量 989.52 亿立方米，地下水资源量 437.28 亿立方米，地下水与地表水非重复计算量 22.39 亿立方米。全省水资源总量 1011.91 亿立方米，比上年偏多 10.1%，比多年平均偏多 60.8%。2020 年，年径流深 138.5 毫米，比上年偏多 10.2%，比多年平均偏多 61.9%。与多年平均相比，2020 年青海省黄河、长江、西南及西北诸河地表水资源量分别偏多 57.4%、73.9%、48.4%及 64.1%；在水资源二级区中，西北诸河青海湖水系偏多幅度最大为 103.0%，河西内陆河偏多幅度最小为 35.5%。2020 年，全省地表水出境水量 954.98 亿立方米，其中，黄河流域 422.65 亿立方米，长江流域 316.34 亿立方米，西南诸河 180.44 亿立方米，西北诸河 35.55 亿立方米。

（二）青海省水资源特征

1. 水资源相对贫乏，但开发潜力较大

2020 年全省水资源总量 1011.91 亿立方米，总量占全国水资源总量的 3.2%，居全国中等水平。按单位土地面积产水量计算，青海省每平方千米的水资源量是全国平均水平的 43%，是一个水资源相对贫乏的省份。但青海地广人稀，人均占有水资源量为 17081.49 立方米。目前全省水资源利用率只有 2.4%，仅为全国平均水资源利用率的 1/7。由此可见，青海水资源开发利用潜力很大。

2. 水资源地域分布极不平衡

全省水资源呈现从东南部向西北部递减的分布特征，即东南多、西北少，外流区多，内陆区少。省内人口集中、经济发展水平高的东部地区和柴达木盆地区，水资源严重短缺，如湟水流域，水资源量仅占全省水资源总量的 2.90%，

却集中了全省60%以上的人口、约50%的耕地，人均占有水资源量是全省平均水平的5.4%、全国平均水平的1/3，耕地亩均占有水资源是全省平均水平的6.9%、全国平均水平的1/4。然而，青南高原和祁连山地区水资源丰富，但这里自然条件差，人口稀少，有些地方还是无人居住区，水资源不能得到有效开发利用。

3. 水资源年际和年内变化较大，易造成水旱灾害

全省水资源年际和年内变化较大，因而水旱灾害频繁，往往无雨是旱灾，小雨有小灾，大雨成大灾。据历史资料统计分析，平均2~3年一小灾，10~15年一大灾。山区河流流程短、落差大，加上植被差，汛期多伴有泥石流、滑坡等自然灾害。干旱和水灾经常发生，一般来说，干旱比水灾威胁更大。

4. 天然水质良好，局部地区水污染严重

省内大部分地区水资源状况基本保持天然状态，污染极少、水质良好，能满足工农业生产和人民生活用水的需求。但在局部地区，如沿湟水的湟水谷地，城镇分布多、人口密集、工业集中，大量工业和生活污水排入湟水，使河水污染日趋严重；又如柴达木盆地工矿业集中分布的格尔木、德令哈、花土沟、茫崖和锡铁山等地，由于盐化工、石油化工、采矿、建材工业的发展，大量排放的废水到处漫流，有的流入河道、湖泊，有的不断渗入地下，使这些地区的水资源不断趋于恶化。

5. 水资源环境差

水是自然地理环境的重要因素之一，是整个生态系统中最为积极、活跃，影响最为广泛的因素，对某一地域自然环境的形成、发展与演化有着特殊的作用。青海自然环境差，生态环境脆弱，加上人们环境保护意识不足，不合理地开发利用水、土和生物资源，造成大面积的水土流失，土地荒漠化进一步扩大，草原退化加剧，从而使水资源的生存环境日趋恶化。

6. 水资源开发利用难度大

全省自然条件差，长期以来社会经济基础薄弱，使有限的水资源很难发挥作用。省内东部、柴达木盆地等地虽然光热条件较好、资源丰富，但水资源短缺一直是制约这些地区开发的关键性因素。纵使斥巨资大兴水利工程，也往往综合效益差，直接影响了投资者的积极性。青南高原水资源虽然丰富，但高寒低温，生境非常严酷，加上交通不便、经济发展滞后等原因，目前开发难度大，导致水资源的优势得不到有效发挥。

7. 湖泊、冰川资源丰富，地下水资源赋存条件好

全省湖泊和冰川淡水储量合计达3875亿立方米，为全省水资源总量的5倍，对全省水资源的形成、运移、水量平衡以及对部分地区气候的调节均产生巨大

作用，具有"天然水库""高山固体水库"的特殊功能，对干旱和半干旱的广大地区显得尤为珍贵。广大内陆盆地和河谷平原地区，分布有深厚的冲积洪积层，为天然地下水资源的赋存提供了良好条件，具有地下水库的功能，起到了有效保护水资源的作用。

三、矿产资源

（一）青海矿产资源特征

青海省矿产资源总量丰富，种类齐全，潜在价值巨大。截至 2007 年底，省内共发现各类矿产 132 种，其中探明有资源储量的矿产为 107 种，编入《青海省矿产资源储量简表》的矿产共有 83 种。其中能源矿产 4 种、金属矿产 36 种、非金属矿产 48 种、水气矿产 3 种。全省有 60 种矿产的保有资源储量居全国前 10 位，其中钾盐、镁盐（有 $MgSO_4$、$MgCl_2$ 两种）、锂矿、锶矿、芒硝、石棉、冶金用石英岩、玻璃用石英岩、电石用灰岩和化肥用蛇纹岩等 11 种矿产的保有资源储量居全国第 1 位；天然气、铬、镍、钴、锡、铅、铌、钽等矿产的保有资源储量列全国前 10 位；石油、油页岩、铜、锌、钨、钼、锑、银、炼焦用煤等矿产的保有资源储量列全国前 20 位；石油、天然气、铅、锌、钾盐、石棉的开发已形成一定规模，成为中国重要的矿产资源供应基地。

（二）青海矿产资源特征

1. 矿种多、储量大、质优、潜在价值高

青海省成矿地质条件优越，矿产资源丰富，分布有祁连山、柴北缘、东昆仑和西南三江北段等重要成矿带，是中国有色金属、贵金属、盐类与能源等矿产的主要蕴藏地之一。

根据《2020 年全国矿产资源储量统计表》，青海省独有储量在全国名列前 10 位的有 41 种（见表 1-2）。

表 1-2　青海省优势矿产资源

位次	矿种名称	矿种数
第 1 位	钾盐[*]、锂矿、锶矿、冶金用石英岩[*]、石棉[*]、盐矿[*]	6
第 2 位	镁盐、电石用灰岩、芒硝[*]、硼矿[*]、镍矿、水泥配料用板岩、碎云母、建筑用砂、砖瓦用粘土、水泥配料用板岩、制碱用灰岩	11
第 3 位	电石用灰岩、铸石用玄武岩、岩棉用玄武岩、铸石用玄武岩、硅灰石	5
第 4 位	玻璃用石英岩、镁矿、铂族金属[*]	3
第 5 位	玻璃用石英岩	1
第 6 位	化肥用蛇纹岩、菱镁矿、伴生硫	3
第 7 位	锡矿[*]、水泥用大理岩、水泥配料用黄土、磷矿[*]、铅矿[*]	5

续表

位次	矿种名称	矿种数
第8位	天然气*、滑石*、锌矿	3
第9位	石油、石膏、	2
第10位	银矿、水泥配料用泥岩	2
	合计	41

注：*为国民经济中占主要地位的45种矿产之一。

资料来源：《2020年全国矿产资源储量统计表》。

从表1-2中可以看出，青海省盐湖资源得天独厚，如钾盐占全国总量的94%，锶矿占全国总量的94%，锂矿占全国总量的65%，石棉储量占全国总量的56%，冶金用石英岩占全国总量的48%。

2. 多组分综合矿产多

金属类矿产矿区中，除少数探明为单一矿种储量外，约有58%的矿床是由一两种主矿和共生或伴生多种有益组分组成的综合性矿床；赛什塘、铜峪沟等中、大型铜矿，共生或伴生铅、锌、锡、金、银、硫铁矿及稀散元素矿产达10余种，且多达中型矿床规模；锡铁山大型铅锌矿床共生或伴生金、银和一些稀散元素、硫铁矿等8种矿产，且多中型以上矿床规模；元石山大型锡矿共生中型钴矿和小型铁矿。其他一些如存在钼、钨、锡、汞和岩金的矿床区，也都不同程度地与有关矿种共生或伴生组成综合矿床。

非金属矿区中，有两种以上矿床形成综合矿床区的占一半，尤其是盐湖矿床区，如察尔汗钾镁盐矿床，既有大型钾盐矿，又有特大型的镁盐矿、盐矿、锂矿、铷矿及硼矿，还有大型溴矿和碘矿。

3. 多数矿床开发利用条件较好

矿床规模较大，分布稳定，绝大多数盐类及非金属矿埋藏浅，便于开采。矿产分布较同类矿产有集中的特点。例如，煤主要分布在祁连山地和柴达木盆地北缘的沉降带；石油和天然气集中分布在柴达木盆地西部凹陷带；盐湖资源分布在柴达木盆地中部偏南第四纪沉降带；有色金属矿主要分布在祁连山、柴达木盆地北缘、鄂拉山、积石山等。

矿产潜在价值98%以上的矿床集中分布在柴达木盆地、青海东部和海北。这里交通条件较便利，又靠近省内主要城镇，自然条件相对良好，人口较稠密，经济较发达，具有良好的开发条件。

4. 部分重要矿产短缺，贫矿较多

青海矿产资源以盐矿为主，盐类和部分非金属矿产在全国储量虽高，但需求量不大，除钾、石棉矿外，多数优势矿产资源难以充分利用。在国民经济建设中有重要意义的黑色金属矿产和部分有色金属矿产探明储量不足，如铝、锰、钒、钛及金刚石等资源严重短缺，磷、汞矿品位低，铁矿以贫矿为主，镍、钴等矿产选冶难度较大。

（三）主要矿产资源概况

1. 化工原料非金属矿

截至 2016 年底，青海省化工原料非金属矿产已探明种类主要有自然硫、硫铁矿、芒硝、重晶石、天然碱、电石用灰岩、制碱用灰岩、化肥用蛇纹岩、泥炭、盐矿、镁盐、钾盐、碘矿、溴矿、砷矿、硼矿及磷矿。这些矿产资源集中分布在柴达木盆地，如累计探明固体盐矿总量矿区 57 处，累计查明固体盐矿储量为 442749673 千吨，液体盐矿储量为 48993630 千吨，矿层分布稳定、厚度大、埋藏浅、易开采，氯化钠品位一般超过 70%；累计探明固体钾盐储量 16195950 千吨，液体钾盐 61529889 千吨；累计固体镁盐探明储量 107241 千吨，液体镁盐储量 31785748 千吨，约占全国探明储量的 99% 以上；芒硝集中分布在柴达木盆地和西宁盆地，探明硫酸钠储量 25173047 千吨。①

2. 固体燃料矿产

截至 2016 年底，全省煤炭总量矿区 118 处，累计查明资源储量 7829249 千吨，资源储量保有量为 7524242 千吨。全省煤矿具有多时代、成煤环境和型相复杂、煤种较齐全、分布不均衡等特点。青海煤具有高热值、低硫、低灰分特点，分布为南少北多，大都处于高海拔地带，开发条件差。另外，在青海境内发现了油页岩矿区，累计查明资源储量 16572 千吨。

3. 金属矿产

（1）有色金属矿。全省有色金属矿有铜、铅、锌、铝、镁、镍、钴、钨、锡、钼、铷、汞、锑等 10 多种，矿种比较齐全，其中有一定规模并具开采价值的是铜、铅、锌、钴等。

全省探明非伴生矿铜矿矿区 85 处，伴生铜矿矿区 27 处，主要分布在果洛藏族自治州玛沁德尔尼、海南藏族自治州兴海县铜峪沟、赛什塘、门源县红沟、祁连县郭密寺等地区。全省累计探明铅锌量达 300 万吨，集中分布在锡铁山的铅锌矿，是国内大型铅锌矿之一，兴海什多龙、祁连郭密寺、同仁夏布楞、玉树赵卡隆、果洛德尔尼等地也均有分布。镍、钴、汞矿也有一定数量的分布，德尔尼铜矿共生大型钴矿，探明储量占全省钴矿总储量的 83%。

（2）贵金属矿。贵金属铂族、金、银等均有分布。铂族金属矿的分布与超基性岩有关的铬、镍、砂金矿区共生、伴生，产地有共和县裕龙沟和化隆县拉

---

① 资料来源：青海省矿产资源储量简表（2016 年），青海省国土资源厅。

水峡镍矿、祁连玉石沟铬铁矿、黑河流域砂金矿区，但大都探明储量不大，均为小型矿床。

金矿有砂金、岩金两大类。砂金资源遍布全省各水系流域。岩金以伴生金属矿居多，如铜、铅、锌或多金属矿区及部分铁矿区均有金伴生，主岩金矿。

银矿伴生赋存于铜、铅、锌或多金属等硫化矿床中。

（3）稀有、稀土金属和稀散元素矿产。省内已知稀有金属矿产有铌、钽、锂、锶、铷、轻稀土、锗、镓、铟、镉、硒11种，主要分布在柴达木盆地。探明氯化锂储量18587535吨；锶矿（天青石）初步勘查控制储量千万吨以上，成为柴达木盆地新探明的又一优势矿产。稀土金属矿产有镧、铈、钕、钐、镱、钇等。稀散元素矿产有锗、镓、铟、镉、硒、锑等，均呈伴生元素赋存于硫化金属矿床中。

（4）黑色金属矿产。黑色金属矿产有铬矿、铁矿、锰矿和钛矿。经初步勘探，大柴旦绿梁山、祁连县百经寺、三岔矿区和玉石沟有一定铬矿储量。累计查明铁矿资源储量647372千吨，主要分布在柴达木盆地。

（5）冶金辅助原料矿产。截至2016年底，探明冶金辅助原料矿产5种，产地百余处。主要的冶金辅助原料矿产有菱镁矿，累计探明资源储量1869千吨；普通萤石，累计探明资源储量4573千吨；溶剂用灰岩，累计探明资源储量67878千吨；冶金用白云岩，累计探明资源储量43467千吨；冶金用石英岩，累计探明资源储量624058千吨。

（6）建筑材料及其他金属矿产。建筑材料及其他非金属矿产，现省内已发现30余种，分布广泛。重要的有水晶、硅灰石、长石、石棉、滑石、云母、石膏、玄武岩、建筑用砂、大理岩等。石棉是青海省优质矿产之一，茫崖、祁连石的棉矿以含棉率高且质优而享誉海内外。青海省现有石膏矿区7处，累计探明资源储量3058106千吨，主要分布在西宁市、海东市、民和县和互助县。

四、水能资源

青海省水量充沛，水流落差大，水能资源丰富，主要分布在黄河、长江、澜沧江及一些内陆河流。可开发的水电资源装机容量为2383.95万千瓦，年发电量近2000亿千瓦时。据勘测，可装机500千瓦以上水电站超170处。其中装机25万千瓦及以上的大型电站17座，总装机1661.8万千瓦；2.5万~25万千瓦的中型电站51座，总装机437.4万千瓦。黄河上游水流湍急、峡深谷峻，被誉为水能资源的"富矿带"，梯级电站密集、交通方便、淹没损失小、移民极少、开发条件良好，是发展水电的良好地段，在省境内的黄河干流上设计了27座大中型电站，总装机1968.34万千瓦，龙羊峡、李家峡、公伯峡、尼那、直岗拉卡、苏只、康杨、拉西瓦、积石峡、黄丰等电站已经建成，大河家、班多、羊曲、玛尔挡、石头峡等电站正在建设之中，其余电站正在进行勘察设计，也将在近年内开工建设。长江在青海境内亦有丰富的水能资源，初步勘察可开发的水电站站址有 37 处，其中干流有 10 处，装机容量 188.62 万千瓦；澜沧江可开发的水电站站址有 20 处，装机容量 113.74 万千瓦；内陆河可开发的水电站站址有 49 处，装机容量 49.87 万千瓦。这些水电站均正在积极设计中。2020 年，全省累计发电量 948.44 亿千瓦时，其中水电 599.0 亿千瓦时，占全部发电量的 63%。

五、气候资源

青海省属典型高原大陆性气候，日照时间长、昼夜温差大。全省年平均气温在 -5.6℃ ~ 8.6℃，昼夜温差在 15℃ 左右。年日照时数 2314 ~ 3550 小时，日照率为 52% ~ 82%；年太阳总辐射量 585 ~ 752 千焦/平方厘米，仅次于西藏自治区。常见的气象灾害有干旱、霜冻、冰雹、大风、雪灾。

六、新能源资源

（一）风能资源的开发与利用

1. 风能资源概况

青海是我国风能资源丰富省份之一。目前国内采用 3 ~ 20 米/秒风速所产生的风能为可用风能，把 3 ~ 20 米/秒风速出现的累积时间称为风能的可用时间。一年中 3 ~ 20 米/秒的风速大于 3000 小时就有开发利用价值，省内具备这种风能条件的地区面积占全省总面积的 90%；风的能流密度 150 瓦/平方米以上，风速 3.4 ~ 4.0 米/秒以上，全年可利用风能时间 4000 小时以上的地区，占全省面积的 70% 以上，风能资源理论值相当于折合 7854 万吨标准煤。

青海省各地风速差异大，全省主要风能区大多位于青南高原、柴达木盆地和环青海湖地区。各地风速分别为柴达木盆地和唐古拉山 4.0 米/秒以上，茫崖 5.1 米/秒，五道梁 4.5 米/秒，祁连山区到青海湖之间风速一般在 3 ~ 4 米/秒；青海东南部一般在 1 ~ 3 米/秒。年均大风日数唐古拉山 120 天以上，五道梁 136.3 天，沱沱河 168.2 天，茫崖 124.6 天，冷湖、祁连山区至青海湖在 50 天以上，大武至达日间在 75 天以上，海北东部、海东、黄南州泽库以北、海南州的贵德与贵南等地在 30 天以内，尖扎、民和在 4~5 天。

2. 风能资源特征

（1）风能可用时间空间分布差异大，分布为东少西多。青南高原中西部、柴达木盆地以及环湖地区，风能可用时间频率都在 50% 以上，全年时数超过 4000 小时。如茫崖、五道梁和察尔汗风能可用时间频率在 60% 以上，时数分别达4820小时、5213小时和5380小时。海东市、玉树和果洛两州南部少数谷地，风能可利用时间频率小于30%，全年时数小于2500小时，但这类地区面积很小，不足全省面积的10%。

（2）风能资源储量潜力大。青海省境内风能总储量约4.02亿千瓦。年平均风功率密度小于50瓦/平方米的区域面积占全省总面积的53%，主要分布在青海省唐古拉山以东大部分地区，风能储量为1.16亿千瓦。年平均风功率密度在50～100瓦/平方米的区域面积占全省总面积的33%，包括海东的循化，青海湖西北部的江西沟、茶卡，柴达木盆地的察尔汗、诺木洪，以及唐古拉山以西除沱沱河以外的地区，风能储量为1.73亿千瓦。年平均风功率密度在100～150瓦/平方米的区域面积占全省总面积的14%，位于以沱沱河为代表的唐古拉山南部地区，风能储量为1.13亿千瓦。

（二）地热能资源

1. 地热能资源特征

地热是一种清洁、价廉、稳定、可靠的新型能源，在发电、供暖、烘干、制冷等方面具有广泛的利用前景。青海位于青藏高原东北部，是印度板块与欧亚板块碰撞作用在北部地区的响应区。区域大地构造位置属祁吕贺兰山字型构造的前弧西翼褶皱带，区内褶皱、断裂发育，呈棋盘状格局，控制着盆地内的凸起和凹陷。自中新生代以来，盆地内沉积着巨厚的侏罗系、白垩系、古近系、新近系及第四系碎屑岩类堆积物，组成了盆地覆盖层热储系统。为地下热水的形成和赋存提供了良好的储盖条件和巨大的地热水库容，地下热水露头点分布众多。

全省已发现水温在15℃以上的热水或地热异常点84处，其中90℃以上的中温热水点1处（贵德93.5℃），60℃～80℃的低温热水点10处，40℃～60℃的低温热水点9处，15℃～40℃的低温热水点64处。埋深一般在200～1800米。

2. 地热能资源分布特征

青海地热能资源种类齐全，地下热水、浅层地温能、干热岩三种类型均有发现。地热资源分布广泛，在六州一地一市均有分布，主要分布于共和—贵德盆地、大柴旦、都兰、青藏铁路沿线温泉和玉树巴塘、兴海、同仁盆地等地区。

地热类型以盆地型地下热水为主。各断陷盆地的周边均为深大断裂所围限，这些断裂深度大，大都切断地壳，达到地幔，成为地壳深部热能上涌的通道，这些水热能沿通道扩散到砂岩、砂砾岩地层裂隙孔隙水中，形成盆地型地下热水资源。热水温度多为20℃～40℃和40℃～60℃，少数在80℃以上。

七、野生动植物资源

（一）野生动物资源

青海省是我国野生动物重点分布区之一，共有鸟类290种，兽类110种，分别占全国鸟兽种类的 1/4 和 1/6。国家一级、二级保护动物有 67 种（类），其中野驴、野牦牛、白唇鹿、雪豹、藏羚羊、盘羊、黑颈鹤、黑鹤、藏马鸡等是闻名世界的青藏高原特有珍稀动物。资源动物蕴藏总量在全国名列前茅，是青海省一项宝贵的自然财富。

（二）植物资源

全省有维管束植物 2500 种，其中经济植物 1100 种，占维管束植物的 44%。按其用途及其与人民群众生活的关系，大体上可分为 12 种类型：

（1）名贵药材植物：冬虫夏草、贝母、大黄、羌活、秦艽、黄芪、党参、甘草、锁阳、雪灵芝、雪莲、藏茵陈、镰形棘豆、红景天、绿绒蒿等。

（2）油脂类植物：萼果香薷、宿根亚麻、葶苈、播娘蒿、黄花蒿、芝麻菜等。

（3）纤维类植物：宿根亚麻、罗布麻、马蔺、芦苇、唐古特瑞香、芨芨草、沙鞭等。

（4）栲胶、染料类植物：毛榛、虎榛子、辽东栎、春榆、高山蓼麻、扁蓄、皱叶酸模、鲜黄小檗、甘肃小檗、金露梅、委陵菜、峨嵋蔷薇、小丛红景天、柳兰等。

（5）蔬菜类植物：蘑菇、发菜、蕨麻、草莓、地皮菜等。

（6）芳香类植物：甘松、缬草、薄荷、胡卢巴、烈香杜鹃、长管杜鹃、黑鳞杜鹃、毛蕊杜鹃、百里香杜鹃、头花杜鹃、百里香、高山蓍、玲玲香、黄花蒿等。

（7）淀粉、糖类植物：珠芽蓼、地榆、蕨麻、泡沙参、山丹、黄精、轮叶黄精、大苞黄精、卷叶黄精、玉竹、党参、穿龙薯蓣等。

（8）保土、固沙类植物：膜果麻黄、沙柳、毛红柳、长穗柽柳、多花柽柳、密花柽柳、短穗柽柳、沙拐枣、直立黄芪、川青锦鸡儿、草木樨状黄芪、沙棘、北方枸杞、黑果枸杞、固沙草等。

（9）果品、饮料类植物：山楂、东方草莓、陇东海棠、山杏、山桃、紫色悬钩子、库页悬钩子、鲜黄小檗、甘肃小檗、直穗小檗、拟小檗、西北小檗、刺檗、四萼猕猴、沙棘、唐古特白刺、文冠果等。

（10）观赏类植物：绿绒蒿、山丹、杜鹃花、报春、龙胆花、蔷薇等。

（11）蜜源类植物：柳兰、微孔草等。

（12）工农药类植物：狼毒、骆驼蓬等。

（三）野生动植物资源特征

1. 经济价值高

在国家政策法规指导下，对野生动植物资源进行合理开发利用，将产生良好的经济效益。如皮毛用、皮革用、羽绒用、饰用动物,观赏动物,食用动物,驯化驯养野生动物,药用动物等。

2. 科研、文化及对外友好交流价值

国家重点保护珍贵稀有动物,如普氏原羚是世界上濒临灭绝的动物,对其研究具有国际意义;青藏高原特有野生动物如野骆驼、野牦牛、藏羚羊、野驴、白唇鹿、盘羊、金钱豹、雪豹、黑颈鹤、黑鹳、绿尾虹雉等的保护以及驯养繁殖,在科研、文化及对外交流等方面均具有重要意义。

3. 维护自然生态平衡的价值

食肉动物如黄鼬、艾鼬、豹猫、兔狲等,都是鼠类的天敌,是人类消灭鼠害的有力帮手。鸟类中的猛禽,大多数是啮齿动物的天敌,在控制鼠害的数量及维持自然生态平衡方面有着特殊的贡献。一些大型猛禽如秃鹫、兀鹫等嗜食野生动物的尸体和腐肉,有利于防治环境污染。

八、其他农牧业资源

(一)农作物品种资源

青海省共有农作物品种资源 23 种 2983 个品种。粮食作物主要有小麦、青稞、蚕豌豆、马铃薯;经济作物主要有油菜、胡麻、甜菜、药材等;园艺作物有各类蔬菜 43 种 153 个品种及小杂果、花卉等。

(二)畜禽品种资源

青海省共有原始畜禽品种 14 个,引进家畜品种近 50 个,主要是绵山羊、牛、马,以及互助八眉猪、海东鸡等。

(三)渔业资源

全省共有鱼类资源 67 种,其中,天然鱼类 48 种,引进鱼类 19 种。养殖鱼类主要有虹鳟鱼、池沼公鱼、大银鱼等冷水类品种。

第三节 历史文化

一、青海历史

(一)史前青海

青海虽深处内陆,位于青藏高原腹地,地势高亢,但却存在多处古人类遗址。据考古发现,在海拔 4000 米的青海柴达木盆地小柴旦湖湖畔沙砾层中发现了距今 2 万~3 万年以前的旧石器时代的打制石器,证明出现了人类活动,这些人类被称为"小柴旦人"。当时柴达木盆地温暖湿润，发育着疏林草原环境，狩猎成为居民的主要生产活动方式。之后又相继发现距今 1.7 万年的黑马河古人类遗址；距今约 1.1 万年的下大武遗址；距今 6800 年的贵南拉乙亥遗址等。

青海省新石器时代文化内容丰富，分布广泛。距今 5800～4000 年前的马家窑文化在青海分布较多，到目前为止已发现 900 多处，主要分布在民和县、乐都区、大通县、循化县、互助县、西宁市、兴海县和同德县。以原始农耕经济为主、狩猎和家畜饲养业为辅，制陶业发达。乐都柳湾马厂类型墓葬中多见体积较大的陶瓮，内装满粟，说明当时的主要粮食作物类型为粟，且具有一定生产力水平。进入青铜器时代，主要文化类型有齐家文化、卡约文化、辛店文化和诺木洪文化。其中，卡约文化在省内的分布面积最广，已登记的遗存达 1766处，其分布东至甘青交界地带，西达柴达木盆地东缘，北到祁连山南麓，南到果洛藏族自治州境内的黄河沿岸和玉树藏族自治州的通天河地区。主要选择河水两岸台地居住，房屋以半地穴式为主；生产方式早期是农牧业并重，晚期以牧业为主。

青海成为人类发祥地之一，拥有灿烂的文化和悠久的多民族发展历史。

（二）历史时期的青海

青海是古羌人活动的中心，他们于夏商周时期就生活于此，被称为"西戎氏羌地"。春秋时期，秦国向西大举开疆拓土，而河湟羌人因地处偏远，未纳入秦国势力范围，使其原始种族和文化得以保存。战国初，青海东部古羌人还处于原始社会末期，以狩猎为主，随着秦国的强大，古羌人受其影响将生产方式向农耕兼畜牧过渡，得到一定的繁衍和发展。汉初，生活在青海地区的羌族游牧部落有数十个，过着"逐水草而居"的生活，主要从事狩猎及原始畜牧业和农业生产。元鼎六年（公元前 111 年），汉武帝遣将军李息、郎中令徐自为率军镇压河湟羌人起义，汉军深入河湟，西逐诸羌，并置护羌校尉；神爵二年（公元前 60 年）赵充国平定西羌，置金城属国，安置降羌，实行"罢兵屯田"制，使青海河湟地区纳入西汉的管辖之中。东汉献帝建安（196～219 年）年间，在湟水流域新置西平郡（在今西宁市），领 4 县，加强了对青海东部地区的控制。该时期东汉继续大规模屯田，扩大耕地面积，兴建水利灌溉设施，将内陆先进的耕作方法和生产工具传入青海，促进青海东部地区社会经济的发展和汉羌民族的文化交流。

魏晋南北朝时期，战争频发，青海东部河湟地区政权更迭频繁，加上不时发生旱灾，人民生活困苦，这种局面直到隋唐时期才有所改变。东汉献帝建安十九年（214 年），曹操手下大将张郃率军进入今青海东部，河湟地区从此纳入曹操的势力范围。晋安帝隆安元年（397 年），后凉鲜卑大都统、广武郡公、秃发部落酋长秃发乌孤脱离后凉，建立了南凉王国。次年，南凉进军湟水流域，占领今青海境内河湟地区，并先后在乐都、西平等地建都。南凉作为十六国之一，在中国历史上只存在了短短18年，但其存续期间发展农业，创建学校，传播中原文化，推行封建制度，对开拓河湟地区、促进社会进步作出了贡献。南凉灭亡后，青海东部河湟地区先后归属于西秦、北凉、北魏、西魏、北周等国。而青海东部的今黄南藏族自治州、中部的海南藏族自治州及西北部的海西蒙古族藏族自治州，在魏晋南北朝的大部分时期均属鲜卑慕容吐谷浑子孙建立的吐谷浑王朝。

隋初，青海仍保留北周所设鄯州、廓州，废去郡一级建制，并将7县合并为4县。管辖范围为今河湟一带，而今青海其余广大地区则是吐谷浑和党项等羌的属地，大致以巴颜喀拉山和阿尼玛卿山为界，山南为党项等羌属地，其他地方为吐谷浑管辖地区。自5世纪中叶起吐谷浑开始强盛，常攻掠隋朝边境。唐太宗贞观九年（635年），唐派李靖等率大军征讨吐谷浑，将吐谷浑变为唐之属国。此时吐蕃兴起，贞观十五年（641年）唐以文成公主嫁吐蕃赞普首领松赞干布和亲。唐高宗显庆五年（660年），吐蕃开始大举进攻吐谷浑，龙朔三年（663年）吐谷浑亡国。吐蕃得到吐谷浑故地后，开始了对青海广大牧区的占领。原役属吐谷浑的党项诸部、其他羌种的降唐内迁，留居故地者都成了吐蕃属部。唐蕃基本上以赤岭、黄河为界，但不同时期又因双方军事力量的强弱变化而略有伸缩。天宝十四年（755年），安史之乱发生，西部边境空虚，吐蕃乘机攻占了包括今青海东部在内的广大陇右地区。9世纪中叶，吐蕃王室分裂，贵族权臣自相火并。唐宣宗大中五年（851年），鄯、廓、兰、河等11州地复归唐。唐末五代，青海地区处在分散的地方割据势力和大小宗教首领的统治之下。

宋真宗大中祥符（1008~1016年）初年，李立遵在廓州尊唃厮啰为赞普，标志着河湟吐蕃政权——唃厮啰政权诞生，前后存续近百年。将政治中心迁至青唐城（今西宁），辖地主要为河湟地区，强盛时今青海全省皆在其辖区内。境内以吐蕃人为主体，还有党项人、汉人、回鹘人以及侨居的西域商人等，人口最多时近百万。主要产业是畜牧业，其次为农业，手工业中最负盛名的是锻造铁甲。利用古丝绸之路青海道的重要战略地位，青唐城一时成为繁荣的商业都市。公元1370年，明军进入青海东部地区。公元1373年改西宁州为西宁卫，16世纪初，厄鲁特蒙古四部之一的和硕特部移牧青海，一度成为统治青海的民族。17世纪，顾实汗控制青海。1653年，五世达赖赴京觐见顺治皇帝，后返藏途中，清政府派员赐给金册金印，从此，达赖的地位得到正式确认。

1912年以后，马麒历任"西宁总兵""蒙番宣尉使""甘边宁镇守使"等官职，马氏家族统治了整整40年。1928年，国民党进入青海，决定新建青海省，将甘肃省原西宁道属之西宁、大通、乐都、循化、巴燕、丹噶尔、贵德等地划归青海省管辖。1929 年 1 月正式成立青海省，1949 年 9 月 26 日，青海省人民军政委员会宣告成立。

二、青海的民族与地域文化

青海是多民族聚居的省份，共有 33 个少数民族，其中以汉、藏、回、土、撒拉和蒙古族为主。空间分布呈现出显著的差异性。汉、回、土、撒拉等以农业为生的民族多居住在东部自然条件较好的川水和浅山地区，而以畜牧业为主要生产方式的藏族和蒙古族则一般分布在海拔 3000 米以上的高山区和草原区。随着社会经济的发展，各民族人口分布呈现出由传统的聚居区向外迁移流动的趋势，从而与其他民族杂居的人数比例逐渐上升。

青海省地处青藏高原东北部，是以中原为中心的汉文化圈的西部边缘地区，也是以西藏为中心的藏文化圈东部延伸地区，羌人文化、鲜卑文化、吐蕃文化等文化在此昌盛一时。历史上是羌中道、丝绸之路、唐蕃古道畅通的地域。青海也由此成为各民族交会融合的重要地方，历史上来往的民族达 30 多个。如古羌、西羌、汉族、匈奴、月氏、卢水胡、氐、羯、鲜卑乞伏部、秃发部、乙弗部、折掘部、吐谷浑、姚羌、宇文部、党项羌、苏毗羌、羊同、多弥、蕃人、温末人、契丹、回鹘、畏兀儿、撒拉尔、土族、哈萨克族、满族、东乡、裕固、保安等。各民族文化丰富多样，长期碰撞、交融、浸润和涵化，使青海成为一个多民族文化互动和交流的地域，形成了多元并存、多元并进的民族关系。

经过长期的历史发展，青海地区形成了汉族系、羌藏系、塞北鲜卑蒙古系和信奉伊斯兰教族系四大世居民族族系；拥有汉语、藏语、蒙古语、撒拉语和土语五种语言，以及汉文、藏文和蒙文三种文字。根据文化特性一般将青海文化分为以儒家思想为基础，农耕文化为形态，地方色彩显著的汉文化；以草原游牧文化为形态，具有浓郁的宗教色彩和鲜明的民族特色的藏传佛教文化；以商业文化为主，具有宗教色彩鲜明的伊斯兰文化。他们在经济上互补，文化上互相交流，共同构成了青海多元民族文化，成为中国多民族文化共生的特殊地域。

多元文化的交融发展使得青海区域文化绚丽多彩、特色鲜明，非物质文化遗产资源丰富。青海口头传统文化丰富多样，具有代表性的神话包括汉族昆仑神话、藏族阿尼玛卿雪山神话传说，藏族《格萨尔》、蒙古族《汗青格勒》、土族《格萨尔》等英雄史诗；河湟地区的"花儿"、汉族"社火小调"、土族"道拉"、回族"宴席曲"，以及安多藏族民歌"勒""年谐"等成为青海重要的民间歌谣。传统表演艺术更是多姿多彩，据 20 世纪 80 年代文化部门调查统计，全省民间舞蹈有 1400 多种，民歌近万首。传统手工艺技能历史悠久，民间美术类主要有唐卡、农民画、漆画、壁画、剪纸等；工艺类主要有雕塑、堆绣、酥油花、排灯、刺绣、砖雕、木雕、玉雕、民族服饰、藏毯、牛羊头工艺饰品制作等，并且许多民间传统手工艺技能成为非物质文化遗产工程重点保护的项目，越来越受到人们的重视。

三、青海旅游

青海旅游资源丰富，具有各种原生态、多样性的自然景观和反映全省各民族历史文化的人文景观，构成了"大美青海"独特的旅游画卷。根据 2019 年青海省文化和旅游资源普查结果，全省调查评价出 10 个主类文化和旅游资源 16146 处。其中，地文景观 2816 处、水域景观 1948 处、生物景观 1087 处、天象与气候景观 140 处、建筑文化与设施 5311 处、非物质文化遗产 2338 处、旅游购品 500 处、人文活动 459 处、文物 1263 处、文化相关机构与产业 284 处；综合评价出五级资源 162 处、四级资源 576 处、三级资源 2858 处、二级资源 6125 处、一级资源 6425 处；所有资源中优良级资源共计 3596 处，占资源总量的 22.3%，新发现资源 2955 处，占资源总量的 18.3%。全省分布着天峻石林、舟群神山、柴达木盆地、可可西里山、唐古拉山、阿尔金山脉、布喀达坂峰、澜沧江源头、达坂山、北山国家地质公园、循化积石镇黄河南岸石（土）林、仙女洞、黄河大峡谷、阿什贡丹霞地貌、龙王池、贵德国家地质公园等地文景观；有克鲁克湖托素湖自然保护区、可可西里自然保护区、鳇鱼栖息地、可可西里野生动物观赏区、三江源自然保护区、猕猴自然保护区、峡群林场、麦秀原始森林、金银滩草原、鸟岛、茶卡盐湖、克鲁克湖、巴音河、西王母瑶池、各拉丹冬冰川、布喀达坂冰川、纳赤台清泉、昆仑神泉、昆仑雪景、长江源头、鄂陵湖、扎陵湖、可可西里湖、药水泉、娘娘天池、东沟瀑布、孟达天池、骆驼泉、曲库乎温泉、贵德黄河清国家湿地公园、青海湖、耳海景区、倒淌河、阿曲河湾流等水域风光；有坎布拉丹霞夕照、青海湖日出（日落）、柴达木盆地"海市蜃楼"等天象与气候景观；有塔尔寺菩提树、西大街古榆树、格尔木胡杨林、北山高寒草甸草原、金银滩草原、百里油菜花海、囊谦猕猴自然繁殖区、青海湖自然保护区、隆宝自然保护区、可可西里自然保护区、孟达林区、黑颈鹤自然保护区、江群天然林区、长山独立自然区、哈里哈图原始森林、居布天然林区等生物景观；有吐谷浑遗址、丹噶尔古城、诺木洪遗址、沈那遗址、外星人遗址、虎台遗址、卡约文化遗址、喇家遗址、白崖子沟遗址、马场垣遗址、允吾古城遗址、古鄯古城遗址、旱台遗址、吉家堡（甲）遗址、德州古墓遗址、巴燕遗址、扎拉毛遗址、鱼雷发射试验基地遗址、宗日遗址、尕海古城、郡古城遗址、石头城、倒淌河镇、白城子（察汉城遗址）等 66 个遗址遗迹；有阿汉达勒寺、热水吐蕃墓葬群、万丈盐桥、文成公主庙、格萨尔王广场、三江源纪念碑、土楼观、人民公园、多巴国家训练基地、藏药博物馆、青海省博物馆、青海省藏毯展览中心、李家峡水库、东关清真大寺、日月山风景名胜区、老爷山风景名胜区、柳湾彩陶博物馆、娘娘山、白马寺、佑宁寺、安家寺、七里寺、玉皇阁、文昌宫、原子城、文成公主像、土族民俗风情园等 392 个建筑与设施类资源；有青稞酒厂、北山湾温泉度假村、禄家老院、纳顿山庄、西部土族民俗文化村、西海度假村等旅游商品类资源。

第二章 经济发展历程与格局

第一节 经济发展历程

中华人民共和国成立之初，青海省在经济上"一穷二白"，农牧业经济占绝对主导地位。青海省在极为薄弱的初始条件和基础上实现了经济的快速发展和跨越发展，取得了历史上前所未有的辉煌成就，体现在经济总量的增加、经济结构的优化和人民生活水平的提高等方面。

一、经济发展及其与全国比较

（一）经济总量变动

从总量来看（见图2-1），1949年以来青海省实现了经济快速增长，全省GDP由1949年的1.23亿元（按当年价格计算，根据第四次全国经济普查数据

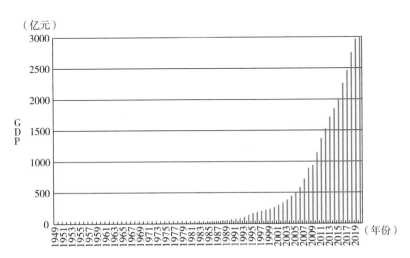

图2-1　1949~2019年青海省GDP变动情况（当年价格）

进行了修订）增加到 2020 年的 3005.92 亿元。青海省 2020 年的 GDP 相当于 1952 年的 2444 倍。其中，1972 年 GDP 迈过 10 亿元大关，达到 10.34 亿元；1988 年突破 50 亿元大关，达到 54.96 亿元；1993 年突破 100 亿元大关，达到 109.68 亿元；2006 年突破 500 亿元大关，达到 585.15 亿元；2010 年突破 1000 亿元大关，达到 1144.18 亿元；2015 年突破 2000 亿元大关，达到 2011.02 亿元；2020 年突破 3000 亿元大关，达到 3005.92 亿元。总体来看，青海省经济增长显著，但经济规模仍然较小，在我国 31 个省级行政区（不含港澳台地区）中，青海省 GDP 总量排名第 30 位，仅位于西藏自治区之前。

从可比价格来看（见图 2-2），青海 GDP 从 1949 年的 1.26 亿元（按不变价格计算）增加到 2016 年的 368.38 亿元，增长了 291 倍。2005 年突破 100 亿元大关，达到 110.38 亿元；2010 年突破 200 亿元大关，达到 204.58 亿元；2014 年突破 300 亿元大关，达到 315.36 亿元；2016 年突破 350 亿元大关。

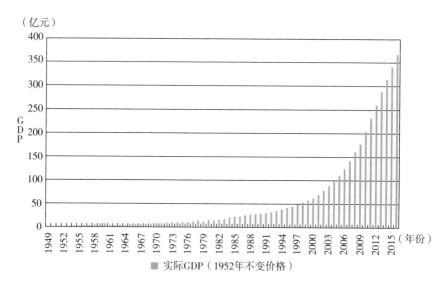

图 2-2　1949~2016 年青海省 GDP 变动情况（可比价格）

（二）人均 GDP 变动

从人均 GDP 来看（按当年价格计算，下同），如图 2-3 所示，1952 年人均 GDP 为 103 元，2019 年为 48981 元，增长了 475 倍；1987 年人均 GDP 突破 1000 元，达到 1022 元；1993 年人均 GDP 突破 2000 元，达到 2365 元；2000 年人均 GDP 突破 5000 元，达到 5138 元；2006 年人均 GDP 突破 10000 元，达到 10728 元；2010 年人均 GDP 突破 20000 元，达到 20418 元；2014 年、2017 年人均 GDP 分别突破 30000 元、40000 元，分别达到 31824 元、

41366 元。可见，人均 GDP 在 1990 年后开始快速增长，2005 年后实现迅猛增长。

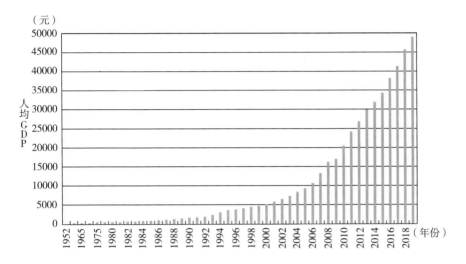

图 2-3　1952~2019 年青海省人均 GDP 变动情况（当年价格）

（三）经济水平与全国比较

从青海省 GDP 及人均 GDP 在全国占比来看，总体均呈现下降趋势（见图 2-4）。在改革开放之前，青海 GDP 占全国的比重相对较大，波动也较大，在

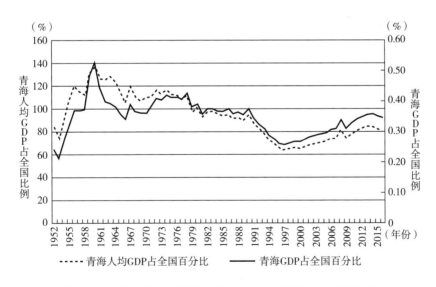

图 2-4　1952~2016 年青海省 GDP 及人均 GDP 占全国的比重

改革开放之后，占比相对较小，波动也较小。1960 年之前青海 GDP 在全国的占比呈现上升趋势，此后直至 1997 年西部大开发战略实施前，一直呈现下降趋势。2000～2015 年呈现上升趋势，西部大开发战略的宏观区域经济政策效应充分体现出来。2015 年之后，又呈现缓慢下降态势，这与青海省区域发展转型和发展战略调整有关。从 GDP 占比来看，占比最小的是 1953 年，最大的是 1960 年，呈现抛物线形。人均 GDP 占比变化趋势与 GDP 占比变动趋势相似，最大值为 1960 年，达 137.31%；最小值为 1997 年，为 64.21%。其中，1955～1979 年青海人均 GDP 超过全国平均水平，1980 年之后低于全国平均水平，在 60%～100%，也呈现抛物线形。

二、经济发展历程及阶段划分

自 1950 年 1 月 1 日青海省人民政府正式成立至今，青海经济发展经历了由小变大、由弱变强、由贫穷到富裕的历史性变化，根据经济发展的历史背景、现状及特点，青海省经济发展可分为四个阶段。

（一）艰难起步阶段（1949～1977 年）

青海在 1949 年前，经济基础非常薄弱，农牧业经济占据主体地位。1949 年后，先后经历了农业、手工业和资本主义工商业改造以及三线建设等一系列变革，工业经济从无到有，在计划经济体制内艰难起步，缓慢发展。这一时期青海经济发展主要呈现出以下几个方面的特点：一是经济总量小。1950 年青海经济总量仅有 1.34 亿元，1972 年首次突破 10 亿元关口，1977 年达到 13.13 亿元。二是经济增长快。这一时期，青海省 GDP 增长了 9.67 倍，年平均增长率为 9.75%，高于全国平均水平（6.15%）3.60 个百分点（见图 2-5），青海人均 GDP 在 1954 年之后一直高于全国人均 GDP（见图 2-6），但呈现出经济增长的大起大落，其中"大跃进"时期最显著。三是经济波动大。"一五"时期全省 GDP 平均增速为 16.73%，"二五"时期平均增速只有 0.92%，"三五"和"四五"时期平均增速分别为 11.23% 和 7.37%。四是经济结构比较单一。这一时期，青海的经济结构以传统农牧业为主，工业经济占比相对较低。直到 20 世纪 60 年代中期，在国家实施三线建设重大战略部署，生产力布局向西北、西南地区战略转移的大背景下，一大批机械、化工和军工企业相继从内陆迁入或新建在西宁、海西蒙古族藏族自治州、海东等地，青海的现代工业发展才进入跨越发展阶段。1975 年青海第二产业占比首次超过第一产业并达到 38.30%。五是城乡居民生活水平较低。这一时期农村人口是青海的主体人。按照联合国关于恩格尔系数的测算标准，这一时期青海农村居民恩格尔系数长期处在 60 以上，标志着青海人民的生活水平整体处于贫困阶段。

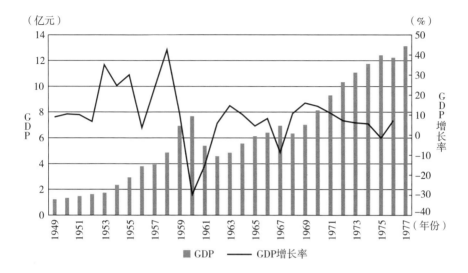

图 2-5　1949~1977 年青海省 GDP 及增长变动情况（当年价格）

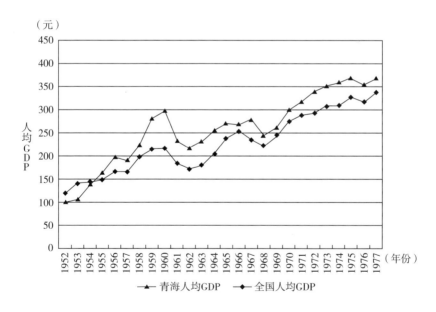

图 2-6　1952~1977 年青海省及全国人均 GDP（当年价格）

经济增长的主要原因：一是经过土地改革、农业合作化等重大经济制度改革，极大地调动了广大农牧民群众的生产积极性；二是政府大力支持发展地方工业，特别是 1965~1977 年国家开展大三线建设，大大促进了青海省机械、冶金、电子、化工等现代工业的发展。但这一时期，GDP 增速波动较大，经济发展不稳定。比较明显的是 1961 年、1962 年 GDP 增速分别为 -29.68%、-15.00%，经济减速较为明显。

在计划经济时期，具体又可划分为三个阶段：

1. 经济恢复发展时期（1949~1957 年）

这一阶段包括国民经济恢复时期和"一五"时期，经济主要特点是生产关系和经济形态发生革命性变革，农村的土地所有制从封建地主所有制变为农民所有制，进而又转变为集体所有制；城市的官僚资本转变为全民所有制经济，个体工商业多数转变为集体所有制经济。这得益于正确方针路线的指引，经济发展顺利。

1951 年 12 月至 1952 年 2 月，在青海省市机关和西宁地区开展了反对贪污、反对浪费、反对官僚主义的"三反"运动，在西宁市工商界开展反对行贿、反对偷税漏税、反对盗窃国家财产、反对偷工减料、反对盗窃国家经济情报的"五反"运动。1952 年底，全省工农业基本得到全面恢复，并持续发展。从 1953 年开始，在完成农村土地改革和恢复国民经济的基础上，逐步开展了对农业、手工业和资本主义工商业的社会主义改造。

1953 年 2 月 25 日，青海省人民政府财政经济委员会初步制定了青海省第一个五年计划的轮廓，经过两年多的讨论和修改，于 1954 年底制定了《青海省发展国民经济第一个五年计划纲要（草案）》，1955 年 1 月 11 日，经中国共产党青海省委员会第二次扩大会议正式批准实施。"一五"计划的基本任务和方针是"在进一步巩固与增强民族间和民族内部团结的基础上，以发展农牧业生产为主，加强地方工业与交通运输业，积极进行社会主义建设和在农业区对农业、手工业及资本主义工商业的社会主义改造，大力支援国家的各项资源勘查工作，并在保证发展生产、厉行节约和增加国家资金积累的前提下，逐步提高各族人民的物质生活与文化生活水平"。1956 年上半年，青海农业区胜利完成社会主义三大改造任务，各项社会主义建设事业取得明显成就，"一五"计划的许多项目和主要指标提前完成，这为发展青海积累了宝贵的经验，使青海的落后面貌得到了一定改善。

1949~1957 年，青海 GDP 从 1949 年的 1.23 亿元增至 3.95 亿元（按当年价格计算），9 年增长了 2.21 倍。人均 GDP 从 1952 年的 101 元增加到 1957 年的 193 元。

2. 经济探索调整时期（1958~1964 年）

这一阶段包括"大跃进"（1958~1960 年）时期、人民公社运动与国民经济调整时期（1961~1964年）等。由于经济建设忽视了自身经济基础薄弱与技术和资金缺乏的现实，违背了因地制宜、实事求是、量力而行的原则，经济发展目标脱离实际，盲目冒进和蛮干取代了科学态度，加之三年严重困难的影响，使国民经济遭受严重破坏，人民生活水平普遍下降，为此，实行了经济调整，使经济形势趋于好转。

1956年6月召开了中国共产党青海省第二次代表大会，讨论了《关于青海省发展国民经济第二个五年计划及十二年（1956-1967年）远景规划（草案）的报告》。受"一五"计划提前顺利完成等因素的影响，"二五"计划（1958~1962年）忽视了青海经济基础薄弱、资金不足、技术力量缺乏、自然条件差、社会主义建设没有经验这些基本事实，对当时的经济发展形势作出了错误的分析判断，对工农业建设提出了过高过急的要求。

在全国宏观形势影响下，1958~1960年青海省掀起了"大跃进"运动，1958年推行人民公社化运动，这两个运动对青海经济造成了严重干扰和破坏，加之1960~1962年遭受了严重的自然灾害，更是对经济发展造成重大影响。为改变经济发展的这种不利局面，1961年下半年至1962年，中共青海省委和省人民政府贯彻中央提出的"调整、巩固、充实、提高"八字方针，针对前一时期工作中的失误，认真调整农村、牧区政策，对青海国民经济进行调整。通过调整，青海国民经济得到较快恢复和发展。

1958~1965年，青海省GDP从4.87亿元增加到6.14亿元，年平均增长7.81%。人均GDP从225元增加到271元，年平均增长5.29%。其中1961年、1962年受自然灾害影响，经济增长率分别为-36.41%、-12.86%。

3. 三线建设时期（1965~1977年）

这一阶段，既是国家第三个五年计划（1966~1970年）和第四个五年计划（1971~1975年）时期，又是"文化大革命"（1966~1976年）时期和三线建设时期的重要阶段。这一时期经济基本特征是"文化大革命"使国民经济遭受重创，但三线建设又推动了工业经济的较快发展。

在三线建设中，中央对青海在人力、物力、财力方面提供了大力支援，内迁企业使青海的基础工业初步发展起来，尤其是机械工业发展较快。同1965年相比，全民所有制机械工业工厂增加4倍多，总产值增加7倍多，主要产品产量增加5倍多。

1965~1977年，青海省经济建设取得了一定成绩，得益于三线建设带动及工厂内迁，青海省建起了一批机械工业企业，部分冶金、化肥和轻纺企业，加强了青海省工业基础。这一时期，GDP从6.42亿元增加到13.13亿元，年平均增长7.4%。

（二）全面发展阶段（1978~1999 年）

1978~1999 年，包括第五个五年计划时期（1976~1980 年）、第六个五年计划时期（1981~1985 年）、第七个五年计划时期（1986~1990 年）、第八个五年计划时期（1991~1995 年）、第九个五年计划时期（1996~2000 年）。这一时期，青海省经济发展的最主要特征有两点：第一，和全国一样，工作重点转移到经济建设上来，实行了改革开放政策，实施了经济体制改革，我国打破传统计划经济，进入了社会主义市场经济体制改革的探索时期。经济建设开始新的历史时期，国家先后在农村牧区开展了以"包产到户"为主要内容的农村经济体制改革，在城市进行以市场调节为取向的经济改革，青海开始探索实施资源开发战略，水电资源、石油天然气资源、盐湖资源、有色金属资源得到重点开发。第二，青海省经济发展驶入快车道，主要呈现出以下几个方面的特点：一是经济开始恢复性增长。经济增速平均达到 7.6%，但低于同期全国平均水平。青海省 GDP 在 1993 年首次突破 100 亿元关口。1979~1999 年，全省累计完成固定资产投资 808.89 亿元，是 1950~1977 年的 12 倍。二是工业经济发展速度加快。工农业总产值中，工业总产值的占比由 1985 年的 68.61% 提高到了 1999 年的77.90%。1998 年，青海的电力、煤炭、石油三个部门的总产值占全省工业总产值的 19.50%，比 1952 年提高了 15 个百分点，比 1978 年提高了 10 个百分点。能源工业的快速发展，使青海在这一时期成为我国西北地区重要的能源工业基地。与此同时，青海的非公有制经济占工业总产值的比重达到 22.10%，国有经济和集体经济工业总产值所占比重分别达到 62.60% 和 15.30%，所有制结构呈现出多元化格局。三是城乡居民生活水平提高较快。这一时期，伴随着工业化水平的不断提升，农村居民开始向城镇流动，1998 年末全省城镇人口占总人口的比重较 1978 年翻了近一番，达到 34.64%。全省农村居民纯收入比 1957 年和 1978 年分别增长了 17 倍和 11.6 倍，农村居民恩格尔系数稳步提升到 50~60，城镇居民恩格尔系数也提升至 40~50，城乡居民生活水平总体处于温饱阶段。

这一时期按照经济体制改革历程和特点，可分为三个阶段：改革起步阶段（1978~1983 年）、改革全面展开阶段（1984~1991 年）、初步建立社会主义市场经济体制阶段（1992~1999 年）。

1. 改革起步阶段（1978~1983 年）

1978 年 12 月 18~22 日，中共中央召开具有重大历史意义的中共十一届三中全会，重新确立了解放思想、实事求是的思想路线，停止使用"以阶级斗争为纲"的口号，做出了把工作重心转移到经济建设上来，实行改革开放的重大决策，全面彻底地纠正了以前"左"的错误，批判了过去以牺牲效率为代价的平衡发展思想，全面实行改革开放的战略决策，从此，中国开始了改革开放的历史新时期。青海省委、省政府在中共十一届三中全会闭幕后的第三天，集中学习了《中国共产党第十一届中央委员会第三次全体会议公报》，并决定尽快将全省工作重点转移到社会主义现代化建设上来。1979 年 1 月 6~25 日，青海省委召开的常委扩大会议讨论了加快发展工农牧业生产的具体措施和开展集市贸易等文件，并就拨乱反正等若干问题作出了决定。这次会议标志着青海省正式进入了拨乱反正和社会主义建设的新时期。改革首先从农牧区开始，结合省情，因地制宜，确立了以农业为基础，优先发展农牧业，大力发展农牧业商品经济，紧紧抓住农牧业发展、资源开发、交通运输和教育科学事业发展四个重点；其次搞好轻纺工业、商业、城市建设；最后积极贯彻国家在青海的重点建设项目的指导思想。农牧区普遍实行了生产责任制，工业领域实行了一揽子的改革试验。

2. 改革全面展开阶段（1984~1991 年）

1984 年 10 月，党的十二届三中全会通过了《中共中央关于经济体制改革的决定》，标志着我国经济体制改革的重点从农村转向城市，从农业转向国有企业，提出中国社会主义经济是公有制基础上的"有计划的商品经济"，首次将商品经济作为社会主义经济运行的基础框架。从此开始，青海省进入以增强企业自主性为目的，并且允许以发展非公有制经济的城市经济体制改革为重点的改革阶段。从 1984 年底开始，青海省政府向省属企业下放管理权限，实行政企分开、简政放权等一系列改革措施。

3. 初步建立社会主义市场经济体制阶段（1992~1999 年）

1992 年 10 月，中国共产党第十四次全国代表大会提出了我国经济体制改革的目标是建立社会主义市场经济体制。在党的十四大精神指导和鼓舞下，青海省工作重心进一步转向深化改革、扩大开放、转换体制、提高效益，加快了市场经济体制改革步伐。1993 年，青海省在国有企业中广泛推行了承包、租赁、股份制改造等多种形式的经营方式；1994 年，全省选择了 17 户代表性企业改制试点；1997 年，试点企业基本完成了公司制改组、改造，组建了青海数控机床厂、青海黎明化工厂等 10 家企业，有 90 多家企业被兼并；1995 年后，有三普、青百、山川、明胶、同仁铝业、盐湖钾肥、西宁钢厂 7 家企业先后上市。截至1998 年 4 月，统计的 557 户地方工业企业中，已有 133 户企业进行了不同形式的改制；在 822 户商贸企业中，有 492 户完成改制。

1978~1999 年，按当年价格计算，青海省 GDP 由 15.54 亿元增长为 239.38 亿元（见图 2-7），人均 GDP 从 428 元增加到 4728 元。从增长速度来看，按可比价格计算（见图 2-8），青海省 GDP 年均增长 7.64%。这一时期，经济发展的另一特点是青海省GDP增速波动较1949～1977年明显减小，经济发展趋于稳定。但和全国相比，波动明显，经济增长速度除1978年、1980年、1982年、1988年外，均低于全国水平。

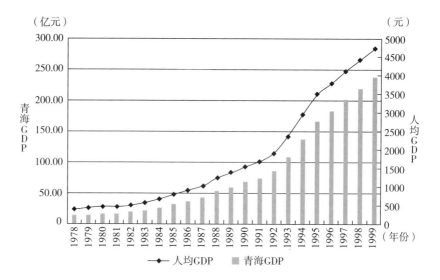

图2-7　1978～1999年青海省GDP及人均GDP

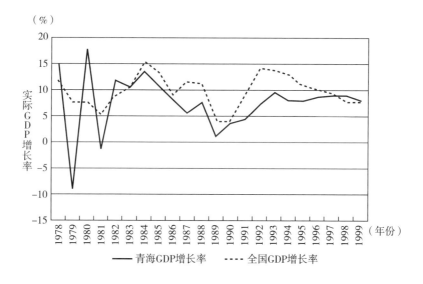

图2-8　1978～1999年青海省GDP及全国GDP增长率

（三）快速增长阶段（2000～2015年）

这一时期包括第十个五年计划（2001～2005年）、第十一个五年规划

（2006~2010 年）、第十二个五年规划（2011~2015 年），是青海省经济发展速度最快、持续时间最长、经济发展最稳定、发展质量最好的阶段。经济发展主要特点是经济快速增长，经济结构不断优化；高原特色农牧业发展成效喜人，农业综合生产能力稳步提升；工业化进程加快，优势产业发展壮大；基础设施不断完善，发展条件明显改善。2000~2016 年，经济平均增长率为 11.57%。其中 2001~2013 年，经济增长率连续 13 年在 10%以上。

1999 年 9 月，中共十五届四中全会通过的《中共中央关于国有企业改革和发展若干重大问题的决定》中明确提出，国家要实施西部大开发战略。2001 年全国人大九届四次会议通过的《中华人民共和国国民经济和社会发展第十个五年计划纲要》对实施西部大开发战略再次进行了具体部署。青海省被纳入西部大开发的整体战略，青海工业化、城镇化、市场化进程明显加快，经济进入了持续快速发展阶段。这一时期青海经济发展主要呈现出以下几个方面的特点：一是经济高速增长。经济增速平均保持在 12%，高于同期全国平均水平。全省GDP 于 2009 年首次突破 1000 亿元大关，经济总量从 100 亿元增长到 1000 亿元，只用了 16 年时间。2000~2015 年，全省累计完成固定资产投资 1.69 万亿元，是 1978~1999 年的近 21 倍。二是工业化由初期向中期过渡。三次产业结构由 2000 年的 15.2：41.3：43.5 调整为 2015 年的 8.64：49.95：41.41。工业通过实施资源开发和转换战略得到了快速发展，为形成具有青海资源优势的特色工业体系奠定了基础。2001 年全省人均 GDP 首次突破 1000 美元，2015 年达到 6000 美元左右。用美国经济学家钱纳里的工业化阶段理论和模型测算，青海工业化水平处于由初级阶段向中级阶段的过渡时期。三是城乡居民生活水平持续快速提升。到 2015 年末，青海城镇化率达到 50.23%。农村居民恩格尔系数提升至 40~50，城镇居民恩格尔系数提升至 30~40，城乡居民生活水平迈入小康阶段。城镇居民医疗保险、城镇职工养老保险、农村新型合作医疗制度、农村居民最低生活保障制度、城镇住房保障体系等社会保障体系逐步建立和完善。

（四）转型发展阶段（2016 年至今）

这一时期中国经济进入新常态，在这一大背景下，青海经济经历了西部大开发以来的高速增长之后，劳动力、土地、资本等生产要素成本不断上升，资源环境约束不断增强，结构性减速因素逐渐凸显，经济发展方式向发挥特色资源优势与绿色循环低碳相结合转变，经济增长进入以推动高质量发展和改善效率为主的中高速增长时期。这一时期青海经济发展主要呈现出以下几个方面的特点：一是经济向中高速增长过渡。2018 年，全省 GDP 达到 2865 亿元，2016~2018 年经济增速平均保持在 7.5%的水平，高于同期全国 6.7%的平均水平。三年累计完成固定资产投资超过 1.2 万亿元，水、电、路、通信、航空等基础设施整体水平得到跨越式提升，是中华人民共和国成立以来投资建设力度最大的时期。二是经济发展步入工业化中期。三次产业结构由2015年的8.64∶49.95∶41.41调整为2018年的9.4∶43.5∶47.1，实现由"二三一"到"三二一"的历史性转变。新能源、新材料、生物医药等战略性新兴产业和健康养老、现代物流、电子商务、文化产业等现代服务业快速发展。2018年，金融、信息、科技、商务四大服务业增加值占服务业总产值的比重达到四成左右，金融业成为国民经济支柱产业，旅游业提档升级步伐加快，服务经济主导地位逐步凸显。三是发展方式加快转变。生态文明理念统领全省经济社会发展，经济结构开始了深度调整和转型升级，传统农牧业逐步向高原现代农牧业转变，传统工业逐步向战略性新兴产业转变，服务业的发展层次和水平明显提升。2018年，全省单位GDP能耗较2015年底下降了14.8%，万元GDP用水量下降了22.3%，非化石能源生产比重超过46%，能源资源节约利用水平稳步提高。四是城乡居民生活水平进入富裕阶段。农村居民和城镇居民的恩格尔系数首次均提升至30~40，城乡居民生活水平整体差距不断缩小，总体处于富裕阶段。2018年，城乡居民人均可支配收入与全国平均水平的相对差距由2015年1.27∶1和1.44∶1分别缩小到2018年的1.25∶1和1.41∶1。人均GDP首次突破7000美元，按照世界银行的划分标准，青海已进入中上等收入行列。

第二节　经济增长与波动

一、经济增长周期划分及原因解析

从增长速度来看，按当年价格计算，青海GDP增长率从1950年的8.94%下降到2016年的6.43%，年均增长12.64%。从GDP指数来看，由1952年的100增加到2016年的22599.96，年均GDP指数为5396.58。按可比价格，以上年等于100计算，GDP指数由1952年的100变动到2016年的107.99，年均GDP指数为109.56（见图2-9）。

从增长速度的波动来看，具有明显的阶段性特点。总体而言，改革开放之前波动较大，经济发展不稳定，大起大落，较大的负增长主要发生在1959~1961年。改革开放之后波动较小，GDP增长稳定性有很大提高。具体来看，1949~1962年，GDP增长速度在-30~40变动，标准差为19.69，平均值为12.42；1963~1980年，GDP增长速度在-1.69~10变动，标准差为6.77，平均

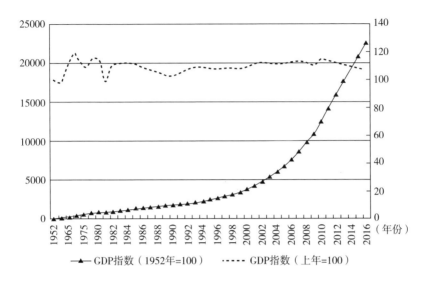

图 2-9　1952~2016 年青海省 GDP 指数变动情况

值为 8.02，波动幅度较小；1981 年之后，GDP 增长速度均为正值，在 4.94~27.75 变动，标准差为 7.17，平均值为 15.03，波动幅度较小，但增速平均值增大（见图 2-10）。

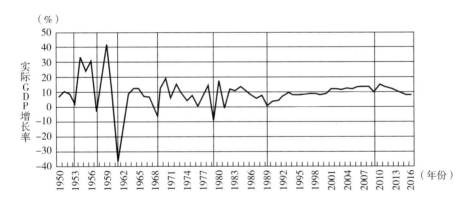

图 2-10　1950~2016 年青海省实际 GDP 增长率变动情况

　　考虑到 1949~2016 年青海省名义 GDP 及实际 GDP 计算的增长速度趋势一致，因此，本书选择实际 GDP 增长率指标来分析青海省经济波动周期及其主要特点。

　　如表 2-1 所示，1949 年以来青海省经济增长经历了八个阶段："中增长、中波动"（1950~1953 年）；"高增长、中波动"（1954~1957 年）；"高增长、高波动"（1958~1961 年）；"低增长、高波动"（1962~1968 年）；"中增长、高波动"（1969~1979 年）；"高增长、低波动"（1980~1989 年）；"高增长、微波动"（1990~2009 年）；"高增长、小波动"（2010~2016 年）。尤其是 20 世纪 90 年代以来的经济发展摆脱了计划经济时期大起大落的模式，青海省不但经济增长率高于全国平均水平，而且经济增长的稳定性也高于全国平均水平。这一时期青海省处于经济增长最高的时期，也是最稳定的时期。总结青海省的发展历程，最基本的经验是经济发展的核心是保持宏观经济稳定，防止经济大起大落，努力降低波动系数。

表 2-1　1950~2016 年青海省各时期经济增长率及波动系数　　单位：%

时期	GDP 增长率（波动系数）	时期	GDP 增长率（波动系数）
1950~1953 年	7.15（0.55）	1969~1979 年	7.99（1.14）
1954~1957 年	21.74（0.77）	1980~1989 年	8.59（0.66）
1958~1961 年	9.17（3.63）	1990~2009 年	9.79（0.15）
1962~1968 年	3.95（1.83）	2010~2016 年	11.03（0.25）

资料来源：根据《青海统计年鉴》相关数据计算得到。

1994~1999 年，青海省经济增长率先从 1994 年的 26.3% 降至 1996 年的 10% 左右，后趋于稳定；2000~2009 年稳中有升，2008 年下半年出现了陡然下降的趋势，2009 年经济增长速度大幅放缓，2010~2011 年经济增速处于复苏阶段，2012~2016 年经济增速逐渐放缓。其中，青海这一变化趋势与西部地区、中部地区以及与全国经济增速走势基本相同。

在此，主要对 2008~2016 年引起经济增长波动的起因进行较为详细的分析。

1. 经济增长速度大幅放缓阶段（2008~2009 年）

青海前期稳中有升的经济形势与 2006 年发布的《"十一五"规划纲要》有着密切的联系。同时，国务院在此期间审议通过了《西部大开发"十一五"规划》，从而促进了相关区域经济的发展和社会的进步。然而，也正是在此时，中国经济对国际市场和资源的依赖程度日趋加深，从而导致经济发展易受世界经济周期性波动的影响。正因为如此，在 2008 年爆发全球金融危机时，全国各地经济增长速度均有明显的下降趋势，即增长速度平均下降了 10.275 个百分点。此外，这场世界性的金融风暴还使得中国 2008 年下半年之后的出口持续下降，沿海企业大量倒闭，超过 1000 万的流动人口失去了工作，进而引起经济增长速度在一定程度上放缓。虽然青海省进出口贸易对经济贡献份额不大，但国内整体经济形势仍然对青海经济造成一定冲击，使得青海省经济发展速度放缓。

2. 经济复苏阶段（2010~2011年）

在一定程度上，这与当时国内外的经济环境有着密切的关系。从世界范围来看，世界经济强劲复苏带动的出口超预期是中国经济增长开始复苏的最主要原因。从国内来看，第一，2009年9月23日，国务院讨论并原则通过了《促进中部地区崛起规划》，此规划对进一步发挥中部地区的比较优势，增强对全国发展的支撑能力具有重要作用。第二，2011年初，"十二五"规划不但明确把居民消费率上升作为经济结构调整的重要目标，同时还对收入分配政策进行了调整，即"努力提高居民收入在国民收入分配中的比重，提高劳动报酬在初次分配中的比重"，这无疑在一定程度上促进了经济增长。第三，在全球金融危机影响日益加剧，国内经济下滑压力加重的情况下，中央政府为了让2009年经济增长率不低于8%，于2008年11月对财政政策做出重大调整，即到2010年底拟投资4万亿元，以启动国内需求。这4万亿元投资，不仅加大了基础设施建设的力度，扩大了就业，增加了居民收入，还直接或间接地改善了人民群众的生活条件。同时，通过乘数效应带动了国内产业发展，为今后经济的平稳增长夯实了"硬件"基础。

3. 转型发展阶段（2012~2019年）

这一阶段，从国内经济发展大背景看，我国社会主要矛盾发生了变化，经济由高速增长阶段转向高质量发展阶段，经济发展步入新常态，经济增速放缓，经济结构不断优化升级，发展的内生动力、创新活力不断显现。高质量发展意味着不仅要关注经济增长，更要关注社会、关注民生、关注环境。实际上，从国家宏观区域发展战略来看，国家"十一五"规划中提出主体功能区的概念，2010年国务院印发《全国主体功能区规划》，根据主体功能区建设的思路，青海省大部分区域属于青藏高原生态屏障范围，关系到国家生态安全，行政辖区内除少量的地区属于重点开发区外，大部分地区属于限制开发区和禁止开发区，这种定位决定了青海省在未来经济社会发展中，不能仅靠大规模的资源开发和牺牲脆弱的生态环境来发展经济，反而要有节制地进行资源开发利用，甚至为保护脆弱的生态环境要退出许多开发领域，实行生态恢复和保护。这种发展战略的确立和运行势必会影响青海省经济增长和社会经济发展进程。因此，明确了青海省在全国主体功能区划分中的定位，青海省必须适时进行战略调整。

2008年1月，青海省委、省政府首次提出实施"生态立省战略"，明确要加快推动生态文明建设，全面推进生态保护、生态经济和生态文化。2009年，中共青海省委第十一届六次全体会议提出了"跨越发展、绿色发展、和谐发展、统筹发展"的"四个发展"，形成具有青海特点的科学发展思路。2011年11月，国务院常务会议决定在青海三江源地区建立第一个"国家生态保护综合试验区",并批准通过了试验区总体方案。这是我国生态文明建设的重大实践,标志着三江源生态保护上升为国家战略,进入了加快体制机制创新的新阶段。2012 年 5 月,青海省第十二次党代会明确提出保护环境资源、建设生态家园,这是青海对国家和中华民族的重要责任、重大贡献,是幸福美好新生活的内在要求。2016 年 1 月,中共青海省委十二届十一次全体会议指出,要适应经济发展新常态,把握"131"发展要求(即实现"一个同步"、奋力建设"三区"、打造"一个高地"),落实国家主体功能区规划,坚持以生态保护优先理念协调推进经济社会发展,在适度扩大总需求的同时,着力加强结构性改革,提高供给体系质量和效率,提高投资有效性,加快培育新的发展动能,改造提升传统比较优势,增强持续增长动力。2018 年 7 月,中共青海省委十三届四次全体会议做出了"坚持生态保护优先,推动高质量发展,创造高品质生活"的战略部署。"一优两高"战略进一步突出了生态在青海省区域发展中的战略地位,让生态文明成为全省共同的价值追求和青海发展的鲜明标识,是青海自觉从全国大局出发思考问题、谋划自身发展的结果,体现了把青海发展融入国家发展战略的战略自觉和区域主体功能责任担当,是顺应时代发展新形势、满足人民对发展新期待的正确抉择,是青海落实新发展理念,真正实现发展方式根本性转变的战略举措,标志着青海对省情认识和区域发展定位及发展规律认识的新高度。

总体而言,这一阶段,青海省区域发展战略实现了从追求经济增长速度向注重发展质量转变,从"三区"战略到"四个转变"再到"一优两高"战略的演进,推动了青海省经济从中高速发展阶段向高质量发展阶段的演进。"十三五"期间,全省生态环境质量、基础设施条件、综合经济实力和人民生活水平有了较大提升。全省经济总量跃上 3000 亿元台阶,年均增长 5.9%,全体居民可支配收入年均增长 8.7%,2019 年城乡居民人均收入提前一年实现比 2010 年翻一番的目标。2019 年建档立卡贫困人口全部"清零",提前一年完成既定目标,绝对贫困和区域性整体贫困得到历史性解决。湿地面积稳居全国首位,省内长江、黄河、澜沧江三大河流干流出省断面水质稳定保持在 II 类及以上,国家生态文明高地基础不断厚植。坚决打赢大气、水、土壤污染防治攻坚战,全省空气质量优良天数比例达到 97%,西宁市空气质量连续 5 年位居西北省会前列,湟水河出省断面水质达到 III 类。

二、增长结构与动力

(一)增长的产业结构

从贡献率来看(见图 2-11),1990~2016 年,第一产业贡献率最小,年平均贡献率为 5.37%；第二产业贡献率最大，年平均贡献率为 54.74%，其中工业贡献率为 42.31%；第三产业贡献率居于第一、第二产业之间，年平均贡献率为 39.89%。从贡献率的变动趋势来看，1990 年以来，第一产业贡献率在波动中下降，从 1990 年的 27.34% 下降到 2000 年的 −7.20%，之后趋于稳定，在 4% 左右摆动。第二产业贡献率在 1990~2011 年大体呈现上升趋势，从 1990 年的 26.56% 上升到 2010 年的 58.73%，在 2010~2019 年呈现下降趋势，2019 年为 38.69%。第三产业贡献率在 1990~2010 年呈现缓慢下降的波动趋势，从 1990 年的 46.09% 下降到 2010 年的 36.97%，之后呈现上升趋势，2019 年为 54.19%。三次产业贡献率变化的另一个显著特点是在 2000 年之后，第三产业与第二产业贡献率呈现相反的变化趋势。

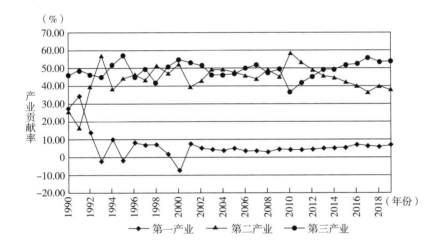

图 2-11　1990~2019 年青海省产业贡献率变动情况

从拉动率来看（见图 2-12），第三产业拉动率最大，第二产业次之，第一产业最小。第三产业拉动率除 1990 年为 1.71% 外，其余年份均在 3% 以上。第二产业拉动率波动较大，1990~1992 年与 2017~2019 年拉动率在 3% 以下，其余年份都在 3% 以上，2010 年之前，呈波动上升趋势，且 2010 年达到最大值，为 7.82%，之后一直呈现下降趋势，在 2013 年之后拉动率一直小于第三产业。第一产业拉动率除 1991 年为 2.20% 以外，其余年份一直在 1% 以下，且呈现下降趋势。拉动率变化趋势和贡献率相同，可见，20 世纪 90 年代以来，第二产业和第三产业一直是青海省经济增长的主要动力。

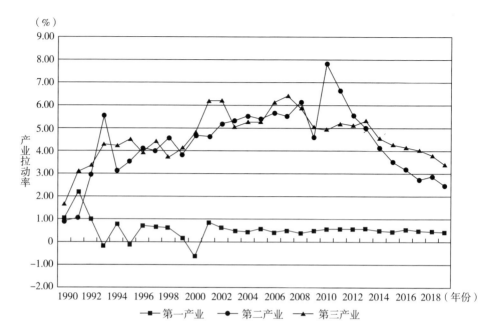

图 2-12 1990~2019 年青海省产业拉动率变动情况

（二）增长的支出结构

如表 2-2 所示，2000 年以来，青海省消费的贡献率在 2005 年以前是呈上升趋势，2005 年之后呈现震荡下降，而且消费对经济贡献波动性明显增大，消费增长持续放缓。投资对青海省的贡献率上升，投资增长动力仍然不足，投资面临大项目支撑和增长持续性不足，融资难度加大。出口对青海省贡献率很小，为负值。2019 年，青海省消费对 GDP 拉动为 2.74 个百分点，资本形成总额的拉动为 3.65 个百分点，净出口的拉动为 -0.34 个百分点。这表明，在青海省 GDP 的增长中，最终消费支出与资本形成总额是经济增长的主要力量，货物和服务出口作用非常有限。资本形成总额对经济增长的带动作用逐渐增加，最终消费支出对经济增长的拉动作用有减弱趋势。

表 2-2　2000~2019 年青海省三大需求对 GDP 增长的贡献率和拉动（按可比价格计算）

年份	最终消费支出额		资本形成总额		货物和服务净出口额	
	贡献率（%）	拉动（百分点）	贡献率（%）	拉动（百分点）	贡献率（%）	拉动（百分点）
2000	68.97	6.14	66.14	5.89	-35.11	-3.11
2001	76.75	8.98	119.58	13.99	-96.33	-11.26
2002	67.45	8.15	87.44	10.56	-54.89	-6.63

续表

年份	最终消费支出额		资本形成总额		货物和服务净出口额	
	贡献率（%）	拉动（百分点）	贡献率（%）	拉动（百分点）	贡献率（%）	拉动（百分点）
2003	67.99	7.39	41.29	4.49	-9.28	-1.01
2004	95.90	10.81	29.55	3.33	-25.45	-2.87
2005	103.51	11.59	51.46	5.76	-54.97	-6.15
2006	89.79	11.01	47.54	5.83	-37.33	-4.58
2007	77.99	9.73	40.77	5.08	-18.76	-2.34
2008	36.02	4.50	70.57	8.82	-6.59	-0.82
2009	8.51	0.86	101.45	10.25	-9.96	-1.01
2010	52.61	7.00	116.58	15.50	-69.19	-9.20
2011	63.80	7.94	89.12	11.10	-52.92	-6.59
2012	74.12	8.30	43.56	4.88	-17.68	-1.98
2013	3.69	0.40	358.74	38.74	-262.43	-28.34
2014	47.97	4.41	103.98	9.57	-51.95	-4.78
2015	174.62	14.27	109.58	8.95	-184.20	-15.05
2016	119.09	9.34	45.79	3.59	-64.88	-5.09
2017	96.54	6.99	69.95	5.06	-66.49	-4.81
2018	86.28	6.16	76.71	5.48	-62.99	-4.50
2019	45.28	2.74	60.36	3.65	-5.64	-0.34

注：①三大需求指支出法生产总值的三大构成项目，即最终消费支出额、资本形成总额、货物和服务净出口额。②贡献率指三大需求增量与支出法生产总增量值之比。③拉动指生产总值增长速度与三大需求贡献率的乘积。④本表数据根据第四次全国经济普查数据进行了修订。其中，2001~2017年固定资本形成总额数据根据2017年投资修订数据进行了修订，2019年数据为初步核算数。

资料来源：根据《青海统计年鉴》（2020）整理计算得到。

三、经济增长区域分异

（一）经济增长的区域分异

从区域经济发展空间差异来看，2000~2015年，西宁市、格尔木市和德令哈市一直是青海省经济发展的增长极，在区域经济发展中居于主导地位；位于青南高原的玉树州、果洛州一直处于经济落后地区。2000年GDP大于10亿元的区域有西宁市、大通县、海东市的互助县、海西州的格尔木市、茫崖行委；

GDP 在 7.5 亿~10 亿元的县域有海南州的共和县、湟中县、乐都县、民和县；GDP 在 5 亿~7.5 亿元的有海东市的平安县和黄南州的尖扎县；GDP 在 2.5 亿~5 亿元的区域有海西州的德令哈市、大柴旦行委、海北州的门源县、海东市的化隆县和循化县、黄南州的同仁县；其余地区的 GDP 小于 2.5 亿元，主要包括玉树州、果洛州、海北州、海西州的部分县域。

2005 年青海省区域经济差距进一步拉大，GDP 大于 10 亿元的区域仅有西宁市；缺少 GDP 在 7.5 亿~10 亿元的县域单元；GDP 在 5 亿~7.5 亿元的县域仅有格尔木市；GDP 在 2.5 亿~5 亿元的县域有茫崖行委和大通县；其余地区的 GDP 小于 2.5 亿元。

2010 年 GDP 大于 10 亿元的区域有西宁市、海西州的格尔木市；GDP 在 7.5 亿~10 亿元的有大通县、湟中县、湟源县；GDP 在 5 亿~7.5 亿元的县域有冷湖行委；GDP 在 2.5 亿~5 亿元的县域有海西州的德令哈市、天峻县、互助县、乐都县、平安县、民和县；其余地区的 GDP 小于 2.5 亿元。

2015 年 GDP 大于 10 亿元的区域有西宁市、湟中县、海西州的格尔木市；GDP 在 7.5 亿~10 亿元的有大通县、互助县、乐都区；GDP 在 5 亿~7.5 亿元的县域有海东市的平安区、化隆县、民和县及海西州的茫崖行委；GDP 在 2.5 亿~5 亿元的县域有海西州的德令哈市、都兰县、大柴旦行委，海北州的门源县，海东市的互助县、乐都区、平安区、民和县，海南州的贵德县，黄南州的同仁县、尖扎县；其余地区的 GDP 小于 2.5 亿元。

（二）区域经济差异形成的机制及原因

青海省地处我国东部季风区、西北干旱区和青藏高原区三大自然地理区的交汇处，特殊的地理位置在相当程度上导致了它在自然特征与地域分异方面的复杂化和多样性，使之兼具三大自然区及其过渡带的特点，受此影响，青海资源禀赋结构和区域差异巨大，形成了差异十分显著的东部河湟谷地区、西部柴达木盆地区、青南高原区三大自然地理分区。

青海东部的河湟谷地区是青海自然条件最好的地区，面积约占全省的 7%，但却集中了全省 80% 以上的人口，省会西宁市也位于该区，这里也是全省交通条件最好的地区。较低的海拔、相对温和的气候条件、便利的交通、优越的区位，决定了这里相对优越的自然条件，这种优越的自然条件使其成为青海省内最吸引人口和劳动力的地区，成为青海省内人口密度最大的地区，这些比较优势叠加在一起，决定了该区经济总量、产业密集度和布局等方面的优势地位，因而也确立了其在青海经济发展中的核心地位。

素有"聚宝盆"之称的柴达木盆地以其丰富的自然资源成为青海最重要的工业区。柴达木盆地南邻西藏，西连新疆，北通甘肃，是青甘新藏四省交会的中心地带，更因其是进出西藏之咽喉，成为西藏自治区的后勤保障与供应基地，在稳藏固疆方面作用突出，是巩固我国西南边防的后勤保障基地，战略地位重要。同时，柴达木盆地矿产资源十分丰富，野生动植物种类繁多，后备耕地资源潜力大，农林牧业发展潜力很大。截至 2004 年底，共发现各种矿产 86 种，占全省的 64%，占全国的 50%，共有矿产地 281 处，主要矿产资源的潜在经济价值约为 16.27 万亿元，矿产资源具有矿种齐全、优势矿产多、探明储量大、品位高、分布集中、多组分综合矿床多、矿种组合好等特点，不仅在国内有突出优势，而且在世界上亦属罕见。在已探明的各类矿产中，盐湖资源具有突出地位，其中锂矿、锶矿、芒硝、化肥用蛇纹岩、钾盐、镁盐、石棉 7 种矿产居全国首位，保有储量在全国名列前 10 位的主要矿产有 24 种。丰富的矿产资源决定了这里成为青海省工业重地，干旱严酷的自然条件限制了这里人口的集聚。因此，这里成为青海省 GDP 总量最大和人均 GDP 最高的地区。

面积广大的青南地区属于青藏高原腹地，高寒缺氧、自然条件恶劣、生态环境脆弱、自然灾害频繁、社会发展程度低、交通不便、人口分散且劳动力素质较低，因而其经济发展水平落后，是青海发展条件最差、发展难度最大的地区。

第三节 经济结构变迁及特征

一、产业结构

青海省产业结构近几十年的演进特征表明，青海处在工业化的初期阶段向中期阶段的转变中，除了具有第一产业的产值比重下降和第二产业的产值比重上升的一般趋势外，目前的产业结构还具有自己的典型特征，包括第一产业的就业比重过高，第三产业的总产值比重小于全国平均水平（见表 2-3）。1952 年，青海省和全国产业结构一致，均为"一三二"；1977 年，青海省第二产业比重首次稳超第一产业，产业结构由"一三二"变为"二三一"；此后，在三大产业之间，第一产业产值比重一直为最小份额，第二产业与第三产业相比，第二产业比重较高，虽然在 1996~2002 年，第三产业比重超过了第二产业，但幅度很小；在 2003~2016 年，第二产业产值比重明显超过第三产业；2017~2019 年，第三产业产值比重再次超过第二产业，产业结构演变为"三二一"。

表2-3 青海省三次产业结构及变动　　　　　　单位:%

区域	产业	第一时段 1952~1956年	第二时段 1957~1977年	第三时段 1978~1983年	第四时段 1984~1995年	第五时段 1996~2002年	第六时段 2003~2016年	第七时段 2017~2019年
全国	第一产业	46.68	45.67	31.35	24.86	16.46	10.44	7.55
	第二产业	24.11	25.03	46.41	43.90	46.13	45.53	40.60
	第三产业	29.21	29.30	22.24	31.25	37.41	44.03	51.90
青海省	第一产业	65.72	63.76	26.43	24.98	17.64	10.24	9.25
	第二产业	14.54	15.41	44.03	40.45	39.89	51.96	43.90
	第三产业	19.73	20.83	29.54	34.58	42.46	37.79	46.85

资料来源:根据历年《中国统计年鉴》《青海统计年鉴》整理计算得到。

从表2-3中可以看出,1952~2019年,从整体上看,青海省产业结构和全国产业结构变化趋势基本一致,即都是从"一三二"的结构开始演变,第一时段、第二时段产业结构都是"一三二";第三时段,全国产业结构为"二一三",青海省为"二三一",这表明青海省第一产业产值比重下降快于全国;第四时段,青海省与全国一致,产业结构均为"二三一";第五时段全国产业结构仍然为"二三一",青海省则演变为"三二一";第六、第七时段,青海省与全国产业结构变化一致,都从"二三一"演变为"三二一",这表明青海省和全国产业结构更趋优化。全国第三产业比重在1985年超越第一产业后持续上升,并于2012年超越第二产业,居于三大产业产值比重之首。青海省第三产业产值比重在1980年超越第一产业,直至2003年产值比重一直在上升,但上升幅度不如全国,2003年以后产值比重开始下降,2012年之后开始上升,并于2017年超越第二产业,居于三大产业产值之首,只不过青海省实现这一目标和全国相比,晚了5年。

各产业具体变化动态为:第一产业比重变化可分为五个阶段:1949~1959年,其比重急剧下降,由1949年的80.49%降至1960年的24.61%;1960~1964年第一产业比重处于上升阶段,从24.61%上升到56.01%;1964~1978年,第一产业比重处于快速下降阶段,从56.01%下降到23.62%;1978~2008年,第一产业比重持续缓慢下降,从1978年起成为比重最低的产业,且其比重在2008年降至11.55%;2009~2016年,第一产业比重稳定在9%左右。

第二产业在GDP中的比重整体呈上升趋势。其发展可分为五个时期:1949~1957年,依托农牧业资源,发展了一批粮油、皮革、毛纺、肉奶等农产品加工工业及电力、煤炭等基础工业,但规模较小,产业结构仍以农牧业为主;1958~1977年,在三线建设的大背景下,相继从内陆迁入和新建了一批工业工厂，奠定了青海工业发展的基础；1978~1999 年在国家实行改革开放，以经济建设为中心的大背景下，青海省政府提出了开发资源、振兴青海的战略，以优势资源开发为主的重型工业得到迅猛发展，工业体系框架基本形成，工业化进程明显加快；2000 年以后，在国家实行西部大开发战略的背景下，青海省抓住机遇，构建特色产业，又一批大型工业项目相继建成，产业结构进一步优化；2011 年之后，第二产业产值比例一直处于下降态势，从 2011 年的 40.36% 下降到 2016 年的 38.42%。

第三产业占 GDP 的比重在计划经济时期除 1961 年有一个小高潮之外，其余时期长期处于较低水平，1978 年之后由于对外开放政策的实行，上升较快，于 1996~2001 年曾一度跃居三次产业首位，但此后有较为明显的下滑趋势。2013 年之后，第三产业比重再次上升，并于 2017 年超过第二产业，跃居三大产业之首。

从第一产业内部结构来看，青海省一直是以农牧业为主，林业和渔业占比很小，牧业比重略高于种植业比重（见图 2-13）。

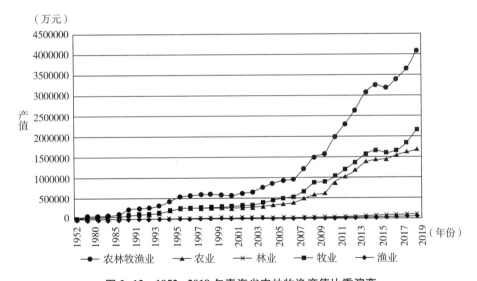

图 2-13　1952~2019 年青海省农林牧渔产值比重演变

从第二产业内部结构来看，因技术条件和人才限制，导致青海省第二产业以能源原材料工业为主，工业产品的加工度不高、产业链条短、技术含量不高、产品附加值低、产业整体竞争力不强。此外，市场发育度低，产业的组织结构以大项目、大企业带动的模式十分明显，导致工业经济呈现脆弱性。

二、就业结构

劳动力结构的调整是伴随着产业结构的变化而变化的。随着产业结构的不断变化，青海省的就业结构也发生了一定变化。如表 2-4 所示，1990 年，青海省三次产业就业人员为 241.4 万人。其中，第一产业就业人数为 144.8 万人，第二产业就业人数为 45.4 万人，第三产业就业人数为 51.2 万人，三次产业就业比例为 60.0∶18.8∶21.2，呈现"一三二"的就业趋势。第一产业是吸纳劳动力的最主要产业部门，这与 1990 年的产业结构并不一致，1990 年的产业结构呈现"二三一"的态势。随着经济与社会的发展，劳动力的流动趋势呈现从第一产业向第二产业和第三产业转移的特点。第一产业就业比重持续下降，从 1990 年的 60% 下降到 2017 年的 35.1%，下降近 25 个百分点；第三产业的就业比重持续上升，从 1990 年的 21.2% 上升到 2019 年的 47.7%，上升 26.5 个百分点；第二产业就业比重波动上升，但幅度较小，从 1990 年的 18.8% 上升到 2015 年的 23.0%，上升 4.2 个百分点，此后，第二产业就业比重呈现缓慢下降态势。2019年青海省三次产业就业人员为 330.2 万人。其中，第一产业就业人数为 105.4 万人，第二产业就业人数为 67.3 万人，第三产业就业人数为 157.5 万人，三次产业就业比例为 31.9∶20.4∶47.7，呈现"三一二"的就业趋势。2019 年与 1990 年相比，就业趋势发生了明显的转变，第一产业就业比重显著下降，从 60% 下降到 31.9%，下降 28.1 个百分点；第三产业就业比重从 21.2% 上升到 47.7%，上升 26.5 个百分点；第二产业产值比重有一定幅度增长，从 18.8% 上升到 20.4%，上升 1.6 个百分点。这表明第一产业析出的劳动力主要转移到第三产业了。需要注意的是，第二产业吸纳劳动力的比重增幅与其产值比重的增幅并不匹配，劳动力向第二产业转移的幅度较小。

表 2-4　1990~2019 年青海省三次产业就业情况及演变

年份	就业人数（万人）			就业构成（%）		
	第一产业	第二产业	第三产业	第一产业	第二产业	第三产业
1990	144.8	45.4	51.2	60.0	18.8	21.2
1991	147.4	45.6	52.2	60.1	18.6	21.3
1992	150.5	45.6	53.1	60.4	18.3	21.3
1993	142.6	43.1	67.6	56.3	17.0	26.7
1994	145.0	43.3	69.3	56.3	16.8	26.9
1995	146.8	44.2	70.7	56.1	16.9	27.0
1996	151.1	43.4	71.6	56.8	16.3	26.9

续表

年份	就业人数（万人）			就业构成（%）		
	第一产业	第二产业	第三产业	第一产业	第二产业	第三产业
1997	151.4	40.6	78.4	56.0	15.0	29.0
1998	153.1	40.4	81.3	55.7	14.7	29.6
1999	152.2	40.2	86.9	54.5	14.4	31.1
2000	158.4	35.8	89.7	55.8	12.6	31.6
2001	170.3	38.0	77.4	59.6	13.3	27.1
2002	162.3	39.1	86.3	56.4	13.6	30.0
2003	156.8	45.8	87.2	54.1	15.8	30.1
2004	148.7	47.9	93.8	51.2	16.5	32.3
2005	144.1	50.6	96.3	49.5	17.4	33.1
2006	139.2	56.5	98.6	47.3	19.2	33.5
2007	132.3	61.5	104.8	44.3	20.6	35.1
2008	134.0	64.1	102.9	44.5	21.3	34.2
2009	130.4	66.4	106.5	43.0	21.9	35.1
2010	127.4	69.5	110.8	41.4	22.6	36.0
2011	121.8	73.9	113.5	39.4	23.9	36.7
2012	115.1	74.5	121.3	37.0	24.0	39.0
2013	116.6	72.8	124.8	37.1	23.2	39.7
2014	116.2	72.5	128.6	36.6	22.9	40.5
2015	115.1	73.9	132.4	35.8	23.0	41.2
2016	115.2	74.1	135.0	35.5	22.9	41.6
2017	114.8	73.3	138.8	35.1	22.4	42.5
2018	110.1	69.4	149.8	33.4	21.1	45.5
2019	105.4	67.3	157.5	31.9	20.4	47.7

资料来源：根据历年《青海统计年鉴》整理计算得到。

  从单位性质来看，国有企业是最主要的就业途径，其次是私营企业，第三是个体（见表2-5）。其变化趋势是国有企业就业比重呈现小幅下降，私营企业就业呈现先降后升趋势，而个体就业呈现大幅上升。这从另一个侧面反映了青海省整体经济结构及其发展态势的变化。

表 2-5　2010~2019 年青海省城乡就业人员基本情况

项目 \ 年份	2010	2011	2012	2013	2014	2015	2016	2017	2018	2019
城镇就业人员（万人）	119.2	127.3	132.9	141.5	148.2	154.5	160.9	165.7	171.5	176.3
国有企业	37.9	41.6	43.8	34.8	34.4	34.2	34.8	35.2	36.6	33.8
城镇集体企业	1.7	1.9	1.6	1.3	1.2	1.1	1.1	0.9	1.0	1.0
股份合作企业	0.6	0.6	0.4	0.3	0.3	0.4	0.4	0.3	0.4	0.2
有限责任公司	8.4	12.8	11.4	16.2	16.6	16.2	16.4	16.8	16.3	20.9
股份有限公司	1.9	2.1	2.6	9.7	9.2	9.2	8.6	8.7	7.4	8.4
私营企业	22.8	21.7	20.1	12.7	14.0	12.8	18.3	25.5	32.0	30.1
外商投资企业	1.0	0.5	0.7	1.0	0.7	0.6	0.6	0.3	0.3	0.3
港澳台商投资企业	0.4	0.6	0.5	0.5	0.5	0.5	0.5	0.4	0.4	0.5
个体	20.4	22.5	27.2	37.2	40.1	43.9	49.4	58.7	65.1	60.9
乡村就业人员（万人）	188.5	181.9	178.0	172.7	169.1	166.9	163.4	161.3	157.8	153.9
#私营企业	11.4	13.9	17.5	13.3	13.5	11.9	11.4	10.8	11.1	18.2
个体	5.8	6.3	5.1	3.3	4.4	2.2	2.7	3.4	5.6	13.9
城镇登记失业人数（%）	4.2	4.4	4.1	4.2	4.2	4.4	4.6	4.7	4.6	3.1
城镇登记失业率（%）	3.8	3.8	3.4	3.3	3.2	3.2	3.1	3.1	3.0	2.3

资料来源：根据历年《青海统计年鉴》整理计算得到。

从城乡就业构成来看（见表 2-5），2010 年城乡就业人数分别为 119.2 万人、188.5 万人，乡村就业人数大于城镇就业人数，此后城镇就业人数呈现上升趋势，而乡村就业人数呈下降趋势，2019 年城乡就业人数分别为 176.3 万人、153.9 万人，表明在城市化的社会大背景下，城乡劳动力的转移趋势。

从产业结构与就业结构的偏离情况来看，如表 2-6 所示，1981~2019 年，青海省第一产业产值比重下降较快，下降了 16.3 个百分点，第二产业产值比重下降了 2.2 个百分点，第三产业产值比重上升了 18.5 个百分点，产业结构不断优化。和产值比重相比，第一产业产值比重低，就业人数比重却一直较高，第二产业就业人数比重一直较低，第三产业就业人数比重上升很快。这表明青海省就业结构和产业结构有较大偏离，就业结构和产业结构相比，存在一定程度的扭曲，就业结构的转变滞后于产业结构的转变。以农牧业为主的地区如何更好地解决第一产业剩余劳动力的转移，这是青海省产业结构演变中值得重视和研究的问题。

表 2-6 1981~2019 年青海省三次产业生产总值结构及就业结构演变 单位:%

年份	第一产业产值比重	第一产业就业人数比重	第二产业产值比重	第二产业就业人数比重	第三产业产值比重	第三产业就业人数比重
1981	26. 5	68. 80	41. 3	17. 90	32. 2	13. 30
1982	27. 8	66. 50	40. 3	17. 30	31. 9	16. 20
1983	26. 3	66. 20	40. 0	17. 20	33. 7	16. 60
1984	27. 8	65. 10	38. 4	17. 40	33. 8	17. 50
1985	26. 1	61. 40	40. 6	20. 10	33. 3	18. 50
1986	27. 2	58. 80	40. 1	20. 30	32. 7	20. 90
1987	27. 1	58. 80	38. 3	19. 70	34. 6	21. 50
1988	26. 1	58. 60	42. 4	19. 50	31. 5	21. 90
1989	26. 1	60. 00	41. 8	18. 90	32. 1	21. 10
1990	25. 3	60. 00	38. 4	18. 80	36. 3	21. 20
1991	23. 9	60. 10	39. 7	18. 60	36. 4	21. 30
1992	22. 7	60. 40	41. 5	18. 30	35. 8	21. 30
1993	20. 3	56. 30	39. 2	17. 00	40. 5	26. 70
1994	23. 4	56. 30	35. 3	16. 80	41. 3	26. 90
1995	23. 6	56. 10	31. 7	16. 90	44. 7	27. 00
1996	21. 9	56. 80	31. 3	16. 30	46. 8	26. 90
1997	20. 6	56. 00	30. 4	15. 00	49. 0	29. 00
1998	19. 5	55. 70	30. 0	14. 70	50. 5	29. 60
1999	17. 6	54. 50	29. 8	14. 40	52. 6	31. 10
2000	15. 2	55. 80	30. 7	12. 60	54. 1	31. 60
2001	14. 9	59. 60	32. 0	13. 30	53. 1	27. 10
2002	13. 3	56. 40	33. 2	13. 60	53. 5	30. 00
2003	12. 0	54. 10	34. 3	15. 80	53. 7	30. 10
2004	13. 1	51. 20	34. 8	16. 50	52. 1	32. 30
2005	12. 6	49. 50	38. 1	17. 40	49. 3	33. 10
2006	11. 2	47. 30	39. 0	19. 20	49. 8	33. 50
2007	11. 3	44. 30	38. 2	20. 60	50. 5	35. 10
2008	11. 5	44. 50	39. 1	21. 30	49. 4	34. 20

续表

年份	第一产业产值比重	第一产业就业人数比重	第二产业产值比重	第二产业就业人数比重	第三产业产值比重	第三产业就业人数比重
2009	11.2	43.00	38.9	21.90	49.9	35.10
2010	11.6	41.40	38.8	22.60	49.6	36.00
2011	11.1	39.40	40.4	23.90	48.5	36.70
2012	11.4	37.00	40.6	24.00	48.0	39.00
2013	12.0	37.10	39.7	23.20	48.3	39.70
2014	11.7	36.60	38.7	22.90	49.6	40.50
2015	10.4	35.80	37.8	23.00	51.8	41.20
2016	9.8	35.50	38.4	22.90	51.8	41.60
2017	9.7	35.10	39.6	22.40	50.7	42.50
2018	9.8	33.4	39.8	21.1	50.4	45.5
2019	10.2	31.9	39.1	20.4	50.7	47.7

资料来源：根据历年《青海统计年鉴》整理计算得到。

三、所有制结构

1949～1953 年，青海省所有制结构以个体经济为主。以工业为例，1949 年个体手工业产值占工业总产值的 94.3%，全民所有制工业仅占 5.6%，私营工业占 0.1%（见表 2-7）。1953 年，我国对私营经济进行大规模的社会主义改造，青海省同样将省内地方私营经济改造为社会主义公有制经济。截至 1956 年底，我国社会主义改造基本完成，青海省的社会主义公有制经济占比高达 83.2%，公私合营经济占 4.8%，个体手工业占比仅为 12.0%，青海省内的社会主义公有制经济制度已经成功建立，公有制经济成为青海省社会经济发展的绝对主体。改革开放前，青海的经济发展基本上是单一的社会主义公有制经济。改革开放后，所有制结构逐步向多元化转变，个体、私营、联营、股份制、三资企业等其他所有制经济得到迅速发展，社会主义公有制经济占比有所下降，但其在所有制结构中的绝对优势地位一直保持至今。到 2000 年，公有制经济、非公有制经济占 GDP 的比重分别为 81.8%、18.2%。在非公有制经济中私营经济占非公有制经济总量的 89.04%；港澳台经济和外商经济占非公有制经济总量的 4.4%。此后的 10 多年中，非公有制呈现逐年快速增长，从 2000 年的 18.2% 增长到 2016 年的 35.7%（见图 2-14）。

表 2-7　1949～1982 年青海省经济所有制结构变化　　　　单位:%

年份	全民所有制	集体所有制	公私合营	私营	个体手工业
1949	5.6	—		0.1	94.3
1950	7.9	—		0.5	91.6
1951	14.0	—		2.9	83.1
1952	16.4	0.1		2.6	80.9
1953	30.4	0.9		4.9	63.8
1954	40.8	4.3		6.1	48.8
1955	43.8	9.0	2.2	2.6	42.4
1956	57.9	25.3	4.8	—	12.0
1957	50.1	23.2	7.8	—	13.9
1965	90.4	9.6			0.1
1975	86.8	13.2			
1977	83.7	16.3			
1980	84.7	15.3			
1981	83.2	16.8			
1982	84.6	15.3			0.1

注:"—"表示缺数据。

资料来源:青海省国民经济统计资料(1949～1982 年)。

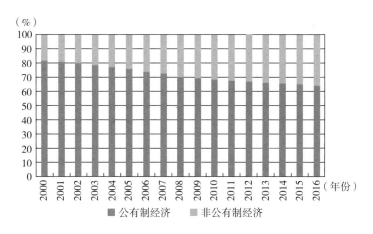

图 2-14　2000～2016 年青海省公有制、非公有制经济结构变化

从全社会固定资产投资经济结构来看(见表 2-8),1995～2015 年青海省以国有经济为主,集体经济和私营个体经济占比很小,但国有经济、集体经济呈现明显的下降趋势,其他经济和私营个体经济大幅上升。2015 年国有经济、其

他经济、私营个体经济分别占 56.43%、25.38%、17.50%，集体经济仅占 0.69%。2000 年私营个体经济超越集体经济，占比达到 8.45%，至 2015 年占比达到 17.50%，上升趋势明显。2015 年在非公有制经济结构中，私营企业占比最高，为 55.51%，其次是有限责任公司和个体经济，分别占 17.24% 和 14.22%（见表 2-9）。

表 2-8　1995~2015 年青海省主要年份国民经济和社会发展结构指标　单位：%

指标	1995 年	2000 年	2005 年	2010 年	2014 年	2015 年
全社会固定资产投资经济结构						
国有经济	81.23	66.41	47.84	48.27	47.84	56.43
集体经济	9.61	4.27	3.95	1.50	0.70	0.69
私营个体经济	7.81	8.45	11.65	13.83	19.42	17.50
其他经济	1.35	20.87	36.57	36.40	32.04	25.38
资金来源结构						
国家预算内资金	6.17	17.04	15.79	13.56	19.82	20.16
国内贷款	39.55	24.33	16.87	17.11	21.10	21.29
利用外资	0.65	1.39	0.55	0.50	0.15	0.08
自筹和其他投资	53.63	56.96	66.38	68.82	58.93	58.47

从资金来源结构来看，1995~2015 年青海省资金来源以自筹及其他投资、国内贷款为主，二者在 2015 年比重分别达到 58.47%、21.29%，自筹和其他投资占绝对优势。国家预算内资金比重较小，2015 年比重为 20.16%，利用外资比重最小，2015 年比重为 0.08%。从发展趋势来看，国内贷款、利用外资的比重呈现明显下降趋势，国家预算内资金、自筹和其他投资呈现明显上升趋势。2015 年国家预算内资金比重和国内贷款比重相当（见表 2-8）。

从全社会固定资产投资经济结构变动趋势来看，1995~2015 年，青海国有经济和集体经济比重下降较快，国有经济从 1995 年的 81.23% 下降到 2015 年的 56.43%，但依然占据半壁江山，是全社会固定资产投资的主体。其他经济和私营个体经济比重显著上升，但占比仍然偏小（见表 2-8）。

表 2-9　2015 年青海省非公有制经济总产出和占全省比重

经济类型	股份合作企业	联营企业	有限责任公司	股份有限公司	私营企业	个体经济	港澳台商企业	外商企业	其他企业
总产出（亿元）	39.71	0.01	514.90	146.91	1657.32	424.48	112.36	51.63	38.54
比重（%）	1.33	0.00	17.24	4.92	55.51	14.22	3.76	1.73	1.29

从非公有制经济结构来看，2019年，非公有制企业34万余个，其中，个体经济约有27.33万个，占80.27%；其次是私营企业，约5.9万个，占17.33%；其他形式非公有制企业占比均很小。从从业人员来看，个体经济和私营经济从业人员分别为49.37万人、47.83万人，占比分别为39.38%、38.16%，是提供就业岗位的主力军；有限责任公司和股份有限公司从业人员分别为16.43万人、8.15万人，占比分别为13.11%、6.50%；其他形式非公有制经济从业人员较少。从销售收入或营业收入来看，有限责任公司和私营企业收入较高，分别为2211.07亿元和2148.79亿元，占比分别为36.43%和35.40%；股份有限公司和个体经济分别位于第3和第4位，收入分别为991.12亿元和608.38亿元，占比分别为16.33%和10.02%；其他形式的非公有制经济收入均很小。从总产出来看，私营企业最高，产出达到1273.21亿元，占比为35.05%；第2为有限责任公司，产出为899.66亿元，占比为24.77%；第3为个体经济，产出为680.16亿元，占比为18.73%；第4为股份有限公司，产出为629.37亿元，占比为17.33%。总之，从总产出、销售收入或营业收入、从业人员等因素来看，私营企业、股份有限公司、有限责任公司和个体经济是青海省最重要的四种非公有制企业（见表2-10）。

表2-10　2018~2019年青海省非公有制经济基本情况

年份	户数（个）		从业人员（人）		销售收入或营业收入（万元）		总产出（万元）	
	2018	2019	2018	2019	2018	2019	2018	2019
总计	315579	340534	1143498	1253622	52214128	60700392	30246503	36323547
按经济类型分								
股份合作企业	65	65	2777	2796	110299	91638.1	179750	73251
联营企业	7	6	46	43	281	321	567	583
有限责任公司	7267	4416	182548	164339	18722404	22110682	8263572	8996646
股份有限公司	756	1023	80003	81548	8703657	9911248	2878260	6293689
私营企业	48937	59026	392867	478332	17986783	21487852	11608762	12732148
个体经济	255625	273352	449536	493728	5590677	6083795	6264605	6801598
港澳台商投资企业	46	49	4759	4771	906244	757300.9	619551	582472
外商企业	62	69	1837	2330	123540	135662.7	132384	129778
其他企业	2814	2528	29125	25735	70243	121893	299052	713382

从2018~2019年非公有制经济结构变化来看，除股份有限公司总产出在2019年比2018年有较大幅度的增长外，其余非公有制经济变化均较小。

从国内外投资构成来看，青海省以境内企业投资为主，港澳台投资和外商直接投资占比较小，在港澳台直接投资中，以港资为主，如图 2-15 所示。

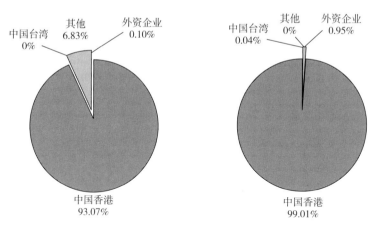

图 2-15　青海省 2015 年、2020 年港澳台直接投资构成

如图 2-16 所示，1991~2020 年青海省外商直接投资呈现倒"U"形曲线。受国家西部大开发等宏观政策的因素影响，从 2000 年开始，外商直接投资进入快速发展阶段，2007 年达到峰值，为 3.1 亿美元，之后快速下降，特别是 2015 年之后，受国际宏观经济环境的影响，降至 5000 万美元以下。

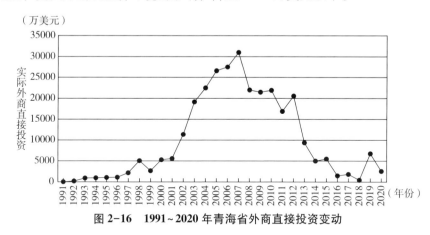

图 2-16　1991~2020 年青海省外商直接投资变动

可见，改革开放以来，青海省经济所有制结构发生了较大转变，具有三个特点：一是从国有经济主导转变为多种经济成分共同发展的新局面；二是个体经济、私营经济、外商投资、股份制经济得到较快发展，非公有制经济总量迅速增加；三是公有制经济占绝对优势，国有经济居主导地位。

从所有制变迁总趋势和驱动机制来看，青海省非公有制经济呈现从小到大、由弱变强的态势，是在党和国家方针政策指引下实现的。党的十一届三中全会以后，我们破除所有制问题上的传统观念束缚，为非公有制经济发展打开了大门。党的十五大把"公有制为主体、多种所有制经济共同发展"确立为我国社会主义初级阶段的基本经济制度,明确提出"非公有制经济是我国社会主义市场经济的重要组成部分"。党的十六大提出"毫不动摇地巩固和发展公有制经济""毫不动摇地鼓励、支持和引导非公有制经济发展"。党的十八大进一步提出"保证各种所有制经济依法平等使用生产要素、公平参与市场竞争、同等受到法律保护"。党的十八届三中全会提出"公有制经济和非公有制经济都是社会主义市场经济的重要组成部分,都是我国经济社会发展的重要基础"。党的十九大把"两个毫不动摇"写入新时代坚持和发展中国特色社会主义的基本方略,作为党和国家一项大政方针进一步确定下来。党的十九届四中全会的一大创新,就是在此基础上,把按劳分配为主体、多种分配方式并存,社会主义市场经济体制上升为基本经济制度。

青海的经济所有制结构变动趋势与全国基本一致,但存在三个主要问题:一是国有经济比重过大;二是非国有经济发展速度缓慢;三是青海省非公有制经济地区间发展不平衡,西宁市、格尔木市、德令哈市以及海东市几个县、区的非公有制经济比重相对较高,其他经济落后地区,特别是青南地区的非公有制经济比重则较低。由于特殊的区位及自然地理环境的影响,非公有制经济缺乏规模实力,所有制结构调整步伐相对滞后,在一定程度上拉大了和国内发达地区经济和社会发展的差距。未来,青海省如何解决好上述三个问题,更好地优化和调整所有制结构,鼓励、支持、引导非公有制经济发展,坚持按劳分配为主体、多种分配方式并存,充分发挥市场在资源配置中的决定性作用,更好地发挥政府作用,让"看得见的手"和"看不见的手"相得益彰,这对于推动经济高质量发展,解放和发展社会生产力,更好地发挥社会主义制度优越性具有重要的指导意义。

四、产业部门及区域分异

从2015年产业部门增加值来看(见表2-11),西宁市制造业占绝对优势,产值比重为35.47%,随后产值较高的依次是金融业、建筑业、批发零售业,产值比重分别为10.78%、8.88%、8.83%;海东市以制造业、建筑业和农林牧渔业为主;海北州、黄南州以农林牧渔业、建筑业,以及公共管理、社会保障和社会组织为主;海南州以电力、热力、燃气及水生产和供应业,农林牧渔业和建筑业为主;果洛州以建筑业、农林牧渔业和采矿业为主;玉树州产业结构特别单一,以农林牧渔业和建筑业为主,二者占比分别为42.74%和37.29%;海西州以制造业、采矿业、建筑业为主。

与2015年相比,2019年青海省各地区主要产业发生了较大变化(见表2-

12）：西宁市制造业绝对优势降低，以金融业、制造业、建筑业为主；海东市以建筑业，农林牧渔业，公共管理、社会保障和社会组织，制造业及电力、热力、燃气及水生产和供应业为主；海北州的农林牧渔业占绝对优势，随后依次为公共管理、社会保障和社会组织，教育和建筑业；黄南州与海北州类似，以农林牧渔业，电力、热力、燃气及水生产和供应业，以及公共管理、社会保障和社会组织，建筑业为主；海南州以电力、热力、燃气及水生产和供应业，农林牧渔业，建筑业，以及公共管理、社会保障和社会组织为主，电力供应比重达到31.8%，其水电、风电、光伏发电的优势得到进一步提升；果洛州以建筑业，农林牧渔业和公共管理、社会保障和社会组织为主；玉树州产业结构仍然特别单一，农林牧渔业占比很高，为57.9%；海西州以采矿业、制造业为主，与2015年相比，制造业比重有所下降，采矿业比重有所上升。

从2019年各地区增加值及增速来看，除海北州和玉树州外，其余各地区增速均在7%以上（见表2-13）。从各地区不同行业来看，西宁市增速最大的是水利、环境和公共设施管理业，随后依次是公共管理、社会保障和社会组织，居民服务、修理和其他服务业，租赁和商务服务业，教育，文化、体育和娱乐业；海东市增速较大的是居民服务、修理和其他服务业，租赁和商务服务业，文化、体育和娱乐业，随后依次是信息传输、软件和信息技术服务业，建筑业，科学研究和技术服务业；海北州增速较大的是文化、体育和娱乐产业，增速达到53.0%，随后依次是信息传输、软件和信息技术服务业，水利、环境和公共设施管理业，制造业。黄南州增速最大的是水利、环境和公共设施管理业，其次是信息传输、软件和信息技术服务业，电力、热力、燃气及水生产和供应业，租赁和商务服务业，居民服务、修理和其他服务业。值得注意的是，黄南州制造业呈现较大幅度的下降，增速为-22.8%。这反映出地区产业结构的重大调整和区域发展及产业政策的变化。海南州最值得注意的是制造业，增速为-62.4%，表明制造业大幅度下滑，而增速最大的是电力、热力、燃气及水生产和供应业，其次是水利、环境和公共设施管理业，反映出海南州进行了基于区域比较优势所做的产业结构的重大调整和区域发展战略转型。果洛州增速最大的是水利、环境和公共设施管理业，增速达49.5%，其次是科学研究和技术服务业；增速下滑的是采矿业，制造业，电力、热力、燃气及水生产和供应业。玉树州各产业部门增长比较均衡，增长较大的是水利、环境和公共设施管理业，增速达22.2%，其次是信息传输、软件和信息技术服务业；增速下滑的是制造业，电力、热力、燃气及水生产和供应业。海西州各产业部门增长同样比较均衡，增长较大的是卫生社会工作，增速达25.4%，随后依次是教育，租赁和商务服务业，信息传输、软件和信息技术服务业；增速下滑的是金融业。

表2-11 2015年青海省分地区分行业生产总值及构成

单位：亿元，%

指标	西宁市 总量	占比	海东市 总量	占比	海北州 总量	占比	黄南州 总量	占比	海南州 总量	占比	果洛州 总量	占比	玉树州 总量	占比	海西州 总量	占比
生产总值	1131.60	100.00	384.40	100.00	94.90	100.00	72.80	100.00	140.20	100.00	35.70	100.00	60.60	100.00	439.90	100.00
农林牧渔业	37.90	3.35	54.10	14.07	17.20	18.12	20.20	27.75	31.70	22.61	6.00	16.81	25.90	42.74	27.20	6.18
采矿业	2.30	0.20	15.50	4.03	11.20	11.80	—	0.00	2.30	1.64	3.90	10.92	—	0.00	85.30	19.39
制造业	401.40	35.47	98.70	25.68	8.70	9.17	3.70	5.08	10.90	7.77	0.30	0.84	—	0.00	138.90	31.57
电力、热力、燃气及水生产和供应业	39.40	3.48	19.50	5.07	6.70	7.06	11.60	15.93	32.00	22.82	0.20	0.56	0.70	1.16	27.10	6.15
建筑业	100.50	8.88	59.10	15.37	16.50	17.39	10.10	13.87	24.90	17.76	9.40	26.33	22.60	37.29	45.60	10.37
批发和零售业	99.90	8.83	13.70	3.56	2.50	2.63	1.50	2.06	3.10	2.21	1.30	3.64	1.20	1.98	9.90	2.25
交通运输、仓储和邮政业	45.00	3.98	16.20	4.21	2.10	2.21	0.60	0.82	3.90	2.78	1.10	3.08	0.60	0.99	35.00	7.96
住宿和餐饮业	11.20	0.99	6.80	1.77	1.70	1.79	1.50	2.06	2.20	1.57	1.40	3.92	0.40	0.66	4.20	0.95
信息传输、软件和信息技术服务业	48.00	4.24	6.60	1.72	1.00	1.05	1.10	1.51	1.90	1.36	1.40	3.92	1.60	2.64	8.70	1.98
金融业	122.00	10.78	9.70	2.52	2.60	2.74	1.90	2.61	4.60	3.28	2.10	5.88	0.20	0.33	12.50	2.84
房地产业	26.20	2.32	5.00	1.30	1.00	1.05	0.70	0.96	2.10	1.50	0.40	1.12	0.10	0.17	4.30	0.98
租赁和商务服务业	22.30	1.97	1.50	0.39	0.80	0.84	0.20	0.27	0.50	0.36	0.90	2.52	0.70	1.16	5.30	1.20

续表

指标	西宁市		海东市		海北州		黄南州		海南州		果洛州		玉树州		海西州	
	总量	占比	总量	占比	总量	占比	总量	占比	总量	占比	总量	占比	总量	占比	总量	占比
科学研究和技术服务业	19.80	1.75	7.90	2.06	1.00	1.05	0.50	0.69	0.50	0.36	0.00	0.00	0.30	0.50	3.10	0.70
水利、环境和公共设施管理业	5.10	0.45	3.30	0.86	0.10	0.11	0.20	0.27	0.30	0.21	—	0.00	0.40	0.66	0.50	0.11
居民服务、修理和其他服务业	8.30	0.73	1.60	0.42	0.60	0.63	0.20	0.27	0.40	0.29	0.60	1.68	0.80	1.32	3.20	0.73
教育	34.00	3.00	17.10	4.45	2.60	2.74	2.10	2.88	4.90	3.50	1.10	3.08	0.40	0.66	4.40	1.00
卫生和社会工作	23.80	2.10	2.90	0.75	1.70	1.79	1.30	1.79	2.70	1.93	1.20	3.36	0.50	0.83	4.10	0.93
文化、体育和娱乐业	12.40	1.10	0.90	0.23	1.00	1.05	0.80	1.10	0.80	0.57	1.00	2.80	0.40	0.64	2.80	0.64
公共管理、社会保障和社会组织	72.30	6.39	44.30	11.52	15.90	16.75	14.60	20.05	10.40	7.42	3.70	10.36	3.90	6.44	17.80	4.05

注："—"表示缺数据。

资料来源：根据《青海统计年鉴》（2016）整理得到。

表 2-12　2019 年青海省分地区分行业生产总值及构成

单位：亿元，%

指标	西宁市		海东市		海北州		黄南州		海南州		果洛州		玉树州		海西州	
	总量	占比	总量	占比	总量	占比	总量	占比	总量	占比	总量	占比	总量	占比	总量	占比
生产总值	1327.8	100.0	487.7	100.0	91.7	100.0	100.9	100.0	174.7	100.0	46.2	100.0	59.8	100.0	666.1	100.0
农林牧渔业	51.8	3.9	71.6	14.7	26.0	28.4	26.8	26.5	44.2	25.3	8.6	18.5	34.6	57.9	38.0	5.7
#农林牧渔服务业	0.4	0.0	1.1	0.2	0.4	0.5	0.7	0.7	0.6	0.3	0.2	0.3	0.2	0.3	0.5	0.1
采矿业	0.0	0.0	2.5	0.5	3.1	3.4	0.0	0.0	0.0	0.0	2.7	5.9	0.0	0.0	212.7	31.9
制造业	172.6	13.0	49.3	10.1	2.1	2.3	2.4	2.4	5.2	3.0	0.5	1.0	0.4	0.6	127.3	19.1
电力、热力、燃气及水生产和供应业	62.3	4.7	49.9	10.2	5.2	5.6	13.0	12.9	55.5	31.8	0.5	1.1	0.5	0.8	49.8	7.5
建筑业	163.8	12.3	83.2	17.1	7.3	8.0	10.9	10.8	13.3	7.5	10.1	22.0	4.6	7.7	49.1	7.4
批发和零售业	108.2	8.1	17.0	3.5	3.3	3.6	1.8	1.8	3.7	2.1	1.4	3.1	1.4	2.4	24.0	3.6
交通运输、仓储和邮政业	55.7	4.2	11.7	2.4	2.7	2.9	0.8	0.8	4.5	2.6	1.7	3.6	0.8	1.4	47.1	7.1
住宿和餐饮业	28.5	2.1	8.7	1.8	2.1	2.3	2.0	2.0	2.9	1.6	1.8	3.9	0.5	0.8	4.3	0.6
信息传输、软件和信息技术服务业	39.8	3.0	8.2	1.7	0.5	0.5	0.6	0.6	0.8	0.5	0.6	1.4	1.0	1.7	5.2	0.8
金融业	201.8	15.2	21.8	4.5	4.9	5.4	4.4	4.4	6.0	3.4	3.3	7.1	1.0	1.6	19.8	3.0
房地产业	93.1	7.0	20.3	4.2	2.4	2.7	2.1	2.1	4.1	2.3	0.5	1.1	0.5	0.8	4.0	0.6

续表

指标	西宁市		海东市		海北州		黄南州		海南州		果洛州		玉树州		海西州	
	总量	占比	总量	占比	总量	占比	总量	占比	总量	占比	总量	占比	总量	占比	总量	占比
租赁和商务服务业	36.5	2.7	10.1	2.1	1.1	1.1	0.4	0.4	0.6	0.3	1.3	2.9	1.4	2.4	11.2	1.7
科学研究和技术服务业	55.2	4.2	12.3	2.5	2.4	2.6	5.6	5.5	0.8	0.5	0.0	0.1	0.4	0.6	6.0	0.9
水利、环境和公共设施管理业	9.2	0.7	2.7	0.6	0.2	0.2	0.4	0.4	0.6	0.3	0.0	0.0	0.6	1.0	3.8	0.6
居民服务、修理和其他服务业	19.0	1.4	9.6	2.0	0.8	0.8	0.5	0.5	0.6	0.3	1.0	2.1	1.5	2.5	5.5	0.8
教育	67.8	5.1	42.9	8.8	8.2	8.9	10.8	10.7	10.6	6.1	3.0	6.5	3.6	6.0	18.5	2.8
卫生和社会工作	73.8	5.6	11.1	2.3	3.4	3.7	4.9	4.9	5.0	2.9	2.5	5.5	1.2	2.0	6.8	1.0
文化、体育和娱乐业	6.2	0.5	0.5	0.1	1.4	1.5	1.6	1.6	0.9	0.5	1.6	3.4	0.8	1.3	4.8	0.7
公共管理、社会保障和社会组织	82.6	6.2	54.4	11.1	14.6	16.0	11.9	11.8	15.5	8.9	5.0	10.7	5.1	8.6	28.2	4.2

注："—"表示缺数据；"#"表示按照2012年制定的《三次产业划分规定》，农林牧渔服务业划归为第三产业。

资料来源：根据《青海统计年鉴》(2020)整理得到。

表2-13　2019年青海省分地区分行业生产总值及增速

单位：亿元，%

指标	西宁市		海东市		海北州		黄南州		海南州		果洛州		玉树州		海西州	
	总量	增速	总量	增速	总量	增速	总量	增速	总量	增速	总量	增速	总量	增速	总量	增速
生产总值	1327.8	7.0	487.7	7.0	91.7	3.3	100.9	7.7	174.7	7.1	46.2	7.2	59.8	5.1	666.1	7.0
农林牧渔业	51.8	4.2	71.6	5.2	26.0	4.5	26.8	4.6	44.2	4.6	8.6	3.8	34.6	3.7	38.0	5.6
#农林牧渔服务业	0.4	2.6	1.1	4.1	0.4	4.4	0.7	7.1	0.6	4.1	0.2	9.9	0.2	3.6	0.5	4.9
采矿业	0.0	—	2.5	-1.7	3.1	-1.6	0.0	—	0.0	—	2.7	-23.9	0.0	—	212.7	11.9
制造业	172.6	6.1	49.3	2.4	2.1	10.8	2.4	-22.8	5.2	-62.4	0.5	-23.9	0.4	-2.2	127.3	2.2
电力、热力、燃气及水生产和供应业	62.3	6.1	49.9	8.3	5.2	3.8	13.0	17.8	55.5	37.1	0.5	-23.9	0.5	-2.2	49.8	3.7
建筑业	163.8	1.2	83.2	12.3	7.3	8.2	10.9	6.7	13.3	3.0	10.1	15.7	4.6	5.1	49.1	5.9
批发和零售业	108.2	5.3	17.0	3.0	3.3	2.8	1.8	2.8	3.7	2.6	1.4	2.3	1.4	2.4	24.0	3.0
交通运输、仓储和邮政业	55.7	0.2	11.7	3.0	2.7	0.6	0.8	0.8	4.5	0.6	1.7	3.5	0.8	3.5	47.1	2.5
住宿和餐饮业	28.5	3.7	8.7	5.3	2.1	3.5	2.0	3.4	2.9	7.3	1.8	9.2	0.5	2.3	4.3	4.0
信息传输、软件和信息技术服务业	39.8	16.9	8.2	13.6	0.5	13.8	0.6	19.2	0.8	14.4	0.6	14.8	1.0	19.3	5.2	13.6
金融业	201.8	0.6	21.8	-0.2	4.9	4.0	4.4	3.8	6.0	-1.7	3.3	12.3	1.0	1.5	19.8	-0.8
房地产业	93.1	3.1	20.3	6.6	2.4	1.9	2.1	6.6	4.1	7.4	0.5	2.2	0.5	5.0	4.0	5.2

续表

指标	西宁市		海东市		海北州		黄南州		海南州		果洛州		玉树州		海西州	
	总量	增速	总量	增速	总量	增速	总量	增速	总量	增速	总量	增速	总量	增速	总量	增速
租赁和商务服务业	36.5	18.2	10.1	31.6	1.1	-1.1	0.4	17.0	0.6	12.9	1.3	12.1	1.4	10.9	11.2	15.6
科学研究和技术服务业	55.2	10.8	12.3	11.1	2.4	-6.6	5.6	8.6	0.8	15.9	0.0	26.9	0.4	5.4	6.0	11.6
水利、环境和公共设施管理业	9.2	40.8	2.7	7.0	0.2	11.6	0.4	24.7	0.6	24.6	0.0	49.5	0.6	22.2	3.8	3.1
居民服务、修理和其他服务业	19.0	19.1	9.6	33.6	0.8	0.1	0.5	16.3	0.6	13.7	1.0	13.2	1.5	12.3	5.5	7.6
教育	67.8	17.7	42.9	19.1	8.2	-2.7	10.8	13.1	10.6	11.6	3.0	9.9	3.6	8.8	18.5	22.8
卫生和社会工作	73.8	14.5	11.1	5.4	3.4	-6.6	4.9	8.5	5.0	6.9	2.5	5.4	1.2	4.2	6.8	25.4
文化、体育和娱乐业	6.2	17.2	0.5	29.6	1.4	53.0	1.6	14.4	0.9	13.5	1.6	11.7	0.8	10.3	4.8	12.1
公共管理、社会保障和社会组织	82.6	19.5	54.4	-7.7	14.6	1.2	11.9	11.0	15.5	6.5	5.0	6.8	5.1	6.4	28.2	3.6

注："—"表示缺数据。"#"表示按照 2012 年制定的《三次产业划分规定》，农林牧渔服务业划归为第三产业。

资料来源：根据《青海统计年鉴》（2020）整理得到。

第三章　特色优势产业的发展与布局

第一节　农牧业的发展与布局

　　青海省是农牧大省，同新疆、内蒙古、西藏和甘肃并称为我国五大牧区，农牧业在全省经济发展中一直具有举足轻重的地位。凭借自然资源禀赋，中华人民共和国成立以后，在相当长的一段时间里，农牧业在青海省产业结构中一直处于优势地位。改革开放以来，虽然农牧业产值比重下降较快，但仍是青海省社会经济发展中的基础性产业和农牧民收入水平提高的重要来源。青海省农牧业经济发展的一个突出特征就是农牧业内部典型的农牧二元结构。

　　青海不仅是我国重要的农牧区之一，也是国家生态安全屏障和重要生态功能区，生态地位重要且特殊，是地球上生态系统最敏感的地区，更是众所周知的生态环境脆弱区。独具特色的自然生态环境以及独特的民族文化特征，客观决定了其农牧业发展路径和其可持续性发展在中国乃至全球所具有的重要地位。因此，青海的农牧业与生态环境能否协调可持续发展，将直接关系到该区域未来的持续稳定和繁荣发展，加强对青海农牧业可持续发展战略问题的研究，其作用、意义极为深远。

一、农牧业发展条件及特点

（一）地形地貌与农牧业发展

　　青海省地处我国西部腹地，青藏高原的东北部，是长江、黄河、澜沧江的发源地，素有"中华水塔"和"三江源"之称。地势总体是西高东低，南北高中部低。境内最高点为布喀达坂峰，位于青海西北边界，海拔6860米；最低点位于民和回族土族自治县的下川口镇，海拔1650米。全省平均海拔3000米以上的面积占总面积的85%。其中，3000~4000米的地区占24%，4000~5000米的地区占54%，5000米以上的地区占7%。有许多高逾6000米的冰峰，从西到东横亘着数条长 1000 千米以上的山脉，被称为万山之宗的巍巍昆仑山横贯中部，唐古拉山峙立于南，祁连山矗立于北，巴颜喀拉山脉雄踞青南高原。海拔 5000 米以上的山脉大都终年积雪，冰川广布。地貌分为祁连山地、柴达木盆地和青南高原三大单元。以日月山为天然分界，东部湟水流域和黄河上游下段为黄土高原西缘，是主要的农业区；西部、南部为青藏高原，以农牧业为主。

境内山脉大多呈西北—东南方向或东西走向，如阿尔金山、祁连山、昆仑山、布尔汗布达山、阿尼玛卿山、巴颜喀拉山、可可西里山、唐古拉山等。对北方来的冷气流起一定的屏障作用，使农田、牧草分布上限相应升高。

（二）农牧业发展限制条件与相对优势

地势高耸、高寒缺氧、气温偏低、热量不足、无霜期和作物生长季短，是青海省农牧业发展最大的限制条件。大部分地区以农牧业为主，种植业仅限于海拔较低的河湟谷地、盆地及部分平滩、低山区，加之耕地大部分以山地为主，导致青海种植业总体上呈现作物种植品种少、种植区域相对分散、整体规模不大等特点，主要种植油菜、马铃薯、青稞、蚕豆、豌豆、蔬菜等对热量要求较低的作物。与此同时，青藏高原太阳辐射强、昼夜温差大，给部分作物生长创造了特殊条件，使青海在发展特殊特色农业，尤其是开发绿色农产品方面具有得天独厚的优势。

（1）自然资源优势：青海省大陆性气候特征明显，地域差异大。全省年总辐射量普遍较高，青海省年太阳总辐射量在 5668~7091 兆焦/平方米，是全国辐射资源最丰富的地区之一；光照充足，日照时间长，各地的年日照时数在 2300~3550 小时；年均温度低，无霜期短，各地年平均气温在−5.7℃~8.5℃；降水量少，地域差异大，绝大部分地区年降水量在 400 毫米以下。总的气候特点是光照充足、气候冷凉、太阳辐射强、昼夜温差大、雨热同季，对农作物及牧草的生长发育有利，适宜发展冷凉性农作物和地方特色农业。青海省海拔 3000 米以下青东河谷丘陵地区和柴达木盆地等地区分布有大量耕地资源，东部河湟地区的黄土区或红土区土层深厚、气候温暖、降水较多、土地质量较好；柴达木盆地和共和盆地，气候较温暖，但降水少，局部地区土层较厚，小面积有水源灌溉，土层较厚的土地质量较好，是全省主要的发展种植业地区。

（2）环境优势：青海省农牧业生态环境总体质量较好，大部分地区为海拔 3000 米以上的天然草地，牧区占全省土地面积的 95% 以上，拥有天然草地 3647 万公顷，占全省土地面积的 50.5%，约占全国草地总面积的 10%，环境洁净、土壤、水源、牧草均无污染。省内工业企业较少，工业污染较轻，农牧业环境基本未被破坏，质量较优。农牧业生产重点示范区的主要环境影响化学元素指标均低于国家无污染生产的环境质量标准，环境条件完全符合生产无污染农牧业的要求，具有发展绿色农畜产品的优势。

（3）品种与品质优势：为顺应市场经济发展要求，近年来青海省立足高原冷凉气候，发挥比较优势，进一步优化农牧业产业结构，突出特色基地建设，扩大无公害绿色产品生产规模，加快了品种更新换代和特色农牧产品生产基地建设，初步形成了以油菜、蔬菜、马铃薯、豆类、花卉、中藏药材、牛羊肉、羊绒等特色优势产品为主导产业的农产品区域布局。

①油菜：青海省油菜品质好，无虫害，出油率列全国之冠，高达 39.37%，比全国平均水平高 7 个百分点；低芥酸、硫甙的含量均达到国家标准，且无污染。

②马铃薯：马铃薯是青海省传统优势作物，具有薯形大、口感好、产量高、品质好的特点，淀粉含量在 20% 左右，富含矿物质及多种维生素。

③蚕豆：蚕豆是青海省传统的出口创汇产品，优势十分明显。生产的蚕豆籽粒大、饱满、无虫蛀，含有丰富的蛋白质、糖分和多种维生素，粗蛋白含量高达 28.2%，高于全国平均水平 3.6 个百分点，品质极为优良。

④蔬菜：蔬菜生产主要是依据青海气候冷凉、工业污染少和病虫害少的特点，适宜生产反季节和无公害蔬菜，填补内陆"伏缺"市场，竞争力强。

⑤花卉：青海是理想的球根（茎）类花卉生产区，以郁金香、百合为主的花卉普遍表现为花大、花多、色艳、花序长、病虫害少、花期较长等特点，其花卉的商品化生产发展空间较大。

⑥中藏药材：青海中藏药种类多、天然无污染、品质好、药用价值高，药用资源是青海独特的资源优势。全省有药用植物 1200 多种，药用矿物 40 多种，药用动物 150 多种，是名贵中药材的天然宝库。

⑦青稞：青稞是青藏高原的特产，含有较高的 β-葡聚糖，营养保健功能较高，是一种正在被开发的高原农作物。

⑧牦牛：牦牛是青藏高原特有的优势畜种，牦牛肉蛋白含量高、脂肪含量低，牛绒是高档的毛纺制品，牦牛乳、奶酪、酥油均为不可多得的高档乳品，牦牛骨和骨髓等副产品具有良好的保健强身作用，牦牛产品都是天然的绿色食品，被誉为"雪山珍品"。

⑨藏羊：藏羊养殖主要生产肉、毛及皮张，产值在青海省畜牧业中居首要地位。藏羊肉具有特殊的营养价值；藏羊毛即著名的"西宁毛"，其弹性好、拉力强，在国际市场上享有盛名，是生产高档地毯的原料，为青海省传统外贸产品；藏羊皮张也是高质量的皮革资源，尤其是黑裘皮羊的黑紫羔皮为高档的皮革原料。

⑩柴达木绒山羊：柴达木绒山羊是青海省育成的第一个山羊品种，具有产

绒量高、适应性强等特点，主要分布于柴达木盆地和环湖部分地区。所产山羊绒品质好，属于毛纺高档原料。

二、农牧业与农村经济发展状况

中华人民共和国成立以来，青海省农牧业和农村牧区发生了翻天覆地的变化，实现了重大的历史性跨越，农牧业生产连年增产，农牧民收入较快增长，农牧民生活显著改善，生态环境持续向好，农村牧区社会和谐稳定，为全省经济社会发展提供了有力支撑。

按照增长与发展态势，青海省农牧业发展大致可分为改革开放前和改革开放后两个阶段。改革开放前，以种植业为主的农业和以草原畜牧业为主的牧业二元结构明显，基本处于靠天吃饭的落后发展状态，产业基础脆弱单薄，处于被动地位。这种单薄脆弱的结构会影响轻工业发展，最终使第二产业发展受限。另外，在这一时期，农牧业"生态环保"意识不强，在生产过程中，经常出现过度放牧、过度开垦的情况。改革开放后，特别是党的十八大以来，青海省始终坚持科学发展、绿色发展、生态发展，种植业机械化水平显著提高，产业结构不断优化，从单一的农业、畜牧业生产模式向生态生产生活良性循环模式转变。

（一）农牧业产值稳步增长，农业与农村经济实力显著增强

青海省充分利用"冷凉"气候特点和独特的自然地理环境，依靠科技创新，通过农业资源保护、生态环境治理、生态农业及农村能源建设，进一步优化区域农业和农村经济结构，带动了无公害农产品生产，改善了农业生产条件和生态环境，促进了农业和农村经济的健康发展，推动了农民生活质量提高和农村社会进步。

从产值来看，青海农牧业的发展大致可分为三个阶段：1949～1984年为起步阶段，农林牧渔业总产值从1949年的2.24亿元增长到1984年的10.50亿元。1985～2006年为低速增长阶段，1985年达到12.25亿元。2006年农林牧渔业总产值为97.64亿元。2007～2020为高速增长阶段，2007年农林牧渔业总产值达到121.25亿元。2010年突破200亿元，达到201.32亿元。2013年突破300亿元，达到310.30亿元，2015年增长势头有所放缓，农林牧渔业总产值为319.26亿元。2016年之后农林牧渔业发展呈现新一轮上升势头，2020年达到507.10亿元（见图3-1）。其中，种植业增长14.6倍，年均增长4.0%；林业增长225.4倍，年均增长8.3%；牧业增长14.8倍，年均增长4.1%；渔业增长410.5倍，年均增长9.3%。人均农业总产值（按总人口）也由1978年的476元增加到2020年的8560元。农作物总播种面积由1949年的332.12千公顷增加到2020年的571.42千公顷，增加了239.30千公顷，增长72.1%。

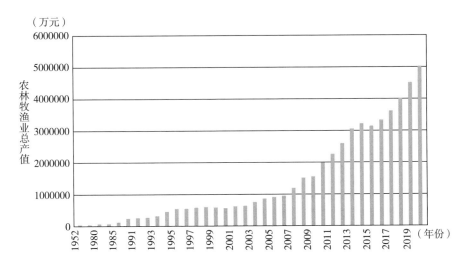

图 3-1 1952~2020 年青海省农林牧渔业总产值

从农业内部产业构成来看,中华人民共和国成立以来,青海省农业内部产业结构一直以农牧业为主,种植业产值比重在 30%~60%,渔业产值比重一直在 1% 以内,林业产值比重在 5% 以内(见图 3-2)。

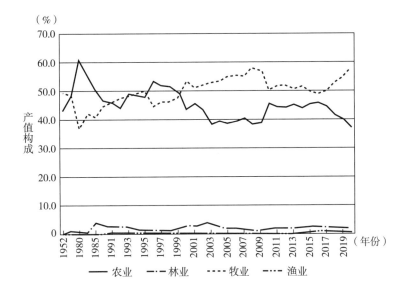

图 3-2 1952~2020 年青海省农林牧渔业产值构成

从农业结构发展趋势来看,农林牧渔业结构不断优化,农业占比减少,林业、畜牧业和渔业占比不断上升,1949 年农林牧渔业占总产值的构成比为

49.92∶0.39∶43.79∶0.04，2020 年调整为 37.19∶2.34∶58.20∶0.76。农业
比重下降 12.73 个百分点，林业、牧业和渔业所占比重分别提高 1.95 个、14.41
个和 0.72 个百分点。从种植结构来看，1949 年初期，青海省种植业主要以传统
粮食种植为主，经济作物比重偏低，随着农村经济体制改革的深化，经济作物
效益凸显，全省种植结构不断调整，经济作物种植比重增加。全省经济作物播
种面积占总播种面积的比重由 1952 年的 8.72% 上升到 2020 年的 49.24%，提高
了 40.52 个百分点。

　　农畜产品产量快速增长。从主要农产品生产来看，青海省以粮、油、蔬菜
和水果为主，水产品占比较小。1952~2020 年，青海省粮油、蔬菜、水果产量
稳步增长，农牧业综合生产能力显著提高（见表 3-1）。从粮食生产来看，粮食
总产量由 1949 年的 29.57 万吨快速增长到 2020 年的 107.42 万吨。1985~1999
年，青海省粮食生产一直维持在 100 万吨以上，2000~2007 年，粮食产量略有下
降。2008~2020 年粮食产量连续 13 年稳定在百万吨以上。油料作物产量从 1949
年不足 1 万吨发展到 2020 年的 30.21 万吨，呈现稳步增长的态势。蔬菜总产能
稳步提升。蔬菜和食用菌产量从 1978 年的 19.77 万吨增长到 2020 年的 151.36
万吨，比 1978 年增加 131.59 万吨，增长 6.7 倍。农区规模养殖快速发展，牧区
生态畜牧业建设持续推进，畜产品产量稳步提高。2020 年肉类总产量达到 36.70
万吨，比 1952 年增长 12.0 倍；奶类总产量达到 36.58 万吨，比 1980 年增加
24.66 万吨，增长 2.1 倍；禽蛋产量达到 1.40 万吨，比 1982 年增加 1.08 万吨，
增长 3.4 倍。

表 3-1　1949~2020 年青海省主要农产品产量

年份	粮食（万吨）				油料（万吨）		蔬菜和食用菌（万吨）	水果（吨）				水产品产量（吨）
	总产量	小麦	杂粮	薯类	总产量	油菜籽		总产量	苹果	梨	葡萄	
1949	29.57	7.73	16.53	5.31	0.85							
1952	37.13	11.51	19.23	6.39	1.62							
1957	58.34	20.61	28.11	9.79	2.04							
1965	67.10	24.70	33.07	7.30	3.36							
1978	90.30	53.30	28.77	8.24	4.53	4.18	19.77	0.64	0.17			3400
1980	95.60	56.31	31.67	7.62	7.07	6.81	14.33	7434	4281	3014	22	3245
1985	100.32	62.96	28.96	8.40	9.92	9.57	16.15	19825	11552	6880	41	4350
1990	114.56	74.18	29.51	10.87	12.04	11.74	22.85	22019	14431	6210	95	3356
1991	114.63	76.92	29.41	8.30	13.21	12.92	23.34	21365	14471	5148	77	3943

续表

年份	粮食（万吨）				油料（万吨）		蔬菜和食用菌（万吨）	水果（吨）				水产品产量（吨）
	总产量	小麦	杂粮	薯类	总产量	油菜籽		总产量	苹果	梨	葡萄	
1992	118.50	74.90	31.41	12.19	14.03	13.68	28.59	26049	17388	6632	127	3994
1993	118.63	73.92	32.69	12.02	15.21	14.69	30.45	27180	18677	6236	69	3886
1994	116.84	68.64	33.59	14.61	18.44	18.05	34.00	25704	17444	6460	56	3602
1995	114.19	69.49	29.92	14.78	16.21	15.82	38.31	26831	17446	7116	72	2444
1996	123.83	76.66	33.36	13.81	17.09	16.56	39.26	29062	18935	7807	159	2213
1997	127.55	78.29	35.24	14.02	18.36	17.80	42.37	27179	18884	5891	189	1752
1998	128.20	79.94	33.41	14.85	21.04	20.42	46.26	24766	16138	6585	67	1416
1999	103.61	59.37	29.46	14.78	28.50	27.85	56.63	24144	15897	5931	106	1488
2000	82.70	47.58	20.23	14.89	19.40	19.08	60.28	22415	14144	5963	106	1166
2001	103.20	52.70	23.89	26.61	23.00	22.60	63.72	17252	9661	5525	117	1989
2002	91.28	45.20	21.68	24.40	23.40	22.66	67.63	16301	9078	5228	106	1796
2003	86.80	36.80	21.80	28.20	26.20	25.70	77.11	14603	8246	4418	74	1253
2004	88.47	37.11	22.33	29.03	28.89	28.26	78.44	14686	7198	5362	102	1058
2005	93.26	39.32	21.49	32.45	31.85	31.57	84.46	14772	7316	5105	80	878
2006	95.17	41.06	21.10	33.01	27.94	27.67	90.44	13308	5939	4912	114	1985
2007	99.18	42.90	22.32	33.96	32.17	31.79	96.23	13846	5804	4894	112	1780
2008	102.15	44.35	22.03	35.77	35.52	35.13	105.67	13241	5823	4680	106	2129
2009	102.88	42.32	22.91	37.65	37.07	36.72	110.61	14575	5729	4835	109	827
2010	102.22	41.51	24.98	35.72	37.54	37.14	124.06	14387	5738	4428	117	1600
2011	103.44	40.45	27.15	35.84	36.85	36.46	132.50	13511	5773	4725	97	3293
2012	101.71	41.36	28.95	31.40	36.13	35.59	141.77	14090	5880	4708	103	4520
2013	103.55	43.40	25.65	34.49	33.55	33.06	141.88	13519	5382	4147	99	6000
2014	105.80	43.22	28.24	34.34	32.60	32.25	141.06	13249	4765	4041	205	9037
2015	104.04	43.46	27.57	33.01	31.67	31.37	144.80	15011	4846	4097	206	10578
2016	104.78	43.25	27.21	34.32	31.33	31.05	148.14	12893	4369	4059	120	12050
2017	102.55	42.33	25.41	34.81	30.27	30.01	148.08	12878	3912	4232	170	16088
2018	103.06	42.64	24.20	36.22	28.45	28.11	150.26	13826	4262	4140	150	17116
2019	105.54	40.29	32.22	33.03	28.88	28.66	151.86	16557	4201	4157	310	18526
2020	107.42	37.57	38.03	31.82	30.21	30.06	151.36	14522	4259	4735	287	18257

资料来源：根据历年《青海统计年鉴》整理得到。

青海省地处江河源头，水质好，但海拔高、水温低。结合地方水环境特点，青海省积极推广生态健康养殖模式，大力发展高原特色冷水养殖。在黄河上游龙羊峡至积石峡段，重点打造以冷水网箱养殖为主的沿黄冷水鱼产业带，建成全国规模最大、品质最优的冷水鱼生产基地；在可鲁克湖、河湟湿地大力推广河蟹围网轮牧精养、温棚育肥等技术，扩大精养规模；在河湟流域池塘，引导农户、水产养殖企业开展设施渔业试验示范；在尕海、柯柯盐湖、小柴旦湖等盐湖地区，加强卤虫等水生资源保护、繁殖和人工养殖，稳步提高卤虫产量和品质。

（二）农牧民收入和消费水平大幅提高

农村牧区居民人均可支配收入持续增长，农牧业投入也持续增长。检验农村牧区工作成效的一个重要标准，就是看农牧民的钱袋子是否鼓起来。青海省农村牧区人均可支配收入从1978年的113元增长到2017年的9462元，40年增长了近84倍。2017年，都兰县、茫崖等6县（市、区、行委）从全省贫困县序列中退出，青海省贫困人口减少到27万人。2018年，格尔木市、德令哈市等7县（市、区、行委）从全省贫困县序列中退出。2019年，湟中区、玉树市等12县（市、区、行委）退出贫困县序列。2020年，乐都区、尖扎县等17个县（市、区、行委）退出贫困县序列。至此，通过脱贫攻坚，全省42个贫困县（市、区、行委）、1622个贫困村、53.9万贫困人口全部脱贫，消除了绝对贫困。此外，青海省实施了党政军企共建美丽乡村、农村人居环境整治等工程，农牧民住房条件大为改善，广大牧区游牧民实现了定居，生活质量从根本上得到了提升。中华人民共和国成立初期，青海省农牧民的住房基本上是茅草土坯结构，农牧区生活饮水、取暖、卫生设施条件极其简陋，饮用水基本是井水、河水及雨水；取暖做饭基本是柴草；厕所大多是简易旱厕。中华人民共和国成立70多年来，青海省委、省政府不断加大农牧区住宅建设、饮水安全工程、环境卫生等投入力度，农牧民的住房结构发生巨大变化，农村的饮水、取暖、卫生设施条件全面改善。第三次农业普查数据显示，2016年全省农村住宅砖（石）木结构的比重占51.5%；住宅为砖混结构的占34.6%；住宅为钢筋混凝土结构的占6.2%；茅草土坯结构和其他结构的仅占7.7%。28.54万农户饮用经过净化处理的自来水，占全部农户比重为31.9%，比2006年提高10.9个百分点；39.17万农户饮用受保护的井水和泉水，占43.7%；饮用桶装水的农户占0.1%。农户做饭取暖使用电的有27.56万户，占30.8%，比2006年提高28.2个百分点；5.72万农户使用煤气、天然气、液化石油气，占6.4%；使用煤的占67.9%，使用柴草的占29.7%。4.84万农户使用水冲式厕所，占5.4%，使用卫生旱厕的占14.4%，使用普通旱厕的占61.9%。

农牧民增收成效显著，生活质量显著提高。在全力增加农牧民经营性收入的同时，加快发展农畜产品加工业和休闲农牧业，推进农牧民进城务工。农牧民家庭经营性收入占主导地位，且转移性收入、工资性收入和财产性收入同步增加，全省农村居民人均可支配收入持续快速增长。据青海省农牧处统计，2020 年全省农村居民人均可支配收入达到 12342 元，与 1978 年的 113 元相比，增长了 108.2 倍。人均生活消费支出 12134 元，比 1981 年的 153 元增长了 78.3 倍。随着农牧民收入的增加，生活耐用消费品结构呈现新的特征，农村家庭拥有消费品由 20 世纪 80 年代的老四件（自行车、缝纫机、收音机、钟表），逐渐向高技术产品转变。1981 年末全省每百户农村居民家庭拥有自行车 30.92 辆、缝纫机 27.71 架、收音机 32.93 台、钟表 68.27 只；2020 年末全省每百户农村居民家庭拥有家用汽车 47.1 辆、电动助力车 14.7 辆、彩色电视机 100.8 台、计算机 37.5 台、移动电话 261.5 部、电冰箱 106.0 台、洗衣机 100.8 台、热水器 64.1 台、微波炉 41.9 台、空调 1 台、抽油烟机 58.8 台、照相机 8.6 台。

（三）农业现代化水平大幅提升

中华人民共和国成立初期，青海省机械化能力几乎为零，经过 70 多年的发展，2020 年全省农业机械总动力达到 501.21 万千瓦时，比 1973 年增长 17.2 倍；2020 年全省实现机械耕地面积 440.45 千公顷，比 1965 年增长 3.9 倍，占总播种面积的比重由 1965 年的 15.7% 提高到 2018 年的 79.6%；2018 年全省有效灌溉面积达到 188.90 千公顷，比 1952 年增长 1.9 倍，占总播种面积的比重由 1952 年的 13.9% 提高到 2018 年的 32.1%。1949 年全省乡办水电站为零，2020 年达到 29 座；农村用电量 2020 年达到 74998 万千瓦时，而 1957 年的农村用电量仅为 2.16 万千瓦时。

农业生产新技术、新装备得到大力推广，农业科技水平大幅提升。主要体现在四个方面：一是以现代农业示范区为抓手，强化农牧业科技创新和推广，加快了示范园区建设，建立了省、市（州）、县、乡、示范户农牧业科技推广体系，组建了多个农牧业创新平台，构建了农牧业科技成果快速转化新通道。2015 年，全省以县为单位的现代农业示范区发展到 20 个，5 个示范区被认定为省级现代农业示范区，大通、互助等 4 个示范区被认定为国家级现代农业示范区。二是农作物良种覆盖率达到 97%。油菜育种、马铃薯脱毒技术处于全国领先水平；牦牛育种工作填补了世界牦牛育种史的空白，成功培育了大通牦牛新品种；冷水鱼养殖已步入现代化发展轨道。2015 年末，累计取得科技成果 567 项，其中，37 项达到国际领先水平，129 项达到国内领先水平，尤其是藏羊高效养殖、牦牛舍饲半舍饲养殖、藏羊两年三胎和牦牛一年一胎技术取得重大突破。集成组装全膜双垄、测土配方施肥、机械化深松等适用技术，创建了 40 个万亩粮油高产示范区，全膜双垄栽培技术已成为干旱山区最有效的增产措施。扩大良种覆盖面，冷水鱼良种覆盖率达到 90%；主要农作物良种覆盖率提高到 96.19%；推广牦牛种公牛 2.72 万头、改良牦牛 91.5 万头；推广绵（山）羊种公羊 6.4 万只、改良藏羊 130 万只；完成肉牛和奶牛改良配种 50 万头。三是耕种收综合机械化水平达到 57.4%。实施了农机购置补贴政策，麦类、油料、马铃薯、牧草机械化生产水平实现重大突破，标志着农业生产方式已转到以机械作业为主的新阶段。全省农机总动力发展到 445 万千瓦，动力机械与配套机具配套比达到 1∶1，马铃薯、牧草机械化生产技术取得重大突破，主要农作物耕种收综合机械化水平达到 54.2%，农牧业生产跨上了机械化为主的历史新阶段。组建了蔬菜、牛羊、渔业等 11 个农牧业科技创新平台，依托全国基层农技推广补助项目，推广了 200 多项主推技术，培育科技示范户 2 万户，构建了农牧业科技成果快速转化新通道，全省农牧业科技成果转化率达到 32.0%，科技对农牧业经济增长贡献率达到 55.0%。四是主要农畜产品加工转化率达到 54.2%，标志着青海从原始农畜产品销售进入了农畜产品成品加工的新阶段。

（四）绿色生态农牧业获得较快发展

中华人民共和国成立以来，受农业生产条件影响，青海省农业内部结构以种植业和牧业为主的二元结构特征十分明显，一直未发生显著变化。西部大开发战略实施以来，青海省畜牧业产值比重优势一直保持至今。农牧业发展的一个显著变化是对生态环境保护越发重视，不断发展绿色生态农业。优先发展现代服务业和生态旅游业，推动农业从传统型向高端型农业转变，淘汰劣质产业，特别是高污染、高耗能产业。实施了三江源一、二期，青海湖流域、祁连山综合治理等一大批生态保护重大工程，项目区草原植被盖度、亩产草量实现大幅提高。实施了一、二期草原生态保护补助奖励政策，在全国率先开展了草原生态保护补助奖金绩效管理试点和建立草原管护员队伍，设立了草原生态管护员岗位，推行网格化管理，实现了草畜总体平衡，草原生态退化趋势得到遏制，局部实现好转。经过多年的发展探索，青海已经形成了以绿色能源、绿色产业、绿色消费、绿色农牧业为架构的绿色发展方式。

生态保护方面，全面落实国家主体功能区建设规划，科学组织实施退牧还草、三江源地区、青海湖流域和祁连山流域等生态环境治理工程，三江源一期、二期工程及三江源国家公园体制试点、青海湖流域生态综合治理、青海湖周边地区生态治理工程规划任务全面完成，冬虫夏草资源保护与管理实现制度化。2021 年 9 月 30 日，国务院批复同意设立三江源国家公园，三江源国家公园被列入第一批国家公园名单。

三、农牧业地理分区

农业是自然再生产与经济再生产过程的统一，农业地域格局取决于自然、经济、社会和技术等要素的综合影响。青海省农业生产既受到独特的光、热、水、土等自然要素的直接影响，又受到农业生产力水平、产业政策与市场需求的综合影响。农业生产在空间上呈现出明显的地域分异规律，具有地域性、季节性、周期性和相对稳定性。在空间布局上，受海拔、气候等因素影响，青海省农业生产从东到西再至南，呈现农业区、农牧交错区和纯牧业区的空间结构。种植业主要分布于青海省东部河湟谷地，具有种植品种少、种植区域相对分散、整体规模不大等特点。纯牧业区主要位于青南高原，包括果洛、玉树。农牧交错区主要位于上述两大区之间，在环青海湖地区。

（一）东部特色农业区

1. 位置和范围

东部农业区位于青海省东部，地处我国黄土高原最西部，属黄土高原和青藏高原的过渡地带，主要是指湟源县日月山以东至民和县马场垣下川口之间的湟水流域，以及共和县龙羊峡库区至民和县官亭镇峡口之间的黄河上游河谷地段，包括西宁市城东区、城中区、城西区、城北区、湟中区及市辖大通回族土族自治县、湟源县，海东市的民和回族土族自治县、互助土族自治县、循化撒拉族自治县、化隆回族自治县、乐都区、平安区，黄南藏族自治州尖扎县、同仁市，海南藏族自治州贵德县。土地面积约 4.86 万平方千米，占全省土地总面积的 6.73%。

该区域具有人口密集、积温高、光照充足、降水不足、山旱地多、人均耕地少、饲草资源丰富、规模养殖比重高等特点，是全省粮油作物种植、设施农业发展和规模化种养一体高效发展的主要区域。

2. 自然条件

（1）地形。区内地势西北高、东南低，大坂山、拉脊山由西北向东南展布全境。黄河、湟水贯穿其中。当地居民习惯性将该区分为脑山、浅山、川水三类地区。其中，脑山地区一般是指分布在河湟流域支流源头的高山峡谷地带，地形复杂，海拔在 2800 米以上的地区；浅山地区指地处河湟流域各支流中部的沟壑地带，多为荒山秃岭，沟壑纵横，海拔 1800～2800 米；川水地区指分布于河湟流域中下段河谷阶地，地形较平坦开阔，海拔 1650～2650 米。

（2）气候。区内气候温暖，属高原内陆大陆性气候。民和、乐都、循化、尖扎、贵德、贵南、共和以及化隆南部的黄河、湟水谷地和部分低位浅山区，属暖温半干旱分区；平安、西宁、乐都的北部，湟中的西北部，同仁和尖扎、属凉温半干旱气候分区；大通、湟源、湟中、化隆大部分和循化、乐都两地的南部及互助县北部，属凉温半湿润气候分区。

区内年均气温为-2℃~8.7℃，最暖月均温为12℃~19.8℃，最冷月均温为-13.5℃~5.3℃；极端最高气温为33.5℃（2000年达到37.8℃），极端最低气温为-34.1℃；年降水量为200~595毫米，降水少而集中，其中6~9月降水量占全年降水量的70%左右；气温垂直变化大，民和至湟源由于海拔逐渐上升，气温平均下降约3℃；雨热同季，对作物生长有利，年蒸发量1110~2170毫米，湿润系数多在0.25~0.5；年日照时数为2530~2889小时。大于或等于0℃积温在1566℃~3476℃，大于或等于5℃积温在1359.5℃~3341.3℃，大于或等于10℃积温在536.6℃~2914.1℃。年太阳总辐射量为5500~6200兆焦/平方米；风向以东南风为主，也有西北风，受地形、河流影响，局部有南风等，平均风速为1.1~3米/秒，全年大风日数为4~25天，春季有沙尘暴发生。

川水地区农作物生长期长，湟源至民和、共和至循化农作物生长期分别为213~234天和223~260天，降水量为250~500毫米；浅山地区年均温为2℃~5℃，年降水量为200~400毫米，作物生长期为185~220天；脑山地区气温低、湿度大，年均温为1.5℃~2.1℃，年降水量为492~595毫米，作物生长期为137~153天。

（3）水资源。区内均属黄河流域，其中循化、尖扎、共和（部分）、贵南、贵德、化隆、同仁7个县（市、区、行委）和湟中、民和的一小部分为黄河干流的龙羊峡至积石峡段，主要支流有芒曲、沙沟河、马克塘河、隆务河、巴燕河、街子河和清水河等；湟源、湟中（极大部分）、西宁、大通、互助（大部分）、平安、乐都（极大部分）、民和（大部分）8个县（市、区、行委）为黄河一级支流湟水河流域，主要支流有药水河、西纳川、云谷川、北川河、南川河、沙塘川河、引胜沟、岗子沟、巴洲沟等；互助县小部分、乐都区极小部分属黄河二级支流大通河流域，主要支流有甘禅沟、浪士当沟、扎龙沟等。

区域水资源比较丰富、水质好，宜于灌溉和人畜饮用。由于地势垂直差异性大，分配不均匀，川水地区谷地宽阔，含水层较厚，河流渗漏及降水补给的浅层地下水较丰富；浅山地区地表黄土分布广泛，降水是浅层地下水的补给来源，可开发的地下水资源贫乏；脑山地区雨量充沛、山泉较多、水源丰富。黄河虽流经该区，但河床切割深、开发困难、利用率低。

（4）土壤。规划区土地总面积为48635平方千米，2007年耕地面积为631.34万亩，占全省总耕地面积的77.65%，其中，水浇地169.84万亩、浅山地302.69万亩、其他耕地158.81万亩（含脑山地和临时性耕地等）。规划区土壤共有7个土纲、8个土类、15个亚类。川水地区的河谷阶地与冲积扇土层较厚，土壤主要为栗钙土、灰钙土；浅山地区土壤主要为第四纪黄土母质形成的淡栗钙土、栗钙土，植被较为稀疏，土壤保水保肥能力低，土壤有机质含量为1%左右；脑山地区土壤主要为高山草甸土、黑钙土及灰褐土，土壤有机质含量在4%~6%，保水保肥能力强，土壤肥力高。

（5）植被。本区植被以草原植被型和栽植植被型为主，草原植被型分布海拔为1750~3300米。主要建群植物有长芒草、西北针茅、短花针茅、大针茅、芨芨草、白草和青海固沙草等。

区内粮食作物主要有春小麦、青稞、蚕豆、豌豆和马铃薯等；油料作物以油菜为主；蔬菜作物有青菜、白菜、黄瓜、辣椒、萝卜和大蒜等；果类有苹果、梨、杏、核桃等；中草药有黄芪、党参、枸杞、甘草、柴胡和麻黄等；花卉有丁香、玫瑰、榆叶梅、郁金香、唐菖蒲、百合和大丽花等。

（二）环湖农牧交错区

1. 位置和范围

环湖农牧交错区指位于青海省东北部祁连山与阿尼玛卿山之间的广阔地带，位于北纬34°39′~39°12′、东经96°49′~101°48′。行政区划包括海北州的祁连县、海晏县、刚察县，海南州的共和县、同德县、兴海县、贵南县，海西州的天峻县、都兰县、乌兰县，共10个县，63个乡（镇），378个村委会和21个国有农牧场（站）。本区藏族占大部分，兼有汉族、回族等多民族，藏族人口约占少数民族总人口的80%以上。该区自然地理总的特点是南北高山对峙，青海湖位于其中，北有祁连山，南有鄂拉山。内部地貌多样，高山、丘陵、盆地、滩地、台地、河谷、沙漠、湖泊错综分布。地形复杂、起伏较大，水热条件悬殊。

该区属于农牧交错经济区，地处农区与牧区接合部，总体上气候温和，气温东高西低，昼夜温差较大，日照充足，水资源和降水量自西向东逐渐增多，土地草原资源相对丰富，草地生态环境脆弱，草原畜牧业相对发达，农牧交错发展比较优势明显，是养殖业"牧繁农育"的转移带，也是特色种植业、生态畜牧业和循环农牧业"农牧交错"循环发展的主要区域。

2. 自然条件

环青海湖地区地处祁连山地和阿尼玛卿山地之间的广阔地域，中部由青海湖盆地、共和盆地、同德—兴海盆地组成。南北高山对峙，内部地形复杂，山地、丘陵、盆地、台地、平原、戈壁、沙漠错综分布。盆地底部平均海拔为2600~3200米，山地海拔为3800~4500米，面积为9.3万平方千米，占全省总面积的12.87%。

（1）土地资源。本区土地面积为9.3万平方千米。制约本区土地资源利用的主要因素是干旱缺水。虽然该区人均耕地为 0.13 公顷，高于全省平均水平，耕地面积占全省总耕地面积的 13.12%，但林业用地较少。耕作土壤因水土流失和施肥量较少，土壤肥力有所减弱。

（2）气候。区内不同地区气候差异较大。海北地区海拔大部分都在 3200~4000 米，年平均气温多在 0℃以下，大于或等于 0℃的积温为 1300℃以下，多年平均降水量为 300~400 毫米，全年多大风，太阳辐射强烈。海南地区一般海拔在 2500~3500 米以上，共和盆地是青海三大暖区之一，年平均气温一般在 0℃~4℃，大于或等于 0℃的积温为 2246.8℃，多年平均降水量为 200~350 毫米，干旱荒漠的自然景观，分布有大片沙地。黄河及其支流谷地海拔一般在 2800 米以下，年均气温为 2℃~5.8℃，年降水量为 250~300 毫米，作物生长期为 150~200 天。在海拔 2800~3400 米的滩地，年均气温-1℃~3.1℃，按年降水量 300~430 毫米估计，作物生长期为 110~175 天，牧草生长期为 120~180 天。

区内刚察、海晏、祁连、天峻 4 个县适宜发展畜牧业生产和小块农业；而共和盆地及黄河谷地气温较高，为种植业生产创造了条件。但区内干旱、风沙、冰雹、雪灾等发生频繁，是危害农牧业生产的主要气象灾害。

（3）水资源。本区内流、外流水系兼有，分属黄河、大通河和青海湖水系，水资源分布不均。黄河流域流量在 1.52 立方米/秒以上的支流有曲什安河、大通河等 7 条，年平均流量 74.94 立方米/秒，集水面积为 19674 平方千米，年径流总量为 23.55 亿立方米；内陆河主要有布哈河、苏勒河、沙柳河等，年均径流量 24.25 亿立方米。本区地下水储量较丰富，如青海湖北部滩地草原上的大小河流，每年约有 3.3 亿立方米补给地下水，净储量为 244.33 亿立方米。全区地下水综合补给量为 14.014 亿立方米，可开采量为 3.15 亿立方米/年，可供人畜饮水及人工草场灌溉用水。

由于降水多集中在 7~10 月，宜农土地距水源较远，从而造成水土资源时空分布不均，特别是黄河干流虽水量丰富，但由于河谷下切 200 多米，开发利用困难。祁连山地降水较多，地表水丰富，可供人畜饮用，但需修建一定规模的调蓄工程和长距离的输水管道，这类工程艰巨，投资大。此外，区内地形起伏较大，地表产生的径流对土壤的冲刷增强，可造成一定的水土流失，仅共和县水土流失面积就可达 156 平方千米，水土流失也导致黄河含沙量增加。

（4）生物资源。该区自然环境条件复杂多样，孕育了丰富多样的生物资源。主要的农作物有小麦、青稞、蔬菜、油料、豆类等；区内有野生种子植物 600 余种，有野生药用植物黄芪、大黄、羌活、虫草、雪莲、当归、柴胡等；有蕨麻、发菜、草原蘑菇等经济植物可供开发；野生动物主要有旱獭、鹿、黄羊、麝、普氏原羚；饲养牲畜有牛、羊、马等，主要用于提供肉类产品及皮毛原料；鱼类资源主要有青海湖裸鲤（俗称湟鱼）、甘子河裸鲤和4种高原鳅（硬刺高原鳅、隆头高原鳅、斯氏高原鳅、背斑高原鳅）等。

该区植物资源虽然丰富，但资源总量有限，难以形成开发规模，大量采挖药材和砍伐一些具有生态保护作用的乔木、灌木、半灌木植物，导致资源被严重破坏；许多野生植物是当地重要的植被组成，被破坏后，加剧了荒漠化，恢复原生植物十分困难。珍稀濒危动物种类多，观赏价值高，但资源量在减少，如黑颈鹤、胡兀鹫、大天鹅、金雕、野牦牛、藏野驴、普氏原羚、雪豹、猞猁和棕熊等。受人类经济活动的影响，这些珍稀动物的栖息分布区域呈现出逐年缩小的趋势，其资源量也在不断减少。青海湖裸鲤种群是在青海湖形成发展过程中逐渐演化而来的青海湖及其附属水体中特有的大型经济鱼类。青海湖贫营养、高矿化度的特征，造成了鱼类生态系统结构简单、脆弱，湟鱼资源增殖缓慢，经不起长期的过度捕捞。湖水位的下降、河流水量的减少又使产卵场缩小，暖干气候背景和近年的春旱使湟鱼难以进入河道产卵繁殖，更加剧了鱼类资源衰退的进程。

（三）青南生态牧业区

1. 位置和范围

青南生态牧业区地处青海省南部、青藏高原腹地，位于北纬31°36′~35°37′、东经89°24′~102°15′，包括黄南州泽库县、河南县，果洛州6县，玉树州1市5县，海西州格尔木市唐古拉山镇（含区内国有垦区）。东西长约1059千米，南北宽约522千米，总面积为34.5万平方千米，占全省总面积的47.76%。

该区是长江、黄河、澜沧江的发源地，是我国淡水资源的重要补给地，是高原生物多样性最集中的地区，是亚洲、北半球乃至全球气候变化的敏感区和重要启动区，特殊的地理位置、丰富的自然资源、重要的生态功能使其成为我国重要的生态安全屏障，生态功能和生态效益十分显著，生态地位十分重要，同时是三江源国家公园主体区域。该区地处青藏高原腹地，海拔高、气候冷凉、昼夜温差大、无霜期短、日照时间长、辐射强烈，水能资源丰富、湿地多、降水呈现明显的季节性、雨热同季、人口密度小、生物资源丰富、高寒草甸草原面积大，是纯牧区。草地生态环境极其脆弱、生态地位十分重要，草原畜牧业为支柱产业，养殖品种以牦牛和藏羊为主，是发展草地生态畜牧业和有机畜牧业，实现生态、生产、生活"三生"融合，人与自然和谐共生及生态文明建设的重要地区之一。

2. 自然条件

（1）地形。该区北部为东昆仑山系，南部为唐古拉山系。其中唐古拉山

:

是青海和西藏的界山。昆仑山向东分成了几列山，较大和著名的有巴颜喀拉山和阿尼玛卿山，西北东南走向的巴颜喀拉山横亘中部，是长江与黄河流域的分水岭。高大的山脉平均海拔在5000~6000米。地势西高东低，大部分地区海拔在4000~5000米。最高峰为长江源头的各拉丹冬，海拔为6621米。西部的可可西里地区是羌塘高原的重要组成部分。山脉中间为山谷盆地。由长江、黄河和澜沧江的多条干支流自西北向东南并列穿行，岭谷相间，切割强烈，形成高山深谷，在这山涧峡谷地带，小气候区域非常明显，小块农业区多分布于此。

该区地貌由6000米以上的极高山、4000米以上的高山、高海拔的丘陵台地和平原组成，冰缘地貌极为发育，约占总面积的70%以上，冻融作用强烈。从东南到西北，按高山峡谷—高原山地—低山宽谷—丘状山原四级向上依次排列，形成山高、沟深、滩大、谷宽的地貌。中部、西部和北部的广大地区多呈山原状，起伏不大，以低山丘陵、宽谷、湖盆和滩地为主，这一地区山是大草山，荒山秃岭较少；滩是大草滩，石碛沙漠甚微。辽阔无垠的草原和连绵起伏的丘陵是理想的天然牧场。中部以东、以南为高原山地和高山峡谷地貌，系横断山脉北端向高原主体部分的转折地段。这里是全球冰冻圈的重要组成部分，也是地球上罕见的中低纬度多年冻土分布区，具有明显的水平地带性和垂直地带性地域分异规律。中西部和北部为河谷山地，多为宽阔而平坦的滩地，因冻土广泛发育、排水不畅，形成了大面积以冻胀丘为基底的高寒草甸和沼泽湿地。

（2）气候。该区是典型的高原大陆性气候，全年无四季之分，只有冷暖两季之别，冷季长达7~8个月，暖季只有4~5个月。年平均气温为−5.6℃~4.3℃，因地域辽阔，地势差别大，所以气温和降水由东南向北递减，梯度差显著。年均气温日较差大部分地区在14℃以上，年较差在19.8℃~23.9℃。年日照时数平均在2500小时以上。阳光年辐射总量达623.5~674.7千焦/平方厘米。境内全年大风日数为41.5~124.3日，大部分地区在65天以上，年均风速为1.1~5.1米/秒，最大风速可达28米/秒。高寒缺氧是玉树的基本特征之一，空气中的含氧量只有海平面的1/2~2/3，而日照长波紫外线则比海平面高出10倍。降水从东南部的600~700毫米向西递减至200毫米以下。

（3）水资源。由于地处长江、黄河、澜沧江的源头地区，冰川广布，冰雪融水成为重要的水源补给，水量丰富，河流支流众多，河网密度大，湖泊众多，面积大于1平方千米的湖泊有167个，以淡水湖和微咸水湖居多，是我国高原湖泊最密集的地区。多年平均径流量为499亿立方米，其中，长江为184亿立方米，黄河为208亿立方米，澜沧江为107亿立方米，水质均为优良。雪山冰川总面积为 833.4 平方千米；河湖和湿地总面积为 29842.8 平方千米。

（4）土壤。地质成土过程年轻，冻融侵蚀作用强烈，土壤发育过程缓慢，土壤质地粗，沙砾性强，其组成以细沙、岩屑、碎石和砾石为主。土壤类型可分为 15 个土类，29 个亚类。土壤类型由高到低主要有高山寒漠土、高山草甸土、高山草原土、山地草甸土、灰褐土、栗钙土和山地森林土，以高山草甸土为主，冻土面积较大。

（5）生物资源。地处青藏高原高寒草甸区向高寒荒漠区的过渡区，主要植被类型有高寒草原、高寒草甸和高山流石坡植被；高寒荒漠草原分布于西部，高寒垫状植被和温性植被有少量镶嵌分布。区内共有维管束植物 760 种，分属 50 科 241 属。野生植物形态以矮小的草本和垫状灌丛为主，高大乔木有大果圆柏等；区内共有野生动物 125 种，多为青藏高原特有物种，且种群数量大。其中兽类有 47 种，雪豹、藏羚羊、野牦牛、藏野驴、白唇鹿、马麝和金钱豹 7 种为国家一级保护动物，藏狐、石貂、兔狲、猞猁、藏原羚、岩羊、豹猫、马鹿、盘羊和棕熊 10 种为国家二级保护动物；鸟类有 59 种，黑颈鹤、白尾海雕和金雕 3 种为国家一级保护动物，大鵟、雕鸮、鸢、兀鹫和纵纹腹小鸮 5 种为国家二级保护动物；鱼类有 15 种。

四、农牧业发展面临的问题和困难

（一）农牧业发展存在的主要问题

第一，农牧业发展水平不高，抵御风险能力不强。由于受自然、地理、气候等条件的制约，青海省农牧业生产总体发展水平不高，抵御风险能力不强。全省 90% 以上的草场海拔在 3200 米以上，一等、二等草地只占可利用草地的 10.42%，生产条件差。根据青海省草原资源动态监测报告，2015 年全省天然草原牧草及补饲可饲养牲畜总量为 $2624.76×10^4$ 个羊单位，与 2014 年末全省存栏牲畜 $2870.45×10^4$ 个羊单位相比，超载 $245.69×10^4$ 个羊单位，超载率为 9.36%，超载量比上年明显下降。按照农业农村部超载衡量标准，属不超载状况。全省耕地面积为 54.2 万公顷，人均占有面积不到 0.1 公顷，65% 以上的农田为山旱地，中低产田面积大，耕地质量不高。

第二，农牧业组织化程度低，产业化经营水平不高。全省农牧民合作经济组织发展比较缓慢且不平衡，现有农牧民合作经济组织大多集中在西宁市、海东地区及半农半牧区，广大牧区特别是青南牧区数量极少。全省农牧业产业化龙头企业数量相对较少且规模相对较小，生产加工能力弱，产品附加值低，科技含量不高，名牌产品少。龙头企业与农牧户之间还没有真正建立起利益联结机制，产销难以有效对接。无公害农畜产品市场体系尚不健全，无公害农畜产品的附加值不高。全省农畜产品加工转化率仅为17%，远低于全国平均水平，带动农牧民增收能力有限。

第三，农牧业科技支撑能力不强，农畜产品科技含量不高。受地方科技经济发展水平制约，青海省农业科技研发投入少，可以转化为生产力的科技成果储备不足，成果转化慢，农牧业生产缺乏必要的科技支撑。2016年，农作物良种覆盖率为96.2%，科技进步对农牧业的贡献率为53%，耕种收综合机械化水平达到54%。

第四，农牧业基础设施建设滞后，自然灾害频发，抗灾能力弱，发展后劲不足。"靠天吃饭""靠天养畜"的局面尚未从根本上得到改变，加上干旱、冰雹、霜冻、雪灾等自然灾害发生频繁，严重制约着农牧业综合生产能力的提高和农牧业增长方式的转变。

第五，农牧民整体文化素质较低，生产经营水平不高。受自然环境和社会事业发展不平衡的影响，青海省农牧民受教育程度普遍较低，文盲半文盲的比例较大。据第七次全国人口普查资料，2020年全省农村就业人口中，大学及以上文化程度（含大专）的占7.4%、高中文化程度的占4.3%、初中文化程度的占24.14%（全国为52.4%）、小学文化程度的占48.34%（全国为27.7%）、文盲半文盲占15.9%（全国为2.67%），这一问题在青海省牧区表现得更为突出。由于农牧民科技文化素质偏低，先进实用的农牧业科技得不到有效推广；从劳动技能来看，受过专业技能培训的仅占5%，劳动技能缺乏，劳务收入不高。由于文化程度低，农牧民多数仅掌握简单的农牧业生产技能，接受新事物、新技术的能力有限，其一方面对农牧业专业合作经济组织认同度有限、先进实用技术推广困难，造成农牧业生产经营方式和增长方式转变工作推进困难；另一方面给劳动力转移带来困难，使富余劳动力只能依附于耕地草地资源而从事农牧业生产，使单位耕地和草场承载农牧业人口数量和农牧户数量不断增加的难题难以得到有效解决，同时农牧民传统观念难以转变，导致耕地和草场有偿流转推进困难。

（二）农牧业发展面临的挑战和困难

第一，资源约束加剧，生态保护任务艰巨。青海作为三江之源、"中华水塔"，对维护国家生态安全的战略地位尤为重要，坚持生态第一、生态保护优先和发展共赢的责任更加重大。全省平均海拔高，地形地貌类型多样，气候变化无常，农牧业生产受自然环境和自然条件的约束较大，干旱、冰雹、霜冻、雪灾等各种自然灾害频频发生，轻则减产减收，重则劳而无获。特别是青南牧区自然环境严酷，生产条件极为艰苦，农牧业避灾设施建设滞后，遭受自然灾害的风险更大。草地生态局部好转、整体恶化的趋势尚未根本扭转，保护和建设草原生态的任务艰巨；耕地质量总体水平低，中低产田面积大，产量低而不稳；农业面源污染问题凸显，化肥、农药、农膜、畜禽排泄物和农牧业废弃物污染未得到有效治理。青海省保护生态环境、改善生产生活条件任重道远。

第二，基础设施和物质技术装备水平落后，农牧业生产力水平不高，农牧区发展相对滞后的局面尚未从根本上改变。农牧业生产缺少大型骨干水利设施支撑，全省仍有一半左右的耕地缺乏有效灌溉设施，部分中小型水利设施老化失修，不能正常发挥效益。草原畜牧业正处在由传统畜牧业向现代畜牧业转变的关键时期，现代生产设施仍然匮乏，物质装备水平仍然不高，农牧业生产"靠天吃饭""靠天养畜"的局面尚未从根本上得到扭转，严重制约了农牧业综合生产能力的提高和农牧业增长方式的转变。

第三，农牧业体制机制存在诸多制约因素，转变发展方式难度大。全省农村集体产权制度改革仍处在探索阶段，农户承包地块面积不准、四至不清等问题仍不同程度地存在，统一规范的土地流转机制尚未建立。土地草场使用权流转规模较小，适度规模经营占比不高，坚持农村土地集体所有权、稳定农户承包权、放活土地经营权的任务艰巨。工业化、城镇化、信息化加快推进，从事农业的劳动力结构发生变化。农牧业经营的分散化、兼业化、副业化和劳动力老龄化、妇女化、低文化趋势，与现代农牧业发展的要求极不相适应。公共服务能力相对滞后，农牧业社会化服务供给不足，公益性服务能力特别是在农牧业技术推广、动植物防疫、农畜产品质量监管等方面存在差距；农牧民专业合作组织的凝聚力、吸引力、服务能力和规范程度有待提升，产业化龙头企业与农牧民的利益联结机制还不够紧密，带动能力不强。农牧业生产经营小而分散，人多地少、小农与大农并存、专业与兼业并存的格局将长期存在，家庭小生产和社会大市场的矛盾日益显现。农牧业生产经营仍面临着自然、市场和质量安全"三重风险"。

第四，农牧民增收渠道比较窄，持续增收难度加大。青海省农牧业资源禀赋先天不足，人均耕地少、质量差、基础设施不配套、水资源开发利用程度低，农牧民从结构调整中增收的空间和潜力小。新常态下经济下行压力加大，对农牧业稳定发展的挑战持续增大，农产品价格接近"天花板"和生产成本"地板"不断抬升的"双重挤压"持续凸显，农牧业比较效益不断下降。在连续多年增产增收后，长期支撑农牧业发展的推动力量在消减，制约因素在增多，经营性收入增长空间有限；受宏观经济和城市第二、第三产业结构调整的影响，农民外出务工数量和工资的增幅均在下降，农民工就业仍不稳定，工资性收入难以大幅度增加；农牧区集体产权、土地制度等改革处于攻坚阶段,盘活农牧区土地、房屋、林权等"沉睡"资源任重道远。农牧民原始积累少,可支配的财产性资本不足,大幅度获得财产性收益的条件尚不成熟,缺乏有效的财产性增收手段。随着党和国家一系列强农惠农富农政策的落实,生产补贴力度逐年加大,但许多农产品的支持已经超出世贸组织规则里面的"黄箱"范围,达到约束上限,以国家补贴为主的转移性收入增长的空间不大。

第五,二元结构矛盾突出,统筹城乡一体化发展任务艰巨。由于历史、自然、地理、气候多方面的原因,青海省农牧业发展呈现出多层次和不平衡性,城镇化水平还比较低,加之各地资源禀赋差异大,县域经济发展不平衡,二元结构矛盾突出,尤其是资金、技术、人才、基础设施、公共服务、规划、科技、管理等供给侧的发展动力不足,导致城乡差距难以稳定缩小的趋势尚未得到根本扭转,城乡一体化发展难题多、难度大。

五、农牧业发展展望

结合青海省特殊的自然条件,充分发挥其资源优势,实施构建以青藏高原特色农牧产品生产为主体的农业发展战略格局。把发展设施农牧业和产业化经营作为推进农牧业现代化的重要突破口,集中力量建设一批农牧业示范园区和种植基地、养殖基地、制种基地,积极打造一批具有区域特色的农畜产品品牌,努力探索高原生态畜牧业发展之路,逐步向规模化、产业化、标准化、生态化、科学化的生态农牧业迈进,力争基本实现肉、菜、奶、蛋自给,基本实现新型农牧业合作组织的全覆盖。

(一)加快农牧业产业园区建设

因地制宜围绕特色,努力建成海东国家级农业科技园,大力推进海东高原现代农业发展进程,将其建成具有区际意义的特色农畜产品生产加工基地和集散中心,建成具有国际影响力的高原富硒农产品生产基地和引领青藏高原现代农业发展的先导区;大力推进海北现代生态畜牧业示范区建设,将海北建成以草业与养殖业耦合发展、高寒地区牲畜良种化和现代畜牧业组织方式有机结合的示范区;积极推进海南生态畜牧业可持续发展实验区、黄南有机畜牧业实验区建设,将实验区建设成为全省高寒牧区转变畜牧业生产方式和改善民生的重要示范基地。

(二)加快农牧业产业结构调整

全力打造河湟流域特色农牧业百里长廊,实施8个百里万亩(万头)工程,打造油菜、马铃薯、蚕豆、蔬菜、中藏药、特色果品、牛羊肉、奶牛、毛绒、饲草料十大农牧特色产业。大力推进环湖地区现代生态畜牧业,积极发展海南、黄南生态畜牧业，促进草场使用权流转，引导牧户规模经营，加快草原畜牧业向集约型转变。积极推进林业产业体系建设，打造沙棘、枸杞、高原花卉、经济动物养殖、生物质能源等基地，建设河湟谷地经济林带，发展林下产业。积极发展水产养殖业，充分利用库塘河流水域资源，发展冷水鱼蟹养殖。积极发展蜂产业，利用天然无污染油菜等特色优势生物资源，打造优质蜜源基地，大力发展自养蜂和蜂产品加工业。积极培育农牧业新的增长点，发挥农牧业多种功能，发展观光农业、休闲农业。

（三）加强农牧业设施建设

加快日光节能温室、畜用暖棚、饲草料基地、农区养殖场（小区）建设。大力推进农牧业机械化，加大对大型农机具购置补贴力度，推广用于耕作、收获等的现代农机具，加快建设农产品保鲜储藏等设施，增强农牧业设施和装备水平，提高农牧业生产经营效率。

（四）大力推行农牧业产业化经营

依托特色农牧业资源，以规模化、品牌化、集约化为目标，以培育现代产业化龙头企业为载体，积极创建无公害、绿色、有机农畜产品生产基地和高原绿色农畜产品品牌。以特色农牧业百里长廊及生态畜牧业园区为重点，引导农畜产品加工业在园区布局，抓好各种生产要素及企业的整合，扶持现有龙头企业做大做强，加快培育一批新的农牧业产业化龙头企业。积极推广先进生产经营模式，鼓励通过合同订单、股份合作等方式，强化企业与农牧民之间稳定的利益联结机制。

（五）创新农牧业社会化服务体系

鼓励农村基层组织、农技人员、种养大户、农牧民经纪人及企业开展产销合作，建立合作社、协会等专业合作组织，提高农牧业经营组织化程度。创新农牧业生产技术服务体系，在生态畜牧业、农产品精深加工等重点领域加强科技攻关和技术引进，强化先进技术的推广与应用。推进全省农畜产品标准化生产，加快发展保鲜储藏、运销业，抓好农畜产品质量安全检测及监管体系建设，努力提高农畜产品市场占有率和竞争力。

（六）大力推动高原休闲农牧业与高原特色旅游业的融合发展

近年来，青海省围绕"三农三牧"发展重点，着力推进农牧业供给侧结构性改革，由此美丽田园、美丽乡村建设步伐不断加快。随着旅游业的"井喷式"发展，初步建立了乡村旅游产业体系，形成了休闲农牧业与乡村旅游业共同发展的态势，直接取得的经济和社会效益逐渐明晰，青海省农牧业与旅游业融合发展趋势越来越明显，农牧民和民营企业家参与其中的积极性也越来越高。截至2018年9月，青海省各类休闲农牧业经营主体达2535家，从业人数达 4.5 万余人，年接待游客达 1646 万人次，实现营业收入达 24.7 亿元，发放从业人员劳动报酬 16.3 亿元，创造利润突破 10 亿元。通过国家认定的休闲农牧业与乡村旅游示范县、美丽乡村和美丽田园数量增加，分别为 8 个、12 个、3 个，全国及省级休闲农牧业与乡村旅游示范点如雨后春笋般出现，共有 135 家。产业融合发展规模持续扩大，产业体系初现雏形。2018 年 7 月出台的《中共青海省委　青海省人民政府关于加快全域旅游发展的实施意见》中指出，建立全域旅游发展资金投入稳定增长机制，各级财政投入每年保持 10% 以上的增速。同时，结合乡村振兴战略，突出乡村旅游发展，积极引导和扶持农户参与乡村旅游的开发经营，培育具有高原特色、青海特点的休闲农牧业品牌，重视品牌的培育打造。青海省各地积极开发各具特色的乡村旅游示范点，涌现出一大批以湟中卡阳、大通边麻沟等为典型代表的乡村旅游模范村和金牌农家乐。

第二节　工业的发展与布局

一、工业发展

历史上的青海是一个以游牧业为主的区域，工业几乎一片空白，青海现代工业是中华人民共和国成立以后逐步发展起来的。

（一）青海工业发展阶段

根据工业发展的特点及时代背景，青海省工业发展大致可分为四个阶段：

1. 第一阶段（1949~1965 年）：工业发展的起步阶段

（1）1949~1952 年国民经济恢复时期。1949 年人民政权建立之初，根据国家有关政策规定，按照对企业部门采取"原封不动、不拆散原来建制机构，并在一定时期内不改变其原来制度"和对原有工厂的管理人员和技术人员采取"原职、原薪、原制度"的方针，接管了已有工厂，成立了复工委员会，停办了不合理的工厂，改造、合并、重组了相关工厂，筹建了与当时国民经济和社会发展急需物资相关的新工厂，逐年增加煤、电、化工、毛纺等地方国有企业的设备，并扩大生产。同时，采取国家订货、供料包销、银行贷款等政策鼓励扶持私营企业和个体手工业生产，千方百计恢复和发展生产。截至 1952 年底，全省国营、地方国营、公私合营、个体工业企业 48 家，个体手工业 2782 户，完成工业生产总值 2696 万元，为第一个五年计划的实施创造了条件。

（2）1953~1957年第一个五年计划时期。1953年起，青海省工业生产进入了有计划的建设时期。本着"投资少，见效快"的原则，积极发展地方工业，兴办了一批工矿企业。截至1957年末，工业总产值完成10416万元（按1952年不变价格计算），较1952年增长了2.86倍，年均递增31%，工业发展速度较快，产品品种进一步丰富，工业基础进一步增强。

（3）1958~1962年第二个五年计划时期。随着"一五"计划的超额完成，中国人民对美好的未来更是充满了无限的遐想和憧憬。在这种大的社会背景下，国家发展的赶超战略进入了激进化模式，青海省各行各业掀起了"大跃进"运动，国民经济发展制定了一些脱离实际的目标任务。截至1960年，全省正式注册的国营、集体所有制工业企业达899家，职工达100506人，分别比1957年增长了1.53倍和10.3倍。同年完成工业生产总值66186万元（按1957年不变价格计算），比1957年增长了4.6倍，年均递增77.7%。

从1960年夏天开始，党中央意识到国民经济发展存在的困难，开始反思前些年经济工作中存在的问题。1961年1月，中共八届九中全会决定，从1961年起，对国民经济实行"调整、巩固、充实、提高"的八字方针。此后，在大量调查研究的基础上，中央先后制定了《关于当前工业问题的指示》等，全国有序开展经济调整工作。按照国务院的指示，青海省委开始对国民经济面临的严重困难和下一步经济调整工作进行认真研究，总结和反思近3年工作中存在的问题，认为青海省国民经济3年"大跃进"的基本经验和教训主要是国民经济发展必须以农业为基础，发展工业必须和发展农业相适应。正确处理轻重工业的比例关系，工业内部结构必须合理安排。计划工作必须从实际出发。在1961年6月22日至8月9日召开的青海省委三届四次全会中提出了"以农业为基础，以工业为主导，以及按农轻重为序发展国民经济"，坚持有计划、按比例发展经济。1961~1962年，由于压缩基本建设投资，工业企业生产任务不足，出现较大滑坡。1961年、1962年全省工业生产总值分别比上年下降54.1%、42.0%。

（4）1963~1965年三年调整时期。经过3年的经济调整，全省工业发展走上了稳步发展的正常轨道。1965年底，全省工业企业由1963年初的610个减至449个，年末工业总产值由1962年的17634万元上升至24085万元，增长36.6%，年均递增11.0%。

2. 第二阶段（1966~1980年）：实施三线建设阶段

20世纪60年代中期，中国政府在西北、西南的13个省份投入了2052.68亿元，涉及600多家军工企业、事业单位的重建、拆迁、合并的经济建设运动，史称三线建设，整个工程规模史无前例。青海省因独特的地理位置、丰富的矿产资源，成为三线建设的重要省份之一，受此影响，大批企业内迁入青。

（1）1966~1975 年"三五"和"四五"时期。这一期间，根据国内外形势，为加强三线建设，国家在青海配置了一批冶金、机械、化工、国防等大中型企业，内陆不少企业迁入（见表 3-2）。这些企业从上海、北京、山东、黑龙江、河南、辽宁等地，采用老厂迁建、援建、包建、改建、扩建等形式迁入青海，集中分布在西宁市、大通县、乐都县 3 个地区。1965~1972 年，累计搬迁轻重工业企业 31 家，随迁设备 2897 台（套）（不含军工企业），随迁职工 13298 人。加上地方"五小"工业的发展，这一时期青海工业发展速度很快。

表 3-2　青海省三线建设时期迁入企业概况

序号	企业名称	原厂所在地区	分迁企业名称	经济类型	迁建日期	随迁职工（人）	迁入设备（台，套）
1	青海齿轮厂	上海、天津	上海第二齿轮厂、天津拖拉机厂	全民	1965	449	173
2	青沪机床厂	上海	上海劳动机械厂	全民	1965	1700	211
3	青海山川机床铸造厂	齐齐哈尔	黑龙江省齐齐哈尔第二机床厂	全民	1964	625	223
4	青海第一机床厂	齐齐哈尔	黑龙江省齐齐哈尔第二机床厂	全民	1964	600	49
5	青海第二机床厂	济南	山东济南第一机床厂	全民	1965	570	197
6	青海重型机床厂	齐齐哈尔	黑龙江省齐齐哈尔第一机床厂	全民	1966	838	122
7	青海工具厂	洛阳、开封	洛阳拖拉机厂与开封安装处	全民	1966	117	200
8	青海工程机械厂	鞍山	鞍山红旗拖拉机制造厂	全民	1965	2800	297
9	青海铸造厂	洛阳	洛阳拖拉机制造厂	全民	1966	976	196
10	青海锻造厂	洛阳	洛阳拖拉机制造厂	全民	1966	340	—
11	青海柴油机厂	天津	天津动力机厂	全民	1970	276	—
12	青海电动工具厂	沈阳	沈阳电动工具厂、沈阳微电机厂	全民	1966	259	10

续表

序号	企业名称	原厂所在地区	分迁企业名称	经济类型	迁建日期	随迁职工（人）	迁入设备（台，套）
13	青海微电机厂	北京、天津	北京微电机厂、天津微电机厂	全民	1966	296	154
14	青海机床锻造厂	济南	山东济南第一机床厂	全民	1966	37	129
15	青海量具刃具厂	哈尔滨	黑龙江哈尔滨量具刃具厂	全民	1979	150	95
16	青海海山轴承厂	洛阳	河南省洛阳轴承厂	全民	1966	275	162
17	西宁钢厂	本溪	辽宁本溪钢铁公司钢厂	全民	1964	1259	384
18	西宁标准件厂	无锡、镇江	—	全民	1965	111	20
19	青海光明化工厂	吉林	—	全民	1965	1000	—
20	青海黎明化工厂	沈阳、上海	—	全民	1965	147	
21	青海制药厂	沈阳	—	全民	1964	45	89
22	西宁呢绒时装厂	北京	—	全民	1966	66	44
23	青海第一木工厂	北京	—	全民	1966	43	
24	西宁工贸合营纸箱厂	北京	—	全民	1965	11	12
25	青海铝制品厂	上海	—	全民	1970	308	112
26	青海山鹰机械厂	侯马市	—	全民	1965		
27	国营昆仑机械一厂	—	—	全民	1970		
28	国营昆仑机械二厂	—	—	全民	1970		
29	国营昆仑机械三厂	—	—	全民	1970		
30	青海化工机械厂	北京、山西	北京五〇六厂、山西七六三厂	全民	1966		
31	221厂	—	—	全民			

资料来源：翟松天，崔永红．青海经济史（当代卷）[M]．西宁：青海人民出版社，2003．

　　但从整个宏观经济来看，大量投资集中于效益低的地区，导致沿海地区投资不足从而影响了生产规模的扩大，这是造成这一时期宏观经济效益不佳的重要原因之一。尽管全国三线建设的过程中存在不足，但是青海省的三线建设在党的重视和支持下，在外省人民的大力支援下，取得了重大成就，对推动青海工业发展和国民经济建设具有重要意义，奠定了青海机械、冶金、化工、国防工业的基础，极大地提升了青海工业的整体水平。随迁职工也推动了青海省人口与人力资源的增长。他们为建设新青海而来，也为青海社会生活注入了新鲜的元素。随着青海三线建设的不断深入，外来人口不仅带来了先进的生产技术，同时也为青藏高原群众的社会生活带来了改变：青海百姓的饮食由简单走向丰富，社会生活由闭塞走向开放。

（2）1976~1980年"五五"时期。这一时期的前三年受盲目冒进思想的影响，不顾客观实际，片面追求高指标、高速度，提出了一些不切实际的高目标。后两年修订了不切合实际的指标，工业发展取得了较好的效果。"五五"计划期间，全省工业总产值增长36.32%，年均增速为6.39%。

3. 第三阶段（1981~2015年）：改革开放以来的快速发展阶段

（1）1981~1999年稳步发展时期。这一时期我国的工作重点转移到了改革开放和经济建设的战略轨道上，是我国打破传统计划经济，进行社会主义市场经济体制改革的探索时期，国家先后在农牧区开展了以"包产到户"为主要内容的农村经济体制改革，在城市开始进行以市场调节为取向的经济改革，青海也在这一时期开始探索实施资源开发战略，水电资源、石油天然气资源、盐湖资源、有色金属资源得到重点开发。

这一时期，青海工业经济发展速度明显加快，工业总产值的占比由1985年的68.61%提高到了1999年的77.9%。1998年，青海的电力、煤炭、石油三个部门的总产值占全省工业总产值的19.5%，比1952年提高了15个百分点，比1978年提高了10个百分点。能源工业的快速发展，使青海在这一时期成为我国西北地区重要的能源工业基地。与此同时，青海的非公有制经济占工业总产值的比重达22.1%，国有经济和集体经济工业总产值所占比重分别达到62.6%和15.3%，所有制结构呈现出多元化格局。

（2）2000~2015年高速增长阶段。在这一时期，国家开始实施西部大开发战略，青海的工业化、城镇化、市场化进程明显加快，经济进入了持续快速的发展阶段。工业化由初期向中期过渡。三次产业结构由2000年的15.2：41.3：43.5调整为2015年的8.64：49.95：41.41。工业通过实施资源开发和转换战略得到了快速发展，为形成具有青海资源优势的特色工业体系奠定了基础。

4. 第四阶段（2016~2018年）：转型发展阶段

这一时期中国经济进入新常态，在这一大背景下，青海经济经历了西部大开发以来的高速增长之后，劳动力、土地、资本等生产要素成本不断上升，资源环境约束不断增强，结构性减速因素逐渐凸显，经济发展方式向发挥特色资源优势与绿色循环低碳相结合转变,经济增长进入以推动高质量发展和改善效率为主的中高速增长时期。这一时期,青海经济发展步入了工业化中期。三次产业结构由 2015 年的 8.64∶49.95∶41.41 调整为 2018 年的 9.4∶43.5∶47.1,实现由"二三一"到"三二一"的历史性转变。新能源、新材料、生物医药等战略性新兴产业快速发展。生态文明理念统领全省经济社会发展,传统工业逐步向战略性新兴产业转变。2018 年,全省单位 GDP 能耗较 2015 年底下降了14.8%,万元 GDP 用水量下降了 22.3%,非化石能源生产比重超过 46%,能源资源节约利用水平稳步提高。

(二) 工业发展取得的主要成就

1. 依托资源优势的工业经济体系基本形成

青海的工业是在手工业的基础上发展起来的。1930 年,马氏家族出于统治需要,建立了军需物资制造厂,是青海省建立的第一个工厂,有多个制造车间,是专门给马步芳等军阀部队制造军被、军靴、皮革、织裹军需物资的手工业作坊。青海省最早的以机器生产为主的现代工业始建于 1941 年 2 月,当时国民政府中央委员会和青海省政府共同在西宁法院街合资筹建西宁电厂,安装 29 千瓦柴油发电机组,提供照明用电。1942~1946 年,马氏家族在西宁地区创建了洗毛厂、机械厂、毛纺厂、木工砖瓦厂、玻璃厂、火柴厂、三酸厂、水力皮革厂,即所谓的"八大工厂"。除洗毛厂、机械厂、皮革厂具有部分机械设备以外,其余的各厂都属于手工作坊。1949 年 9 月,全省共有工业企业 15 家,设备极其简陋,基本上都是手工操作。1949 年末,青海完成工业产值 107.3 万元,工业产值仅占当时工农业总产值的 12.3%。

1949 年以来,青海省已形成初具规模的现代化工业体系,尤其是西部大开发战略实施以来,依托资源特点和自身优势,依靠科技进步,青海发展特色经济和优势产业,培育和形成了一大批新的经济增长点,无论是总量还是产业优化方面都取得了长足发展,经济快速增长,综合实力显著提高。从工业总产值来看,从 1949 年的 0.19 亿元增加到 2020 年的 1143.55 亿元(当年价格),以可比价格(1952 年不变价格)计算,增长了 3200 多倍。从发展速度看,20 世纪90 年代是工业提速阶段,2004~2018 年是青海发展速度最快的阶段,以有色金属、盐湖化工、新材料、新能源、石油天然气、水力发电和生物医药等资源比较优势明显的产业为主的特色产业体系基本形成,工业经济快速增长,取得了显著成就。

2. 工业产品结构优化调整势头良好,效果明显

青海省工业产品依托资源禀赋和生产力技术条件,主要工业产品较为单一,工业产品种类以原材料工业、盐湖化工、有色冶金、特色轻工业、新能源产业和生物医药产业为主（见表 3-3）。2015~2019 年全省主要工业产品 40 种，其中规模以上工业主要产品种类达到 30 种。碳酸钠（纯碱）产量由 2015 年的 349 万吨增加到 2019 年的 453 万吨，增长 29.80%；2019 年钾肥（实物量）产量达到 804 万吨，占据全国主要市场；新能源产业增幅最大，太阳能电池（光伏电池）由 2015 年的 281935 千瓦增长到 2019 年的 580532 千瓦，增长 105.91%，锂离子电池产量由 711 万只（自然只）增长到 1128 万只，增长 58.65%，多晶硅由 11104 吨增长到 20593 吨，增长 85.46%。

表 3-3　2015~2019 年青海省主要工业产品产量

产品名称（单位）＼年份	2015	2016	2017	2018	2019
铜选矿含铜（吨）	41745	32847	15101	9173	4572
锌精矿含锌（万吨）	9	10	7	10	8
铅精矿含铅（万吨）	5	6	5	4	5
碳酸钠（纯碱）（万吨）	349	368	375	432	453
原盐（万吨）	286	206	183	263	279
碳化钙（电石）（万吨）	26	16	5	8	0
食用植物油（万吨）	20	22	5	4	7
乳制品（吨）	198038	193778	159511	85783	90534
饮料酒（千升）	129421	133134	48872	36235	41390
白酒（千升）	18471	26259	18262	16726	21090
啤酒（千升）	110950	106755	30210	19450	20274
棉纱（吨）	4839	4156	1305	224	—
皮鞋（万双）	12	5	12	—	—
硫酸（折100%）（万吨）	42	23	8	6	8
氢氧化钠（烧碱）（万吨）	18	18	14	23	42
农用化肥（万吨）	520	552	462	477	560
钾肥（实物量）（万吨）	849	888	747	713	804
中成药（吨）	1807	1806	1377	1317	2034
水泥（万吨）	1744	1875	1450	1348	1340

续表

年份 产品名称（单位）	2015	2016	2017	2018	2019
平板玻璃（万重量箱）	392	412	304	343	127
粗钢（万吨）	121	115	120	138	179
钢材（万吨）	114	125	127	147	181
铁合金（万吨）	215	177	155	151	132
十种有色金属（万吨）	231	233	238	250	251
铅（万吨）	1	2	0	9	9
锌（万吨）	7	5	7	10	11
原铝（电解铝）（万吨）	219	222	229	229	223
黄金（千克）	6816	5990	3316	3126	4546
铝材（万吨）	100	143	123	109	108
金属切削机床（台）	338	238	334	209	138
数控机床（台）	269	207	281	102	79
环境保护专用设备（台/套）	846	387	91	—	—
变压器（千伏安）	—	—	588	15478	228295
锂离子电池（万只）	711	882	103	562	1128
太阳能电池（光伏电池）（千瓦）	281935	275440	300280	470325	580532
手工地毯、挂毯（万平方米）	22	17	12	1	
机制地毯、挂毯（万平方米）	2507	3162	658	411	284
制帽（万顶）	14748	22630	12862	1113	—
单晶硅（吨）	4741	9829	4539	3472	3994
多晶硅（吨）	11104	17502	16875	16502	20593

资料来源：相关年份《青海统计年鉴》。

从青海省产品生产结构来看，20世纪90年代以前，以电力、石油、天然气生产为主；1992年，增加了焦炭和原盐；2005年之后，产品种类大幅增加，各种产品产量显著增长（见表3-4）。

表 3-4　1950~2015 年青海省主要工业产品产量

指标名称	单位	原煤	天然原油	天然气	发电量	焦炭	硫酸（折100%）	氢氧化钠（烧碱）（折100%）	碳酸钠（纯碱）	农用氮、磷、钾化学肥料总计（折纯）	初级形态的塑料	原盐	生铁	粗钢	钢材	水泥	平板玻璃	汽车
年份		亿吨	万吨	亿立方米	亿千瓦时	万吨	万吨	万吨	万吨	万吨	万吨	万吨	万吨	万吨	万吨	万吨	万重量箱	辆
1950		—	—	—	0.01	—	—	—	—	—	—	—	—	—	—	—	—	—
1951		—	—	—	0.01	—	—	—	—	—	—	—	—	—	—	—	—	—
1952		—	—	—	0.01	—	—	—	—	—	—	—	—	—	—	—	—	—
1953		—	—	—	0.02	—	—	—	—	—	—	—	—	—	—	—	—	—
1954		—	—	—	0.03	—	—	—	—	—	—	—	—	—	—	—	—	—
1955		—	—	—	0.04	—	—	—	—	—	—	—	—	—	—	—	—	—
1956		—	—	—	0.06	—	—	—	—	—	—	—	—	—	—	—	—	—
1957		—	0.31	—	0.11	—	—	—	—	—	—	—	—	—	—	—	—	—
1958		—	3.33	—	0.21	—	—	—	—	—	—	—	—	—	—	—	—	—
1959		—	30.72	—	0.41	—	—	—	—	—	—	—	—	—	—	—	—	—
1960		—	31.49	—	0.83	—	—	—	—	—	—	—	—	—	—	—	—	—
1961		—	17.48	—	0.78	—	—	—	—	—	—	—	—	—	—	—	—	—
1962		—	12.86	—	0.75	—	—	—	—	—	—	—	—	—	—	—	—	—
1963		—	10.05	—	0.71	—	—	—	—	—	—	—	—	—	—	—	—	—
1964		—	10.08	—	0.76	—	—	—	—	—	—	—	—	—	—	—	—	—
1965		—	10.03	—	0.85	—	—	—	—	—	—	—	—	—	—	—	—	—
1966		—	10.42	—	1.10	—	—	—	—	—	—	—	—	—	—	—	—	—

续表

年份\指标名称	原煤	天然原油	天然气	发电量	焦炭	硫酸(折100%)	氢氧化钠(烧碱)(折100%)	碳酸钠(纯碱)	农用氮、磷、钾化学肥料总计(折纯)	初级形态的塑料	原盐	生铁	粗钢	钢材	水泥	平板玻璃	汽车
单位	亿吨	万吨	亿立方米	亿千瓦时	万吨	万吨	万吨	万吨	万吨	万吨	万吨	万吨	万吨	万吨	万吨	万重量箱	辆
1967	—	10.45	—	1.43	—	—	—	—	—	—	—	—	—	—	—	—	—
1968	—	0.73	—	1.47	—	—	—	—	—	—	—	—	—	—	—	—	—
1969	—	0.75	—	1.84	—	—	—	—	—	—	—	—	—	—	—	—	—
1970	—	0.83	—	2.64	—	—	—	—	—	—	—	—	—	—	—	—	200
1971	—	11.00	—	3.27	—	—	—	—	—	—	—	—	—	—	—	—	300
1972	—	10.17	—	3.38	—	—	—	—	—	—	—	—	—	—	—	—	300
1973	—	10.38	—	3.90	—	—	—	—	—	—	—	—	—	—	—	—	300
1974	—	10.75	—	3.89	—	—	—	—	—	—	—	—	—	—	—	—	300
1975	—	10.10	—	4.44	—	—	—	—	—	—	—	—	—	—	—	—	500
1976	—	11.35	—	4.41	—	—	—	—	—	—	—	—	—	—	—	—	700
1977	—	12.36	—	5.14	—	—	—	—	—	—	—	—	—	—	—	—	700
1978	—	13.63	0.10	6.52	—	—	—	—	—	—	—	—	—	—	—	—	800
1979	—	13.45	—	7.20	—	—	—	—	—	—	—	—	—	—	—	—	800
1980	—	15.05	—	8.22	—	—	—	—	—	—	—	—	—	—	—	—	1200
1981	—	16.70	0.06	7.71	—	—	—	—	—	—	—	—	—	—	—	—	700
1982	—	17.26	0.07	7.84	—	—	—	—	—	—	—	—	—	—	—	—	500
1983	—	17.54	0.03	7.70	—	—	—	—	—	—	—	—	—	—	—	—	1100

续表

指标名称 年份	原煤	天然原油	天然气	发电量	焦炭	硫酸（折100%）	氢氧化钠（烧碱）（折100%）	碳酸钠（纯碱）	农用氮、磷、钾化学肥料总计（折纯）	初级形态的塑料	原盐	生铁	粗钢	钢材	水泥	平板玻璃	汽车
单位	亿吨	万吨	亿立方米	亿千瓦时	万吨	万吨	万吨	万吨	万吨	万吨	万吨	万吨	万吨	万吨	万吨	万重量箱	辆
1984	—	18.51	0.03	8.18	—	—	—	—	—	—	—	—	—	—	—	—	1500
1985	—	20.00	0.05	11.38	—	—	—	—	—	—	—	—	—	—	—	—	2500
1986	—	35.01	0.04	14.64	—	—	—	—	—	—	—	—	—	—	—	—	6500
1987	—	57.53	0.29	22.35	—	—	—	—	—	—	—	—	—	—	—	8.81	2000
1988	—	64.02	0.33	45.86	—	—	—	—	—	—	—	—	—	—	—	10.00	2200
1989	—	72.50	0.38	58.20	—	—	—	—	—	—	—	—	—	—	—	5.84	1600
1990	—	81.00	0.51	70.63	—	—	—	—	—	—	—	—	—	—	—	—	500
1991	—	102.00	0.75	59.81	—	—	—	—	—	—	—	—	—	—	—	—	500
1992	—	105.50	0.52	49.83	0.83	—	—	—	—	—	92.21	—	—	—	—	—	800
1993	—	108.40	0.46	68.04	1.20	—	—	—	—	—	99.20	—	—	—	—	19.51	900
1994	—	113.10	0.67	73.13	1.24	—	—	—	—	—	92.70	—	—	—	—	—	100
1995	—	121.70	—	60.00	1.47	—	—	—	—	—	76.11	—	—	—	—	—	—
1996	—	140.10	1.27	61.75	3.46	—	—	—	—	—	68.24	—	—	—	—	—	—
1997	—	160.20	2.20	84.26	4.27	—	—	—	—	—	15.93	0.16	—	—	—	—	—
1998	—	176.13	2.68	100.49	4.64	—	—	—	—	—	39.28	0.03	—	—	—	80.44	—
1999	—	189.59	3.47	114.36	2.97	—	—	—	—	—	48.93	—	—	—	—	102.10	—
2000	—	200.01	3.91	134.00	1.50	—	—	—	—	—	67.65	—	—	—	—	99.81	—

续表

年份	原煤	天然原油	天然气	发电量	焦炭	硫酸（折100%）	氢氧化钠（烧碱）（折100%）	碳酸钠（纯碱）	农用氮、磷、钾化学肥料总计（折纯）	初级形态的塑料	原盐	生铁	粗钢	钢材	水泥	平板玻璃	汽车
指标名称 单位	亿吨	万吨	亿立方米	亿千瓦时	万吨	万吨	万吨	万吨	万吨	万吨	万吨	万吨	万吨	万吨	万吨	万重量箱	辆
2001	—	206.03	5.87	137.77	3.09	—	—	—	—	—	77.07	—	—	—	—	—	—
2002	—	214.02	11.51	139.49	2.00	—	—	—	—	—	62.21	—	—	—	—	—	—
2003	—	220.02	15.57	130.48	—	—	—	—	—	—	66.45	—	—	—	—	84.47	—
2004	—	222.02	18.35	173.44	—	—	—	—	—	—	82.63	—	—	—	—	74.50	—
2005	—	221.49	22.26	215.89	—	—	—	—	—	—	115.14	6.06	—	—	—	90.35	—
2006	0.07	223.00	25.03	281.62	—	8.78	1.02	71.11	205.63	3.32	152.00	49.73	79.61	76.76	371.32	97.06	—
2007	0.10	220.66	34.02	307.66	—	12.54	1.05	102.17	254.89	3.40	184.66	90.09	114.71	109.53	436.85	92.95	—
2008	0.13	220.35	43.80	318.73	—	14.71	1.39	115.50	243.94	2.76	235.72	92.28	115.07	113.59	457.75	102.98	—
2009	0.13	186.37	43.07	377.94	—	21.06	1.40	119.78	281.35	2.44	92.97	109.54	126.72	125.06	610.99	50.33	—
2010	—	186.10	56.10	468.26	129.76	30.48	1.66	74.74	304.14	3.67	167.65	111.69	137.33	138.01	811.09	150.00	—
2011	0.20	195.00	65.00	463.13	167.50	20.50	39.00	133.00	288.24	19.30	195.23	115.75	139.50	142.07	1048.00	205.90	—
2012	0.25	205.00	64.28	584.21	240.00	62.99	17.60	212.40	346.65	26.80	253.49	150.80	141.20	139.40	1409.52	236.30	—
2013	—	214.50	68.06	600.34	252.45	55.50	18.10	228.20	425.16	28.50	261.30	135.10	147.60	130.80	1837.71	676.90	—
2014	0.18	220.00	68.90	580.32	132.90	48.79	18.70	326.60	504.87	29.50	378.79	127.00	144.30	131.40	1869.57	801.50	—
2015	0.08	223.00	61.40	565.60	—	42.20	17.70	348.70	520.20	27.50	414.42	112.60	120.60	113.60	1767.89	392.00	341000

从规模以上企业各行业增加值来看，2018 年，电力、热力生产和供应业，化学原料和化学制品制造业，石油和天然气开采业，有色金属冶炼和压延加工业，石油加工、炼焦和核燃料加工业，黑色金属冶炼和压延加工业是占比较高的产业部门（见表 3-5）。

表 3-5　2018 年青海省按行业分规模以上工业企业增加值比重　　单位：%

行业部门	产值比重	行业部门	产值比重
电力、热力生产和供应业	20.86	纺织服装、服饰业	0.47
化学原料和化学制品制造业	14.56	黑色金属矿采选业	0.35
石油和天然气开采业	12.93	非金属矿采选业	0.35
有色金属冶炼和压延加工业	12.54	金属制品业	0.34
石油加工、炼焦和核燃料加工业	8.55	纺织业	0.32
黑色金属冶炼和压延加工业	5.27	开采辅助活动	0.31
电气机械和器材制造业	3.44	水的生产和供应业	0.26
非金属矿物制品业	3.00	橡胶和塑料制品业	0.24
计算机、通信和其他电子设备制造业	2.85	专用设备制造业	0.19
有色金属矿采选业	2.77	印刷和记录媒介的复制业	0.07
煤炭开采和洗选业	2.75	家具制造业	0.07
食品制造业	2.09	仪器仪表制造业	0.05
医药制造业	1.75	废弃资源综合利用业	0.05
农副食品加工业	1.03	造纸和纸制品业	0.03
酒、饮料和精制茶制造业	0.80	铁路、船舶、航空航天和其他运输设备制造业	0.01
文教、工美、体育和娱乐用品制造业	0.65	汽车制造业	0.00
通用设备制造业	0.57	其他采矿业	0.00
燃气生产和供应业	0.48	皮革、毛皮、羽毛及其制品和制鞋业	0.00

3. 战略性新兴产业快速成长，发展势头良好

作为资源型、内陆型省份，近年来，青海省结合实际省情，聚焦产业发展前沿方向，积极探索，依托资源优势，找准突破口，在新能源产业、新一代信息技术产业、节能环保产业、生物产业、新材料产业、高端装备制造业等方面取得重要突破，形成了具有鲜明地方特色的产业发展体系，其特点为地域分布集中，集中分布在西宁市和海西州两个地区；企业数量少，产业扩张快；产业发展仍处于成长期，发展领域比较单一；技术力量仍然薄弱，核心竞争力不强（见表 3-6）。从产值增长变动来看，新能源产业发展势头最

好，其次是新材料产业（见表3-7）。

表3-6　2018年青海省规模以上工业战略性新兴产业总产值及增加值占比

指标名称	企业数（个）	工业总产值（亿元）	比重（%）	工业增加值（亿元）	比重（%）
工业战略性新兴产业	112	245.95	100.0	96.37	100.0
节能环保产业	1	0.08	0.0	0.01	0.0
新一代信息技术产业	7	54.38	22.1	17.27	17.9
生物产业	21	25.02	10.2	8.33	8.6
高端装备制造业	3	4.62	1.9	1.34	1.4
新能源产业	75	120.21	48.9	60.97	63.3
新材料产业	4	24.62	10.0	1.26	1.3
新能源汽车	1	17.02	6.9	7.19	7.5

表3-7　2011~2018年青海省战略性新兴产业增加值增长率　　　　　单位:%

产业 ＼ 年份	2011	2012	2013	2014	2015	2016	2017	2018
工业	19.00	15.00	12.60	8.80	7.40	7.40	6.80	8.60
新能源产业	−5.53	136.65	44.72	82.80	29.70	19.70	—	32.90
新材料产业	10.95	31.80	16.68	21.20	34.20	12.30	25.10	22.20
生物产业	13.40	23.00	12.37	44.00	21.90	56.70	—	7.20
高端装备制造业	−0.20	28.00	20.10	30.00	22.00	—	1.10	

注:"—"由于统计类型不同导致缺失数据。

4. 产业结构持续优化

2018年，全省工业增加值总额为818.67亿元，同比增长3.55%；规模以上工业增加值增长8.6%，超预期目标1.6个百分点，对全省GDP增长贡献率在45%以上，拉动GDP增长3个百分点，增速居全国第9位，高于全国平均值2.4个百分点。工业化程度不断提高，三次产业结构逐步由"二三一"向"三二一"转变。优势产业集聚发展效应凸显，以有色金属产业、盐湖化工产业及新材料产业为引领，带动钢铁、装备制造、生物以及新能源等产业共同发展，形成了十大优势产业集聚发展的良好态势。有色金属产业规模以上工业企业总产值突破604.93亿元，产业规模全省领先；盐湖化工产业形成五大产业集群，年产量超过1300万吨；新材料产业规模以上工业企业总产值达到185.49亿元，占全省十大优势产业的比重超过10%。同时，青海省以盐湖锂资源为抓手，加快发展锂电产业，2015~2017年，青海省锂电产业产值由600亿元增至700亿元，年均复合增长率6.73%。

（三）工业发展存在的主要问题

目前，青海省工业发展存在如下问题和不足：

一是工业总量仍然较小，产业总体规模依然不高，产业基础仍然薄弱，产业链条延伸有限，产业关联程度不高，技术装备水平相对较低，区域整体竞争力不强，产业结构不合理。传统的原材料产业比重过大，重工业比例高，产业层次低，产业链条短，产业链总体处于价值链中低端，缺少高附加值的产品，总体规模偏小，产业转型难度大。

二是自主创新能力和基础薄弱，企业研发水平偏低，创新人才和关键核心技术少，高端产业人才缺乏，人才科技支撑仍然是发展的最突出短板，科技投入长期不足，外地人才引进难与本地人才留不住问题长期存在。技术研发对产业发展的支持不足，企业核心竞争力不强。

三是新旧动能转换尚未完成，传统产业面临产能过剩，而新兴产业尚在起步阶段，缺少支撑和拉动作用明显的大企业、大项目，新的增长点少。产业发展关联度低、协同性弱。

四是区位偏僻，人口总量小，导致青海省市场主体数量少、规模小，市场主体在总量、质量和竞争力等方面还处在较低水平。投资效益普遍偏低与经济社会发展重大投资需求不对称并存，消费需求疲软与市场空间拓展不足并存，进出口市场急剧波动与外贸主体竞争力弱并存。

五是地处青藏高原，海拔高、气温低、生态环境脆弱，艰苦的自然条件和环境对社会经济活动的限制和约束明显，而且这一约束和限制将是长期的，在可预见的将来不会发生明显改变。

二、工业结构

（一）轻重结构：从轻工业到重工业的优化调整

青海省真正意义上的工业化是在1949年以后开始的。总体而言，轻重工业非均衡发展是青海省工业发展的总特征。1949~1957年，青海农业和工业基础均非常薄弱，此时重工业比重相对较低，轻工业比重较高，青海省工业化路径从发展轻工业起步。1950年青海省轻工业比重高达85.3%。青海省以轻工业为主的工业化路径在1958年被终结。1958年，受当时国际局势影响，为了应对帝国主义的经济封锁和军事威胁，同时受苏联工业化经验的影响，"重重轻轻"成为中国计划经济时代处理工业轻重关系的基本思维。在国家重工业优先发展战略的影响下，青海陆续兴建和迁建了一批冶金、电力、燃料、化工、机械等工业企业，形成了青海产业结构长期以来以重工业为主的工业结构，尤其是原材料工业主导特征明显。1960年青海省重工业比重迅速上升至67.0%，此后一直占据主导地位，这种产业结构成长模式一直持续至今，工业结构重型化是青海省工业结构变迁的核心特征，这与中国工业化发展总体规律相符合，也和青海省省情特点相关联。2005年青海省规模以上企业重工业增加值占比更是达到94.7%。2015年至今是重工业优化回调阶段。2015年，我国开始供给侧结构性改革，针对由于供给结构不适应需求结构变化的结构性矛盾进行结构调整和体制机制改革，部分重工业过剩产能得到出清。同时，我国社会主要矛盾也在悄然发生变化，居民对高质量的轻工业产品需求增加，拉动轻工业提质升级。在这些背景下，从2013年起，轻工业占比有了明显回升，2017年轻工业占比为14.6%，较2010年上升了6.7个百分点（见表3-8）。

表3-8 1950~2017年青海省主要年份轻重工业结构

年份	1950	1955	1960	1965	1970	1975	1980	1985
重工业比重（%）	14.7	26.5	67.0	52.9	70.3	64.6	68.0	61.4
轻工业比重（%）	85.3	73.5	32.1	47.1	29.7	35.4	32.0	38.6
年份	1990	1995	2000	2005	2010	2015	2016	2017
重工业比重（%）	71.1	77.5	87.4	94.7	92.1	83.6	80.9	85.4
轻工业比重（%）	28.9	22.5	12.6	5.3	7.9	16.4	19.1	14.6

注：2000年以前数据以工业总产值为基础计算，2000年以后数据以规模以上工业企业工业增加值为基础计算。

资料来源：根据历年《青海统计年鉴》整理得到。

（二）行业结构：主导产业多次更替，新兴产业发展势头良好

工业行业结构的变化趋势与轻、重工业结构变化基本保持一致，可分为五个阶段：

第一阶段：1949~1965年，是青海主导产业由轻转重的更替阶段。1962年之前，食品、纺织、林木、机械、建材是这一时期的主要工业部门，其中，1962年食品工业产值占比达到64.3%。1965年，石油工业、机械工业、化学工业产值迅速增长，产值比重分别达到18.8%、12.7%、11.9%。食品工业、纺织工业的产值比重分别由1952年的64.3%、16.2%下降到1965年的17.8%、12.10%。

第二阶段：1966~1978年，机械、食品、化学、电力一直维持着较高的产值比重，机械工业在20世纪50~80年代末成为第一大工业行业。

第三阶段：1979~1999年，主要产业部门转变为机械工业、食品工业、纺织工业、金属加工业、交通运输业。

第四阶段：2000~2007年，伴随西部大开发战略的实施，青海省资源优势得到进一步释放，主要产业部门发生新的更替，石油天然气开采业、有色金属冶炼加工业、电力生产、黑色金属冶炼加工、化工成为主要产业部门。

第五阶段：2008~2018年，青海省新兴产业发展壮大。2008年，青海省政府提出并实施了"生态立省"战略，开始改造提升盐湖化工、能源化工、有色冶金、建材、特色轻工5个传统产业，发展壮大新能源、新材料、装备制造、节能环保、信息产业5个新兴产业。通过"三去一降一补"，部分高耗能行业产品产量下降，如电解铝、铁合金、硅铁等产品及火力发电等产量明显下降，新能源产业、新材料产业、盐湖化工产业、高技术制造业、生物产业等优势工业产业投资比例逐年上升，产品结构不断调整；纯碱、钾肥等优势产业产品稳定增长，锂离子电池、风力发电、太阳能发电等战略性新兴产业、新能源产业、新材料产业等比重不断上升（见图3-3）。

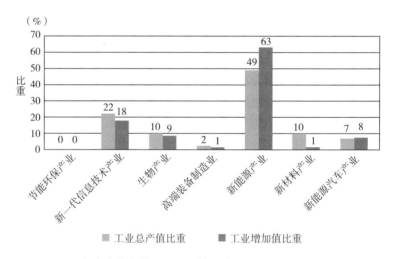

图3-3 2018年青海省规模以上工业战略性新兴产业总产值及增加值构成

三、工业布局

（一）工业空间布局

青海省工业的空间布局是依据区域资源禀赋状况、资源环境承载能力和已有产业基础，按照青海省经济社会发展综合规划、工业发展专项规划、青海省主体功能区划，结合青海东部城市群建设，青海"四区两带一线"区域协调发展格局等规划逐渐形成的，2020年主要有青海省东部地区（包括西宁市和海东市）、柴达木地区、泛共和盆地三大优势工业主体区域。按照青海省工业和信息化"十三五"发展规划，要构建15个重大产业基地为主体的工业园区，包括西宁市所辖的甘河工业园区、南川工业园区 2 个千亿产业基地、东川工业园区、生物科技产业园区、大通北川工业园区 3 个五百亿产业基地；海西州所辖的格尔木工业园区、察尔汗工业园区 2 个千亿产业基地，德令哈工业园区、乌兰工业园区、大柴旦工业园区、都兰工业园区 4 个五百亿产业基地；海东市所辖的临空综合经济园 1 个千亿产业基地，乐都工业园、互助绿色产业园、民和工业园 3 个五百亿产业基地。青海省以园区经济为载体，着力打造盐湖化工、锂及锂电池、能源化工及精细化工、铝及铝精深加工、硅材料及光伏产业、地毯及绒纺、钛合金及精深加工、黄金冶炼及精深加工、铜铝箔及电子材料、PVC 精深加工 10 个在全国有影响力的产业集群；以关联产业集中布局为方向，全省工业主要集中在西宁、海西、海东地区，未来将形成以重点工业园区和重大产业基地为主体，县域经济为补充的特色突出、优势互补、相互促进、错位发展的产业布局。

1. 重点地区

（1）西宁市。发挥好创新要素密集、市场体系较为健全、产业基础扎实、基础配套设施完备等优势，做强主导产业、培育新兴产业、升级传统产业、淘汰落后产能，重点布局高新产业和研发设计等产业，推动其在创新驱动、结构升级等方面率先取得突破。依托西宁经济技术开发区，围绕新材料、装备制造、精细化工、农畜产品加工、纺织、铝及铝精深加工、生物医药、新能源等重点产业，开发和发展与产业相衔接和配套的中小企业集中区、生产性服务业及提供协作的配套产业。重点建设西宁经济技术开发区，青海省级高新技术产业开发区，大华、上新庄、北川等县域工业集中区。

（2）海西州。立足资源优势，加快柴达木循环经济试验区建设，做大做强特色生物、新能源、新材料、装备制造等新兴产业，重点发展依托优势资源和产业基础的下游产业和延伸产业，努力构建循环发展的现代产业体系。着力推进矿产资源开发与冶炼、盐湖化工、煤化工产业，新能源及生产装备制造，轻金属及下游合金材料制品、镍及镍钴材料、煤、油、气及下游高分子、复合材料，农产品、枸杞、"三刺"等生物资源精深加工产业和昆仑玉加工产业，打造物流及园区配套产业，为产业链延伸发展提供全方位的支持和服务。重点推动柴达木循环经济试验区下辖工业园区及县域工业集中区建设。

（3）海东市。加强与西宁的产业协作，按照错位发展的理念，以海东工业园区为核心，以园区产业配套服务为重点，布局发展现代物流、高端装备制造、信息产业、新材料、新能源、高原特色农畜产品加工。积极承接东中部地区以及西宁市产业转移，推进空港经济发展，实现东部城市群内部产业对接协作、协同发展。重点建设海东工业园区，循化清真食品（民族用品）产业园等县域工业园。

（4）环湖地区。着眼提升改造现有产业，提高资源综合利用水平。重点布局农畜产品加工、有机肥料生产、饲草料、特色手工业等产业，推动产业品牌化、规模化、集聚化发展。有序开发矿产资源，提升精深加工能力，实现资源优势向经济优势的有效转化。重点建设海晏红河湾、门源农畜产品加工、祁连有色金属采选和农畜产品加工、兴海鄂拉山有色金属采选等工业集中区。

（5）青南地区。进一步完善和优化发展环境，注重生态保护，因地制宜，集中布局，围绕青藏高原动植物特色资源，布局农畜产品加工、生物医药、清洁能源和藏文化信息等产业，构建特色鲜明、错位发展的特色县域生态产业体系。发挥对口援建帮扶地区和单位对促进青海藏区经济社会发展的作用，积极发展"飞地"经济，在西宁和海东建设面向果洛、玉树，并以青南地区特色资源加工和民族传统产业为主的青南工业园。

2. 县域工业集中区

围绕因地制宜、错位发展、产业集聚、绿色集约的原则，鼓励有条件的县（区），依托自身优势，建设特色产业聚集区（工业集中区创业园孵化基地）、生产性服务平台和发展"飞地"经济，提升工业经济对县域经济发展的支撑作用。支持有条件的县建设以中小企业为主的工业集中区，以特色优势资源开发和特色产业发展为切入点，形成集约化、规模化、基地化的县域经济产业发展格局，形成主次分明、结构合理、集约集聚发展的园区产业布局。努力把县域经济建设成为全省工业和区域经济发展的新增长极。

（二）工业园区的建设与发展

优化产业布局立足构建产业新体系，突出东部地区和柴达木地区两大优势工业主体区域，发挥三大园区及 15 个重大产业基地的主体作用，推进园区经济优势互补竞相发展。东部园区着重发展资金技术密集、产品附加值高的产业，西部园区着重提高资源开发和综合利用水平。

1. 西宁（国家级）经济技术开发区

西宁经济技术开发区于 2000 年 7 月经国务院批准设立。2005 年青海省人民政府对西宁地区各工业园区进行整合，成立了新的西宁经济技术开发区管理委员会，现下辖东川工业园区、甘河工业园区、南川工业园区、生物科技产业园区四个工业园区及开发区投资控股集团有限公司。四个区域规划面积 11890 公顷，开发区主导产业包括太阳能光伏制造、有色金属、化工、高性能材料、高原生物制品、中藏药、藏毯绒纺、装备制造等。其中，南川工业园区重点发展藏毯绒纺、风电设备制造、锂电池等新兴产业，努力打造"世界藏毯之都"和锂资源精深加工基地；东川工业园区重点发展硅材料光伏产业和新材料产业，努力打造光伏产品制造、电子材料和轻金属合金材料产业基地；生物科技产业园区重点发展高原生物制品、中藏药、装备制造和科技孵化产业,努力打造高原高新技术产业基地;甘河工业园区重点发展有色金属深加工和特色化工产业,努力打造循环经济示范区。

西宁经济技术开发区依托"一区四园"的发展格局,加快推进国家循环经济发展先行区建设,园区产业集群初步形成,主导产业链不断完善,已成为青海省新材料、光伏、锂电、有色金属、化工、大健康及生物医药、食品、藏毯绒纺等产业聚集区。作为全省工业经济发展的主引擎、主阵地、主力军,在贯彻新发展理念、对接国家发展战略、推进供给侧结构性改革、打造特色产业集群、推动高质量发展方面发挥着独特的作用。

西宁经济技术开发区聚焦产业集群打造、产业链条延伸、企业技术改造,做强主导产业、培育新兴产业、升级传统产业、淘汰落后产能,着力培育锂电与新能源汽车、光电与新兴信息 2 个新兴产业,加快发展性、消费性、公共性服务业,打造甘河工业园区、南川工业园区、东川工业园区、生物科技产业园区 4 个重大产业基地(见表 3-9)。

表 3-9 西宁经济技术开发区主导产业

产业基地	产业类别	主导产业
1. 甘河工业园区	有色金属生产产业:铝、铅、锌、铜等有色金属基础材料生产及深加工、合金生产等	
	化工产业:盐湖化工、天然气化工、能源化工等产业	
2. 东川工业园区	新能源产业:太阳能光伏产业、太阳能光热产业	
	新材料产业:太阳能新能源材料产业、有色金属精深加工产业、新型合金材料、电子信息材料产业等	
3. 南川工业园区	藏毯绒纺产业:藏毯、毛绒加工、纺织等	
	新能源产业:锂电材料、锂动力(储能)电池	
4. 生物科技产业园区	高原生物健康产业:中藏药、绿色食品、保健品产业	
	高端装备制造:高档数控机床、铁路机床、专用汽车、非标装备以及相关配套设备制造业	

(1)甘河工业园区。西宁经济技术开发区甘河工业园区于 2002 年 7 月经青海省人民政府批准成立,2006 年初,省政府按照"一区多园"的发展思路将园区整合并入西宁经济技术开发区管理。园区位于青海省西宁市湟中县甘河滩镇、汉东乡和大才乡等地,距离西宁市区 35 千米、湟中县城 8 千米,总规划面积35.28 平方千米,分为占地 12.65 平方千米的东区和占地 22.63 平方千米的西区,是全国循环化改造示范试点园区和全国首批低碳工业试点园区。园区产业定位是优先发展有色(黑色)金属精深加工、特色化工两个主导产业,积极培

育配套产业和生产性服务业，推动园区产业向高档次、精加工、多品种、消费化方向发展，努力将园区建设成为产业协调融合、资源综合利用、产业链深度延伸的新型生态工业园。

园区产业发展上依托省内丰富的电能、天然气、矿产、盐湖等资源和现有产业基础，全力打造有色（黑色）金属生产及精深加工和特色化工产业基地，建设资源节约型、环境友好型生态工业区和循环经济发展的先行区。截至 2020 年底，园区内有各类工业企业 75 家，建成投产 49 家，其中规模以上企业达到 38 家，已形成以电解铝、电解锌、电解铜为主的有色金属产业，以铬铁、硅铁、铁精粉为主的黑色金属产业和以 PVC、甲醇、复合肥为主的特色化工产业。2020 年园区有色金属产业达到年产 150 万吨电解铝、115 万吨铝深加工、10 万吨电解锌、10 万吨电解铜、4000 吨镁合金压铸件的产能规模；黑色金属产业达到 100 万吨硅铁和铬铁的产能规模；特色化工产业达到 24 万吨 PVC、80 万吨甲醇和 100 万吨复合肥的产能规模。同时，园区还建成了年发电量 72 亿度的火电机组和 10 万吨绿色建筑钢构件项目，正在实施年产 60 万吨烯烃、1 万吨高性能碳纤维、6 万吨多晶硅等重点项目，产业集群效应初步显现，产业结构进一步优化。

2020 年底，园区完成规模以上工业产值 359.5 亿元，环比增长 6.3%；实现工业增加值 54.3 亿元，比上年增长 5.8%，其中完成规模以上工业增加值 53.8 亿元，环比增长 5.7%；完成技工贸收入 477 亿元，环比增长 16.1%，其中实现限额以上批发业销售收入 115 亿元，环比增长 63.4%；完成公共财政预算收入 4.4 亿元，其中完成地方财政预算收入 3.8 亿元，环比增长 26.2%；完成固定资产投资额 23.8 亿元，其中完成工业项目投资 22.5 亿元。经济社会呈现稳定向好的发展态势。

（2）东川工业园区。西宁经济技术开发区东川工业园区是国务院批准的国家级开发区，科技部批准的国家级光伏产业化基地，工业和信息化部批准的国家级新材料产业示范基地，国家发展改革委批准的国家循环化改造示范园区。园区成立于 2000 年 7 月，2001 年 4 月开工建设，在青海省委、省政府，西宁市委、市政府和开发区管委会的领导下，园区经济得到快速发展。园区位于西宁市东部，东起小峡口，西至青海民族大学，南接大南山，北邻湟水河南岸，总规划面积 12.79 平方千米。距离西宁火车站、货运站 4 千米，距离曹家堡机场 12 千米，距离市中心 8 千米，周边高速公路、铁路、城市主干道呈网状分布，区位优势十分明显。截至目前，园区已建成公路近 50 条，总长近 60 千米，建有 330 千伏变电站 1 座，110 千伏变电站 2 座，日均供气能力 320 万立方米、供水能力 5 万吨、污水处理能力 6.5 万吨、日均中水供应能力 3.5 万吨，实现了"七通一平"。同时，园区管委会设立了"四为一体"综合性服务一条龙办事大厅，建设了工业标准化厂房，为中小微企业提供了国家高新技术创业服务中心、国家中小企业公共服务示范平台、国家小型微型企业创业创新示范基地，并搭建了东川工业园区众创空间服务平台，为更多创客提供创业发展的经营环境。

经过多年发展建设，园区主导产业和产业集群初步形成，形成了以硅材料光伏产业和新材料产业为主的两大主导产业。已引进和落实了多晶硅、单晶硅、切片、晶硅电池、光伏组件、光伏玻璃、石英坩埚、逆变器以及电解铜箔、电子铝箔、腐蚀箔、化成箔、工业特种铝合金型材、建筑铝型材、铝轮毂、镁合金、钛锭、钙丝、铜棒、LED 发光材料、纳米材料、六氟化硫、特种钢等一批项目，产业聚集和辐射带动能力明显增强。截至 2016 年底，园区多晶硅产能约为 17500 吨（约 3.5 吉瓦），全部达到高效电池使用要求的国标电子三级以上，其中国标电子一级多晶硅产能约为 10000 吨（约 2 吉瓦），单晶硅产能约为 4000 吨（约 1 吉瓦），切片产能约为 200 兆瓦，电池产能约为 250 兆瓦，组件产能约为 800 兆瓦，石英坩埚产能约为 10 万只，逆变器产能约为 1 吉瓦，光伏组件铝边框产能约为 30000 吨（约 2.5 吉瓦），光伏玻璃产能约为 360 万平方米（约 500 兆瓦），光伏支架产能约为 50000 吨（约 2 吉瓦），电解铜箔产能 2.5 万吨，腐蚀箔产能 600 万平方米，化成箔产能 2000 万平方米，各类铝材产能 21 万吨，各类铜材产能 10 万吨，镁合金产能 6.3 万吨，钛锭产能 1.1 万吨。近年来，园区高度重视循环经济、节能减排工作，实施了一大批节能减排、循环经济项目，其中，中利光纤利用亚洲硅业技术突破后提纯的高纯四氯化硅及其他三种气体，建立了全球首例多晶硅厂和光纤厂循环经济合作项目。

截至 2016 年底，东川工业园区累计引进各类企业 700 余家，其中，工业企业 120 余家，累计实现 GDP 963 亿元，年均增长 45%，完成工业销售收入 1967 亿元，年均增长 83%，完成工业增加值 675 亿元，年均增长 81%，完成区内技工贸收入 4790 亿元，年均增长 93%，园区综合经济实力迈上了新台阶。

园区产业发展上依托全省资源优势，重点发展太阳能光伏制造、电子薄膜材料、轻金属合金材料、光通信材料、碳纤维材料等产业，努力打造光伏和新材料产业基地，建设青海省战略性新兴产业发展先行区。2016 年底，已形成 2.25 万吨多晶硅、7000 吨单晶硅、250 兆瓦光伏电池生产能力，配套了逆变器、石英坩埚等光伏企业，现有光伏生产企业 15 余家，成为建设青海省清洁能源示范省和千亿光伏产业的重要基地。

园区在重点发展两大主导产业的同时，也注重轻工业及现代服务业的发展，引进并落实了生物制药、医学检测、保健食品、乳制品、高原特色产品、首饰加工、玻璃制造等其他产业，占园区工业总产值的 34%。

（3）南川工业园区。西宁经济技术开发区南川工业园区于 2008 年 2 月经青海省人民政府批准成立。位于西宁市南部，规划面积为 31.39 平方千米，规划范围内实现"七通一平"。是商务部、农业农村部、国家发展改革委等认定的国家级外贸转型升级示范基地、国家级农牧业产业化示范基地、全国知名品牌示范区、国家级出口质量安全示范区、中国 WTO/TBT-SPS 国家通报咨询中心藏毯技术性贸易措施研究评议基地和循环化改造的试点园区。

南川工业园区产业发展上依托青海资源优势和浓郁的地域文化特色，围绕"中国藏毯之都"建设，打造世界羊毛地毯制造中心，建成以藏毯生产为龙头的特色毛纺织产业集群；建设"千亿锂电产业基地"和光电产业为核心的新能源、新材料产业。在藏毯绒纺特色毛纺产业上，建成洗毛（绒）、分梳、纺纱、染纱、地毯和针织服装生产为特色的毛纺产业集群，实现地毯织机 250 台（套），电脑横机 400 台，产业实现规模化、链条化发展。在锂电、光电产业上，重点以正负极材料、隔膜、电解液、动力及储能电池、电机、电控、电动汽车和高纯氧化铝、蓝宝石、切片、外延、LED 为产业发展思路，形成了锂电正极材料 7 万吨、电池隔膜 20 亿平方米、动力和储能电池 17 吉瓦时、镁基和稀土电池 1 吉瓦时、高纯度氮化硅 3 万吨、高纯氧化铝 1000 吨、蓝宝石炉 1000 台和碳化硅晶片、外延片、芯片、封装等链条配套完整的产业格局。

2018 年，南川工业园区规模以上工业增加值增长 19.14%。招商引资落地项目 6 个，总投资达 50 亿元。园区共登记各类企业 608 家，其中，生产型企业 78 家，商贸企业 63 家，其他类型 467 家；建成投产工业企业 60 家，其中，规模以上工业企业 36 家，限额以上批发零售企业 22 家。园区成立以来，高度重视创新发展和品牌培育，承担国家 863 计划 1 项，国家级重大科技项目 4 项，有国家级农牧业重点龙头企业 5 家，省级重点龙头企业 6 家，中国名牌产品和中国驰名商标 9 件，原产地保护标识 1 件，青海省著名商标 12 件。

南川工业园未来将通过规划项目实施，围绕打造"藏毯之都"和"青海千亿锂电产业基地"建设，大力发展锂电及新能源汽车产业，优化发展藏毯绒纺产业，努力培育光电信息产业，积极发展现代服务业，壮大产业集群、提升经济总量、提高经济效率、优化产业结构，将园区建设成为高原特色优势产业发展示范基地和生态型综合经济区。

（4）生物科技产业园区。西宁经济技术开发区生物科技产业园区于 2002 年 4 月经青海省政府批准设立，2010 年 11 月经国务院批准升级为（国家级）青海高新技术产业开发区，是青海省唯一的高新区。园区规划面积为 23.5 平方千米，重点发展高原生物健康（现代中藏药、食品及保健品）和装备制造产业，随着国家"互联网+"及创新驱动发展战略的深入实施，园区积极推进产业结构调整和转型升级，着力培育以信息产业为代表的现代服务业。经过多年的建设，已发展成为基础设施配套齐全、产业特色鲜明、服务体系完善的工业园区。2018 年底累计批复入驻企业 675 家，其中，工业企业 147 家（规模以上工业企业 63 家），商贸等服务业企业 528 家。拥有高新技术企业 44 家，科技型企业 123 家。生物科技产业园区依托青藏高原独特的动植物资源，重点发展高原特色生物资源精深加工、现代中藏药产业、先进装备制造业、信息等产业，着力建设产学研基地，积极培育孵化高新科技企业，努力打造最具青藏高原特色和科技影响力的高新技术产业聚集区。已成为全省大健康和生物医药重要加工基地，现有生物制药企业 81 家，其中，藏药生产企业 27 家，生物制品企业 54 家。

园区逐步完成了从要素集中、企业集聚的产业基地向具有竞争力和影响力的创新型产业集群跨越，中小企业创业园被评为"国家级科技企业孵化器"，"青藏高原特色生物资源与中藏药产业集群"被科技部列入"创新型产业集群试点"，2016 年 12 月，园区被列入"十三五"国家服务业综合改革试点区域；2017 年 6 月，园区获批国家第二批"大众创业、万众创新"示范基地。结合现阶段园区发展实际和态势，西宁市努力将园区建设成为全省自主创新领航区、高新产业集聚区、创新创业首选区，打造创新型特色高新区。园区科技创新能力持续提升，园区工业企业研发投入占销售收入的比重达到 2.37%；拥有各类科技研发平台 58 个，其中，沙棘资源开发国家地方联合工程实验室、冬虫夏草资源重点开发国家地方联合工程实验室等 3 个，亚麻籽油综合利用工程技术研究中心、地黄综合利用工程技术研究中心等省级工程技术研究中心 23 个，数控机床研究重点实验室、特色浆果资源利用质量与安全控制重点实验室等省级重点实验室 19 个，乳制品研发中心、沙棘资源研发中心等市级企业研发中心 13 个。全省首个国家重点实验室——"三江源生态与高原农牧业国家重点实验室"、企业自建的"藏药新药开发国家重点实验室"已建成使用。大力发展高原生物健康产业，壮大发展高端装备制造业，积极发展现代服务业，加快推进高新区建设发展，努力将园区建设成为自主创新领航区、高新产业集聚区、创新创业首选区，打造创新型特色园区。2018 年，在青藏高原特色生物资源与中藏药产业集群方面，园区规模以上工业增加值增长 14.04%，集群产值占园区工业总产值的 58.2%。其中，中藏药生产企业 27 家，拥有中藏药品种 435 个，占全省比重的 62%，单品销售收入过亿的产品有 4 个；特色资源精深加工企业 60 家，已形成处理沙棘 5 万吨、枸杞 8 万吨、菊粉 5 万吨、青稞 3 万吨、虫草菌粉 250 吨、鲜奶 20 万吨的生产能力。在装备制造及其他特色加工产业方面，拥有企业 44 家，形成了机床、石油机械、环卫设备、专用车等系列产品，产业规模不断壮大，已成为园区发展的重要支撑力量，其中，立卧式加工中心、铁路专用数控机床、重型数控轧辊车床、数控曲轴铣床等产品技术已达到国际或国内先进水平。

2. 柴达木循环经济试验区

柴达木循环经济试验区是国家首批 13 个循环经济产业试点园区之一，是 2010 年国内面积最大、资源丰富、唯一一布局在青藏高原少数民族地区的循环经济产业试点园区。2010 年 3 月，国务院批复《柴达木循环经济试验区总体规划》，试验区建设发展由地方战略上升为国家战略。

柴达木循环经济试验区位于青藏高原北部、青海省西北部，主体为柴达木盆地，南有昆仑山，北、东有祁连山，西有阿尔金山，东西长约 850 千米，南北宽 350~450 千米，面积为 25.6 万平方千米，是一个典型的资源富集地区。试验区地处青、甘、新、藏四省交会的中心地带，向西可至西亚，向南直通南亚，是西北地区重要的交通枢纽、战略通道和开放门户，也是西北地区最具投资空间和发展潜力的区域之一。经济上承担着支撑青海经济社会发展，支援西藏、稳定新疆和支持全国发展的重任，是国家实施新一轮西部大开发及"一带一路"倡议的重要节点之一。

以试验区为载体发展循环经济，大力推进资源的综合开发、有效配置、循环利用，延长产业链，推动产业融合发展，构建资源精深加工和横向扩展相结合的循环工业体系，优化产业结构，是提升试验区产品产业竞争力、转变发展方式的必由之路。

柴达木循环经济试验区矿产资源富集，分布有丰富的石油、天然气、煤炭、湖盐、有色（黑色）稀有金属、太阳能、风能及特色生物等资源，现已发现矿产 112 种、矿产地 1679 处，已探明储量矿产 60 种、矿产地 389 处，其中，大型矿床 95 处、中型矿床 82 处、小型矿床 137 处、矿点 75 处，各类矿产具有储量大、品位高、类型全、分布集中、组合好等特点，潜在经济价值在 100 万亿元以上。区内土地广袤，可利用土地面积达 49197 万亩，具有集中连片、地势开阔、平缓及构造好等特点，是发展大工业和光伏、光热产业的理想用地。区内有大小河流 70 余条，其中长流性河流有 40 余条，多年平均径流量超过 1 亿立方米的有格尔木河、香日德河、巴音河等 11 条。水资源总量 116 亿立方米，最大可利用水量 55.9 亿立方米。

实施西部大开发战略以来，试验区交通、电力、水利、通信等基础设施建设日臻完善，基础承载能力全面提升，形成了以国道高速公路、铁路、航空、输油管线、输气管线为主的立体交通运输网络；以兰西拉光缆、青新光缆、移动数字通信为主的信息网络；以 750 千伏、330 千伏、110 千伏大电网为主，以小水电、光伏、风电和火电为辅的供电格局；以调蓄水库及配套渠系、机井取水及输水管道为主的水利设施体系；具备了支撑循环经济产业集中布局、集聚发展的条件。

丰富的自然资源，坚实的产业基础，给循环经济大发展创造了得天独厚的条件；优惠的政策保障，良好的发展机遇，给试验区插上了腾飞的翅膀。目前，试验区以格尔木、德令哈、大柴旦、乌兰工业园为主的"一区四园"发展格局正在加快形成，盐湖化工、油气化工、有色金属、煤化工、新材料、新能源、特色生物七大循环经济主导产业体系和昆仑、察尔汗两个千亿元产业基地，德令哈、大柴旦、乌兰、都兰四个五百亿元产业基地建设开始起步，特色优势产业正在逐步培育壮大。近年来，试验区相继被国家认定为"西部大开发特色优势产业基地""柴达木盐湖化工及金属新材料国家新型工业化产业示范基地""国家可持续发展实验区""盐湖特色材料国家高新技术产业化基地"，被评为"全国循环经济工作先进单位"，试验区已成为新丝绸之路经济带上的一颗闪亮明珠。

柴达木循环经济试验区在青海省海西州境内，辖格尔木市、德令哈市、乌兰县、都兰县、天峻县、大柴旦行委、冷湖行委、茫崖行委，国土面积为25.6万平方千米，总人口约56万人。试验区成立以来，相继建成投产盐湖开发、纯碱、碳酸锂、甲醇及铁矿采选、煤炭开发等40多个重大产业项目，形成了以盐湖资源开发为核心，以融合盐湖化工、油气化工、金属冶金、煤炭工业、新能源、高原特色生物等产业为主导的循环型产业体系。打造了格尔木工业园、德令哈工业园、大柴旦工业园、乌兰工业园、都兰工业园五个重大产业基地（见表3-10）。

表3-10　柴达木循环经济试验区主导产业

园区名称	主导产业
格尔木工业园	主要以盐湖化工、煤化工、油气化工、新能源、金属冶金发展为主导产业。 盐湖化工产业：在稳定钾肥产量的基础上重点发展下游精细化产品，加大其他伴生资源的回收和产品开发，逐步形成以钾、钠、镁、锂、硼等盐湖资源精深加工、循环利用和产业延伸为特点的综合开发格局。以创建创新型盐湖化工循环经济特色产业集群为重点，构建以钾、钠、镁、锂、锶、硼、溴等资源梯级开发和以配套平衡氯气、氯化氢气体为辅的盐湖资源综合开发产业体系。重点谋划推进金属镁一体化及配套产业，碳酸锂扩能提质配套动力锂电池，高纯镁砂一体化，高纯氯化锂及锂6、锂7高技术锂产品，聚苯硫醚及配套等项目。 煤化工产业：推动煤炭资源综合利用产业体系建设，推进煤炭、能源、化工一体化发展，实现盐湖、煤炭、天然气、冶金等产业融合发展。以青海矿业集团年产120万吨煤制烯烃项目为基础，重点发展烯烃下游产品产业链。 油气化工产业：300万吨炼油扩建、苯下游精细化工产品开发及甲醇下游产品开发等。 新能源产业：加快太阳能、热能、风能资源开发，进一步推进新能源产业成长，重点围绕太阳能、风电电源建设，推进太阳能热发电储热熔盐一体化，风电、光电、光热装备及电站建设一体化发展。重点谋划推进50万千瓦太阳能发热发电配套100万吨三元复合熔盐及太阳能光电，光热追日镜系统，槽式、线性菲涅尔式反射镜，逆变器等装备制造一体化以及风电场建设与风机、叶片、轮毂、变速器、变压器等风电设备制造一体化项目。 金属冶金产业：提升铅、锌等共伴生矿产资源和矿山废弃物综合利用水平，加快青藏高原区域性钢铁基地建设，推进冶炼中副产硫酸与盐湖化工、煤化工产业融合发展。重点建设钢铁一体化，夏日哈木镍钴矿采选、冶炼分离、羰基冶金技术及羰基镍开发及生产，海绵钛配套金属镁，铜冶炼、铜合金、压延、电工材料，锌合金压延加工产品等项目

续表

园区名称	主导产业
德令哈工业园	利用德令哈及周边地区丰富的煤炭、石灰石、石英等非金属矿资源和钠盐、镁盐资源，重点打造以盐碱化工为主体，新材料、特色生物、新能源及装备制造等产业统筹发展的循环经济产业体系，大力发展新材料、高性能镁合金及制品、结构板材、有机硅等相关产业，以及周边地区柴达木福牛、藜麦、枸杞、高原水产等种养植（殖）基地，建设柴达木绿色产业园集中示范加工区
大柴旦工业园	能源—煤化—盐化—冶金产业链：以煤清洁利用为龙头，重点发展动力煤、硅胶、硼系列产品及硫酸钾、聚苯硫醚、磷酸铁钾、溴素等深加工产品。 新能源产业链：重点发展光伏发电、光热发电、风力发电等新能源产业。 资源综合高效利用：利用锡铁山硫精矿和尾矿生产硫酸、稀有金属和铁矿砂；利用盐湖资源，生产氧化镁、硫化碱；利用煤矸石发电，生产烧结砖。 整体煤气化联合循环一体化开发产业链，重点推进50万吨油页岩开发
乌兰工业园	利用周边煤炭资源发展煤化工产业，并与盐化工相结合完善循环经济产业链条，提升畜产品加工产业链，发展新能源产业链
都兰工业园	进一步完善黄金产业园建设，并积极发展黄金精炼及黄金粉、丝、箔材料加工产品，大力推进铅、锌、铜等多金属资源开发，延伸产业链条，壮大枸杞种植及生物加工产业、石材产业、新能源产业

（1）格尔木工业园。格尔木工业园（昆仑经济技术开发区）地处柴达木盆地西南部，区域周边矿产资源富集、自然资源独特。1992年6月，格尔木昆仑经济开发区经青海省委、省政府批准正式成立。2005年12月，确定为省级开发区，更名为青海格尔木昆仑经济开发区。2012年10月，升级为国家级经济技术开发区，定名为格尔木昆仑经济技术开发区。2013年2月，格尔木昆仑经济技术开发区管委会更名为柴达木循环经济试验区格尔木工业园管委会（仍保留昆仑经济技术开发区管委会牌子），隶属柴达木循环经济试验区管委会管理，规划面积为120平方千米，主要由45平方千米的昆仑重大产业基地和75平方千米的察尔汗重大产业基地组成。其中，昆仑重大产业基地位于格尔木市中心城区东南侧，重点发展油气化工、黑色有色金属冶炼、特色轻工、装备制造等产业；察尔汗重大产业基地位于察尔汗盐湖格察（格尔木—察尔汗盐湖）高速公路东西两侧，重点发展盐湖化工产业及下游产业链的延伸。2018年3月，经国家发展改革委、科技部、住房城乡建设部和商务部等部门审核，格尔木昆仑经济技术开发区列入《中国开发区审核公告目录（2018年版）》国家级经济技术开发区序列，再次成为国家正式备案的经济技术开发区。2019年，格尔木昆仑经济技术开发区成功入围国家第四批绿色园区，同时被确定为青海省2019年绿色园区。2020年，格尔木昆仑经济技术开发区上榜首批国家绿色产业示范基地建设名单。

作为青海省仅有的两个国家级经济开发区之一，经过多年发展，园区承载能力不断提升，先后规划建成一批事关园区长远发展的水、电、路、气、排污、通信等配套项目。2020年底，园区内现有注册企业517家，其中，工业企业203家，建筑企业40家，批发和零售企业142家，服务业及其他企业132家。规模以上工业企业50家，限额以上企业9家，基本形成了以盐湖化工为核心，融合油气化工、煤化工、金属冶金、新能源、新材料、特色生物等多产业一体化发展的产业体系。园区内先后建立国家工程技术研究中心3个、省级工程技术中心4个、省级重点实验室2个、省级企业技术中心2个、海西州资源综合利用与循环经济张懿院士工作站1个，培育了11家科技型企业、8家高新技术企业、5家科技"小巨人"企业。现已形成全国大型钾肥生产基地、盐湖化工基地、区域性石油天然气化工基地。

工业园发展路径与目标：重点建设昆仑和察尔汗两个千亿元重大产业基地，发展盐湖化工、石油天然气化工、有色金属三大支柱产业，通过产业间产品、副产品或废弃物的物流、能流交换，进行产业链延伸和耦合，逐步形成以钾、钠、镁、锂、硼等盐湖资源综合利用和产业延伸为重点的综合开发格局，辐射带动茫崖、冷湖、大柴旦、都兰等地的循环经济产业发展。察尔汗产业基地主要布局盐湖化工及镁、锂、PVC等新材料产业，在现有百万吨钾肥、金属镁一体化项目的基础上，积极发展镁合金及压铸件、PVC精深加工、耗氯等下游产业，配套建设物流中心、大型非标设备制造中心等，完善服务功能，建成盐化工与能源化工协调发展的循环经济产业集群。昆仑产业基地主要布局炼油工业、石油天然气化工、钢铁一体化、有色金属冶炼及精深加工产业、新能源、建材工业、部分轻工业、高新技术研发、精细化工生产、装备制造业、油气化工，以及有色金属产业关联的盐湖化工延伸项目。

（2）德令哈工业园。依托德令哈及周边地区丰富的盐湖、煤炭、石灰石等资源，以盐湖钠盐、锶盐综合开发利用为重点，构建两碱化工、新型建材产业链，着力发展两碱化工、锶化工、新型建材产业，辐射带动乌兰、都兰、大柴旦、冷湖等地区的工业发展，构建国家重要的碱化工、锶化工产业基地。

工业园的发展路径与目标：围绕打造五百亿元产业基地，利用德令哈及周边地区丰富的煤炭、石灰石、石英等非金属矿资源和钠盐、镁盐资源，重点打造以盐碱化工为主体，新材料、特色生物、新能源及装备制造等产业统筹发展的循环经济产业体系，大力发展新材料、高性能镁合金及制品、结构板材、有机硅等相关产业。利用煤炭资源建设煤制乙二醇、大型热电站等项目，依托周边地区丰富锂资源，打造锂电材料产业集群。依托本地及周边地区柴达木福牛、藜麦、枸杞、高原水产等种养植（殖）基地，建设柴达木绿色产业园集中示范加工区。构建两碱化工、煤化工、绿色产业、新型建材、新材料、新能源、储热熔盐、新能源装备制造系列产品循环经济产业链，积极谋划新能源电动车、军民融合特种材料等项目，辐射带动乌兰、都兰、天峻等地区循环经济产业发展。

（3）大柴旦工业园区。依托大柴旦、冷湖、茫崖及周边地区丰富的盐湖、油气、煤炭、有色金属等资源，以综合开发利用为核心，着力发展能源、煤炭综合利用、盐湖化工、冶金产业，辐射带动大柴旦、冷湖、茫崖等地的发展，构建国家重要的盐湖化工、能源、碳一化工、铅锌产业基地。工业园规划面积为34.6平方千米，分为锡铁山铅锌尾渣与盐湖资源综合利用精细化工产业区、饮马峡盐湖化工与煤炭资源清洁利用产业区、大柴旦盐化产业区。2020年底，园区内入驻企业25家，初步建成"一区三园"的产业发展格局。一是锡铁山产业区，打造以冶金和铅锌尾渣与盐湖资源综合利用融合发展为核心的盐湖化工产业区。二是饮马峡产业区，打造以盐湖化工与煤炭资源清洁利用融合发展为核心的能源和精细化工产业区，同时以在建项目为基础，通过扩大规模，打造千万吨煤炭保障基地。三是大柴旦产业区，打造以盐湖化工和精细化学品为核心的化工产业区。

锡铁山产业区位于锡铁山镇，西北距柴旦镇约70千米，东距青藏铁路锡铁山火车站约7千米，南距215国道约7千米，规划面积为6.17平方千米。现已入驻3家企业，形成年产150万吨铅锌采选、12万吨硫酸、18万吨合成氨、7.5万吨磷酸、10万吨粉状磷铵和1万吨H酸单钠盐、0.4万吨K酸、0.3万吨间酸能力。

饮马峡产业区位于饮马峡火车站以北、全集山红铁沟西南侧，西北距柴旦镇约70千米，规划面积为30.01平方千米。现已入驻15家企业，形成110万吨纯碱、1.5亿条编织袋、0.3万吨甲硫基乙醛肟、10万吨硫化碱、10万吨氯化钙、1万吨H酸生产能力，在建10000吨1-氨基蒽醌及8000吨溴氨酸、120万吨/年高效节水优质纯碱、3000吨中高档分散染料、氨基醚系列产品项目。

大柴旦产业区位于柴旦镇，毗邻大柴旦湖，规划面积6.58平方千米。现已入驻7家企业，形成30万吨硼矿开采、8万吨硼酸、10万吨氯化钾、10万吨硫酸钾、2万吨硫酸镁、1.1万吨氯化锂生产能力，在建1万吨氯化锂项目。

园区基础设施建设成效显著。2020年，敦格铁路贯穿饮马峡、锡铁山产业区，分别在饮马峡、大柴旦产业区设置客货运火车站点，马海站至饮马峡站货车已通车。国道G215线高速公路在境内自北向西南通过，与高泉煤矿区、滩间山金矿区、鱼卡煤矿区、马海盐湖和柴旦产业区、锡铁山产业区通过三级公路相连；G315线高速公路在境内自东向西通过，与大煤沟、大头羊、绿草山煤矿区和饮马峡产业区通过三级公路相连。4G信号覆盖全区。园区形成以锡铁山330kV变电站为核心，建成锡铁山110kV、饮马峡产业区110kV、35kV变电站；以110kV锡铁山至鱼卡、饮马峡、大煤沟电网为主骨架；以35kV、10kV低压电网为补充的覆盖各工矿企业和各产业区的电网结构。新疆哈密至格尔木双回路输电线路750kV鱼卡开关站和110kV流砂坪汇集站建成投入使用。目前天然气管道敷设至饮马峡产业区，计划年内连通大柴旦、锡铁山产业区。园区内已形成五彩碱业一期引水工程（DN800）和辅线（DN400）两条供水管道，总供水量为每天5万立方米。为配套后续落地项目顺利实施以及远期规划发展，园区计划实施大柴旦工业园饮马峡产业区引水工程二期项目，项目建设长约40千米，双管道（DN1000）输水管道工程，项目建成后新增用水量将达到每年10万立方米。锡铁山产业区已建成污水处理厂、垃圾填埋场；饮马峡产业区污水处理厂正在建设中，垃圾填埋场已纳入"十四五"规划项目。

工业园的发展路径与目标：依托大柴旦地区盐湖、硼矿、铅锌矿、芒硝、煤炭等多种资源聚集的特点，突出盐化综合利用产业的差异化发展，实现大柴旦、锡铁山、饮马峡三个区域的盐湖、有色金属、煤炭资源循环利用和产业延伸。在有色金属及贵金属采选、钾肥、纯碱、煤炭等产业基础上，构建能源—煤化工—盐化工—冶金产业链，力争将鱼卡矿区煤炭开采能力扩大到3000万吨，布局百万吨油页岩开发、IGCC煤电一体化深层煤炭气化技术示范项目，促进能源、煤化工、盐化工、冶金产业有机融合，重点发展盐化工综合利用、高纯氯化锂、硼系列产品、聚苯硫醚、动力煤、煤炭清洁利用等产业，建成大柴旦五百亿元产业基地，辐射带动冷湖、茫崖等地区的工业发展。

（4）乌兰工业园。依托木里丰富的焦煤资源和茶卡、柯柯盐湖钠资源，以及乌兰、都兰、天峻地区丰富的高原特色生物资源，以资源综合开发为重点，着力发展煤焦化工、盐化工、特色生物产业，辐射带动天峻、乌兰、都兰等地区发展，构建青藏高原重要的煤焦化工、特色生物产业基地。

工业园的发展路径与目标：依托丰富的焦煤、盐湖和新能源以及便利的交通条件，重点发展盐业、煤焦化、新能源产业。积极有序推进煤炭深加工和综合利用，延伸煤炭转化链，构建"煤—盐—化"一体化产业链、"煤—电—煤化工"及"煤炭开发—焦炭及焦油深加工"产业链等，引导发展煤焦油、苯等精细化工产品、焦炉气甲醇及甲醇下游系列产品，配套支撑格尔木、德令哈工业园等试验区循环经济重点园区产业发展。抓好茶卡、柯柯盐湖资源综合利用项目，积极延伸拓展产业链，大力发展新能源产业，按照产业协同发展的要求，积极有序推进木里丰富的焦煤资源深加工和综合利用，辐射带动天峻地区的发展，建成乌兰五百亿元产业基地。

（5）都兰工业园。都兰县以特色优势资源综合开发利用为切入点，建设围绕黄金、枸杞、藜麦及新能源等产业集群为特色的工业园区。

从资源赋存条件来看，青海省都兰县及周边地区黄金矿产资源丰富，资源优势明显。青海省已知黄金储量和产量的80%以上聚集在都兰县及周边地区。无论是品种、储量、品位，还是赋存、开发条件，具有不可替代的优势。2020年，该地区已有沟里金矿、滩间山金矿、五龙沟金矿、大场金矿、坑得弄舍金矿、瓦勒根金矿六个矿区，黄金资源量已经达到了450吨以上，预测储量千吨以上。都兰县在柴达木循环经济实验区的框架内建设以黄金采选、黄金冶炼、黄金交易及黄金加工产业为主导的专业园区。根据都兰黄金资源禀赋和发展前景，依托现有产业基础、优势条件、发展方向，统筹考虑资源开发以及相关产业的形成和要素支撑问题，着力推进黄金产业项目建设，加快形成产业各具特色、相互依托补充、适度错位发展的格局。按照"分散采选、集中冶炼、延伸加工"的原则，逐步完善产业链，优化产业结构，提升产品附加价值，推进品牌建设，结合"三废"的综合利用，开发电子、通信、宇航、化工、医疗技术等现代高新技术行业用金。同时，提高黄金产业的关联度，大力发展氟化工产业及下游产业链延伸，平衡黄金冶炼过程中所产生的硫酸，推进黄金产业与氟化工产业的高度融合，逐步形成黄金投资和黄金旅游产业基地，园区内形成相互协作与分工的循环经济。都兰黄金产业园以都兰县香日德镇为核心，多家黄金企业分布在距其200千米的半径内，2020年基本实现了以都兰县香日德镇为中心建设黄金产业园区作为青海省黄金产业发展的目标，形成四大特色产业基地，黄金采选和粗炼基地、黄金精炼和深加工产业基地、现代高新技术行业用金产业基地、黄金投资及黄金旅游产业基地；形成七大功能区，黄金冶炼区、首饰加工区、创意设计区、金融投资区、黄金工业产品区、综合服务区和旅游接待区。建设黄金上游采选、中游粗炼、下游精炼及精深加工的整体配套、上下联动的黄金产业园，年实现销售收入300亿元以上，形成产品联盟、技术联盟、产业联盟，进而发展成为集黄金开采、冶炼、加工、研发、设计、销售、回购于一体的全产业链运营模式。

都兰枸杞产业园规划范围包括都兰县宗加镇诺木洪村、乌图村、哈西娃村3个村和诺木洪农场厂部、一大队、二大队、三大队、四大队、五大队6个生产大队，涵盖宗加镇的河西区、河东区与路北区，规划区总面积约169.8平方千米，规划总投资235268万元。产业园区分为枸杞生产功能区、枸杞加工功能区、枸杞产品物流功能区、科技研发功能区、有机枸杞种植示范功能区、休闲观光功能区、农业综合服务功能区七大功能区。

工业园的发展路径与目标：主要利用都兰境内及青海省内其他地区金矿、

大规模枸杞种植基地、多金属矿床和石材以及马铃薯、油菜、青稞等资源，构建黄金金属产业链、枸杞、藜麦等特色农产品绿色种植和加工产业基地，辐射带动果洛、玉树等地区产业发展，形成枸杞、黄金两个重点产业为主，多金属综合开发等多产业联动发展的格局。构建以黄金采选及冶炼，枸杞种植及深加工，铅、锌、铜等多金属资源开发为龙头的产业集群，形成黄金采选—冶炼—合质金—工业黄金（首饰）、枸杞种植—仓储和精深加工及生态旅游等产业链，建成都兰五百亿元产业基地。

3. 海东工业园

青海省海东工业园区是青海省人民政府于 2011 年 3 月批准设立的省级开发区，园区总规划面积为 103.77 平方千米，由临空综合经济园、乐都工业园、民和工业园、互助绿色产业园组成。其中，临空综合经济园面积为 43.30 平方千米，乐都工业园面积为 15.68 平方千米，民和工业园面积为 24.42 平方千米，互助绿色产业园面积为 20.37 平方千米。园区区位自然条件优越，立体交通优势突出，西宁机场、兰新高铁、兰西高速横贯园区，是青海东部城市群发展的重要节点和兰西经济区的中心腹地。园区启动建设以来，按照青海省委、省政府确定的"一年打牢基础、两年形成场面、三年具备雏形、五年形成规模"的发展目标和"产城一体、产城融合"的建设思路，稳步推进征地拆迁，不断完善规划编制，加快推进基础建设，加大招商引资力度，高度重视群众安置，基本实现了省政府提出的"三年具备雏形"的阶段性目标，正在朝"五年形成规模"的方向奋力前行。

海东工业园区以东部城市群建设为依托，按照"一区六园"进行产业布局，将海东工业园区打造成丝绸之路经济带上环境优美、功能明晰、产业集聚、产城一体的现代化产业基地，青藏高原东部国际物流商贸中心和青海中关村高新技术产业基地，青海省承接中东部产业转移及延伸省内产业链和产业优化升级的示范区，东部城市群中产城融合、产业集群、技术领先、服务配套的综合示范区。充分发挥园区示范引领功能，强力支撑海东兰西经济区产业基地建设。打造临空综合经济园、乐都工业园、民和工业园和互助绿色产业园 4 个重大产业基地。

工业园的发展路径与目标：充分利用青海的电力资源和民和的矿产资源、区位优势、基础条件，以现有工业为基础，以有色金属深加工、热电产业和高载能产业为主，延长铁合金、电石产业链、产品链，使之成为发展有色金属深加工产业与能源工业，实现产业升级和循环经济的平台。作为延伸柴达木资源精深加工基地，重点发展以镍基合金、铝精深加工等为主的新材料产业（见表 3—11）。

表3-11　海东工业园区主导产业

临空综合经济园	主要以新能源、新材料、信息产业、汽车零部件、现代物流综合保税、农副产品深加工、节能环保等特色产业为主
乐都工业园	主要以铸件、模具、汽车零部件、建材、玻璃制品、非金属精深加工、高端装备制造、镁合金产业为主
互助绿色产业园	主要以青稞酒酿造、食品及高原特色农畜产品精深加工、生物制药和民族旅游工艺品为主
民和工业园	主要以金属冶炼深加工、现代物流、新型工业基础材料、农畜产品加工为主

（1）临空综合经济园。该园区规划总面积为43.3平方千米，由平西经济区和平北经济区组成，其中，平西经济区规划面积为28.3平方千米，平北经济区规划面积为15.0平方千米。临空综合经济园平西经济区重点打造青海中关村高新技术产业基地和青藏高原东部国际物流商贸中心，发展以信息产业、环保产业、新能源产业、汽车零部件为主的高新技术产业和国际物流商贸、保税及空港产业；临空综合经济园平北经济区作为延伸柴达木资源精深加工基地，发展以镍基合金、铝精深加工等为主的新材料产业，建设有色金属精深加工基地及不锈钢产业基地。

工业园的发展路径与目标：通过集中资源、布局重大项目等，建成兰西经济区高新技术产业基地和青藏高原东部国际物流商贸中心。重点布局建设信息产业、节能环保产业、新能源产业、新材料产业、光伏制造产业、汽车零部件为主的高新技术产业和农副产业深加工、国际物流、商贸、保税及空港产业。

（2）乐都工业园。该园区规划面积约15.68平方千米，分为北区和西区，北区以青海康泰铸锻公司为龙头，以大型精密铸锻制作为核心，发展铸锻产业，配套发展装备制造、汽车工业、电力工业的基础配套产品；西区主要发展玻璃、PVC制品、镁合金精深加工等重点产业。

工业园的发展路径与目标：北区以青海康泰锻造有限公司和青海精治铸业有限公司为龙头，生产大型、精密铸锻件及汽车零部件。西区重点发展汽车零部件、结构件、农机和新型建材等产业。形成以680MN大型多功能锻压机为主导的铸造等装备制造零部件配套产业，推动铁合金行业兼并重组和技术改造，加快培育一批配套型、服务型中小企业。重点发展大型铸锻件、特种玻璃、镁基合金等产业，将园区打造成为我国西部地区高端装备制造、PVC下游加工、镁基合金等产业基地。

（3）互助绿色产业园。该园区规划面积为20.37平方千米，以青稞酒酿造、农副产品精深加工、高原特色生物制剂和民族旅游工艺品等为主导产业。

工业园的发展路径与目标：互助绿色产业园是以青藏高原绿色生物资源研

发、加工为主导的新型工业园区。园区按照"科学规划，绿色建设，诚信招商，有序融资，规范管理"的发展理念，以青稞酒酿造、高原绿色食品及农副产品精深加工、生物制药、民族文化旅游工艺品加工为主导产业，积极引进战略合作伙伴，承接省内外投资项目，努力打造丝绸之路新经济带上的特色轻工业基地。

（4）民和工业园。该园区规划面积为 24.42 平方千米，分为东区和西区，东区规划面积为 14.12 平方千米，打造轻质合金材料生产基地；西区规划面积为 10.30 平方千米，建设大宗工业产品及原材料物流中心，完善物流配套，推进无公害、绿色、有机食品精深加工产业。民和工业园作为延伸柴达木资源精深加工基地，发展以镍基合金、铝精深加工等为主的新材料产业。

（三）主要工业产品生产现状及空间分布

从 2018 年和 2019 年青海省主要工业产品的空间分布来看，工业主要分布于青海省"两翼"地区，即青海东部的河湟谷地和西部的柴达木盆地，集中在西宁市、海西州及海东市三个地区。西宁市作为省会城市，具有人口、教育、科技、交通、居住等方面的优势。海西州具有得天独厚的资源优势，盐湖资源、风电、光电条件优势明显。铜矿开采主要分布于果洛州，黄金开采主要分布于海西州及海北州。酒类生产主要分布于西宁市和海东市，啤酒生产主要集中于西宁市，白酒的生产主要集中于海东市互助县等。钢铁、电解铝、有色金属、铁合金、中成药、地毯、制帽等产业主要集中于西宁市。单晶硅、多晶硅等光伏发电装置及配套产业主要集中于西宁市。钾肥、农用化肥、纯碱、原盐等主要集中于海西州（见表 3–12、表 3–13）。

表 3–12　2018 年青海省分地区主要工业产品产量

产品名称	西宁市	海东市	海北州	黄南州	海南州	果洛州	玉树州	海西州
铜选矿含铜（吨）						9173.1		
碳酸钠（纯碱）（万吨）								432.0
原盐（万吨）								262.8
碳化钙（电石）（万吨）	4.9	0.6						2.4
食用植物油（万吨）	1.7	1.9						
乳制品（万吨）	7.6				0.9			
饮料酒（千升）	19457.0	16567.0						210.0
白酒（千升）	8.0	16567.0						151.0
啤酒（千升）	19450.0							
棉纱（吨）					224.0			

续表

产品名称	西宁市	海东市	海北州	黄南州	海南州	果洛州	玉树州	海西州
手工地毯、挂毯（万平方米）	1.0							
机制地毯、挂毯（万平方米）	411.0							
制帽（万顶）	1113.0							
硫酸（折100%）（万吨）								6.5
氢氧化钠（烧碱）（万吨）	23.4							
农用化肥（万吨）	17.9				2.6			459.1
钾肥（实物量）（万吨）								713.3
中成药（吨）	1317.0							
水泥（万吨）	398.6	517.4			75.4			356.4
焦炭（万吨）								172.5
粗钢（万吨）	138.1							
钢材（万吨）	146.6							
铁合金（万吨）	87.8	62.8						
十种有色金属（万吨）	190.9	47.0						11.7
原铝（电解铝）（万吨）	181.8	47.0						
黄金（千克）			512.0					2614.5
铝材（万吨）	74.6	34.0						
单晶硅（吨）	3347.9							123.7
多晶硅（吨）	16377.1							124.9

资料来源：根据《青海统计年鉴》（2019）整理得到。

表3-13　2019年青海省分地区主要工业产品产量

产品名称	西宁市	海东市	海北州	黄南州	海南州	果洛州	玉树州	海西州
铜选矿含铜（吨）						4572		
碳酸钠（纯碱）（万吨）								453
原盐（万吨）								279
碳化钙（电石）（万吨）								
食用植物油（万吨）	4	3						
乳制品（万吨）	8				1			
饮料酒（千升）	20602	20581						207
白酒（千升）	328	20581						181
啤酒（千升）	20274							

续表

产品名称	西宁市	海东市	海北州	黄南州	海南州	果洛州	玉树州	海西州
棉纱（吨）								
手工地毯、挂毯（万平方米）								
机制地毯、挂毯（万平方米）	284							
制帽（万顶）								
硫酸（折100%）（万吨）	1							7
氢氧化钠（烧碱）（万吨）	32							10
农用化肥（万吨）	23							537
钾肥（实物量）（万吨）								804
中成药（吨）	2034							
水泥（万吨）	491	469			70			310
焦炭（万吨）								191
粗钢（万吨）	179							
钢材（万吨）	181							
铁合金（万吨）	75	57						
十种有色金属（万吨）	196	44						11
原铝（电解铝）（万吨）	179	44						
黄金（千克）			564					3982
铝材（万吨）	73	35						
单晶硅（吨）	3994							
多晶硅（吨）	20593							

资料来源：根据《青海统计年鉴》（2020）整理得到。

四、特色优势工业产业发展及布局

（一）盐湖化工产业

1. 产业发展基础与现状

盐湖资源是青海省第一大资源，省内拥有盐湖总数超过100个，位居全国第1，且盐湖资源品位高、类型全、组合好、分布集中，开采条件十分优越。青海省盐湖主要集中于柴达木盆地中南部的大柴旦、格尔木地区、东部乌兰县境内和西部冷湖地区。其中，海西州察尔汗盐湖、茶卡盐湖、柯柯盐湖、大柴旦盐湖、东西台吉乃尔盐湖、马海盐湖等为重点开发区，现已发现盐湖矿床超过70处，盐湖资源累计探明储量超过4000亿吨，其中盐矿、钾矿、镁矿、锶矿、锂矿、硼矿等储量位居全国前列（见表3-14）。

表 3-14 青海省主要盐湖资源储量情况

序号	资源类型	进入国家矿产资源储量（亿吨）	占全国总储量比例（%）
1	盐矿	3085.50	22.89
2	钾矿	8.37	77.64
3	镁矿	55.68	83.22
4	锶矿	2294.05	41.09
5	锂矿	1538.25	83.09
6	硼矿	1865.77	24.63

资料来源：根据历年《青海统计年鉴》整理得到。

青海省盐湖化工产业发展特色鲜明，是青海省十大优势产业中重要的组成部分，其发展水平和规模效益居行业领先地位。2019 年，工业和信息化部公布"2018 年国家新型工业化产业示范基地"名单，"盐湖化工及金属新材料·青海柴达木循环经济试验区"被评为四星级国家新型工业化产业示范基地，是青海省唯一获评的四星级示范基地。2017 年盐湖化工产业工业总产值达 258.19 亿元，同比增长 28.90%，总产值占青海省十大优势产业总产值的 14.4%（见表3-15）。

表 3-15 2015~2018 年盐湖化工产业工业总产值和增加值增速

年份	工业总产值		工业增加值
	绝对量（亿元）	较上年增长（%）	较上年增长（%）
2015	252.99	0.60	2.70
2016	266.87	15.10	11.80
2017	258.19	28.90	9.50
2018	120.12	2.80	-2.50

资料来源：根据历年《青海统计年鉴》整理得到。

2018 年底，青海盐湖化工已形成钾盐、钠盐、镁盐、锂盐、氯碱五大产业集群，拥有 850 万吨氯化钾、3 万吨高氯酸钾、430 万吨纯碱、30 万吨氯化钙、10 万吨硼酸产能；同时建成了 10 万吨高纯氢氧化镁、10 万吨金属镁、3.2 万吨碳酸锂、2000 吨高纯氯化锂产能。2018 年，青海省实现原盐总产量 262.82 万吨，同比增长 43.7%；纯碱（碳酸钠）产量 432.02 万吨，同比增长 5.3%；钾肥（实物量）产量 713.30 万吨，较 2017 年稍有下滑；碳酸锂产量 1.81 万吨，同比增长 5.3%（见表3-16）。

表 3-16　2018 年青海省盐湖资源规模以上工业主要产品产量及增速

产品名称	2017 年产量（万吨）	2018 年产量（万吨）	较上年增长（%）
原盐	183	262.82	43.7
纯碱（碳酸钠）	375	432.02	5.3
钾肥（实物量）	755.6	713.30	-5.6
碳酸锂	1.7	1.81	5.3

资料来源：根据《青海统计年鉴》（2018）整理得到。

　　盐湖资源循环利用产业是典型的资源型产业，其上游包括钠盐、钾盐、镁盐等众多自然资源以及相关盐湖资源开发利用技术；中游加工大致可分为初级加工和精加工两部分：初级加工主要得到烧碱、氯化钾颗粒等工业原料级的产品，而这些产品再进行深加工得到专用合金、复合肥料、树脂材料等精细加工产品；下游盐湖化工产品广泛应用于农业、食品医药、新能源、日用品等领域。盐湖化工对盐湖矿产资源具有极强的依赖性，盐湖化工是青海省的传统产业，借助丰富的盐湖资源优势，盐湖化工已成为青海省较具优势的主导产业之一。

　　2. 产业布局与发展方向

　　盐湖化工对盐湖资源的高度依赖性，使得青海省盐湖化工产业几乎全部集中在海西州，其原盐、纯碱的产量分别占到青海省原盐、纯碱产量的 100%。从区域分布来看，盐湖化工产业主要集中分布在格尔木、德令哈、茫崖、大柴旦和乌兰地区。

　　盐湖化工产业主要围绕盐湖卤水资源综合开发，以钾资源开发为核心，以盐湖镁资源开发为龙头，深化盐湖资源的合理、有效利用，构建盐湖化工产业群和产业链。在推进钾资源开发的基础上，不断向钠、镁、锂等系列产品延伸，加快钾肥生产过程中废物的综合利用，大力发展以镁、锂等轻金属、锂离子电池材料、硼酸镁晶须等为主的新材料产业，逐步推进以金属镁为代表的盐湖资源综合开发实现新突破和质的飞跃。未来以钾资源开发为核心，根据不同盐湖类型，确定不同的开发方案，大力发展盐湖综合利用梯级产品及其深加工产品。稳步扩大钾肥生产规模，完善硫酸钾、硝酸钾、氢氧化钾、碳酸钾、复合肥等主导产品的开发，成为工业增长的重要支撑点。同时，以盐湖金属镁资源开发为龙头，建设金属镁、金属锂、金属锶及镁基合金、锂合金、轻金属压铸件等项目。进一步提高盐湖资源的综合开发利用效率，大力发展锂盐、金属锂、锂阳极电池材料等锂系列产品，硼酸、氧化硼、碳化硼等硼系列产品。

　　格尔木在盐湖资源开发方面，氯化钾、硫酸钾、氢氧化镁和高氯酸钠呈现出增长趋势。截至 2019 年，氯化钾总量达 744.46 万吨，年均增长率为 7.4%；硫酸钾总量达 24.51 万吨，年均增长率达 380.5%，骨干产品产业带动作用明显。此外，格尔木还形成了 7 万吨碳酸钾、55 万吨硫酸钾镁肥、60 万吨硝酸钾、5 万吨硼酸、49 万吨合成氨、10 万吨 ADC 发泡剂、375 万吨工业盐、3 万吨碳酸锂的产能。氢氧化镁总量接近 1 万吨，年均增长率超过 180%，镁综合利用得到实质性进展。

德令哈已建成 12 平方千米的盐化工产业综合区，目前已形成 270 万吨纯碱、200 万吨水泥、10 万吨氯化钙、30 万米钢骨架塑料复合管、10 万吨高纯氢氧化镁的产能。初步形成了"石灰石—纯碱—氯化钙"和"石灰石尾矿、化工企业粉煤灰—水泥—水泥制品"两条循环经济产业链。

茫崖地区（包括茫崖、冷湖两地区）现已入驻五矿盐湖有限公司、青海锦泰钾肥有限责任公司、青海中航资源有限公司、中农茫崖兴元钾肥有限责任公司，已经形成 50 万吨钾肥、76 万吨硫酸钾、50 万吨氯化钾、37 万吨硫酸镁肥的产能，初步构建了"盐湖资源—氯化钾/硫酸钾/硫酸钾镁肥"产业链，不断加快对盐湖资源的高效开发利用。

大柴旦产业区构建了盐湖化工和精细化学品生产为核心的化工产业区，2020 年底入驻企业 7 家，形成了 30 万吨硼矿开采、8 万吨硼酸、10 万吨氯化钾、10 万吨硫酸钾、2 万吨硫酸镁的生产能力，10 万吨硫化碱、3000 吨甲硫基乙醛肟的装置能力，在建 1 万吨氯化锂、1 万吨医用级和食品级硫酸镁、0.5 万吨无水硼酸钠、10 万吨氯化钙、1 万吨 H 酸、2 万吨硫化碱和 1 万吨聚苯硫醚项目。目前，大柴旦已初步构建了"盐湖资源—硫化碱—甲硫基乙醛肟/聚苯硫醚""盐湖/硼矿—硼酸—硼酸钠""盐湖—氯化钾/硫酸钾""盐湖—硫酸镁—医用硫酸镁""盐湖—氯化锂"的产业发展体系，盐湖资源的开发利用逐步向多元化、精细化方向发展。

乌兰重点围绕柯柯盐湖、茶卡盐湖的资源综合开发利用，主要发展高端食用盐及食用级氯化钾。目前，已经建成 15 万吨多种食用盐、50 万吨日晒盐、200 万吨工业盐项目，正在建设年产 30 万吨多品种食用盐项目。乌兰地区以"盐湖—钠资源—日晒盐—精制盐"开发为主，为青海省"两碱"工业提供了充足的原料保障。

青海省"十四五"规划明确提出"建设世界级盐湖产业基地"的宏伟蓝图，要全面提高盐湖资源综合利用效率，着力建设现代化盐湖产业体系，打造具有国际影响力的产业集群和无机盐化工产业基地。加快发展锂盐产业，提升碳酸锂生产规模和产品档次，发展锂电材料、高纯度金属锂等系列产品。稳步发展钾产业链，延伸发展化工基本原料下游产品，提升钾肥产业，开发高效、环保钾肥新品种。打造国家"两碱"工业基地，优化钠资源利用产业链条，开发碱系列下游产品。做大镁产业，推进高纯镁砂、氢氧化镁精深加工，推进金属镁一体化等项目，发展镁基系列产品，建设镁质建材原料生产基地。加大盐湖提硼力度，拓展开发硼系材料及新产品，推进硼化工产业发展中心建设。注重盐湖稀散元素开发，培育硫、锶化工产业。开发食品级和医药级氯化钾、氧化镁等耗氯产品产业链。布局氯平衡能源化工产业。

（二）能源化工产业

青海省能源化工产业主要有石油化工和煤化工两个部门，规模较小，是以其油气资源和煤炭资源为基础，为满足地区经济社会发展需求逐步发展起来的，主要布局在海西州。

1. 石油化工产业发展与布局

（1）发展基础与现状。石油化工产业发展的基础是充足稳定的油气资源供应。青海油田位于青海省西北部的柴达木盆地，是世界上海拔最高的油气田，也是中国最早开发的油田之一，是青海、西藏、甘肃三省重要的产油、供气基地，平均海拔 3000 米左右。柴达木盆地石油资源开发利用较早，目前生产技术水平相对较高，石油化工初具规模。投入开发的油田有尕斯库勒油藏、花土沟、油砂山、跃进二号、七个泉、乌南、狮子沟浅层和冷湖等。青海石油开采始于1958 年，改革开放以前，原油产量很小，年产量基本在 20 万吨以下。1985 年以后，青海省年末原油产量快速提升，2000 年，年末原油产量达到 200 万吨以上，2017 年原油产量为 236 万吨（见图 3-4）。

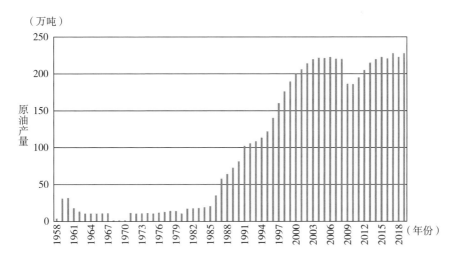

图 3-4　1958~2019 年青海省原油产量

青海省石油化工是 20 世纪 80 年代中后期依托格尔木炼油厂逐步发展起来的。格尔木炼油厂位于柴达木盆地，1986 年 11 月经国家计委批准立项，1991年开工建设，1993 年建成投产。厂区占地面积 153.58 公顷。2019 年原油加工能力为 150 万吨/年，主要有 150 万吨/年的常减压蒸馏装置、90 万吨/年的重油催化裂化装置、30 万吨/年的甲醇装置等 18 套炼油化工装置，以及相应的水、电、汽、风、路、信、储运等配套设施。拥有铁路专用线 15 千米，拥有各类铁路自备罐车 570 辆。主要产品有汽油、柴油、甲醇、聚丙烯、苯、甲基叔丁基醚、液化石油气、硫磺等炼油化工产品。汽柴油产品主要销往青、藏两省，甲醇销售以西北、华北、华东地区为主，聚丙烯则主要在西北地区销售，部分销往东南和西南地区。截至 2019 年底，格尔木炼油厂是国内唯一的高原炼油厂，年原油加工能力为 150 万吨，是青海、西藏汽柴油产品供给的大本营。2017 年 6 月格尔木炼油厂开工新建一套年加工能力为 15 万吨的航煤加氢装置和一座 5000 立方米的航煤储罐及航煤火车洗槽装车设施。生产装置以常压直馏轻柴油为原料，采用先进的液相加氢工艺，生产满足军用和民用质量标准的航煤产品。

目前，青海、西藏所用航煤主要来自中国石油兰州石化公司，由于运输距离远、成本高、保障难度大，因而市场供给不稳定。近年来，青海、西藏旅游业发展带动民航事业快速发展，航煤燃料供不应求趋势明显。格尔木炼油厂抓住市场机遇，不断拓展炼油化工渠道，丰富炼油化工品种，提升炼厂经济效益。格尔木炼油厂抓住青藏高原紧缺负 35 号柴油的商机，按照国家标准，根据炼厂生产装置的具体情况，结合国Ⅳ、国Ⅴ质量升级进行负 35 柴油设计，对工艺流程进行改造、更换催化剂，对相关操作进行调整，使格尔木炼油厂具备了生产低标号、低凝点、高质量负 35 号车用柴油的能力，生产的负 35 号柴油可完全满足青、藏两省的需求，不仅增加了成品油品种，还拓宽了创效途径。2017 年格尔木炼油厂实现盈利 4.56 亿元，首次突破 4 亿元大关。

（2）发展方向与布局。青海省充分利用油气资源优势，持续推进油气资源勘探开发，全面建成千万吨当量高原油气田。加快提升原油加工能力和汽柴油产量，加强原油加工副产品、废弃物的综合利用，并对油田水进行综合开发利用，加快伴生生物的提取和加工。同时，以平衡盐湖资源综合利用副产氯气、氯化氢气体为核心，加快建设与盐湖资源开发和有色金属产业相配套的能源化工循环产业体系。实施格尔木炼油厂扩能改造项目，适度规划建设煤炭低温干馏、煤制气、焦炉煤气制 LNG、甲醇汽油、煤制芳烃和聚酯、煤制乙二醇等项目，延伸开发下游高附加值产品。

2. 煤化工产业发展与布局

（1）发展基础与现状。青海省煤炭资源主要分布在祁连山、柴达木北缘、唐古拉山、积石山、昆仑山五大含煤区中。目前查明的煤炭资源储量主要分布在祁连山、柴达木北缘两大含煤区。青海省的煤类较齐全，烟煤和焦煤分布较广，其中尤以长焰煤和不黏煤分布最广。炼焦煤储量集中，以木里煤田的西部最为重要，主要煤类是焦煤，其次是气煤和瘦煤，但肥煤很少。贫煤和无烟煤在青海省北部和中部主要沿构造带分布，在青海省南部则呈面状分布。在青海省各时代形成的煤层均以腐殖煤为主，仅在下侏罗统上部和中侏罗统上部地层中发现少量与油页岩共生的腐殖—腐泥煤。截至 2018 年底，青海省累计探明煤炭资源储量 78 亿吨，公示生产煤矿 10 处，在建煤矿 18 处。已查明的煤炭资源储量主要分布在祁连山中北部及柴达木循环经济试验区北缘两大含煤区。在保有资源储量上，柴达木循环经济试验区为 40.2 亿吨，占全省保有煤炭资源储量的 83.8%；海北州为 6.48 亿吨，占全省保有煤炭资源储量的 13.5%；西宁地区为 1.02 亿吨，占全省保有煤炭资源储量的 2.1%；其他地区为 0.3 亿吨，仅占全省保有煤炭资源储量的 0.6%。煤炭资源由西到东主要分布在大柴旦鱼卡矿区、绿草山大煤沟矿区、天峻木里聚乎更矿区和江仓矿区。2018 年青海省原煤产量 624 万吨，销量 624 万吨。

青海煤化工产业起步较晚。2003 年，随着煤炭市场的逐渐火热，江仓矿区逐渐掀起开发建设高潮。青海省政府为促进青海经济的发展，要求木里江仓煤炭开发企业就地发展煤焦化产业。省政府规划了乐都 400 万吨冶金焦、煤焦化工业园区；在海西州规划了乌兰 200 万吨煤焦化工业园区。乐都一期 300 万吨洗煤，130 万吨冶金焦以及焦炉煤气制甲醇三项工程，于 2007 年 4 月开始陆续开工建设。青海煤化工产业从无到有，逐渐发展起来。

（2）发展方向与布局。结合国内外市场，立足省内、区内现有优势资源，就地转化省内焦煤，适度发展焦炭生产，充分利用焦化所副产的焦炉气、煤焦油等化工原料，延伸发展下游及相关产业，构建煤焦化产业链、煤基甲醇制烯烃产业链、煤基甲醇/碳一化工产业链、煤气化多联产产业链四大产业集群。同时增加配套基础化工原料的生产，填补短缺的发展煤化工下游产品原料，进一步拓宽下游产品的发展领域。

煤焦化产业链可就地转化省内焦煤 810 万吨，形成 600 万吨焦炭生产能力。高温炼焦得到的焦炭可作为高炉冶炼、铸造和电石等冶金、化工工业部门的燃料或原料，同时发展煤气净化生产硫酸铵和煤焦油，产生的轻油、酚油、萘油、洗油、蒽油、沥青及粗苯等副产品，可供合成纤维、染料、医药、涂料和国防等工业原料。

煤制甲醇及转化烯烃产业链通过煤制甲醇进一步发展煤制烯烃。采用国际先进的甲醇 MTO 工艺生成乙烯和丙烯。以鱼卡、大煤沟矿区动力煤综合利用为龙头，建设煤制 180 万吨/a 甲醇及转化烯烃生产装置。重点发展乙烯、丙烯及下游产品，积极发展聚乙烯树脂产业链、聚丙烯树脂产业链、丙烯/氨—烯腈—ABS 产品链等。

煤基甲醇/碳一化工产业链以提高资源利用效率为核心，加快产业结构优化升级，大力发展甲醇下游产业，努力延伸产业链。逐步形成以甲醇下游产品为重点的综合开发利用格局。重点发展甲醛、二甲醚、甲醇、醋酸、甲醇制烯烃、甲醇蛋白、甘氨酸、草甘膦、甲胺和氯化胆碱等产品，配套建设合成氨/尿素、三聚氰胺、有机硅等产品，促进甲醇下游产品的发展，形成基础化工原料、有机化工中间体、精细化工产品、聚合物合成树脂、醇醚燃料、饲料及添加剂六个产业群。

煤气化多联产产业链重点发展煤气化多联产项目，将煤的气化与净化部分和燃气—蒸汽联合循环发电部分充分结合，既保证了较高的发电效率，又有极好的环保性能。推广这种洁净煤发电技术是青海省发展煤炭清洁技术的重要方向。依托大柴旦地区丰富的煤炭资源建设 400 兆瓦联合循环发电系统，并建设年产 80 万吨/a 甲醇生产线。

（三）有色冶金产业

1. 发展基础与现状

青海省有色金属资源丰富，共发现金属矿产 42 种，有色金属矿产分布以中南部地区、西部地区为主。青海的锂矿、锶矿、镁矿资源储量全国排名第一，碘矿、溴矿资源储量全国排名第二，镁盐、铟矿资源储量全国排名第三，汞矿、铷矿、硒矿资源储量全国排名第五，铬矿、钴矿资源储量全国排名第六，镍矿、锡矿资源储量全国排名第七，铅矿、镉矿、铂族金属资源储量全国排名第九。

青海省现代有色冶金工业是中华人民共和国成立后发展起来的。经过多年的发展，已经成为青海省主导产业之一。2017 年青海省有色金属产业规模以上总产值为 701.0 亿元，较 2016 年增长 0.4%（见图 3-5）。在产品分布上，青海省仍呈现以电解铝及铝后加工产品为主、其他有色金属为辅的发展格局。2018 年，青海省 10 种有色金属（铜、铝、铅、锌、镍、镁、钛、锡、锑、汞）产量为 249.6 万吨，较 2017 年增长 4.8%，占全国总产量的 4.4%（见图 3-6）。其中电解铝在青海省有色金属产量中占据较大部分，且随着相关技术的不断突破以及矿产勘探储量的提升，其他各类有色金属的产能也在快速提高。

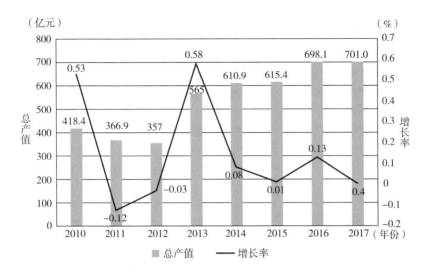

图 3-5　2010~2017 年青海省有色金属产业规模以上工业总产值及增长情况

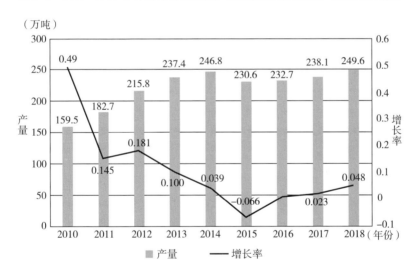

图 3-6　2010~2018 年青海省十种有色金属产量及增长情况

2. 发展方向与路径

推进有色矿产资源的绿色开发和综合利用。改造提升有色金属现有产能，持续优化有色金属生产工艺技术，提高产业集中度和集约化发展水平，高水平建设有色金属精深加工集聚区，降低企业能耗、物耗及排放。提高有色金属就地加工转化比例，延伸下游精深加工产业。提升铝、铁、铜、铅、锌、钛、钼、黄金等采选冶炼技术工艺水平，提高就地加工转化能力，建设国内重要的有色金属产业集群。科学有序开展有色金属资源勘探，提升有色金属资源战略储备支撑能力，打造全国有色金属资源储备战略要地。

提高先进钢材生产水平，鼓励发展高端装备、核电等特种钢材，开展铁合金行业自动化系统技术改造。鼓励发展高端装备、军工、核电用特种钢材、高强度特种钢材，提升高精度特钢产品档次和比重，建成国内重要的有色金属及下游加工产业集群和西部精品特钢生产基地。

（1）铝及铝深加工。依托已形成的电解铝及加工能力，构建铝下游加工产业链，扩大精深加工产品和高附加值产品规模，提高电解铝就地转化升值的能力，推进铝产业向高端迈进，延伸发展新型铝合金复合电线电缆、航空用铝合金型材、APS系铝合金型材等高端产品。

（2）镍、钴采选及深加工。打造镍、钴资源采选、冶炼及深加工产业链，重点发展电镍、羰基镍粉、羰基镍丸及镍合金等高端产品，形成年处理镍铁矿石60万吨、精制硫酸镍2.5万吨、副产铁精粉80万吨、金属钴120吨的生产能力。

（3）铜、铅、锌、金深加工。提升铅、锌、黄金等共伴生矿产资源和矿山废弃物综合利用水平，进一步推进冶炼中副产硫酸与化工产业融合发展。延伸发展铜、铅、锌下游加工产品，适度发展下游黄金精炼、黄金粉、丝、箔材料以及黄金饰品加工产业。

（4）钢铁产品升级。立足现有产业基础，加快提升高精度特钢产品档次和比重，支持提高高性能轴承钢、工具钢、大压机用大厚度调质钢、400兆帕级以上高强度钢筋等先进钢铁材料生产规模。

（5）铁合金技术改造。集中开展铁合金行业余热回收及再利用技术改造和信息化辅助系统技术改造，引导矿热炉向大型化、密闭化、自动化、节能化方向发展。推进铁合金行业与盐湖化工行业融合发展，延伸发展高端镁基耐火材料等产品，全面推进低效铁合金产能向高端镁基耐火材料等新兴领域转型，形成规模效应，打造新的经济增长点。

（6）硫平衡。推广湿法冶金技术，以副产硫磺延伸发展硫脲、甲硫醇、乙硫醇等精细化工产品。配套发展复合肥及氟化工等耗酸产品，延伸发展消耗硫及硫酸的钠硫电池、硫化碱、聚苯硫醚等产品。

（四）能源产业

青海省是我国水电资源、风电资源和光电资源的"富矿区"，也是我国西部地区乃至全国重要的能源生产基地之一，在国家资源与经济协调发展战略中，规划建设了"西气东输""西电东送"等一批能源外送的重大工程，这极大地缓解了相关区域的能源短缺局势，有力地支援了相关区域和全国经济建设。

1. 一次能源生产总量及构成

1949 年之前，青海省能源工业十分落后。1952 年，青海省能源生产量为 7.17 万吨标准煤，产值为 122 万元，占全省工业总产值的 4.53%。但能源结构单一，煤炭占能源生产总量的 99.5%，电力仅占能源生产总量的 0.5%。经过 70 余年的发展，能源工业得到较大发展，能源结构发生较大变化。2019 年能源生产总量达到 4542.13 万吨标准煤，是 1952 年的 633 倍。

从能源产品构成来看，1990 年以前，以原煤为主。20 世纪 80 年代，一次能源中原煤占比最高，为 80% 以上。90 年代以后，原煤占比急剧下降，原油和一次电力占比大幅增加，原煤、原油和一次电力比重基本持平，成为主要能源产品，比重均为 30% 左右。2000 年以后，随着涩宁兰等西气东输工程的建设，天然气占比快速增长，原油占比在 2005 年以后大幅减少。在 20 世纪 90 年代以后，一次电力的比重除个别年份外，持续维持在 30%～50% 的较高水平。2015 年国家实施了主体功能区战略，根据环境保护政策等的规定，禁止开发区和限制开发区等环境脆弱地区的一些煤矿被禁止开采。在此宏观背景下，青海省能源结构进一步调整，能源结构中原煤占比大幅下降，2015 年以后，青海原煤产量比重降为 20% 以下（见表 3-17）。

表 3-17　1980～2019 年青海省一次能源生产总量及构成

年份	能源生产总量（万吨标准煤）	占能源生产总量的比重（%）			
		原煤	原油	天然气	一次电力
1980	175.26	83.85	12.27	0.85	3.30
1985	230.26	84.30	12.35	0.25	3.08
1990	606.46	32.28	19.08	1.02	47.62
1991	552.26	31.82	26.39	1.65	40.14
1992	504.85	34.32	30.00	1.25	34.43
1993	559.17	25.29	27.69	1.00	46.01
1994	619.47	26.12	26.06	1.31	46.50
1995	571.57	29.74	30.41	1.36	38.49
1996	584.71	35.34	33.32	2.49	28.85
1997	672.89	28.79	34.02	3.97	33.22
1998	771.00	24.90	32.63	4.22	38.25

年份	能源生产总量（万吨标准煤）	占能源生产总量的比重（%）			
		原煤	原油	天然气	一次电力
1999	885.89	23.00	30.57	4.76	41.67
2000	937.90	16.79	30.46	5.06	47.69
2001	907.05	13.31	32.44	8.76	45.49
2002	974.46	18.31	31.38	14.34	35.97
2003	990.14	22.40	31.75	18.90	26.95
2004	1226.30	23.92	25.86	17.76	32.46
2005	1867.27	26.92	16.95	15.86	40.27
2006	2113.85	25.60	15.07	14.50	44.83
2007	2458.17	32.35	12.82	18.56	36.27
2008	2857.42	36.66	11.02	20.32	32.00
2009	3219.77	39.41	8.27	17.79	34.53
2010	4005.82	41.07	6.64	18.63	33.67
2011	4035.16	41.27	6.90	20.50	31.33
2012	4631.37	43.59	6.32	17.34	32.75
2013	5068.33	48.05	6.05	16.99	28.91
2014	4099.40	33.47	7.67	21.26	37.60
2015	3248.60	17.15	9.81	25.13	47.92
2016	2983.80	18.43	10.58	27.11	43.88
2017	3280.08	17.80	9.93	25.96	46.32
2018	3916.00	14.29	8.15	21.75	55.81
2019	4542.13	20.00	7.17	18.74	54.09

注：①电力折算标准煤的系数根据当年平均发电煤耗计算。②生产、消费量按等价值计算。③本表2015~2018年数据根据青海省第四次全国经济普查结果进行了修订。

2. 能源消费总量及构成

随着全省社会经济的快速发展，能源消费总量呈现快速增长的态势。1980年能源消费总量为269.01万吨标准煤，2019年达到4235.23万吨标准煤，增长了14.74倍。在能源消费结构中，以电力和煤炭为主。1980年，煤炭消费占绝

对优势,达到 63.50%;电力次之,为 20.00%;第三为石油,占比为 16.00%;
天然气比重最小,仅为 0.40%。能源消费结构变化的总体特征是煤炭比重显著
下降,电力、天然气比重明显上升,2010 年以前能源消费结构为煤炭最高,电
力次之,石油和天然气占比较小。但从 2010 年开始,电力消费份额超过煤炭,
能源消费结构电力最高,煤炭次之,天然气第三,石油最小,特别是天然气的
消费比重在 2000 年以后有较大幅度增长(见表 3-18)。值得强调的是青海省电
力构成以水电、风电和光电(包括太阳能光伏发电、光热发电)为主,火力发
电占比很小,能源消费结构的这种变化特点对控制温室气体排放和实现"碳达
峰""碳中和"目标具有重要意义。

表 3-18　1980~2019 年青海省能源消费总量及结构

年份	能源消费总量 (万吨标准煤)	占能源消费总量的比重(%)			
		煤炭	石油	天然气	电力
1980	269.01	63.50	16.00	0.40	20.00
1985	349.21	62.30	12.60	0.10	25.00
1990	504.35	51.54	12.47	1.03	32.97
1991	474.29	44.08	11.25	2.24	42.43
1992	499.29	42.53	7.80	1.85	47.82
1993	559.98	38.57	8.69	1.00	51.74
1994	625.38	40.27	8.24	1.30	50.19
1995	687.71	41.64	8.42	1.13	48.81
1996	698.25	40.75	8.57	2.07	48.61
1997	706.78	45.45	19.15	3.77	31.63
1998	738.88	39.78	17.92	4.40	37.90
1999	938.68	37.29	16.84	4.38	41.49
2000	897.23	30.18	18.96	4.83	46.03
2001	939.33	28.02	18.05	7.52	46.41
2002	1018.83	26.42	15.77	13.25	44.56
2003	1122.70	28.72	13.47	15.07	42.74
2004	1364.38	27.56	14.07	15.79	42.58
2005	1830.48	44.20	8.63	8.00	39.17

年份	能源消费总量 （万吨标准煤）	占能源消费总量的比重（%）			
		煤炭	石油	天然气	电力
2006	2085.84	45.18	7.75	8.46	38.61
2007	2295.91	47.56	8.09	8.29	36.06
2008	2497.74	43.72	8.95	12.20	35.13
2009	2573.44	42.99	7.79	12.69	36.53
2010	2814.57	34.14	7.61	11.21	47.04
2011	3145.28	28.58	10.68	12.97	47.77
2012	3475.88	31.43	9.40	14.60	44.57
2013	3768.16	31.67	8.24	13.95	46.14
2014	3991.70	29.77	8.21	12.86	49.16
2015	4124.97	31.60	9.11	14.75	44.54
2016	4101.36	43.37	10.13	15.00	31.50
2017	4193.10	37.86	11.46	15.97	34.72
2018	4364.22	30.09	10.29	15.93	43.69
2019	4235.23	29.15	10.87	16.38	43.60

注：①2005~2013年能耗及相关数据根据第二次、第三次全国经济普查结果进行了修订。②2015年以前的电力数据为一次电力与电力净调入之和，2016年后的电力数据为一次电力消费量，按等价值（当年发电煤耗）计算。③煤炭包括：原煤、洗精煤、其他洗煤、煤制品、焦炭、焦炉煤气、煤矸石、高炉煤气、其他焦化产品、转炉煤气、其他煤气。④石油包括：原油、汽油、煤油、柴油、燃料油、石脑油、润滑油、石蜡、溶剂油、石油沥青、石油焦和液化石油气、炼厂干气和其他石油制品。

3. 能源生产自给率及空间布局

（1）能源自给情况。1990~2019年青海省能源自给率虽有波动，但总体情况比较平稳，除2015~2017年能源自给率在70%以上外，大部分年份能源自给率在90%以上，其中有16年的能源自给率在100%以上，能源自给率最高年份为2010年，达到了142.32%，能源自给率最低年份为2016年，为72.75%（见表3-19）。能源自给率变化与许多因素有关，国家能源政策和战略调整极大地提高了青海省的能源自给率。但经济发展速度不断加快，也大幅增加了能源的消费，这在一定程度上削弱了能源自给率的上升幅度（见图3-7）。

表 3-19　1990~2019 年能源自给率

年份	能源生产总量 （万吨标准煤）	能源消费总量 （万吨标准煤）	能源自给率 （%）	年份	能源生产总量 （万吨标准煤）	能源消费总量 （万吨标准煤）	能源自给率 （%）
1990	606.46	504.35	120.24	2005	1867.27	1830.48	102.01
1991	552.26	474.29	116.44	2006	2113.85	2085.84	101.34
1992	504.85	499.29	101.11	2007	2458.17	2295.91	107.07
1993	559.17	559.98	99.85	2008	2857.42	2497.74	114.40
1994	619.47	625.38	99.05	2009	3219.77	2573.44	125.12
1995	571.57	687.71	83.11	2010	4005.82	2814.57	142.32
1996	584.71	698.25	83.74	2011	4035.16	3145.28	128.29
1997	672.89	706.78	95.21	2012	4631.37	3475.88	133.24
1998	771.00	738.88	104.35	2013	5068.33	3768.16	134.50
1999	885.89	938.68	94.38	2014	4099.40	3991.70	102.70
2000	937.90	897.23	104.53	2015	3248.60	4124.97	78.75
2001	907.05	939.33	96.56	2016	2983.80	4101.36	72.75
2002	974.46	1018.83	95.65	2017	3280.08	4193.10	78.23
2003	990.14	1122.70	88.19	2018	3916.00	4364.22	89.73
2004	1226.30	1364.38	89.88	2019	4542.13	4235.23	107.25

注：2015 年数据根据青海省第四次全国经济普查结果进行了修订。

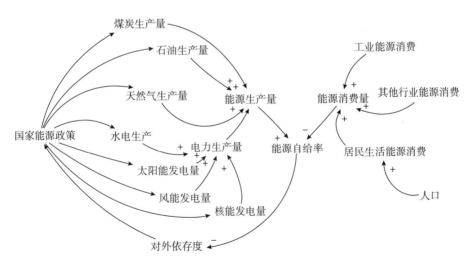

图 3-7　青海省能源自给率的影响因素

（2）能源生产空间布局。海西州是青海省能源生产最重要的战略基地，传统能源和新能源比重均很高。从发电量来看,海南州占比最大,随后依次是海东市和黄南州。火电主要分布在西宁市,风电和太阳能发电主要分布在海西州和海南州(见表3-20)。

表3-20　2019年青海省分地区主要能源产品产量

产品名称	西宁市	海东市	海北州	黄南州	海南州	果洛州	玉树州	海西州
原煤(万吨)			118.7					888.5
洗精煤(用于炼焦)(万吨)		8.7						30.1
其他洗煤(万吨)			18.0					8.0
原油(万吨)								228.0
天然气(亿立方米)								64.0
液化天然气(万吨)								5.8
原油加工量(万吨)								154.0
汽油(万吨)								53.0
柴油(万吨)								65.6
燃料油(万吨)								4.1
液化石油气(万吨)								7.1
炼厂干气(万吨)								5.4
其他石油制品(万吨)								3.6
焦炭(万吨)								191.1
煤气(亿立方米)	21.4							1.1
发电量(亿千瓦小时)	88.4	135.1	23.9	99.8	344.0			99.4
水电(亿千瓦小时)	1.9	132.0	15.8	99.2	262.4			8.7
火电(亿千瓦小时)	86.5	2.9	5.2		0.1			12.0
风电(亿千瓦小时)					20.1			31.6
太阳能发电(亿千瓦小时)		0.2	2.8	0.6	61.4			47.2

4. 新能源产业发展与布局

(1)发展条件。青海省矿产资源十分丰富,发展新能源产业具有得天独厚的优势。太阳能和风能是青海省最具代表性的新能源资源。青海省地处青藏高原东北部,平均海拔4000米左右,空气稀薄、透明度大,气候干燥少雨、晴天多、日照时间长,日照百分率在50%以上,各地年日照时数在2300~3550小时,太阳辐射总量在5637~7420兆焦/平方米,太阳能资源仅次于西藏,属第二高值区。全省太阳能资源分布特点是柴达木盆地西部最为丰富,其中冷湖地区为全省之冠,青南地区及海东、海北大部分地区太阳辐射量及日照时数相对较低。

青海省风能储量占全国风能储量的 9.4%，风能资源仅次于东南沿海地区、内蒙古和新疆，是我国第四大风场。青海省风能资源普查结果显示，青海省风能资源总储量为 4.119 亿千瓦，估算风能资源技术可开发量约为 0.121 亿千瓦。尤其柴达木盆地和青南高原西部地区的全年风能可利用时间为 6100 小时以上，大风日数年平均为 150 天以上。全省风能资源的分布特点是西部丰富，东部贫乏，北部大于南部。

此外，太阳能、风能与土地资源空间配置较好，未利用土地中的荒草地、盐碱地和沙地约为 11.05 万平方千米，主要分布在光照资源丰富的柴达木盆地和三江源地区，而且有不少荒漠地区靠近电力线路和负荷中心，交通便利，并网条件优越，适宜建设大型荒漠光伏并网电站和太阳能电力输出基地。除了上述资源外，青海省的水电资源也极其丰富，全省电力供应结构中，水电占了 80%。而且，水电在调峰降压等方面优于火电，可以在新能源发电负荷超载时，通过及时降低水压，减少水电发电量，保持电网负荷稳定。水电与新能源发电在时间和空间上具有很强的互补性，可形成"光电+水电""光电+风电+水电"的互补能源供应结构。

青海省新能源产业有着巨大的发展空间和广阔前景。第一，我国新能源产业经过这几年的发展，政策环境发生了巨大变化，新能源产业已经被确定为我国重点战略性新兴产业之一，不断成熟的国内市场对产业发展的拉动力量日益加强。第二，青海省委、省政府高度重视新能源产业的发展，从培育新的经济增长点、保护生态环境、改善民生、助推国家如期实现碳达峰、碳中和目标的高度，着力推动新能源产业快速发展。青海省在 2009 年出台了《青海省太阳能产业发展及推广应用规划（2009-2015 年）》，明确提出要把青海打造成国家清洁能源产业的重要基地，并积极争取国家优惠政策扶持，使青海省新能源产业发展有了明确的战略目标。第三，国家深入实施西部大开发战略、支持青海等藏区发展、鼓励中西部地区承接产业转移，以及国家调整新能源并网发电的上网电价等，也为青海新能源产业的发展提供了重要支持。第四，国家"双碳"目标为青海省新能源产业发展注入了新的活力与动力。

（2）发展现状。目前，青海省新能源产业的范围覆盖了太阳能光伏产业、风能产业和锂离子电池产业等，已初步形成了以亚洲硅业（青海）有限公司、青海黄河上游水电开发有限责任公司新能源分公司、青海风发科技发展有限公司、青海佛照锂电正极材料有限公司等为龙头的新能源产业链集群。青海省已建成了较为完整的光伏产业链；以风力发电设备制造项目为龙头，包括风机零部件、整机、风力发电的产业集群正在形成；以碳酸锂为基础的高性能锂离子电池产业及其相关配套产业初具规模。随着产业链的进一步延伸与完善，新能源产业已经成为青海省为数不多的、可以与国内大型企业站在同一起跑线上参与竞争,并有望占据国内领先地位的行业。

2019 年青海省累计发电量达 790.6 亿千瓦时,新能源发电量为 163.9 亿千瓦时,占比达到 20.73%。其中,风力发电为 51.7 亿千瓦时,同比增长 48%;太阳能发电为 112.2 亿千瓦时,同比增长 18%,并创下了连续 15 日(360 小时)100%清洁电力消费新的世界纪录。同时,新能源发电装机量得到稳步增长,2019 年全省光伏新建装机容量为 171 万千瓦、光热为 5 万千瓦、风电为 105 万千瓦。从清洁能源地区分布来看,主要集中于海南州和海西州,随后是海东市和黄南州(见表 3-21)。

表 3-21　青海省 2019 年分地区清洁能源产品产量

产品名称	西宁市	海东市	海北州	黄南州	海南州	果洛州	玉树州	海西州
水电(亿千瓦小时)	1.9	132.0	15.8	99.2	262.4			8.7
风电(亿千瓦小时)					20.1			31.6
太阳能发电(亿千瓦小时)		0.2	2.8	0.6	61.4			47.2

2017~2020 年,青海连续实践探索清洁能源 100%供电,从 2017 年连续 7 天清洁能源供电到 2020 年连续 30 天清洁能源供电,屡创世界纪录,目前青海已成为世界上光伏电站大规模并网最集中的地区。2021 年 4 月底,青海电网新能源装机 2460 万千瓦,占比超过全网总装机规模的 60%,是全国新能源装机占比最高的省份。

2020 年 9 月 26 日 17 时 18 分,伴随着调度员的一声"开关合闸"号令,一条连接着青海和河南的"绿色天路"启动双极低端系统送电,这条专为清洁动力外送而建造的特高压输电通道是国际首条主要以运送清洁动力为主的外送通道。该工程起于青海省海南州海南换流站,止于河南省驻马店市驻马店换流站,途经青海、甘肃、陕西、河南四省,线路全长 1578.5 千米,输电电压等级为 ±800 千伏,总投资约 226 亿元,运送容量 800 万千瓦,每年可为河南省输送清洁电量 400 亿千瓦时。截至 2021 年 7 月,青海至河南±800 千伏特高压直流工程已累计向华中区域运送"绿电"117.7 亿千瓦时,相当于削减标准煤燃烧 530 万吨,减排二氧化碳 871 万吨。这一重大工程的建成使用,不仅让河南用上了青海的清洁动力,还辐射湖北、湖南、江西三省,实现了青海省清洁能源的省际优化调度及青海电力资源在全国范围内的高效优化配置,标志着青海绿色电力外送能力迈上新台阶,同时,也为国家"双碳"目标实现增添了新动力。

青海省依托省内丰富的太阳能和盐湖资源,大力发展风电机组、储热熔盐、热力传导和光伏电板等发电关键技术装备,联合储能技术研究应用(石墨烯、太阳能电池等），打造太阳能、风能终端装备及零部件研发制造、系统集成的产业链条，海西州、西宁市成为新能源产业发展的重要集聚区。截至 2018 年末，海西州建立完善 200 兆瓦单晶硅棒生产、200 兆瓦高倍聚光光伏组件和 300 兆瓦高原型风电整机组装、500 套 1.5 兆瓦~3.0 兆瓦风力发电机组塔架等新能源装备制造产业链；同时，积极推进 300 兆瓦晶体硅太阳能组件、光热扭矩管、15 万套新能源智能镜架支架等生产基地建设，为打造千万千瓦级新能源产业集群奠定基础。西宁市形成了从硅材料冶炼、硅片加工到电池组装的一条龙产业链，多晶硅产能达到 1.75 万吨，其中，电子级多晶硅产能达到 2000 吨，单晶硅产能达到 7000 吨，切片产能达到 500 兆瓦，电池产能达到 500 兆瓦，组件产能约 1 吉瓦，另有光伏支架、铝边框等配套产业同步发展。

面对光伏"弃光"难题，青海省积极探索水电互补方式以促进光伏电力稳定达到上网条件，依托海南藏族自治州丰富的风光资源，2015 年建成了龙羊峡 850 兆瓦水光互补电站，填补了国内大规模"水光互补"关键技术的空白，应用成果达到国际领先水平。2018 年青海省在大规模智能调度、水风光联合发电控制技术应用等方面做出进一步创新性实践，全球单体最大"水光风多能互补"1000 兆瓦光伏发电基地建成并且顺利完成并网工作，日产能可达 10 兆瓦，同年 20 兆瓦储能项目并网发电。在多种新能源综合利用领域，青海省"水风光多能互补"技术在国际范围内具有示范作用，提高了青海新能源产业的国际影响力和竞争力。

（3）发展方向。青海省将持续构建以清洁能源为主体的现代能源体系，持续推进清洁能源示范省、能源革命综合试点省建设，打造青海"绿电特区"，使青海成为国家重要的新型能源产业基地，为高质量发展提供坚实的能源保障。挖掘黄河上游梯级水库储能潜力，推动李家峡、拉西瓦等大型水电站扩机增容，建设黄河上游水电储能工厂；利用光热发电提高系统调峰能力，全面推进电化学等新型储能设施建设，扩大新能源配套建设储能设施示范规模；积极开展电网侧储能试点，探索储能参与电力辅助服务市场机制；建设储能技术国家重点实验室，打造抢占国际储能科技制高点的重要战略平台，争当多元灵活储能调峰新标兵。

2021 年 7 月，青海省人民政府和国家能源局联合印发《青海打造国家清洁能源产业高地行动方案（2021-2030 年）》（以下简称《行动方案》），指明了青海省清洁能源未来发展方向，提出了发展目标和具体方案。《行动方案》着眼保障能源安全和应对气候变化两大目标任务，锚定 2030 年青海省风电、光伏装机 1 亿千瓦以上、清洁能源装机超过 1.4 亿千瓦的目标，服务全国如期实现碳达峰、碳中和目标。《行动方案》主要提出了如下目标：到 2025 年，国家清洁能源产业高地初具规模，黄河上游清洁能源基地建设稳步推进，清洁能源装机占比、发电量占比、一次能源消费占比进一步提高，清洁能源发展的全国领先地位进一步提升。到2030年，国家清洁能源产业高地基本建成，零碳电力系统基本建成，光伏制造业、储能制造业产值分别过千亿元，力争实现"双脱钩"，为全国能源结构优化，如期实现碳达峰、碳中和目标作出青海贡献。

《行动方案》为青海省加快推动清洁能源高比例、高质量、市场化、基地化、集约化发展部署了"六大行动"。一是清洁能源开发行动。围绕水、风、光、地热和天然气5个能源品种，明确了推进清洁能源和生态环境协同发展等任务。二是新型电力系统构建行动。围绕加强省内骨干电网建设6个重点开展工作，构建以新能源为主体的新型电力系统。三是清洁能源替代行动。通过部署电能替代、清洁取暖、绿色交通、绿氢应用和城乡用能5个工程，促进经济社会低碳转型。四是储能多元化打造行动。从推进储能工厂、抽水蓄能建设、发展新型储能和建设储能发展先行示范区等方面加大工作力度，打造多元协同高效储能体系。五是产业升级推动行动。依托光伏、储能、水电和风电等前沿技术应用，形成绿色技术和标准体系，推动技术创新，持续壮大清洁能源产业。六是发展机制建设行动。通过推进电力市场化改革、完善电价形成机制、保障清洁能源消纳和引导绿色能源消费，深入构建青海省"能源革命"市场化发展体系。

依托西北电网，提高省间余缺互济能力，加强青甘、青新、青藏电网薄弱环节建设；打造坚强智能电网，完善省内750千伏骨干网架体系，扩大330千伏主网覆盖面，加强省内清洁电力汇集能力；开展青海清洁能源向其他中东部地区外送能力和潜力的研究，进一步发挥青海省清洁能源优势和潜力，助推国家能源结构的战略转型和战略目标实现。

大力发展数字经济、锂电等产业，提高清洁能源终端消费比重；打造全域"无燃煤"省份，推动各类新能源和清洁能源在供电、供热、供气、交通和建筑中的应用，开展更长时间的全清洁能源供电尝试，推动形成绿色生产生活方式；做大做强清洁能源、盐湖化工等支柱产业，加快壮大外向型经济规模，构建高原绿色能源消费新体系。

打造能源互联网生态圈，推动泛在电力物联网建设，提高电力系统数字化、智能化运行水平；建成国家级千亿锂电产业基地，强化电子级、太阳能级晶硅材料产业优势，加快高温熔盐等导热工质产业发展；壮大节能环保与循环利用产业，创建新能源产品及材料循环利用体系，对退役光伏组件、光热熔盐、储能电池等循环利用和无害化处理，培育壮大能源产业发展新业态。

建立新能源开发生态补偿机制，积极培育"光伏+农牧业"；实施"三州三区"农网升级改造，完成青南大电网未覆盖地区延伸供电项目；探索建立藏区电力普遍服务补偿机制，有效降低藏区电力供应成本；加大清洁能源供暖普及力度，开展"三江源"清洁取暖试点，推动形成以太阳能光热为主、以浅层地热为辅的城乡清洁能源供暖格局，拓展清洁能源惠民富民新模式。

加大科技投入，开展技术攻关，在提高光伏转化率、延长光热储能时间、降低成本、形成规模化示范应用等方面取得突破；加强对页岩气、干热岩等非常规能源勘查及开发利用试验，争取"十四五"期间建成国家级干热岩研究基地，开展天然气水合物相关试验和基础性技术研究；以可再生能源制氢技术研发为重点，探索氢能在电力、工业、交通、建筑等领域的应用，形成绿色技术创新驱动新动能。

扎实推进海南藏族自治州和海西蒙古族藏族自治州2个"千万千瓦级"清洁能源基地建设，着力扩大黄河上游水电基地，适时启动核能供热及核电建设项目，努力构建水、光、风、核、热等多能互补，集成优化的清洁能源体系。到2025年，海南、海西基地建成规模均超过2000万千瓦，再造两个"高原三峡"；到2035年，海南、海西基地建成规模分别超过3000万千瓦、5500万千瓦，建设高比例清洁能源发展新高地。

针对新能源制造业，重点发展光伏制造产业，培育打造光热、风电产业，着力提升控制器、逆变器、储能电池等配套产业，以新能源产业支撑和带动全省生态工业发展。着力培育发展储能电池配套产业，推进储能应用和电动汽车的生产使用，打造在全国有影响力的锂电产业基地和重要的光伏光热制造基地。

针对光伏产业，推进高原光伏产业关键共性技术的研发及产业化，进一步完善和壮大由硅原料—硅片—光伏电池—光伏组件—系统平衡部件—光伏系统与应用的光伏产业链。促进光伏制造企业与光伏电站企业联合发展，重点发展多晶铸锭（直拉单晶）、切片铸锭/拉棒、硅片、晶硅及薄膜电池片等中游环节，积极完善逆变器、控制器、储能电池、支架、引线、边框、光伏系统输配电装置及部件等配套产业。

针对光热产业，引进发展聚光反射镜、集热管、储热熔盐、热交换器及相关设备制造和光热电站建设运营产业。重点发展空气式相变蓄能太阳能热利用技术、中高温太阳能集热工业应用等技术，积极推进新型原材料及关键零部件研发，加快推广先进生产设备及制造工艺。积极研发复合热源、多能互补的大规模集中式太阳能热水、采暖、制冷联供技术，实现太阳能集热由单功能应用向多功能应用转变。

针对风能产业，发展风能装备制造业，完善风机零部件、整机制造和风电场运营维护等风能产业链。坚持引进和自主研发相结合，进一步加快适合高原风能特点的风力发电技术和设备的研发与应用，建成集风电整机及附属设备制造、测试、培训、配件供应、售后服务和融资开发于一体的风电高端装备制造和服务体系。

（五）特色轻工业

依托特色生物和民族文化资源，鼓励支持开发"专精特新"产品，构建具有鲜明地域特色优势的轻工产业体系。

（1）饮料制造业。充分利用天然矿泉水、冰川融水和江河源头水资源，扩大天然饮用水生产规模，打造高原天然饮用水品牌。发挥青稞酒品牌优势，提高产业集中度，做精做优青稞酒产业。

（2）藏毯及纺织产业。依托藏毯绒纺产业集群，加快藏毯产业国际化，建成以青海为中心，辐射周边和中亚地区，集藏毯研发、加工、展销和原辅材料交易于一体的国际性藏毯之都。加快西宁、海南纺纱能力建设，提高纺织行业智能化生产水平，丰富产品花色品种，发展高端棉纺织产品。

（3）农畜产品加工业。着力打造高原牦牛、藏系羊高端肉制品等地方特色品牌。适度发展免疫调节功能乳制品、婴幼儿配方乳粉、老年人乳制品、奶酪等高端产品。开发生产枸杞酸奶、核桃发酵乳等新产品，增加乳制品品种。丰富菜籽油产品品种，逐步发展高档次精炼油、色拉油、功能性调和专业油脂，提高油品档次。采用发酵技术，生产高效植物蛋白生物饲料，形成完整的油菜籽加工循环经济产业链条。

（4）民族手工业。大力发展民族服饰业和民族特需品产业，提升昆仑玉、唐卡和藏式饰品等民族工艺品和旅游纪念品产业集群。

（六）生物医药产业

积极利用现代生物技术，以生物制品和药品两大系列为方向，研发具有较高科技含量、无污染的系列产品，构筑具有鲜明地域优势和高原特色的生物产业链和产业集群。扩大中藏药材 GAP 种植规模，运用新技术、新工艺、新设备，开发一批中藏药新产品、新剂型，推动重大疾病治疗药物创新和产业化。壮大冬虫夏草、枸杞、甘草、沙棘、大黄、党参、肉苁蓉、锁阳、动物血液和脏器等特色生物资源精深加工产业，实现生物产业的规模化生产、精深加工和综合利用。加快生物资源种养植（殖）基地建设，提高生物保健品产业的技术水平。

（七）高端装备制造业

加快推进传统装备制造产品升级换代，实现装备制造自动化、集成化、智能化、绿色化发展。开展高端数控机床、增材制造等前沿技术和装备研发，积极研发大型精密铸锻系列产品及精深加工品。发展乘用汽车制造业、工业机器人及系统集成、3D 打印装备、产品全生命周期管理及远程监控信息集成应用。

（1）数控机床及智能机器人。加快重大科技开发项目产业化，重点发展高速铁路专用机床、多轴联动系列加工中心、重型数控卧式镗车床、重型数控落地镗铣床、车铣复合加工中心、数控花键轴铣床等复合智能化、高速精密化的高端产品。发展关节机器人、并联机器人、自动导引运输车（AGV 小车）等工业机器人。

（2）新能源汽车。结合现有专用汽车生产基础，生产以自卸车、环卫车和长途运输车为主的 LNG 汽车产品。生产以乘用车、商用车为主的纯电动汽车，带动相关机电系统、控制系统、零部件和配套协作产业发展。

（3）新能源、新材料装备。重点开发适用于风力发电的机组、传动系统；适用于光伏发电的逆变器、控制器和塔架；适用于非金属切削加工的专用设备等产品。

（4）现代化农牧机械。加大传统农牧机械产品提升改造，重点发展电动牛奶分离机和马铃薯、大蒜、枸杞等种植、收获及加工机械。

（5）基础零部件和非标设备。发展工程机械零部件、结构件、铸件和标准件等系列产品的生产。依托大压机项目，发展核电、火电用厚壁管、耐高温难变形合金锻件、大型阀体等高端定制化产品。加大高原特种压力容器、锅炉和配套设备生产技术研发，提高产品质量档次。延伸产业链，为石油、化工、矿山和冶金等产业研制非标设备并提供维修保障服务。

（八）新信息技术产业

1. 发展基础与现状

青海省紧跟大数据建设步伐，将大数据产业作为推动青海省绿色发展、促进产业转型升级的重要抓手。青海省将新信息技术产业作为新兴战略性产业的重要部门。把握互联网、大数据应用发展趋势，强化信息基础设施建设，促进互联互通，构建高速、移动、安全、泛在的信息网络，大力拓展信息技术、互联网技术与经济社会各领域融合的广度和深度，加强信息安全保障，全面提升各领域的信息化发展水平。青海省编制完成《青海省数字经济发展实施意见》，出台《关于深化"互联网+先进制造业"发展工业互联网的实施意见》等政策措施，基本构建起以数字经济统领全省信息化和信息产业发展的政策体系。青藏高原大数据中心、柴达木数据灾备中心和三江源大数据中心等一批大数据项目相继在青海建成；中关村高新技术产业基地、国家软件和集成电路公共服务平台等一批重点企业和项目也已落户青海省；淘宝、天猫和百度等企业进驻运营，带动了青海乃至西部地区电子商务、智慧旅游、智慧交通等数字产业的融合发展。

青海新能源大数据中心被工业和信息化部列入国家 2018 年工业互联网示范平台，成为全国仅有的 43 个行业工业互联网典型示范平台之一，为推动全省数字经济发展提供了动力。青海省在全国率先建成生态环境监测监管平台，实现了对三江源等生态保护区、重点排污企业、污水处理厂和环境监测站的实时监控；建成青海省首座自动化远程控制水文遥测站——曲麻河水文站，全省水文巡测基础数据中心、水利数据交换平台、水利数据库、水雨情等水利信息采集站，实现了水利数据的横向共享和纵向交换。

2. 发展路径与方向

围绕大数据中心建设和"云"工程应用、产业链培育，重点打造以基础设施、云应用平台等为主要内容的云计算应用和大数据产业链，培育和建设立足本省、面向全国的云计算数据中心和国家级灾备中心。创新云计算服务模式，推进"云上青海基础支撑"加四大"云朵"应用为一体的"1+4"云平台建设。发展基于新一代信息技术的消费需求、个性化定制、信息增值服务和制造产业组织新模式，不断催生新型服务业态。围绕智能制造、智能监测监管、工业自动化控制、机器人替代工程等物联网应用，促进"两化"深度融合发展。

（1）加快信息基础设施建设，深入实施"宽带中国"战略。积极推进"宽带青海"建设，努力创建"宽带中国"示范城市。加快新一代移动通信网络建设，推进"三网融合"试点。结合市政发展规划，统一规划建设通信业务用房、通信管道以及无线通信基站。全面落实政府机关、学校、医院、公路、铁路和机场等公共区域向信息基础设施建设免费开放。

全面提高省际宽带出口能力。积极争取国家有关部门支持，大力改进西宁通往北京、上海、广州等城市的光纤宽带通道，有效提升青海节点在全国互联网络格局中的地位；优化陕西、新疆、西藏、甘肃等方向的链路网络，提升数据中心周边辐射能力。积极推进光缆路由优化改造，实现与西安、成都国家骨干直连点的互联互通，降低出省路由延时。建设西宁到国际通信业务出入口局的国际数据通信专用通道，满足数据中心、产业园区国际数据通信需求。进一步完善4G等宽带移动通信网络，实现开发区、产业园区宽带网络无缝覆盖。加快骨干传输网、无线宽带网及新一代移动通信网络的建设和升级，推进千兆光纤到楼，百兆光纤到户。

（2）推进信息技术服务业发展，加快推进云计算服务。探索基于云计算的电子政务建设运行新机制，建成覆盖省、市（州）、县（区）的电子政务系统交换体系，有效提升政府决策水平和服务能力。增强云计算服务能力，形成云技术应用新业态。不断推动互联网与各领域深度融合，以数据采集、分析、认证、计算、挖掘等新一代信息技术手段为载体，强化云计算在电子商务、工业制造、交通物流等行业的推广应用。

以应用促信息化发展。加大培育大数据外包服务，积极引导企业面向国内外大数据市场，承接大数据外包业务。通过对海量数据资料进行撷取、管理、处理，深入挖掘其价值，形成丰富的大数据服务解决方案。加快推进数据管理、数据挖掘等技术性业务流程外包，支持企业建立标准化的统一外包服务平台，通过标准化、模块化和流程化实现服务集成。加快推进商业智能、研发服务等知识流程外包，为客户的产品研发设计、智能控制、决策制定、销售运营等提供专业数据服务支撑。

（3）以信息化助推产业现代化，提升农牧业信息化水平。依托国家农村信息化示范省建设，构建全省统一的农牧业综合服务云平台，实现信息智能分析，为农牧民提供信息应用一站式服务。支持互联网企业与农牧业生产经营主体合作，为农民提供适用的市场、科技、培训等信息服务，实现农牧业先进实用技术到田到户。开展农情监测、科学休耕轮牧、精准施肥、病虫草害监测与防治、气象灾害监测及应对等方面的信息化示范。搭建农牧业物联网应用平台，积极发展精准农业、智能农业、感知农业，推进农牧业资源高效利用。结合传统销售与电子商务拓展销售渠道，提高农畜产品市场竞争力。

推进"互联网+"工业融合创新。大力推进移动互联网、大数据、云计算、物联网等新一代信息技术示范应用，促进互联网技术与特色优势制造业融合发展，示范推广集生产计划、作业排产、生产制造远程实时监控、产品质量控制、能耗监测于一体的互联网制造执行系统。围绕重点行业，改造传统工艺和生产流程，提高生产设备智能化水平。建设危险工业产品安全监测信息系统、煤矿安全监测监控系统，提高安全防控能力。建设食品药品安全溯源系统，实现对食品药品生产、出入库、运输、销售、使用、监管等环节的全生命周期追踪溯源，提升食品药品安全监管能力。

加快服务业信息化进程。加快以金融信息服务、数据服务为核心的互联网金融业服务平台，提高金融机构科技运用水平。加快发展基于互联网的医疗、健康、养老、教育、文化、旅游、法律等益民服务，加快建设跨行业、跨区域的物流信息服务平台。促进"互联网+"精深化、专业化、多样化、协同化发展，开拓互联网增值服务，使"互联网+"成为功能日益丰富、效率大幅提高、成本显著节约、业态快速扩张、创业空间广阔的新引擎。

（4）加强信息安全管理，提升风险防控能力。严格按照信息安全、云计算服务安全相关国家标准，加强云计算服务网络安全防护管理、安全测评、电子认证、应急防范等信息安全基础性工作，加强对政府机关、金融、能源等重要信息系统的安全评估与监测，落实信息安全等级保护制度。建立健全云计算安全态势感知、安全事件预警预防及应急处置机制，督促涉密信息系统按照国家保密行政管理部门设立或者授权的保密测评机构进行检测评估。

第四章 商贸服务业的发展与布局

第一节 商贸及物流业的发展与布局

青海省地处祖国西北内陆，地理位置特殊、资源优势独特。发展现代商贸及物流业对青海经济发展、政治稳定有着重要意义。青海省大部分生活物资主要依赖省外供应，省会西宁作为人口超过 200 万的青藏高原最大城市，物流需求量逐年递增。此外，青海部分工业企业原材料省外依存度高，产成品省外运输量大，极大地促进了物流业发展。随着当前产业结构的优化调整，青海与外省交流合作将更加频繁，现代物流将成为发展的主流方向。

一、青海商贸及物流业发展现状及特征

（一）商贸业

1. 商贸业发展现状

青海省对外贸易总量从 2000 年的 1.97 亿元增加到 2019 年的 37.2 亿元，取得了快速发展。对外贸易的开展是青海经济持续发展的内在要求，对促进青海经济的繁荣起着重要的推动作用。

（1）物流规模迅速扩张。2019 年，青海省社会消费品零售总额达到 880.75 亿元，限额以上批发零售贸易业为 1029.83 亿元。批发零售贸易业、住宿餐饮业实现增加值达 198.05 亿元，占 GDP 的比重为 8.19%，占第三产业的比重为 19.80%，比上年提高 2.07 个百分点；2015 年青海省批发零售贸易业、住宿餐饮业中私营企业个数达到 5672 个，从业人员增加到 32.06 万人，个体经营达到 8.74 万户。传统的经营模式正逐渐被超市经营、连锁经营、代理销售、物流配送等新的经营业态所替代。青海省商品交易市场初具规模，已成为日用消费品和生产资料的重要集散地。截至 2019 年末，青海省市场主体共计 44.60 万户，其中非公经济（私营企业、个体工商户）39.63 万户，注册资本 7652.32 亿元。

各类商品集贸市场已达 6908 个，其中，年成交额上亿元的市场已达 8 个，形成了以西宁市、海东市、格尔木市为中心的市场网络体系。

（2）行业结构日趋优化。行业结构是商贸流通业内部以流通环节和渠道的设定为基础形成的结构性特征，核心的部分是由批发和零售两大部分构成。2019 年全省限额以上商贸企业统计显示，批发业和零售业单位数分别占限额以上商贸企业的 22.47% 和 29.12%。

（3）城镇消费品市场逐年扩大，农牧区市场趋于活跃。青海省不断完善市场监测和调控体系，城乡消费网络不断升级，城乡消费市场呈现共同繁荣的局面。2019 年，全省城镇市场消费品零售总额为 704.87 亿元，比上年增长 5.3%，占全部零售总额的 80.03%；农牧区零售总额为 175.88 亿元，增长 5.8%。

（4）多元化商贸流通新格局形成。在传统百货零售业态稳步发展的同时，以连锁为代表的新型业态迅猛发展，连锁企业、超级市场、便利店、专卖店等多种零售业态规模不断扩大，进一步促进了零售市场多主体、多层次、多业态发展。2019 年全省共有零售业连锁企业 215 家，门店 510 家，从业人数 3.98 万人；主营业务收入达 880.75 亿元，比 2012 年增长 58.36%。

（5）商品交易市场不断完善。青海省流通业对外开放程度和经营管理的水平提高。通过举办和参加各种形式的商品展销会、交易会、洽谈会，"请进来"与"走出去"相结合，树企业名牌，扬青海名产，以"展销经济"的形式推动全省市场发展。对传统集贸市场进行有计划、有步骤的改造升级，市场的软硬件环境明显改善。2019 年，青海省限额以上企业（单位）零售额为 346.00 亿元，同比下降 5.3%；乡村消费品零售为 175.88 亿元，同比增长 5.8%。按消费类型分，餐饮收入为 63.00 亿元，同比增长 6.5%；商品零售额为 817.75 亿元，同比增长 5.3%；乡村消费品零售为 175.88 亿元，同比增长 5.8%。按消费类型分，餐饮收入为 63.00 亿元，同比增长 6.5%；商品零售为 817.75 亿元，同比增长 5.3%。一些特色专业市场，如北山装饰材料市场、大堡子农贸市场、朝阳金属建材交易市场、建国路小商品批发市场等已成为依托产品发展市场、依托市场发展产业的典范，在经济发展中发挥着不可低估的作用。

2. 商贸业基本特征

（1）社会消费品零售总额快速增长。近 30 年来，青海社会消费品零售总额呈现持续上升趋势。1986 年，青海社会消费品零售总额为 19.02 亿元，2014 年上升至 614.60 亿元，是 1986 年的 32.31 倍。2019 年上升至 948.55 亿元，是 1986 年的 46.31 倍。

2019 年同 2005 年和 2000 年相比，青海社会消费品批发和零售总额大幅上升，2019 年分别是 2010 年和 2000 年的 2.68 倍和 9.49 倍（见图 4-1）。

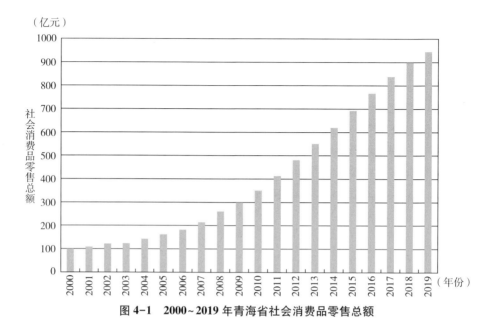

图 4-1　2000~2019 年青海省社会消费品零售总额

（2）社会消费品销售的行业差别明显。在青海全部消费品贸易总额中，批零贸易总额占有较大比重，2010 年前均为 70% 以上。住宿餐饮呈现上升趋势，但是所占比重仍然偏小。批零贸易业涉及面很广，其占有较大比重合乎实际，也是必然的。住宿餐饮比重较小，这并非因为行业小、涉及面窄，而是与青海对外开放程度较低、旅游业季节性强、经营成本不断增加、流动人口较少有一定关系（见表 4-1）。

表 4-1　青海社会消费品贸易的不同行业构成

年份	社会消费品零售总额（亿元）	行业（亿元）			构成（%）		
		批零贸易	住宿餐饮	其他行业	批零贸易	住宿餐饮	其他行业
1986	19.02	16.26	0.9349	1.817	85.48	4.90	9.55
1994	59.58	44.26	4.44	10.88	74.28	7.45	18.26
2004	141.2	115.41	22.14	3.66	81.72	15.67	2.59
2010	353.5	249.45	33.34	104.05	70.57	9.43	29.43
2015	694.55	178.36	63.50	452.69	25.68	9.14	65.18
2019	948.5	135.31	171	642.19	14.27	18.02	67.7

（3）社会消费品的销售地区差别显著。从销售地区构成来说，城市区域的社会消费品批发零售总额占有较大比重，基本在 50% 以上。县级及以下地区的社会消费品批发零售总额，占整个社会消费品批发零售总额的比重较小（见

表4-2）。市、县级、县级以下商贸业的差距表明，城市区域商业的拉动作用强，县级及以下地区商业发展潜力较大。

表4-2　青海分层级社会消费品批发零售总额

年份	社会消费品零售总额（亿元）	销售地区（亿元）			构成（%）		
		市级	县级	县级以下	市级	县级	县级以下
1986	19.02	9.17	6.54	3.30	48.21	34.38	17.35
1994	59.58	34.34	16.70	8.54	28.02	28.02	14.33
2004	141.20	91.57	33.53	16.1	23.74	23.74	11.40
2010	353.50	299.60	224.45	75.15	28.18	63.49	21.26
2015	690.98	600.22	428.66	90.75	86.86	62.05	13.13
2019	948.50	775.91	504.93	27.98	81.80	53.32	2.94

3. 商贸业存在的问题

（1）商贸流通业区域发展不平衡。2019年，青海省社会消费品零售总额中西宁市、海东市和海西州的占比较大，共占全省社会消费品零售总额的91.15%，果洛州占比最小，为0.57%。西宁市、海东市和海西州人口总量大，商业体系相对集中，经济相对发达，大型商品交易市场，农产品市场、大型百货商店、综合超市集中在城市中心，方便城市居民的购物消费，而其他地区流通业发展相对滞后，商贸流通业空间布局的不平衡，导致了局部区域过于密集，过多的同类流通企业竞争更趋激烈，而偏远地区由于缺少商业网点、基础设施和所需的服务，消费需求不能得到满足（见图4-2）。

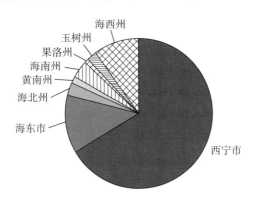

图4-2　2019年青海省各地区社会消费品零售总额占比

资料来源：《青海统计年鉴》（2020）。

（2）农牧区流通体系不健全。截至2019年，青海省已建成20余个县级电子商务服务中心，各类农牧区电子商务综合服务站点 2000 余个。并制定实施电子商务扶贫专项行动，通过积极探索"农户+合作社+电商企业+政府"等方式，引导电商企业同农村信用合作社、农户有效对接，构建网络交易和服务平台，畅通农牧区"工业品下乡"和"农产品进城"双向流通渠道。已逐步带动西宁、海东、海北、海西等地通过发展特色种植养殖、乡村旅游、手工编织等产业，实现年人均增收 9700 元。

由于缺乏规划引导及资金的支持，青海农牧区商业网点的业态大多以传统的夫妻店、杂货铺、代销店为主，原有的供销社网点投入不足，表现为农牧区商业网点少、业态单一。加之农村市场消费者居住分散，消费水平低，交通不便，发展农牧区连片经营的市场成本较高，致使大型商贸企业开发新农牧区市场的积极性不高，影响了农村市场的拓展和消费潜力的挖掘。今后应大力鼓励运用大数据、云计算、5G 等现代信息技术，培育定制消费、智能消费、信息消费、时尚消费等消费新模式，推动新型流通业态发展；依托电子商务进农村示范项目，健全以县域物流配送中心、乡镇配送节点、村级公共服务点为支撑的农村配送网络，加快农村物流网络节点与干线物流网络的融合等。

（3）缺乏大规模的仓储、货运基地。近年来，青海省高原生态畜牧业和特色种植业实现大幅增产，但产业化程度较低的农产品却卖不上好价钱，"增产不增收"的老问题成为高原农牧民提高生活质量的"拦路虎"。青海本地缺少大型冷链仓储物流企业，难以实现高原特色产品的规模化保鲜冷藏和冷链运输。目前，青海与产业配套的商贸流通业发展相对滞后，相关规划出台了不少，但建成的却不多。已经建成的仓储、货运基地设施老化，物流工具和管理手段落后，服务水平不高，与产业发展匹配程度低，缺乏集仓储中心、配送中心，信息网格中心等多项功能于一体的物流综合体。

2016 年 3 月 14 日，西宁青海丝绸之路国际物流城开工建设，物流城依托位于西宁城市副中心的多巴新城，距离西宁市区 18 千米、甘河工业园区 7 千米、多巴新城 2.5 千米，毗邻青藏铁路"西宁双寨铁路货运中心"，北连 109 国道与昆仑大道，南接南绕城高速公路和通往甘河工业园区南山市政道路（X121），具有得天独厚的综合交通枢纽优势。该物流城项目总体规划占地面积 2160 亩，分南北两个片区，南区项目 1290 亩，北区项目 870 亩；建筑总规模约 170 万平方米，南区 72 万平方米，北区 98 万平方米；年货物作业量约 3000 万吨。项目计划总投资约 86.98 亿元，南区项目 36.98 亿元，北区项目 50 亿元。项目的总体定位是以"一带一路"倡议和建设青海省西宁市商贸型物流枢纽承载城市为契机，充分发挥公铁物流枢纽和海关监管功能优势，依托大数据、云计算、区块链、物联网、5G 等高科技先进技术，创新"产业+科技+金融"运营模式，立足西宁，服务青海及周边区域，逐步融入国际，打造青藏高原区域最具规模的现代商贸物流枢纽产业基地。

物流城南区项目主要建设大型数字化仓储中心、铁路货物海关监管区、仓储式商品销售中心、城市配送分拨中心、快递分拣中心、公铁联运中心、商品组装加工中心、应急物流储备中心、冷链物流中心、大数据信息中心、运营指挥中心、智能化货物堆场、智能停车场、加油加气站、物流办公楼、司机之家、员工公寓、动力中心、会议接待中心、产品展示中心、国际物流贸易中心、园区智能化系统及相关基础配套设施。北区项目主要建设中欧班列进口商品展示交易中心、青藏高原特色产品展示交易中心、智能化专业市场、休闲商业、新经济创业孵化中心、供应链物流基地、总部经济及现代商贸物流基础配套服务设施。物流城南区一期项目占地面积 630 亩，建筑面积约 23.8 万平方米，计划总投资 14.78 亿元。

该项目的实施目标是将西宁打造成"中欧班列"进出口货物集散基地、公铁联运枢纽基地、商品组装加工基地、仓储式商品销售交易基地、"物流+科技+金融"产业化供应链基地。不仅能有效解决区域中心城市众多中小运输、仓储企业由于分散经营，物流设施、设备资源利用不充分，信息流通不畅通，导致的物流成本较高，经济效益低下等实际问题，还能为本地和外地货物的进出与城市型配送提供良好的枢纽，对推动城市智慧物流与供应链体系建设、缓解道路交通压力、改善创业环境、打造绿色生态城市、实现经济社会可持续协调发展意义重大。

（4）市场集中度低，信息化水平较差。青海省商贸流通业经营规模普遍较小，市场集中度低、产品同质化严重，全省限额批发零售、住宿餐饮业实现消费品零售额只占到全省的 40%，资金与技术的因素制约了本土流通企业的规模扩张，难以形成辐射带动作用。由于企业规模小，流通信息化技术的应用起步较慢，整体信息化管理未得到发挥，制约了流通现代化的进程。

（5）连锁经营水平不高，零售业态发展不平衡。连锁经营作为零售企业的一种组织形式，经过近 20 年的发展，在青海零售业市场中处于举足轻重的地位。"十三五"以来，青海的商贸流通业得到了较快发展，经营步伐明显加快，但流通业中传统的经营方式、业态仍居主导地位，大型专卖店等新兴业态所占比例较小，折扣店、仓储式会员店等新型业态发展缓慢，餐饮中介服务行业及广大农村牧区连锁经营更是薄弱。经营规模和连锁化程度明显低于全国平均水平，使本土流通企业参与市场的竞争力不高。

（二）物流业

1. 物流业发展现状

（1）资源优势和特殊区位拉动跨省运输逐步壮大。随着"海上丝绸之路"

"陆上丝绸之路""空中丝绸之路""网上丝绸之路"建设的不断推进,"一带一路"倡议为青海省经济发展带来的实惠越来越多。青海是"丝绸之路"南线(青海道)的重要途经地,是连接陆上丝绸之路和海上丝绸之路的节点省份。2018年《国家物流枢纽布局和建设规划》将西宁市列为商贸服务型国家物流枢纽承载城市,将格尔木市规划为陆港型国家物流枢纽承载城市,两个枢纽城市的建设将为跨省物流发展提供坚实支撑。值得一提的是,2016年青海省正式入选全国10个示范省份之一,获得中央财政专项资金的支持。目前已成功开通西宁至西安、重庆、成都、广州、深圳、厦门、长沙、常州、郑州等冷链专线。实施西宁至南京全程冷链示范项目,是政府主导的全程冷链项目,在全国尚属首例。全国冷链物流监控体系数据直采系统、冷仓管理系统投入试运行,位于全国前列。青海曹家堡保税物流中心(B型)自封关运营以来,进出口货运量由2016年的近100吨增至2019年的2130吨,货运通关能力大幅提升,青海省保税物流也在稳步发展。

据青海省工业和信息化厅物流处提供的数据,青海省依托盐湖工业产品等特色优势资源,于2018年开通了2列中欧班列,共164个集装箱,监管货运量3366吨,开拓了国际市场。

2019年青海省铁路货运量4810.1万吨,同比增长5.6%,其中跨省运量超过1800万吨。目前,青海航空物流分公司与省外六家航空公司建立了合作关系,增加了快速提货等新服务项目。2019年青海省航空运量3.73万吨,同比增长26.2%。此外,航空物流青海分公司与中铁联运合作,达成空铁联运合作共识,发挥西宁进疆入藏咽喉作用,运输能力和效益大幅提升。

(2)物流结构进一步优化。随着国民经济的不断发展,青海物流规模和结构也在发生变化。交通运输业中占主体地位的是货运周转量,包括民航航空货运和公路运量。2013~2019年,青海省旅客周转量、货物周转量、货运量、客运量均有明显上升趋势(见图4-3)。2019年青海货物运输周转量572.07亿吨千米,比上年增长1.9%。其中,铁路271.59亿吨千米,比上年下降1.5%;公路运输290.46亿吨千米,比上年增长13.5%;民航2964万吨千米,比上年增长21%。随着青海省物流规模的扩大及物流结构的变化,青海省物流业的从业人数也不断增加。

第一,公路物流方面。依托青海省大宗工业物资运输资源,大批省外货运车辆涌入青海省,极大地促进了跨省物流业发展。交通运输物流运输网络持续拓展,运输组织方式不断优化,辐射范围覆盖全省8个市州、15个产业基地。截至2019年底,全省公路货运量完成1.61亿吨;货物周转量572.07亿吨千米。其中,钢铁、电解铝、钾肥、纯碱等大宗工业物资以跨省运输为主,占比较大。

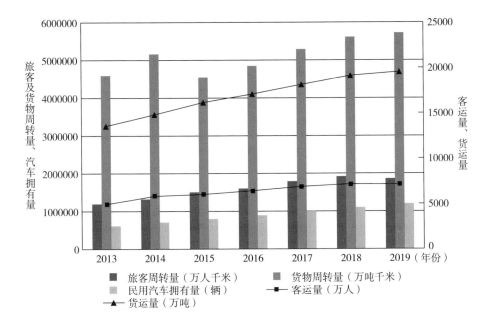

图4-3 2013~2019年青海省交通运输量统计情况

第二，铁路物流方面。青海德令哈至俄罗斯巴尔瑙尔中欧班列开通，从青海省德令哈站出发，沿亚欧大陆桥西通道，从阿拉山口出境，途经哈萨克斯坦，最终抵达俄罗斯巴尔瑙尔，全程4345千米，运行时间约12天。2016~2019年，青海5列单向货品中欧班列和南向通道的开行，使青海成为中国开行单一产品整装中欧班列最多的省份，同时打开了青海多点多线国际班列运输大通道。2019年青海省铁路货运量为3223.1万吨，同比增长5.6%，其中跨省运量超过1800万吨。

第三，航空物流方面。青海航空物流分公司与省外六家航空公司建立了合作关系，增加了快速提货等新服务项目。针对本地优势航线航班，开发中转货源，引入西安正发等异地物流公司，开通空中转联运模式，并顺利开通西宁—西安全货机航线。2019年青海省航空运量为4.75万吨，同比增长26.2%。此外，航空物流青海分公司与中铁联运合作，达成空铁联运合作共识，发挥西宁进疆入藏咽喉作用，运输能力和效益大幅提升。2019年，西宁曹家堡国际机场三期扩建工程开工仪式在西宁机场T2航站楼南侧举行。开工仪式的举行意味着总投资达105.1亿元的西宁机场三期扩建工程正式开工建设，西宁机场三期工程建成运营后，将极大地促进青海省跨省航空物流的发展。

（3）物流业基础设施不断完善。2016年以来，青海省物流业实现了稳中有进、稳中向好的发展态势。"公铁航"三方跨省运输发展逐步壮大，为全省经济作出突出贡献。2019年，青海全社会交通固定资产投资176.86亿元，其中，铁路建设完成投资 190 亿元,公路(道路)建设完成投资 997 亿元。"十三五"以来,基础设施建设实现跨越发展。青藏铁路西格段增建二线完工,实现大提速,兰新客运专线建成投运,青海迈入高铁时代;基本实现西宁至六州州府通高速公路,县城通二级及以上公路,全省公路里程达到 8.3 万千米,其中高速公路突破 3000 千米,西宁外环高速公路全线贯通;建成投运西宁机场、德令哈和花土沟机场,果洛机场成功校飞,祁连机场开工建设,形成"一主六辅"的民用机场建设格局。物流业基础设施向高速化、网络化、广覆盖快速推进。综合交通运输体的基础设施日趋完善,充分显示出物流产业在发展。

2. 物流业存在的问题

(1)商贸物流业城乡发展不平衡。2019 年在青海省社会消费品零售总额中,西宁市、海东市和海西州的占比最大,分别为 66.63%、12.31% 和 9.83%,果洛州占比最小,仅为 1.06%。西宁市、海东市和海西州的商贸流通业设施相对比较完善,大型商品交易市场、农产品市场、大型百货商店和综合超市集中在城市中心,方便了城市居民的购物消费,而其他地区流通业发展相对滞后。商贸流通业区域发展的不平衡,一方面使得一些地区供应较为充足,同类流通企业在有限需求中的竞争趋于白热化;另一方面导致偏远贫苦地区由于缺少配套的商业网点、基础设施和所需服务,无法满足消费需求。商品流通网络体系不健全,特别是各乡镇由于距县城较远且交通不便,从事商贸流通领域的人较少,商品流通成本高,加之监管工作薄弱,导致群众消费不便利、不安全、不实惠,农畜产品销售不畅等问题并存。

(2)政府部门信息化建设有待完善。青海省各职能部门信息化建设缺乏统一标准,海关、税务、商业、贸易、商检、运输等的信息平台无法统一接口,无法实现互联互通,无法进行信息共享,各部门未形成合力,造成资源浪费较严重。

(3)公共信息流通渠道不畅通。主要表现在物流企业、工商企业等无法及时获得物资流通所需的公共信息,政府无法获得宏观管理和调控的物流决策综合信息,企业无法获取在物流过程中的运输、仓储、交通等实时信息。

(4)第三方物流发展滞后。青海省大多数企业受"小而全,大而全"的传统经营理念及模式影响,仍然习惯于自办物流,以自家物流为主,因而第三方物流发展滞后,这阻碍了物流成本的降低和物流效率的提高。青海物流企业规模小、技术装备和管理水平低、竞争力弱、服务水平不高,只是停留在某一层面或某一环节上,没有实现从原材料供给到商品销售整个供应链的全程服务,甚至也未形成真正意义上的网络服务优势。青海经济系统中能够有效连接不同运输方式的大型综合货运枢纽,服务于区域经济和城市内部的各种物流基地、物流中心还比较缺乏,这严重影响了物流集散及运输效率的提高。

（5）物流信息化建设专业人才缺乏。青海快递企业小而散的问题突出，核心竞争力不强，同质化竞争严重，利润空间不大，有些企业甚至不惜大幅降价吸引消费者，严重影响了行业的健康发展和服务质量的提升。同时，快递员在社会保险等方面缺乏保障，快递员队伍极不稳定。青海省物流等相关人才比较缺乏，在从事交通运输、仓储、邮电通信业的人员中，物流管理人员和技术人员的比例很低。青海在物流研究和教育方面比较落后，物流知识远未得到普及。物流企业对人才也未给予足够重视，从事物流的人员缺乏相应的业务知识、专业技能，不擅长管理。

（三）进出口贸易

青海省对外贸易取得了较大的发展，但是在顺差的背后，是大大低于东部发达地区的整体外贸竞争力水平和以资源劳动密集型产品为主的贸易结构，与一些外贸强省相比，青海外贸总体竞争力不强，市场份额小，对经济的拉动作用有限。

1. 进出口总额

2019年青海省实现进出口总值为5.4亿美元，同比下降25.7%，远低于同期全国增速。其中，2015年进出口差额最大，为13.49亿美元（见表4-3）。

表 4-3　2000~2019 年青海进出口总额　　　　　　单位：万美元

年份	进出口总额	出口额	进口额	差额
2000	15973	11200	4773	6427
2001	20490	14913	5577	9336
2002	19671	15109	4562	10547
2003	33913	27387	6526	20861
2004	57551	45476	12075	33401
2005	41338	32324	9014	23310
2006	65174	53422	11752	41670
2007	61207	38591	22616	15975
2008	68847	41875	26972	14903
2009	58590	25099	33491	-8392
2010	78906	46630	32276	14354
2011	92381	66182	26199	39983
2012	116016	72984	43032	29952
2013	140256	84726	55530	29196
2014	171896	112833	59063	53770

续表

年份	进出口总额	出口额	进口额	差额
2015	193447	29250	164197	−134947
2016	151485	136599	14886	121713
2017	65532	42375	23157	19218
2018	72718	47011	25707	21304
2019	54008	29352	24656	4696

青海省 2000~2019 年进口和出口的增长过程可以分为四个阶段：第一阶段，2000~2002 年，青海省进口总额和出口总额相差不大，贸易顺差较小；第二阶段，2003~2009 年，进口额虽然波动较大，但是出口增速大于进口增速，贸易顺差逐渐拉大；第三阶段，2010~2015 年，除 2015 年外，青海省进口总额明显超过出口总额，出现了贸易逆差，达到 13.49 亿美元，其余年份依然为顺差；第四阶段，2016~2019 年，进口和出口都大幅下降，但仍然是出口额大于进口额。

2. 贸易依存度

2011~2019 年，全国平均贸易依存度随着改革开放力度的加大与外贸政策的调整，总体呈现出先上升后趋稳的趋势。而同期青海省的贸易依存度显著大于全国平均水平，其波动幅度远大于全国平均水平，与全国平均贸易依存度的差距呈现逐渐下降趋势（见图 4-4）。

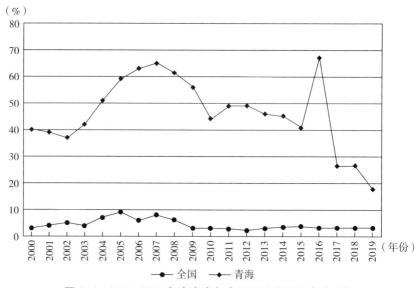

图 4-4　2000~2019 年青海省与全国平均贸易依存度比较

如表4-4所示，与贸易发达省份相比，北京、上海、广东、浙江、江苏和福建的对外贸易水平居全国前列。青海省的对外贸易水平较低，对全省经济增长的贡献率有限。

表4-4　青海省与贸易发达省份进出口贸易总额比较

单位：亿元人民币

省（市）	2010年	2011年	2012年	2013年	2014年	2015年	2016年	2017年	2018年	2019年
北京	19958.0	25472.6	25780.5	26218.0	25604.0	20743.3	18726.8	21923.8	27180.7	28669.4
上海	24420.5	28600.1	27589.3	26959.2	28730.9	29155.7	28807.0	32237.8	34009.4	34053.1
广东	51944.5	59741.6	62177.4	66694.9	66326.6	66384.3	63445.9	68155.3	71618.3	71457.0
浙江	16779.7	20234.8	19732.9	20519.2	21877.2	22542.4	22343.6	25604.2	28519.2	30838.7
江苏	30835.3	35300.3	34639.3	33656.3	34727.6	35410.1	33832.8	40020.8	43802.4	43383.8
福建	7201.2	9388.8	9854.8	10347.3	10934.0	10991.5	10414.9	11590.8	12354.3	13309.8
青海	52.3	60.2	73.3	85.5	106.0	125.3	100.9	44.4	46.0	37.2
平均	21598.8	25542.6	25692.5	26354.4	26900.9	26478.9	25381.7	28511.0	31075.8	31678.4

就西北五省（陕西、甘肃、宁夏、新疆和青海）的贸易依存度来看，2011~2019年青海省对外贸易依存度最低，2011年为峰值，达到9.2%。之后小幅下降和小幅上升交替出现，2015年青海省对外贸易依存度最低，只有4.1%。青海省外贸发展中的问题是外贸规模小，进出口产品单一，主要集中于资源类产品，产品附加值低，并且地区优势产品也没有树立起相应的品牌。这说明对外贸易对青海省经济的增长贡献率有限，青海不具备外向型经济的特点。

3. 进出口贸易的商品结构

近些年，青海省始终保持以硅铁、纺织纱线和铝材等为主的出口商品结构，青海省出口初级产品所占比重较大，但出口商品结构不断优化，结构调整取得实效，基本实现由出口高耗能品占绝对比重向出口具有青海特色的资源优势产品转变。比如，地毯、山羊绒，体现青海特色的生物制品、制剂、农产品以及新能源、新材料产品逐步走出国门，出口规模大幅增长。另外，青海省机电产品出口不断增长，每年占比均有较大增幅，尤其是2014年，出口总值达2.7亿美元，较上年增长81%，增速迅猛。从进口商品来看，青海省是以氧化铝、煤和铝矿砂等为主的进口商品结构模式，仍然是进口资源密集型商品，缺乏技术含量较高的商品。随着每年全省经济的快速发展、一大批项目的开工建设，预计机电的出口和高新技术的进口也将大幅增加。进出口商品结构的变化带动了青海省对外贸易，优化了青海省以资源出口为主的粗放型的外贸增长方式。

（1）出口商品结构。青海作为经济发展相对滞后的省份，"十二五"以来外贸稳步发展，初级产品出口比重逐年上升，从 2011 年的 1.2% 上升到 2019 年的 12.3%。相反，工业制成品出口比重持续下降，从 2011 年的 86.3% 下降到 2019 年的 71.2%，这说明青海大量出口初级产品的局面还未从根本上扭转。2011～2019 年，青海出口商品品种达 1180 多种，新增出口产品有民族服装、汽车零件、中药材、纺织服装和机械设备等。这一时期出口产品总值最大的是硅铁，为 118813 万美元，占这 8 年出口总额的 27.7%；纺织纱线出口额为 9885 万美元，占出口总额的 2.3%，地毯出口额为 34893 万美元，占出口总额的 8.1%；服装及衣着附件出口额为 48743 万美元，占出口总额的 11.3%；机电和高技术产品出口额为 48001 万美元，占出口总额的 11.2%；坯绸出口额为 23582 万美元，占出口总额的 5.5%；新材料出口额为 5333 万美元，占出口总额的 2.8%；山羊绒出口额为 7536 万美元，占出口总额的 2.1%；其他产品出口额为 132723 万美元，占出口总额的 29%。近年来，除青海省传统出口商品铁合金系列产品外，重点加大了对藏毯、穆斯林民族服饰及用品、牛羊驼"三绒"织物及制品、高原特色枸杞及沙棘等生物制品、高原特色农畜产品、新能源、新材料、高新技术材料等特色产品的出口。

（2）进口商品结构。2011～2019 年，青海省主要进口商品有铜矿砂及其精矿、机电产品、机械设备、高新技术产品、计算机集成制造技术等。2011～2019 年，全省进口总值达到 301480 万美元。进口产品总值最大的是铜矿砂及其精矿、各类机电产品和高新技术产品，数值达 246980 万美元，占这一时期全部进口总值的 57.3%；其次是机械设备，进口额为 13256 万美元，占进口总额的 32.3%；其他产品进口额为 10965 万美元，占进口总额的 2.9%。

4. 进出口贸易的市场结构

2010～2019 年，青海省进出口贸易涉及 180 多个国家和地区。进出口贸易市场主要为亚欧地区，对新兴市场呈增长态势，对传统市场欧盟进出口保持平稳。这一时期，每年进出口值保持在 5.4 亿～7.8 亿美元，对新兴市场尤其是对东盟国家进出口呈激增态势，每年接近翻番水平。从出口市场构成来看，日本、美国、澳大利亚、韩国、巴基斯坦和德国是青海省近些年主要的出口国家。从进口市场构成来看，日本、澳大利亚和德国是青海主要的进口市场国家。随着"一带一路"倡议的实施，预计未来青海进出口贸易的市场将更广阔，与共建国家和地区的联系也会越来越频繁。综上所述，青海省对外贸易结构的主要特点可以概括为对外贸易依存度偏低，出口商品以资源密集型商品为主，私营企业逐渐占据进出口主体地位，一般贸易占据绝对地位，国有企业进出口比重大幅下滑，贸易发展方式单一。

"十二五"以来，青海省对外贸易取得了飞速发展，对全省经济社会的发展也起到一定促进作用。青海省进出口总额在 2012 年突破 11 亿美元，2013 年突破 14 亿美元，年均增幅 27.3%，高于全国平均增长水平。2011~2019 年，全省进出口贸易总额累计达 105.76 亿美元，其中，出口总额累计达 75.62 亿美元，进口总额累计达 30.14 亿美元。外贸进出口加快了青海经济结构调整和产业升级的步伐，促进了全省经济增长，增加了税收和财政收入，促进了就业，对全省国民经济的拉动作用不断增强。

（1）从出口地区来看，"十三五"以来，青海省出口国家和地区主要有南非、巴基斯坦、日本、韩国和美国，出口所占比例平均为 85.3%，但近几年呈下降趋势。这说明通过市场多元化战略，青海省传统出口市场的比重有所下降，新兴市场比重有所提高。

（2）从进口地区来看，"十三五"以来，青海省前五大进口来源地是南非、巴基斯坦、日本、韩国和美国，进口所占比例平均为 72.36%。其中，澳大利亚是青海省最大的长期进口国，但近几年因氧化铝进口减少而导致从该国进口减少，所占比重有所降低。

2019 年青海省货物进出口总额为 54008 万美元，比上年下降 5.72%。其中，出口额为 29352 万美元，下降 7.56%；进口额为 24656 万美元，比上年下降 4.08%。

5. 进出口主体分析

（1）从贸易方式来看，"十二五"以来，青海省的主要贸易方式为一般贸易，所占比例始终在 80% 以上。2019 年，全省一般贸易进出口总额为 482.29 亿美元，同比增长 23.3%，其中，出口总额为 2.93 亿美元，同比下降 4.2%；进口总额为 2.46 亿美元，同比增长 2.4%，一般贸易占全省进出口总额的比例为 80%，较 2012 年下降 15.6 个百分点。2019 年，青海省加工贸易进出口总额为 3522 万美元，同比增长 23.7%，其中，出口总额为 0.32 亿美元，同比增长 37.9%；进口总额为 0.04 亿美元，同比下降 35.6%；加工贸易占全省进出口总额的比例为 2.5%，与 2015 年增长持平。

（2）从贸易主体来看，"十二五"以来，青海省的贸易主体发生了巨大变化，与全国贸易主体的变化截然不同。外商投资企业是我国第一贸易主体。而青海对外贸易的出口主体主要是国有企业、外商投资企业、民营企业和集体企业。2007 年之前，国有企业一直是青海对外贸易的出口主体，2008 年开始国有企业的出口比重大幅降低，民营企业迅速成长起来，开始取代国有企业成为青海对外贸易的出口主体，并且所占份额逐年扩大，到 2019 年已占全省出口总额的 96.77%。外商投资企业和集体企业基本保持稳步发展，对全省出口也起了重要的促进作用，但外商投资企业在青海省出口中所占比例较小。

6. 青海省对外贸易发展存在的问题

（1）青海经济的对外开放程度较低。近年来，青海市场体系建设得到长足发展，但市场在资源配置中的基础性作用不强、市场体系发育不全、市场主体单一、竞争活力不足，尤其是缺乏科学规划和合理布局，对先进的理念、信息和技术接受较慢，导致特色产品流通效率低、经济效益差等问题，既影响生产又削弱了市场的功能和作用，不能更好地参与全国乃至全球的经济大循环。此外，青海特色优势产业起步晚、规模小、产品少，更重要的是严重缺乏辐射带动力强的龙头企业，特别是有规模、上档次的大企业、大集团少之又少，特色产业自身发展的实力弱。

（2）出口商品结构不合理。2019 年青海省工业增加值为 817.49 亿元，盐化工、石油天然气、水电、有色金属四大支柱产业占工业的比重达 93.23%，这表明青海省支柱产业比较单一、初级化现象比较突出、产品技术含量和附加值不高、优势和特色产业还不明显、产品缺乏市场竞争力。产业结构单一决定了对外贸易结构单一，导致青海长期依靠以资源加工型为主的高载能产品来扩大外贸出口规模，不仅易受国家宏观调控政策的影响，而且受金融危机的影响更加严重。

（3）外贸企业科技投入不足，创新能力较弱。第一，从总体上看，企业发展意识薄弱，在科技投入上不足，不能快速根据市场形势做出产品创新。青海大部分外贸企业的技术装备比较落后，与国外先进技术水平差距较大。企业生产、市场需求、科技研发还未形成合力，导致科技创新能力弱。第二，从产业基础分析，青海工业化仍处于初级发展阶段，国民经济结构性矛盾较凸显、产业配套能力较差、科技创新能力弱、外向型经济产业所占比重小、参与国际市场竞争的物质技术基础薄弱、高新技术产品出口比重不高。

（4）外贸企业规模小，竞争力弱。青海的外资企业少，外向型经济发展无论在规模上，还是在结构上都远远落后于东南沿海发达省市。2019 年青海省货物进出口总额为 37.25 亿元，仅占全国进出口总额的 0.12‰。其中，出口额为 20.20 亿元，比上年下降 35.1%；进口额为 17.04 亿元，比上年下降 0.1%。从整体出口规模上看，青海省外贸出口规模偏小，2019 年全省出口总量为 21211 万美元，在全国排名靠后。从企业出口的个体规模上看，支撑青海省外贸出口的支柱力量还比较薄弱，出口额在 3000 万美元以上的企业仅有 9 家，出口额过亿美元的仅有 1 家。2019 年，青海省农畜产品出口超百万美元的产品仅为山羊绒、蚕豆、药材、牛羊肉、蜂蜜、沙棘等，这一方面是因为企业重生产不重品牌建设，对品牌建设所涉及的形象设计、产品质量、品牌文化、市场用户、销售服务、广告宣传等方面不够重视、投入不足、缺乏创意；另一方面是由于企业打造核心品牌的意识不强，青海多数特色优势产品的营销能力有限，缺乏品牌打造的先进理念、规划和具体措施，影响特色优势产品的品牌打造。目前全省外贸企业品牌只有 80 多个，其中获得中国驰名商标的仅有 28 个。

（5）出口市场结构不合理。目前，青海出口市场主要集中在日本、韩国、美国、欧盟、东盟、巴基斯坦等国家和地区，对这些国家和地区的出口总额约占全省出口总额的 63% 以上，而对其他国家和地区的出口规模和出口比例较小。由于出口市场结构相对比较集中，导致企业难以及时规避出口风险，也影响企业的谈判话语权和经济利益，使青海外贸出口易受国际贸易不利影响的概率变大。

（6）商贸流通企业多数规模较小、专业化水平较低。从商贸企业规模和专业化水平来看，具有四个特点："小"（经营规模小）、"少"（市场份额少、服务功能少、高素质人才少）、"弱"（竞争力弱、融资能力弱）、"散"（货源结构单一、缺乏网络、经营秩序不规范）现象不同程度地存在。商品市场和流通业多数还处在自由发展状态，电子商务、物流配送等现代流通方式还处在起步阶段。

二、青海省商贸及物流业发展的基本思路

1. 树立现代经济意识

流通是国民经济运行中不可或缺的重要环节，是产业合作、联系城乡的桥梁和纽带。物流业是商品流通的具体表现，其是现代市场经济条件下标志经济发展水平的基础性产业。商品价值的实现、生产要素的获得、资本的循环都需要通过流通才能解决。消费是生产的最终目的，商品需要通过物流运输才能到达消费者手中，因此，必须重视物流业的发展，确立物流业在经济发展中的重要地位。

2. 做好商业网点规划

要做好商业网点规划，必须将商业网点规划与城市规划有机结合，将发展专业市场与改造传统商业有机结合，将大型商业设施建设与中小商业的生存发展有机结合。通过商业网点规划的有效实施，逐步形成布局结构合理、功能齐全、统一开放、竞争有序的商业网络体系，逐步形成适应经济发展和满足人们需求的商业网络。

3. 积极发展现代流通方式

一要大力发展连锁经营。连锁经营可以实现规模效益，因此要积极培育连锁经营龙头企业，选择经济实力强、运营规范、发展潜力大的连锁企业，通过多种方式对分散经营的中小超市、个体经营户等实施资源整合、优化配置。二

要大力发展现代物流配送。加快物流园区建设，以西宁朝阳、格尔木物流园区为重点，建设生产资料、工业消费品、农畜产品等物流基地。三要积极稳妥地推进电子商务发展，加快商贸流通信息化建设。电子商务是搞好连锁经营、发展现代物流的重要手段，是企业加快发展的"催化剂"。因而要加强商务信息的网络化建设，提高商业贸易的基本效率，提高商贸业的现代化水平。

4. 加快社区商业网络建设

社区是城市的细胞，加快社区商业网络建设，不仅可以扩大城市消费，更有利于青海省的商贸业发展。加快社区商业建设主要以方便居民日常生活，提高居民生活质量为中心，大力发展社区超市、专卖店、便民连锁店等新型业态，逐步形成完善的城镇社区商贸流通服务网络。

5. 继续整顿和规范市场秩序，促进安全消费

整顿和规范市场经济秩序是扩大内需、促进经济良性发展的迫切要求，也是完善社会主义市场经济体制的重大举措。积极推动市场诚信体系建设，加大行政执法力度，加强对重点市场和重要商品的监督管理，严厉打击销售假冒伪劣商品、商业欺诈等各类违法违规行为，为流通业发展创造一个有利的市场环境，增强消费信心，促进消费安全。

6. 健全农村牧区流通网络

青海省是全国的五大牧区之一，2019 年人口为 607.82 万人，其中 47.71%的居民生活在农村牧区，因此重视农村牧区人口的消费，对全省商贸业的发展具有重要的现实意义。依托商务部推出的"万村千乡市场工程"，不断完善农牧区商品流通网络，形成以城镇店为龙头、乡镇店为骨干、村级店为基础的农村消费经营网络，逐步缩小城乡消费差距，为农牧民创造安全、便捷、实惠的消费条件。

7. 坚持旅游业与商贸业共同发展

依托青藏高原旅游资源及三江源的特色，大力发展旅游业，以旅游促进青海省商贸业的发展。在加强旅游资源开发的同时，科学规划旅游景区的商业设施，大力开发旅游商品，加快青海省旅游产品市场建设。

8. 加强城镇、农牧区商贸流通网络建设

加快商贸业结构优化升级，以建设大型高档综合商贸中心、大型购物中心、大型综合超市、大型仓储中心和物流配送中心为重点，逐步形成以中心城市为主导，大型商贸流通企业为龙头，重点城镇为基础的网络格局；继续实施"万村千乡市场工程"，实现农家店覆盖 100% 的乡镇和 91% 的行政村。逐步建立以城镇配送中心为龙头、乡镇批发零售店为骨干、村级农家店为基础的农牧区现代流通体系。支持城镇社区商业网点建设，以"便利消费进社区、便民服务进

家庭"双进工程为主题,抓住旧城改造和新区开发的机遇,优化商业结构布局,完善商业服务功能,加强城镇社区便民商业网建设。

9. 积极推动大中小商贸流通企业共同发展

青海省大型商贸流通企业较少,绝大多数是中小商贸流通企业,销售规模不大。要提高商贸流通行业的整体水平,根据中小商贸流通企业的特点,着重发展特许加盟和自由连锁,采用联合采购等方法,进一步提高中小商贸流通企业的组织化程度。加大对中小商贸流通企业的信贷支持,帮助其解决融资难等问题,创造有利于中小商贸流通企业发展的外部环境。同时,要加强个体经营户的管理,积极为个体经营户创造良好的经营环境。

第二节 服务业的发展与布局

改革开放以来,青海省服务业进入了一个前所未有的发展阶段。从总体来看,全省服务业总量规模不断扩大,结构趋于合理,发展后劲有所增强,对扩大就业的作用日益明显,对全省经济的贡献不断提高。2019 年,青海省服务业增加值达 1504 亿元,比上年增长 6.5%。"十二五"期间,全省服务业增加值年均增长 8.7%,比全国平均水平高 1.2 个百分点。传统服务业保持稳定发展,新兴服务业也呈现快速发展的势头。从服务业各行业总的发展态势看,批发零售贸易及餐饮业,交通运输、仓储及邮电通信业,机关团体,金融保险业,教育、文化艺术及广播电影电视业构成青海服务业的主体,这五个行业的增加值占全省服务业增加值的 85.34%,传统产业仍居主导地位。虽然现代服务业有了较快发展,但与青海经济和社会发展的总体要求相比,还存在诸多问题。

一、青海省服务业发展现状

青海省现代服务业在 2000～2019 年表现出平稳增长,年平均增长率为 70.50%。分行业来看,信息传输、软件和信息技术服务业,金融业,房地产业,租赁和商务服务业,科学研究及技术服务业,水利、环境和公共设施管理业,教育,卫生和社会工作业,文化、体育和娱乐业的增加值年平均增长率分别为 77.08%、90.48%、53.72%、229.71%、46.63%、40.37%、47.79%、49.74% 和 57.22%。

其中,2011～2019 年,青海服务业(第三产业)增加值从 664 亿元增加到 1504 亿元,且增速均高于青海 GDP 和第一、第二产业的增速。2011～2019 年,青海服务业增加值占全国 GDP 的比重从 48.50% 提高到 51.96%，并且比重逐年提高。具体发展状况主要体现在两个阶段：第一阶段是 2011~2016 年，青海省现代服务业增加值增幅为 139.49%，此阶段是青海省现代服务业发展的黄金阶段，发展增速较快，青海省现代服务业的综合实力、竞争力和潜力在此阶段均表现突出；第二阶段是 2017~2019 年，青海省现代服务业进一步发展，平均增长率为 21.16%。总体来看，青海省现代服务业发展形势良好，起到了拉动经济并提升了人民生活质量的作用。

二、服务业存在的问题

"十二五"以来，青海经济发展已进入全面提速的新阶段，经济结构的战略性调整也进入了关键时期。传统服务业和现代服务业都获得了较快发展，但与青海经济和社会发展的要求相比，还存在诸多问题：第一，结构不合理。从行业来看，以交通运输、仓储邮政业和批发零售业为主的传统服务业的比重始终处于较高的水平。从区域来看，发展区域不均衡，资源配置不协调，产业规模、比重呈现出从城区向农区、牧区依次递减的趋势，以西宁为核心的东部地区的金融、商务、信息、房地产等现代服务型经济明显比较发达，产业结构更趋高级化。2019 年底，现代服务业中比重最高的前三位分别是交通运输、仓储和邮政业，建筑业，批发和零售业，在现代服务业中占比分别为 37.46%、27.81% 和 12.44%，这说明了交通运输、仓储和邮政业，建筑业，批发和零售业在青海省经济社会发展中发挥着重要的作用。现代服务业中的水利、环境和公共设施管理业，文化及体育和娱乐业所占比重分别为 1.84%、2.34%、3.67%、5.58%，排在现代服务业中后四位。第二，现代服务业从业人员不足。仅以青海服务业发展程度较好的西宁为例，2019 年在其城镇单位服务业人员中，传统服务业人员为 39.69 万人，比现代服务业人员多近 21.32 万人，传统服务业与现代服务业人员之比为 16∶1，由于缺乏行业标准和高素质的人才，产业发展的不规范性和盲目性尤为突出。第三，行业垄断依旧存在，市场配置资源的基础性作用得不到最大化发挥，导致服务业创新意识和能力欠缺、相关企业经营效率低下、招商引资相对滞后。第四，与发达省份相比，现代物流、现代金融、信息服务、商务服务、科技服务等生产性服务业发展明显滞后，产业之间的融合度不高。第五，青海现代制造业的发展不足，城市化水平低，与发达地区相比居民收入和消费水平仍有很大差距，导致青海现代服务业的发展缺乏有效需求，产业发展环境不佳。

三、青海省服务业发展问题的原因分析

虽然青海省服务业发展拥有一定的基础，但从总体上看仍然处于低水平、

低层次状态，服务业的供给不足、比重偏低、结构落后、质量不高、竞争力差、地区发展不平衡等问题较严重。制约其服务业发展的主要因素有如下几方面：

1. 整体发展水平不高限制了服务业的发展规模

2019 年，青海省 GDP 为 2965.95 亿元，占全国 GDP 的 0.30%。人均 GDP 为 48796 元，与全国平均水平相差 22095 元，与排名第 1 的北京相差 115424 元。城镇居民人均可支配收入为 33830 元，居全国第 27 位；农牧民人均纯收入为 11499 元，居全国第 29 位，分别比全国平均水平低 4522 元和 19741 元。城乡居民收入水平低，直接制约了他们的消费。总之，由于青海省经济整体发展水平不高，居民收入水平和消费水平低下，直接影响了服务业的发展。

2. 经济结构不合理制约了服务业的发展

青海地处中国西北内陆地区，是一个经济发展相对落后的省份，农牧业人口占了绝大多数。近年来，青海省产业结构有了一定变化，逐渐形成了"二三一"的格局，2019 年，青海省第二、第三产业分别占 GDP 的 38.69%、54.19%，二者相差 15.50 个百分点。就工业结构而言，青海省的工业结构比较粗放，能源、原材料及初级加工等劳动密集型产业比重较大，而技术、知识等密集型产业所占比重较小。这样的产业结构也在一定程度上制约了青海服务业，特别是现代服务业的发展。

3. 城镇化水平客观上制约了服务业的发展

城市作为要素和产品市场的中心和集散地，聚集和扩散的依托就是服务业。长期以来受经济发展滞后的影响，青海的城镇化水平发展缓慢，2019 年城镇化率为 55.52%，比 2000 年提高了 20.76 个百分点，年均提高 1.09 个百分点，且增幅有逐年下降的趋势。全省各城镇相距较远，经济联系不紧密，缺乏完整的城镇体系。城镇化相对滞后，成为制约青海省服务业发展的因素之一。

四、青海现代服务业发展的对策建议

（一）提升服务业生产效率，走市场化发展路径

青海省将打造丝绸之路经济带重要数字产业基地、国家级生态旅游示范省、内陆国际物流枢纽，加快创建国家级文化生态保护实验区、绿色金融改革创新试验区、国内高原特色康养基地、西北国际会展中心作为服务业发展的重要目标，服务业标准化、品牌化和智能化水平得到显著提升，生产性服务业效率和专业化水平显著提高，生活性服务业满足人民消费新需求能力显著增强。先进制造业和现代服务业继续深度融合，形成一批创新活跃、带动效应突出的融合发展企业、平台和示范区。2011～2019 年，青海服务业（第三产业）增加值从 664.64 亿元增加到 1528.07 亿元，累计增长 129.91%，且增速均高于地区生产

总值和第一、第二产业的增速。

同时，青海省继续加强技术创新和应用，打造了一批面向服务领域的关键共性技术平台，推动人工智能、云计算、大数据等新一代信息技术在服务领域深度应用，提升服务业数字化、智能化发展水平，增强个性化、多样化、柔性化服务能力。推动线上购物、智慧物流、远程医疗、远程教育等行业的发展，推进智慧医院试点工作。引导企业树立标准化、品牌化发展意识，完善服务标准，强化品牌引领。完善传统服务领域标准，加快新兴服务领域标准研制。此外，建立健全服务质量监管协同处置机制，不断完善服务质量治理体系。选择产业基础良好、市场化程度较高的行业，建立服务品牌培育和评价标准体系。树立行业标杆和服务典范，率先组织培育一批具有地方特色"青字号"的区域服务品牌。发挥各地区比较优势，推动形成与"一群两区多点"相适应的服务业发展空间布局。突出西宁—海东都市圈服务业联动发展，推动民和—红古创新发展先行区服务业协同发展。强化格尔木、德令哈、共和、同仁、门源、玉树、玛沁等地服务功能，打造一批服务业特色小镇。深化服务业"放管服"改革，清理制约服务业高质量发展、先进制造业和现代服务业融合发展的体制机制障碍，大力发展服务贸易，积极培育文化创意、数字服务、信息通信、现代金融等新兴服务贸易。

（二）加快城镇化进程，拓展服务业发展空间

城镇既是市场中心，也是消费中心，城镇化滞后制约了有效需求的扩大，制约了服务业的发展。青海近几年的城镇化发展步伐虽有所加快，但仍不能适应市场需求，发展空间仍很大。因此，必须做好加快城镇化发展的规划，加快推进城镇化进程，形成以西宁、格尔木和德令哈为中心的有机城镇网络。特别是西宁应根据工业化和城市化水平高质量的发展要求，大力发展知识、技术和资金密集型的服务业，进一步增强城市功能，发挥增长极核的集聚效应，并带动条件较好的海东地区服务业的进一步发展。同时，突出发展青藏铁路"轴型"城镇带，提升格尔木和德令哈的经济竞争力，形成布局合理、功能完善的服务业格局。加快城镇化进程，带动服务业就业增长。服务业发展具有集聚性的特点，只有在人口集聚达到一定规模，才有利于服务业发展。青海长期以来受经济发展滞后的影响，城镇化水平发展缓慢，2019年城镇化率为55.52%，比全国城镇化率（60.60%）低5.08个百分点。而且，青海城镇规模小、数目少、密度低，各城镇相距较远，经济联系不紧密，缺乏完整的城镇体系。对于小城镇，通过城镇规模的扩大和功能的完善，形成人口和产业的集聚，集聚人流、物流、资金流，从而扩大服务业的规模需求，形成布局合理、功能完善的服务业格局，增加就业岗位，吸纳农村剩余劳动力就业。

（三）优化产业结构，确立服务业发展重点

首先，突出发展旅游业，使旅游业成为服务业的龙头产业。青海省拥有独特的高原自然生态、历史文化、民族风情等旅游资源。近几年，通过举办青海湖国际公路自行车赛、青藏高原世界杯攀岩赛、国际强渡黄河极限挑战赛等活动，提高了青海的知名度，旅游收入持续增长，对经济增长的贡献率稳步上升。因此，青海应依托独特的旅游资源，坚持高起点规划、高品位建设、高水平经营，促进旅游业从低水平、粗放型向集约型转变。同时，还要培育多元化投资主体和经营主体、理顺旅游管理体制和经营体制、推进旅游服务的信息化、提高服务能力，最终推动旅游业与体育、文化、商贸产业的互动与融合。

其次，改造提升传统服务业。主要是提升改造商贸流通业，大力发展交通运输和社区服务业。商贸流通业要积极发展大型超市、连锁经营、配送中心、便利店等新型业态，鼓励连锁经营向社区及农牧区延伸，并合理调整商业网点和布局，促进资源优化配置。交通运输业要着力构建以西宁、格尔木为枢纽，青藏铁路和公路为主轴，呈放射状、立体型的现代交通运输网络，为资源开发、经济文化交流、人民生活提供方便快捷的交通服务。社区服务业应围绕便民服务，重点发展家政、保安、养老、托幼、修理服务等，推进社区服务业向规范化方向发展。

（四）重视和支持服务业人才培养，提升现代服务业整体水平

青海省应重视和支持服务业人才的培养，优先发展教育事业，进一步增加教育投入，扩大职业教育规模，充分发挥青海省高等院校、科研院所及各类社会机构的作用，通过调整专业设置、定向培养、举办培训等各种措施和途径培养急需人才，以为现代服务业发展提供更好更多的技术和智力支持。此外，伴随城市化的进程，为适应大量农村剩余劳动力向非农产业转移，克服服务业就业吸纳能力与劳动力素质间的结构性矛盾，应加快发展面向农民的职业技术教育和职业技能培训。[①] 同时，配套实施对专业人才的利好政策，调动社会各方面的积极性，做好人员的定岗及升迁工作，提供高水平的福利政策以免除专业人才的后顾之忧。政府还可以聘请富有经验的人才，对青海省的现代服务业进行指导，通过建立完善的人才引进机制和激励机制，确保现代服务业所需的专业人才全身心投入服务工作中去。

（五）加大服务业的投入和政策扶持，增强服务业发展后劲

推进全省服务业高质量发展，使之成为拉动经济增长的强大动力和经济稳

---

① 杨晓．青海服务业就业分析及对策思考［J］．青海师范大学学报（哲学社会科学版），2011，33（6）：9-13.

进提质的重要支撑。

1. 金融业

推动省内金融机构加大对"三农三牧"、民营企业、中小微企业等的信贷支持力度,加大对新型农牧场、专业合作社和龙头企业的信贷投入。

2. 物流业

建立区域性现代物流服务网络。重点发展大宗矿产品、重要工业品等领域物流,打造青藏高原物流枢纽性基地;推进物流基础设施网络建设,提高客货运输的便捷性和兼容性,促进公路、铁路、民航等多种运输方式顺畅衔接和高效中转;加强推动农牧区客运发展长效机制研究,巩固建制村通客车工作成果,提升农牧区客运服务和物流发展水平。

3. 信息服务业

加快西宁国际互联网数据专用通道建设,进一步推动根镜像服务器建设使用,有效提升互联网访问速度及质量;加快工业互联网发展,启动工业互联网标识解析二级节点建设,培育重点行业、重点企业工业互联网平台;加快构建资源集聚、开放共享、高效协同的工业互联网生态体系;编制大数据产业园、软件产业园规划,加强顶层设计,推进产业集聚,营造创新环境,提升产业水平。

4. 科技服务业

引导研发机构、工程技术研究中心、重点实验室在新能源、盐湖资源、新材料、特色生物制药和生态环境等领域关键技术的研发。以企业为主体,培育"众创空间—孵化器—加速器—产业园"创新创业生态,加强创新创业人才团队、技术经纪人才引进培养,开展大学生创新创业大赛活动;落实促进科技服务业发展政策措施,优化创新券适用范围和申领、使用条件,提升检验检测、知识产权服务、科技咨询服务等机构服务积极性和服务质量水平;推进生态环境监测网络体系和生态环境大数据中心建设,加强高寒高海拔地区生态环境保护治理适用技术研究,开展大气、水、土壤污染治理及生态保护修复等科技攻关,建设国家生态环境保护青藏高原生态环境监测与评估重点实验室。

5. 文化旅游业

推进青绣"八个一"工程,办好沿黄九省(区)刺绣艺术大展。推进非遗进景区、进校园、进社区活动,实施好青海省《非物质文化遗产传承发展工程实施方案》。加强国家级热贡文化生态保护区管理,加快两个国家级和三个省级文化生态保护实验区建设;持续加强文旅产业人才培训;推进循化撒拉尔水镇、泽库和日景区、河湟文化旅游产业园、可可西里文化产业园等项目的建设；用好国家政策和援青资源，组织文化旅游宣传推介项目，积极筹备一批"走出去""请进来"活动；与西藏、新疆等自治区构建旅游大环线，做好西北旅游营销大会、丝绸之路博览会、上海国际旅游交易会等参展工作；办好西部自驾车联盟年会、青海美食节等活动；开展资源普查工作，充实文旅资源数据库。

6. 体育

抓好多巴基地滑雪场等重点项目的实施，加快多巴基地升级改造。加强市州、县、乡村公共体育设施建设和场馆功能完善改造，积极争取赛马场、射箭馆、滑雪场、滑冰馆、游泳馆、篮球馆及乡（镇）社区健身馆等设施的建设；组织办好环湖赛、冰壶赛、黄河抢渡赛等品牌赛事，继续引进 CBA 联赛季前赛等知名品牌赛事；加快推进青海省赛事有限责任公司混改进程；加快体旅、体教、体医融合发展，稳步推进龙羊峡、岗什卡、坎布拉等运动休闲特色小镇建设。

7. 商贸服务业

鼓励传统商业体改造为新型消费载体，推动西宁、海东、海西等重点城市新（改）建商业综合体，打造地区核心商圈。持续扩大品牌连锁企业向各市州延伸覆盖网点；培育深夜食堂、特色精品夜市等夜间经济，做活假日经济；加快全省重点农贸市场升级改造，推进重要产品追溯体系建设；力争将力盟商业步行街纳入全国示范试点范围，引导各市州培育打造具有本地特色的步行街；培育省级电商龙头企业和限额以上电商企业；依托陆海新通道，拓展与中东、南美等国别经贸合作市场；加强与援青省区市对外贸易合作，培育我省外贸龙头企业；积极研究申报建立青海自贸试验区；提升西宁机场海关监管场所与保税物流中心的综合服务功能，协助推进格尔木国际陆港建设，海西建设中国—尼泊尔"两国双园"物流项目。

（六）重视传统服务业的发展，提高其就业比重

青海是一个少数民族聚集的地区，虽面积大，但人口少且居住分散，经济发展相对落后，其经济总量、服务业增加值及就业都不能与东部地区相提并论。从青海目前的情况来看，服务业吸纳就业人员较多的行业是交通运输、住宿餐饮、批发零售、居民服务等行业，它们具有进入门槛低、劳动密集等特征。由于这些行业就业基数高，就业增加数量较大，因此应大力发展这些有着较强吸纳就业能力的劳动密集型行业，并适时利用先进技术和手段改造提升传统服务业。

第三节　旅游业的发展与布局

　　近年来，青海省旅游与文化产业深度融合，发展态势日益趋好，旅游业已成为青海省战略性支柱产业，下一步青海将加快旅游业转型升级，促进旅游业提质增效，打造"大美青海"旅游升级版，建成"高原旅游名省"。目前，全省已形成东部、中部和西部三大旅游区。2019 年，青海接待国内外游客 5080.17万人次，比上年增长 20.8%。其中，国内游客 5072.86 万人次，增长 20.9%；入境游客 7.31 万人次，增长 5.7%。实现旅游总收入 561.33 亿元，增长 20.4%。其中，国内旅游收入 559.03 亿元，增长 20.5%；旅游外汇收入 3335.67 万美元，下降 7.7%。青海已打造环夏都西宁 2 小时旅游圈与"一圈三线三廊道三板块"，形成在全国具有较强竞争力、吸引力、影响力的综合旅游目的地；加强祁连风光旅游北线、青藏铁路和青藏公路旅游中线、唐蕃古道旅游南线等重点景区和线路建设，形成内容丰富、特色明显的旅游产业链；努力将黄河上游旅游景观廊道、青海湖人文旅游景观廊道、祁连风光带生态旅游景观廊道打造提升为国家风景道，推动交通、市场、服务、信息、品牌一体化建设，促进区域旅游经济一体化发展；统筹抓好柴达木、三江源、年宝玉则三个旅游板块，培育新的旅游增长极。

一、青海省旅游资源概述

　　青海省地域辽阔、地貌复杂、山高水长、峡谷纵横、湖泊众多、自然景观丰富。青海省旅游资源总量之大、类型之多、品质之良、功能之全、组合之优，均居于全国前列。分布于青海的大河、大湖、大山、大草原、大峡谷、大冰川、大盐湖以及巨大的动物乐园、森林景观、地热温泉和独特的气候环境值得人们去观光和享受。青海省拥有丰富多样的旅游资源，不仅自然风光壮美，而且具有深厚的历史文化底蕴，同时兼具宗教艺术和民族风情特色，旅游开发潜力巨大。青海的自然旅游资源具有神奇而淳朴的特征，构成了与我国广大东部地区风情截然不同的民族地域文化特色。青海是世界屋脊——青藏高原的重要组成部分，是名山大川的发源地，长江、黄河、澜沧江等众多名川大江皆发源于此，昆仑山、唐古拉山、祁连山等著名山脉纵横于青海南北，自然景观恢宏博大、高旷险雄、开发潜力巨大。目前已被国家评为青海 5A 级景区的有西宁市塔尔寺景区、青海省青海湖景区；4A 级的旅游区有格尔木昆仑文化旅游区、互助土族风情旅游区；被确定为国家级自然保护区的有青海湖鸟岛、可可西里、循化孟达天池和玉树隆宝滩；另外，瞿坛寺、马场垣遗址、西海郡古城、都兰热水吐蕃古墓群等均是国家级重点文物保护单位。青海省旅游资源如表4-5、表4-6所示。

表4-5　青海省旅游资源分级情况

级别	旅游资源
世界级	青海湖（鸟岛）、可可西里、三江源、塔尔寺、万丈盐桥、昆仑山（昆仑六月雪、玉珠峰、玉虚峰、西天瑶池）
国家级	昆仑神话（昆仑神泉、无极龙凤宫、道教道场）、黄河清流段、祁连山、巴颜喀拉山口、唐古拉山口、坎布拉—李家峡、丝绸之路青海道、黄河源头（鄂陵湖、扎陵湖、措哇尕什则）、黄河第一湾（赛日永峡谷，吾合特峡谷）、原子城（亚洲第一坑、将军楼、纪念碑）、金银滩草原、沙岛、日月山、互助土族风情、北山林场、孟达天池、循化撒拉族之乡、中国多巴高原体育训练基地、龙羊峡、柳湾墓地、同仁古城、十世班禅故居、十四世达赖故居、瞿昙寺、隆务寺、热水吐蕃古墓、阿尼玛卿峰、年宝玉则、青海藏族风情、襄谦尕尔寺、文成公主庙、西海郡古城、马场垣遗址、"外星人遗址"、尕海、黄河源国际狩猎场、巴隆国际狩猎场、都兰国际狩猎场、各拉丹冬、门源高原牧场、祁连养鹿场、黑河大峡谷、花儿会、赛马节等
省级	青海省博物馆、大佛寺、北禅寺、南山寺、东关清真大寺、白玉寺、文庙、虎台、人民公园、儿童公园、南山公园、大十字、仙米林场、浩门农场、娘娘、药水泉、老爷山、宝库河、莲花山、夏琼寺、七里寺药水泉、门源中国科学院定位观察站、贵德古城（玉皇阁、大佛寺）、沙陀寺、祭海台、五世达赖泉、包忽图泉、东大滩水库、布哈河、红军沟、玛玉藏戏文化中心、同仁藏戏热贡艺术、结古寺、卡约墓群、湟源峡、明长城（西宁卫边墙）、麦秀林场、格尔木胡杨林、月牙湖、多可河林场、格萨尔王狮龙宫殿、托索湖、圣湖仙女洞、金鱼湖
县级	天峻鹿场、上五庄水峡、诺木洪贝壳梁、治多鹿场、歇武寺、西宁烈士陵园、大柴旦温泉、尕斯库勒湖、江西林场、班玛猕猴自然繁殖区、曲麻莱高银天然矿泉水、兴海温泉、昂思多天然矿泉水、雅西错、甘子河温泉、同仁曲库乎温泉、玉树巴塘温泉

表4-6　青海省自然旅游资源分级情况

类型＼级别	世界级	国家级	省级
山丘	昆仑山（昆仑六月雪、玉珠峰、玉虚峰、西天池）、布喀达坂峰	祁连山、阿尼玛卿峰、唐古拉山、巴颜喀拉山、各拉丹冬峰、年宝玉则峰、岗则吾结峰	扎麻隆凤凰山、娘娘山、莲花吾结峰、年钦夏格尔山
江河、湖泊、泉	三江源、青海湖（鸟岛）、盐湖（万丈盐桥）	黄河清流段、黄河源头（鄂陵湖、扎陵湖、措哇尕什则）、星宿海、黄河第一湾、孟达天池、尕海、贵德温泉、哈拉湖	宝库河、托素湖，倒淌河、布哈河、月牙湖、金鱼湖、包忽图泉、上新庄温泉、大柴旦温泉

类型 \ 级别	世界级	国家级	省级
自然风景区	可可西里自然保护区	坎布拉—李家峡、金银滩草原、玛可河林场、沙岛、北山林场、黑河大峡谷	群加林场、仙米林场、李家峡、丹霞地貌、察汗河森林公园、格尔木胡杨林、南门峡、隆务峡、尖扎、梭梭林自然保护区、湟源峡、麦秀林场、多可河林场、钦荣峡、娘荣谷、肖荣石林

青海省丰富的旅游资源经过整合后，形成了青海省旅游资源的特色，完善了青海省旅游业发展所需的资源条件，同时构成了青海省旅游资源的能力体系，为提升青海省旅游业的核心竞争力奠定了坚实的基础。青海拥有众多国际国内知名景点，烟波浩渺的青海湖、美丽富饶的祁连山、闻名遐迩的柴达木盆地、蜚声国际的孟达国家自然生态保护区、有"中国黄石公园"之称的丹霞景观区——坎布拉国家地质公园、有"历史奇河"之称的倒淌河、景色秀丽的玉树隆宝滩自然保护区、百川汇聚的三江源"藏羚羊之家"——可可西里自然保护区、银装素裹的雪山、广阔的草原，青海的自然旅游资源大都保留了未经雕饰的原始风貌，景观独特，充满着新奇感、神秘感、粗犷感和原始感。

二、青海旅游业发展的优势

（一）旅游资源丰富

青海位于青藏高原的东北部，境内山脉高耸、地形多样、河流纵横、湖泊棋布，形成了独特的自然景观。境内汉族、藏族、回族、蒙古族、土族、哈萨克族、撒拉族等民族聚居，保持着独特而丰富的民族风情和习俗。随着铁路、公路、航空交通设施的不断完善，青海正逐步形成四通八达的交通网。近年来，青海湖、盐湖、原子城、塔尔寺、互助土族风情园等旅游品牌效应渐显，旅游业正成为青海省的一大特色产业。

（二）旅游经济发展迅猛

青海经济的快速发展、基础设施的不断完善、与外界交流的增加，在一定程度上促进了旅游业的快速发展。青海旅游经济尽管总量偏小，但近年发展迅猛，"十二五"期间青海旅游总收入达824.52亿元，收入年平均增长率为28.5%，2016~2017年青海旅游总人次年平均增长率为22.7%。青海旅游经济在第三产业中发挥着越来越重要的作用，显示出强劲的带动作用。

（三）成熟旅游线路基本形成

青海省成熟的旅游线路基本形成，如西宁—青海湖景区旅游线路等。这些线路具有旅游资源评级高、交通可达性强等特点。目前青海除国家 A 级景区外，还有更多旅游资源与线路亟须开发。

（四）"大美青海"旅游品牌深入人心

青海旅游知名度提升，地方旅游形象品牌标识对青海旅游经济发展非常关键。青海地方政府等主体提出"大美青海"以体现高原地域性、民族性和多样性。"大美青海"在中央、地方媒体宣传及青海大型体育赛事的带动下，品牌内涵和形象得到不断深入和延展。通过打造"大美青海"旅游升级版等举措，"大美青海"在国内外得到推广，品牌影响力倍增。

（五）节庆旅游和体育赛事旅游发展迅速

节庆旅游能满足游客对当地文化参与性、互动性的需求，成为旅游活动中的新亮点。青海有丰富的节庆旅游资源，一年一度的三江源国际摄影节、青海藏毯国际展览会等一系列文化商务旅游活动，吸引了大量国内外游客，成为青海旅游经济的重要组成部分。青海作为多民族聚集地拥有独特的体育运动以及丰富的体育旅游资源，近年来青海三大国际大型体育赛事的举办，促使青海体育旅游迅速发展。

（六）区域文化交流

近年来，随着"环湖赛""民族文化旅游节""青洽会"等省内重大活动的举办，青海独特的自然资源和社会人文资源得到了大力宣传。"环青海湖国际公路自行车赛"连续举办了 14 届，是亚洲级别最高、规模最大的国际自行车赛。赛道从三江源头大美青海启程，途经绚丽甘肃，最终抵达神奇宁夏，横跨青藏高原和黄土高原，穿越贺兰山脉，纵贯唐蕃古道、丝绸之路和黄河金岸，是各国健儿奋力骑行、激情比拼、展现英姿的竞技之旅，也是一次穿越悠久历史，拥抱神奇自然，体验民族风情的文化之旅。这一赛事的举办充分展示了青海各族人民的精神风貌，树立了青海的良好形象，并为青海的旅游发展带来了机遇。

（七）"一带一路"给青海旅游业带来新机遇

在"一带一路"背景下，地处西北内陆的青海成为对外开放的前沿地带，旅游发展迎来了新机遇。提升青海旅游品牌，打造精品旅游线路，加强基础设施与互联互通的建设，将提高青海旅游业的整体竞争力。青海旅游资源丰富而独特，形成了以"大美青海"为核心的旅游品牌。通过多年努力，"大美青海"已稳居全国旅游品牌前列，其影响力和美誉度在境内外不断扩大。在"一带一路"倡议下，青海进一步提升"大美青海"品牌形象，不断挖掘"大美青海"品牌的文化内涵，持续打造"大美青海"品牌，努力建成旅游名省，凸显"以文促旅，以旅彰文"的深刻内涵。青海省陆续推出土族"於菟"舞会、燃灯会、湟源排灯艺术展、激情穿越柴达木徒步拉力赛等精品旅游项目。这将有效拉长高原旅游季，不断推动青海省四季旅游均衡发展。同时，青海省大力推进品牌景区建设，积极打造塔尔寺文化产业园区、生物园区 5A 级景区等品牌，力争打造一批设施完善、内涵丰富的精品旅游景区。

（八）旅游交通网络不断完善

近年来，青海交通建设再提速，大交通格局日益清晰。兰新高铁全线通车运行，青海步入高铁时代；西宁至韩国首尔直航包机以及西宁至中亚、东南亚等城市的国际航班陆续开通。这为境内外游客来青海旅游提供了便利条件，有力地带动了青海旅游业发展。目前，青海由国道、省道、干线公路、出省通道和旅游公路等构成的公路网四通八达，为青海打造丝绸之路精品旅游线路提供了便利，更加带动了青海省旅游业的平衡发展。

三、青海省旅游业发展的制约因素分析

青海省旅游大产业发展的机制尚未完全建立，政府对景区建设的投入明显不足，统筹全省旅游发展的方式不明晰，整合全省旅游资源的力度不够，统一的旅游安全保障机制、旅游投诉受理机制、旅游公共信息服务机制等尚未完善。青海省旅游区对游客的安全宣传、保护、救助机制尚未普及，安全措施完善的景区寥寥无几，严重制约了游客的数量和冬季旅游的发展，影响了青海省旅游业规模的扩大。

（一）旅游基础设施有待完善

青海省直接服务旅游的交通网络还没有形成，交通成为旅游发展的瓶颈。青海省地处我国西北内陆，交通相对不便，进出青海的直达客运列车较少，一到旅游旺季，客票十分紧张。因此，很多旅客因换车麻烦，只好放弃旅游。青海省内的旅游专线和民航班次也较少，正是由于基础设施建设的不完善，阻碍了青海旅游业的发展。从青海省旅游业发展的现状来看，交通基础设施滞后是青海省旅游业发展的主要障碍之一。青海到各省会城市的国内航线未实现全覆盖，国际航线只有西宁至曼谷、首尔、东京、吉隆坡、芽庄和普吉等 10 条国际（地区）航线，入境旅游包机不能实现常态化运营。每年旅游旺季入省旅游交通压力较大，远远不能满足旅游需求。此外，景区与旅游集散中心之间缺乏快速交通连接，景区内部交通发展滞后，断头路较多，通达性和舒适性没有得到提升。通往景区的沿途地带缺乏加油站、餐馆、汽车旅馆、厕所等配套服务设施以及旅游交通标识系统，游客赴景区旅游比较困难。各景区与旅游集散中心之间的交通连接呈放射状分布，环绕旅游集散中心的交通环线没有形成。自驾车服务体系的建设还处于起步阶段，有待完善。

青海旅游景点众多，但在地域上比较分散，旅游基础设施还不够完善，青

海省旅游景区基础设施及相应的配套服务设施建设落后，全省缺乏功能完善的综合旅游区，不能有效地吸引游客，反而延长了游客的停留时间，制约了青海旅游的效益提升和可持续发展。从旅游活动的六大环节——食、住、行、游、购、娱来看，除东部地区旅游线路服务设施相对较好外，青海省大部分旅游景点的基础设施和配套服务相对落后，大多数旅游景点的饭店、旅馆的卫生条件和服务水平较差，严重制约了地区旅游业的发展进程。

（二）旅游业自然条件艰苦

青海省深处内陆，远离海洋，位于青藏高原，属于高原大陆性气候。其气候特征是日照时间长、辐射强；冬季漫长、夏季凉爽；气温日较差大，年较差小；降水量少，地域差异大，东部雨水较多，西部干燥多风，缺氧、寒冷。年平均气温受地形的影响，其总的分布为北高南低。青海省境内各地区年平均气温在-5.1℃~9.0℃，1月（最冷月）平均气温-17.4℃~-4.7℃。由于特殊的地理环境，生态系统简单敏感，对外界扰动的抗御能力较低，因此，青海省很多自然景区的生态容量不高，在开发旅游时从客观上限定了一定的旅游容量。青海省大部分旅游景点海拔较高，冬季漫长缺氧，与平原地区存在很大的自然条件差异，旅游业的开发需要特别注重游客与自然的适应度，确保游客在旅游途中不会出现诸如高原反应、缺氧等状况。

（三）旅游业市场发育不成熟

青海省旅游人数主要以国内游客为主，2019年青海省国内游客5072.86万人，入境游客7.31万人，国内游客人数占总旅游人数的比重为99.86%。青海省旅游发展的大市场尚未形成，青海省对游客群的定义较为狭窄，一直停留在省内及周边省份的地域范围内，没有放眼全国甚至全世界的高端定位。虽然政府出台的旅游建设规划扩大了青海省旅游业的客户群范围，但在实际操作过程中，受相关产业和配套产业发展的制约，青海省的客户群一直没有突破，国内国际市场尚未真正打开。青海省的游客群以西藏的过境游客、周边短程旅游游客为主，入境游客、休闲度假游客等高端客户群较少。一方面，青海省接待的国内游客较多，国际游客偏少，旅游发展的国际化程度较低；另一方面，在国内游客中，青海省接待周边省份游客的数量要远远大于远程游客数量，青海省旅游吸引力的辐射范围十分有限，东部发达地区市场没有得到充分开发。此外，青海省游客以观光游客居多，休闲度假游客较少，游客的消费能力有限。

（四）青海省旅游业人才缺乏

2019年，青海省直接或间接从事文化旅游产业人员达106万人，文化和旅游产业拓宽了农牧民的增收渠道。青海省对旅游规划人员、旅游行政管理人员、酒店服务人员、旅游从业人员、农家乐从业人员等的"队伍"建设严重不足，限制了青海旅游业跨越式发展之路。青海旅游业在未来可以面向民俗、文化以及特种旅游等方向发展，这些都需要高水平的旅游人才，但是青海省目前所具备的旅游业从业人员远远不能满足发展的需求。

四、优化青海省旅游业发展的思路

（一）制定科学的旅游发展规划

青海省旅游资源丰富、类型多样，这里有世界自然文化遗产、多个国家级风景名胜区、5A级旅游景区、国家森林公园、中国历史文化名城古镇、国家级水利风景区等，旅游开发应坚持"高起点、高立意、高水平"的原则，立足于全国、着眼于世界，依据国际、国内旅游市场动向和旅游者需求导向，塑造旅游品牌的核心竞争优势，着力打造"精品"和"绝品"。

（二）加快旅游业基础建设

青海省要加快重要旅游景区的硬件建设，大力加强旅游队伍建设，进一步提高旅游行业的服务水平，认真编撰具有青海特色的旅游宣传资料，加大旅游景区生态环境建设和保护力度，走可持续发展的道路。同时，青海要进一步建立健全旅游管理法规，逐步做到依法管理旅游，依法管好旅游。要认真开展旅游市场的检查监督，大力整顿和规范旅游市场，保持有序竞争。强化安全管理要建立和完善旅游质量监督体系，维护旅游市场秩序和旅游者合法权益，这是青海旅游能否超常规、跳跃式发展的关键。

（三）强化旅游景区及精品线路建设

以"环西宁一小时经济圈"内的城镇为二级依托镇，开辟青海湖和河湟谷地两条旅游环线，打造青海湖、河湟谷地、祁连山三个旅游片区。通过交通线路组织和景区支撑，实现景城联动、特色旅游城镇支撑的良性发展。针对青海地域广博、景区分散的特点，可以探索以建设风景廊道和自驾车旅游服务体系统筹全省旅游发展的新模式。相关部门可以交通运输网的改进为突破口，围绕目的地和精品旅游线路配置交通线路，提高旅游通达性和便捷性，缩短景区、景点与旅游中心城市的时间距离；以"一圈三线"为重点，逐步推进自驾车精品线路建设，建设配套的自驾车服务设施体系；重点加强省内公路等级改造及域内公路环线建设，实现西宁至各州县通二级以上公路，旅游景区通油路，精品旅游线路直线通车的目标；集中建设以环青海湖、三江源、唐蕃古道、祁连山、丝绸之路寻踪、世界屋脊探险、青川自驾车线路等为代表的八条精品旅游线路。此外，在整合打造好青海湖、金银滩—原子城和三江源旅游区的基础上，依托国家级热贡文化生态保护实验区，贵德省级旅游综合开发示范区、省级旅游休闲度假区，海北州高原生态旅游示范区、格尔木西部娱乐城、自驾车旅游示范省等重大战略载体，培育新的增长极，实现跨越式发展。

（四）加强旅游对外宣传与合作

自身独特而丰富的旅游资源，是吸引境内外游客来青海旅游的优势。丰富"大美青海"旅游品牌内涵，坚持把旅游资源开发与旅游客源市场开发相结合，把"大美青海"旅游的整体品牌有机整合起来、融为一体，多渠道持续开展"大美青海"旅游形象宣传。青海应不断创新旅游宣传方式方法，尽快将玉树、唐古拉山、天空之镜茶卡盐湖等一批精品旅游线路推向世界，进一步推动游客量增加。同时，青海要积极发挥交通在旅游中的独特作用，兰新高铁开通后，青海、新疆、甘肃三省开启了旅游发展之路。青海省一定要抓住这次机遇，加强与新疆、甘肃两省的合作，共同打造丝绸之路精品旅游线路，让丝绸之路旅游产品尽快热起来，实现合作共赢。

（五）整合旅游资源，提高吸引力

青海省虽是一个旅游资源丰富的大省，但是世界历史文化、自然遗产和5A级景区偏少，这也是制约青海旅游业进一步发展的重要原因。因此，青海省不仅要抓好现有5A级旅游景点塔尔寺、青海湖等重点景区的转型发展，也要把互助土族故土园、青海原子城等具有发展潜力的景区进一步整合优化，打造成5A级旅游景点。青海省自然风景优美、民族文化多样，应大力发展具有民族风情的乡村旅游，以便开拓旅游新市场。此外，推动旅游产品向观光、休闲、度假并重转变，扩大旅游供给，满足多样化、多层次的旅游消费需求，以带动青海省旅游业发展。

（六）借助市场化，增强旅游业活力

"一带一路"提出的一个重要背景是中国经济进一步融入全球市场体系中。这既带动了共建国家和地区的发展，也推动了青海省的旅游业发展。青海省应借助这个大市场，把旅游品牌做大做强。利用现有的旅游资源，整合优化，打造成为精品旅游项目，吸引境内外游客来青海观光旅游，以提升青海旅游业的活力，进而满足旅游市场需求。[①]

五、青海旅游业空间布局

（一）河湟旅游区

1. 西宁市旅游亚区

西宁市作为青海省省会城市和青藏高原区域中心城市，青藏高原和黄土高原、农区和牧区、汉文化和藏文化多元多维的结合部，应塑造城市的独特功能

---

① 董华朋，陈黎．"一带一路"背景下青海省旅游业发展的新机遇［J］．柴达木开发研究，2016（2）：18-21．

和别具一格的城市形象与特色，充分发挥其"示范、辐射、窗口、支撑"的四大功能和作用。其定位是以文化旅游、商务旅游、购物旅游为主题，力争进入中国优秀旅游城市行列，成为青藏高原旅游门户，古丝绸南路与唐蕃古道交会地带最具魅力的旅游城市，中国少数民族地区旅游购物中心。

2. 黄河谷地旅游亚区

以龙羊峡为龙头，由上而下包括贵德古城、坎布拉—李家峡景区、尖扎城、循化撒拉族自治县、化隆与民和的黄河北岸。其定位是以峡谷风光、宗教文化、民俗风情以及能源基地为特色的重点旅游区，力争成为中国黄河最秀美、极具文化内涵的画卷旅游长廊。

3. 湟水谷地旅游亚区

构筑以古丝绸之路中线南道为基础、沿 109 国道的古文化观光旅游带为轴线，以互助民俗、高原酒文化、北山自然生态为北翼中心点，以七里寺药水泉为南翼中心点，形成形态多样、功能齐全的点轴结合的大型旅游区。

（二）青海湖旅游区

青海湖旅游区包括日月山、倒淌河、湖里木沟岩画、橡皮山、茶卡盐湖、茶卡寺、伏埃古城、鸟岛、海心山、北向阳古城、舍卜吉岩画、孕海古城、金银滩草原、原子城西海镇、沙岛、西海郡三角城等景点。其中，青海湖是 5A 级景区，是青海湖旅游区的核心。

该区的旅游发展定位：坚持"统一规划、保护第一、整体开发、突出特色、南北协同、水陆同开"的原则。针对青海湖旅游优势资源开发严重不足，环境质量下降的状况，必须加强管理、严格保护。全面深化景区建设内涵，完善配套设施，明确功能分区，丰富游览内容，加大对外宣传力度，使之成为更迷人的"高原蓝色明珠"。青海湖可以考虑建立观光避暑度假基地、爱国主义教育基地、生态教育基地、国家体育训练基地、民族文化基地和风情旅游基地，打造以高档次观光、度假、生态旅游为特色的王牌旅游区。

（三）三江源旅游区

三江源旅游区主体是三江源国家公园，位于青藏高原的腹地、青海省南部，包括长江源、黄河源、澜沧江源 3 个园区，试点区总面积为 12.31 万平方千米，占三江源面积的 31.16%。主要景点包括青海可可西里国家级自然保护区，以及三江源国家级自然保护区的扎陵湖、鄂陵湖、星星海等地。

该区的旅游发展定位：严格遵循"保护第一、适度开发、合理利用"的原则，无需大规模的旅游设施建设，应保持生态环境的原汁原味，营造长江、黄河、澜沧江第一景。该区是青海旅游业发展的后劲和潜力所在，应以生态旅游、科学考察、探险旅游、风情旅游为主题，打造世界知名的特色生态旅游区。

（四）昆仑文化旅游区

昆仑山在中华民族的文化史上具有"万山之祖"的显赫地位，古人称昆仑山为中华"龙祖之脉"。古往今来，有多少先贤智者、文人墨客、剑客奇士、天涯游子想一登昆仑而不得，只能遥望西天，情寄昆仑，以脍炙人口的诗词歌赋来表达他们对神圣昆仑的向往和仰慕。昆仑山万壑纵横、雪峰连绵、冰川漫漫、激流奔腾、珍禽合鸣，蕴藏着无尽的壮美、神秘和富饶。瑶池风景区流传着一段段耳熟能详的神话，许多远在海外的游子纷纷前来寻根；玉虚峰突兀雄起，势压万山，造就了冰雪世界特有的自然景观；玉珠峰每年都会迎来世界各地的登山探险爱好者，成为具有一定影响力的初级登山爱好者登山探险的首选基地；茶卡盐湖、万丈盐桥是令人向往的梦幻般的"盐世界"。

该区的旅游发展定位：加大对景区的建设，改善景区道路状况，为过往游客提供良好的观光、度假场所。格尔木为青海西部旅游枢纽及重要集散地，应以文化旅游、观光购物、民族风情为主题，打造昆仑第一文化山、华夏儿女寻祖地、登山旅游绝佳处。

第四节　文化产业的发展与布局

青海处于中原、西藏、西域、北方草原民族四大文化圈的交融地带，受这些文化圈的影响，加上多民族聚居的特点决定了这一地区历史文化的多元性、融汇性特点较为突出。作为一个多民族聚居的省份，青海民族民间文化资源丰富、特色鲜明。千百年来多民族共生、多宗教共存、多元文化交流融合形成了青海独具特色的文化资源优势：以玉树歌舞为代表的民族民间歌舞文化、以热贡艺术为代表的绘画和造型艺术；以彩陶为代表的史前文化；以花儿会、赛马会、纳顿节、六月歌会为代表的民族民间节庆文化；以藏族、土族、撒拉族为代表的民间风情文化等。丰富的文化资源为文化产业发展提供了资源供给和资源保障，但再丰富的文化资源并不天然就是文化产品和产业成果，必须经过产业化开发和市场运作才能成为文化资本和文化产品。文化资源只有依靠产业化生产和市场化开发才能发挥其功能作用，产业化和市场化对文化资源的属性和功能的实现具有关键性作用。

一、青海文化资源的类型

青海地域文化中的昆仑文化作为中国传统文化的根基之一，对中国文化发展产生了深远的影响。茅盾先生认为，中国神话可分为北、中、南三个体系，其中昆仑神话是保存最完整、结构最宏伟的一个体系。于是昆仑神话便成为全世界可与古希腊神话相匹敌的少数神话之一。昆仑神话中的昆仑山处于大地的中心，神圣而神秘，在古人对它的向往和不断追寻过程中孕育了中华民族伟岸不屈的人文性格和博大精深的文化内涵，因此，昆仑精神自古以来就是中华民族精神的象征。

（一）历史文化

青海省历史文化源远流长、文化底蕴深厚。据考古发现，在长江源头沿岸、小柴旦湖等地发现旧石器等物品。在距今 6800 年的贵南拉乙亥、宗日文化遗址，距今 4000 年的马厂文化遗址，以及乐都柳湾原始社会公共墓地、民和喇家遗址，发现了许多精美的生活器具、玉器和青铜器等礼器，以及中国最早的小麦麦种。这不仅说明了中华民族的祖先早在数万年前就在青海这片沃土生活，也证明了青海是中华文明的重要发祥地之一。

根据历史时期，青海历史文化可划分为如下几种类型：

（1）史前文化：青海早在 3 万年前就有人类活动遗迹，青海史前文化遗址有宗日文化、马家窑文化、齐家文化、辛店文化、卡约文化、诺木洪文化等多个文化类型，其中，宗日文化、卡约文化、诺木洪文化是青海特有文化。

（2）两汉历史文化：两汉时在河湟地区推行罢兵屯田和移民实边，汉文化被引入青海，农业文明和游牧文化在青海同时存在，现遗留有虎符石匮、三老赵宽碑和大量的汉墓，史书记载也较详细。

（3）魏晋南北朝历史文化：这时期，青海东部地区相继受到前凉、前秦、后凉、南凉、西秦、北凉等政权的统治。青海湖西部、南部广大地区受制于吐谷浑。南北朝时期，丝绸之路青海道为东西方经济文化交流作出了巨大贡献。同期，佛教在青海开始传播，产生了绘画、雕塑等佛教艺术。

（4）隋唐五代历史文化：隋唐时在青海地区兴屯田、设互市，促进了当地经济、社会的发展。在唐代，青海佛教盛行，其成为藏传佛教"后弘期"下路弘传的祖庭。唐诗中出现了很多描写青海的作品。

（5）宋元历史文化：唃厮啰于北宋时期在宗喀地区建立了青唐地方政权。元朝首次将包括青海藏区在内的广大藏区统一于中央王朝管辖之下。元代佛教发展迅速，建立了青海最早的萨迦派寺院。

（6）明清历史文化：明清时期，青海地区文化较为繁荣，出现了儒学、社学，地方官员开始编纂方志。藏传佛教格鲁派崛起。

（7）民国历史文化：民国时期，青康公路、青新公路开通。藏传佛教、伊斯兰教也有了新的发展。这一时期，来青海的文化艺术界人士增多，音乐家王洛宾在青海找到灵感，创作了《在那遥远的地方》这首脍炙人口的歌曲。

（8）当代中国文化：中华人民共和国成立以来，青海的各项事业进入新的发展阶段，特别是改革开放以来，青海经济、社会、文化的面貌发生了巨大变化。"两弹一星"精神、青藏高原精神、柴达木精神及玉树抗震救灾精神都是在青海产生的，这些已成为中华民族的宝贵财富。

（二）昆仑文化

昆仑神话的主要内容首先是昆仑山及其相关的神话人物，如西王母、黄帝；其次是与这些神话相关的各种稍显零散的神话，如与昆仑山、昆仑丘、昆仑墟和昆仑相关的神人（如嫦娥、后羿、群巫等）、神兽（如开明兽、陆吾、三青鸟、窫窳等）、神物（如建木、视肉、火浣布、不死树、琅玕树等）、神地（如悬圃、醴泉、瑶池、河源、弱水、赤水等）的神话，还有与此密切相关的神人传说，如共工、伏羲、大禹、周穆王、东王公、汉武帝、牛郎织女的传说故事等。

（三）地域文化

（1）河湟文化：主要指青海东部黄河、湟水谷地农业区的地域文化，该区是青海主要的农业区之一，也是全省人口最为稠密的地区，遗留下来的历史文化资源丰富多彩。河湟地区是以汉族为主体，兼有回、藏、土、撒拉等近 30 个民族，呈现出多元文化交汇的特征。

（2）环湖文化：主要指环青海湖、祁连山地和阿尼玛卿山地之间广阔地域内的文化，该区是青海主要的牧业区。有丰富的古文化遗址等资源。藏族文化是环湖地区的主体性文化。

（3）柴达木文化：主要指阿尔金山、祁连山地、东昆仑山地之间广大地域内的文化。柴达木地区先后有羌人、吐谷浑、吐蕃、蒙古族、汉族居住，有多种文化遗存。柴达木盆地南缘为雄伟的昆仑山，昆仑山被誉为"万山之宗"，是昆仑神话的发祥地。该地区有汉、蒙古、藏、回、土、撒拉等 29 个民族。

（4）三江源文化：三江源是长江、黄河、澜沧江的发源地，这里先后有羌人、吐蕃的活动遗迹，现居民以藏族为主。三江源地区的藏族文化主要有藏传佛教文化、长篇史诗《格萨尔王传》及民族歌舞。[①]

二、青海文化产业发展现状

（一）文化产业总体规模稳步扩大

2019 年，青海省拥有文化事业机构 554 家，从业人员 3590 人；文化批发和零售业企业法人单位 341 家，比上年增加 124 家，增长 57.1%；青海文化产业增

---

① 赵宗福，鄂崇荣，解占录，霍福. 关于昆仑文化作为青海省标志性文化的思考［J］. 青海社会科学，2011（3）：31-38.

加值从 2011 年的 29.45 亿元增长到 2016 年的 63.77 亿元，占同期 GDP 的比重从 1.81% 上升到 2.48%。自 2017 年起，青海省财政每年投入 1 亿元，五年注资 5 亿元，资金主要用于优化文化产业区域布局、发展重点文化产业领域、实施重大项目带动战略、培育特色文化产品品牌、培育各类文化市场主体等十个方面，并设立了总规模为 20 亿元的青海省文化产业发展投资基金，资金将主要投向青海省内工艺美术、演艺娱乐、新闻出版、广电体育、文化旅游等相关产业。全省文化产业吸纳就业人员最多的行业集中在相关层的文化产品的生产、销售，核心层的出版发行和版权服务，外围层的文化休闲娱乐服务业和其他文化服务业。

（二）产业集聚效益初显

2019 年，青海省文化及相关产业增加值为 53.23 亿元，同比增长 7.7%，占全省 GDP 的比重为 1.81%，同比增长 0.01 个百分点；文化批发和零售业实现增加值 4.61 亿元，同比下降 1.1%，占全省文化及相关产业增加值的比重为 8.7%，同比下降 0.7 个百分点；文化制造业实现增加值 4.23 亿元，同比下降 20.2%，占全省文化及相关产业增加值的比重为 7.9%，同比下降 2.8 个百分点。2019 年 1~8 月，全省文化旅游企业收入达到 50 万元以上的有 393 家，营业收入比上年增长 20%；全省接待国内外游客 4933.07 万人次，同比增长 20.3%，实现旅游收入 546.87 亿元，同比增长 19.8%，旅游业保持了稳步发展的良好势头。

（三）文化产品推介步伐加快

近年来，青海省文化产业"走出去"效果明显，省内文化企业参加深圳、北京等地文博会，文化产品销售实现增长，唐卡、堆绣、银铜器、掐丝画、绒毛画、藏绣、石艺画、陨石工艺品、藏黑陶、镶氆氇、桃花玉雕、盐雕、藏饰品等一批富有地方特色的文化产品在展览会上热销，推动文化产业在更广泛的领域实现跨区域合作与交流。值得一提的是，截至 2018 年，青海省已连续参加 12 届深圳文博会，共组织 400 余家（次）文化企业参展。通过文博会平台，不仅展示宣传了青海的特色文化产品，而且取得了较好的经济效益。据统计，2016~2018 年，文化产品累计销售额达 1000 余万元，订货金额达 6000 余万元。尤其是 2016 年，编制了《青海文化产业招商引资项目册》，并通过搭建文化产业招商引资宣传推介平台，鼓励文化企业积极开展招商引资，举办了文化产业项目招商引资签约会，签订招商引资项目 7 个，签约金额达 7.33 亿元，超额完成招商引资任务。组织参加文博会、"青洽会"、藏毯节藏文化艺术、文化产品交易会等展览，为文化企业搭建特色文化产品宣传推介、交流交易平台，青海文化产品已经在国内占有一定的市场份额，国内外客商和青海多家文化企业都建立了长期合作，产品远销美国、瑞典、意大利、印度等国家。

（四）文化融合发展成效显著

依托丰富的文化资源，青海省相关部门已经在全省 79 家 3A 级以上景区实现非遗、书籍、演艺的全覆盖，并不断总结经验，逐步在全省 A 级旅游景区中全面推广。各地相继开工建设包括黄南热贡、格萨尔（果洛）、藏族文化（玉树）国家级文化生态保护实验区，喇家国家考古遗址公园等在内的一大批文化遗产保护传承开发利用项目，它们已经或正在成为"大美青海"新的文化旅游目的地和拉动旅游业发展的重要增长极。另外，青海省连续举办了十余届环湖赛，以及"抢渡黄河极限挑战赛""民族传统射箭精英赛"等六大国际品牌赛事，使青海体育赛事的影响力已经超出体育的范畴，成为体育与文化、旅游、生态等紧密结合的产物；尤其是 2016 年环湖赛的现场观众接近 320 万人次，为西宁、天水、银川三个举办地城市相关行业带来 1.82 亿元的直接消费和接近 4亿元的消费拉动，为三个举办地城市带来 1.37 亿元的体育产业直接消费，使文化产业与相关产业在融合发展中达到互促共赢，产生叠加放大效应，从而实现经济效益、社会效益、生态效益的互惠共赢。

三、青海文化产业发展优势

青海文化是具有 5000 多年历史的中华民族的自主性文明的重要组成部分，推动青海省文化产业国际化，不仅是中华文化自主性的体现，也是展示中华文明的独特魅力，开展文化国际交流和融合的重要平台，更是青海省开展国际经济交流与合作的推动力。青海省文化产业走向国际化是应对全球化挑战而做出的主动战略选择，符合新一轮国际文化产业的发展趋势。历史悠久的青海特色生态文化、民族文化和文化产业走出国门，是树立"大美青海"文化形象和文化品牌的必然要求。实现文化产业国际化，做大做强青海省文化产业，推动文化产业持续、快速、健康发展，是弘扬中华文化的重要组成部分。

（一）文化遗产资源富饶多姿

青海作为古丝绸之路上的重要交通节点，长期受中原的汉文化、蒙古高原的游牧文化、青藏高原的藏文化与中亚的伊斯兰文化的交互影响，逐步演绎出河湟文化、柴达木文化、三江源文化、格萨尔文化、吐谷浑文化、热贡文化等独具青海特色的文化艺术形态。而独特的人文资源也为青海打造特色文化品牌提供了厚重的历史文化积淀。截至 2019 年，青海省有国家级文化生态保护区 2处，国家级非物质文化遗产项目 73 项、省级非物质文化遗产项目 136 项，全国重点文物保护单位 45 处，省级重点文物保护单位 415 处，中国民间文化艺术之乡 28 个（见表 4-7）。

表 4-7　青海省主要文化遗产

类别	数量	内容
联合国人类非物质文化遗产代表作名录项目	5 项	热贡艺术、藏戏（黄南藏戏）、花儿会（老爷山花儿会、丹麻土族花儿会、七里寺花儿会、瞿昙寺花儿会）、格萨尔、皮影戏（河湟皮影戏）
国家级非物质文化遗产名录项目	73 项	格萨尔、拉仁布与吉门索、康巴拉伊、阿尼玛卿雪山传说、藏族婚宴十八说、回族宴席曲、玉树民歌、塔尔寺藏传佛教"花架"音乐、玉树卓舞、土族於菟、玉树依舞、湟中堆绣、加牙藏族织毯技艺、玉树藏刀锻制技艺、藏族黑陶烧制技艺、青海青稞酒传统酿造技艺、藏医药浴疗法、玉树藏族服饰、青海湖祭海等
省级非物质文化遗产项目	136 项	撒拉族谚语、青海蒙古族长调音乐、湟中农民画、贵南藏绣、青海坛城艺术、湟中壁画、海西蒙古族木雕、河湟刺绣、河湟剪纸、青海塔秀寺彩粉坛城制作技艺、海西蒙古族服饰制作技艺、湟中陈家滩传统木雕技艺、湟中民间彩绘泥塑技艺、青海藏族黑牛毛帐篷制作技艺等
国家历史文化名城	1 个	同仁县
中国民间文化艺术之乡	28 个	同仁县年都乎乡、同仁县隆务镇、贵南县、贵德县河西镇、称多县拉布乡、曲麻莱县、甘德县柯曲镇、乐都区瞿昙镇、互助县五十镇、民和县中川乡、湟中县多巴镇、大通县黄家寨镇等
国家重点文物保护单位	45 处	塔尔寺、西海郡故城遗址、青海明长城、都兰热水墓群、格萨尔三十大将军灵塔和达那寺等
省级重点文物保护单位	415 处	尕队遗址、结古寺、隆务清真大寺、昂拉千户院、南宗寺、卓木其格秀拉康及藏式碉楼群、十世班禅故居、九天玄女庙等

资料来源：青海省文化和新闻出版厅。

（二）历史文化资源丰富多彩

青海是中华民族文明的发祥地和中华民族文化的交融地。唐蕃古道、丝绸之路南线，自古以来就是东西方文明交流的重要地区。先后有戎、氐、羌、汉、匈奴、月氏、鲜卑、回纥、吐蕃等 20 多个民族在这里生活，经过千百年的融合演变，形成了现在的汉、藏、回、土、蒙古、撒拉 6 个世居民族，各民族的音乐、舞蹈、建筑、医学、技艺、绘画等文化艺术交融相汇。各种文化在青海逐步演绎形成河湟文化、三江源文化、柴达木文化、吐谷浑文化、格萨尔文化、热贡文化等文化形态，历史文化资源多姿多彩，不仅为青海省发展文化产业提供了丰富的文化资源，也成为青海打造区域特色文化品牌的主要依据。其中，史诗《格萨尔王传》是世界口承文化研究的活化石；土族的"纳顿节"被称为世界上历时最长的狂欢节；同仁的"六月会"至今已延续 500 多年。中华人民共和国成立后，青海各族人民在深挖民族历史文化内涵的同时，将现代文化元素融入传统文化，使青海文化在传承中发展，在发展中丰富。

（三）民族民俗文化丰富多元

青海省民族众多，民俗文化多元。具有代表性的有以玉树歌舞、"花儿""安召""轮子秋"、藏族舞蹈、藏族民歌、传统藏戏、回族撒拉族宴席曲等为代表的民族民间歌舞文化，以赛马会、那达慕、九曲黄河灯会、撒拉族艺术节为代表的民族民间节庆文化，以热贡艺术、"八瓣莲花"、贵南藏绣等为代表的传统民间文化艺术，以藏、土、撒拉族为代表的民间风情文化。这些民族民俗文化资源涵盖了青海各民族的历史、民俗、艺术、宗教等多种文化形态，成为承载当地民族民俗文化和宗教文化的特殊符号。

（四）生态文化资源魅力无穷

宽阔无边的青海高原，无数耸立云霄的冰山雪峰蜿蜒起伏，成为高原上较雄伟壮观的自然景色之一。黄河、长江、澜沧江均发源于青海，青海被誉为"中华水塔"。以原始农耕文化为主的新石器时期马家窑文化在青海境内都有分布。此外，还有新发现的宗日文化。继马家窑文化之后，青铜器时代的文化先后有齐家文化、卡约文化、辛店文化、诺木洪文化。独特的地域特色、悠久的历史文化、浓郁的宗教气息、丰富的民族构成，成就了青海独具特色的文化资源。多种地形资源汇聚，巍巍昆仑山横贯中部，唐古拉山峙立于南，祁连山矗立于北，茫茫草原起伏绵延，柴达木盆地浩瀚无垠，雪山草原壮美无比，江河大湖奔放激昂，古刹梵钟庄严神秘，田园牧歌沁人心脾，等等。青海得天独厚的地理优势、自然风貌与人文景观，正在成为也必将成为青海发展特色文化产业的重要资源。

（五）高原体育赛事和文化活动逐步国际化

从2015年开始，国际冰壶精英赛在青海多巴国家高原体育训练基地举办，同德"宗日杯"高原越野跑挑战赛、国际抢渡黄河极限挑战赛也已成功举办多届。这些赛事已成为具有鲜明高原特色和挑战国际公开水域极限的国际品牌。撒拉族水手表演的牛、羊皮筏子和木洼渡河，西北五省"花儿"歌手演唱会和广场群众锅庄晚会等丰富多彩的文体活动，充分展示了循化浓郁的撒拉族的民族特色和民俗文化，丰富了赛事的文化内涵，使参加这项国际体育赛事的国内外选手和游客感受到循化的特色文化和"大美青海"，也推动了素有"高原小江南""高原西双版纳"美称的循化县以自信开放的姿态走向全国、走向世界。青海高原国际攀岩大师赛项目在青海省已经有十余年的历史，在2018年该项赛事提档升级为大师赛，选手水平一年比一年强，竞争程度也更加激烈，大大提升了比赛的观赏性和专业性。举办国际体育赛事，能促进城市硬件设施的建设及改造，对城市经济的快速增长有着重要促进作用。

此外，环青海湖国际公路自行车赛的举办，得到了媒体的高度关注，不断为西北地区创造巨大的经济和社会价值。青海省公路总里程从 2.4 万千米增加到 6.4 万千米，为青海省公路交通事业的跨越式发展提供了一个良好的机遇，更为发展"新青海"注入了新的活力。

国际赛事所产生的影响和作用已超出体育比赛本身的范畴，它不仅发展了体育事业，也优化了青海的经济结构，对地方经济发展起到了直接拉动效应，拓展了区域经济发展新的增长点。

（六）建设丝绸之路经济带给文化产业发展带来了新的契机

2013 年，中国提出建设丝绸之路经济带，是对古丝绸之路的全新发展，更是促进我国西部地区经济社会发展、扩大向欧亚内陆甚至欧洲地区开放的宏大愿景。作为中华民族文明的发祥地和交融地之一，青海是历史上西域伊斯兰文明、西南佛教文明和中原儒家文明交汇之地，也是推进贸易和文化发展的国际性经济文化走廊。历朝历代，中亚地区的商人、传教士及朝廷使臣在河湟集聚，将各种不同文化背景下的物质文明、制度文明传播扩散。近年来，青海与中亚、南亚国家在文化、教育、旅游、经济等方面的交流不断拓展，人员往来频繁。人文经贸活动的频繁往来为共建丝绸之路经济带营造了良好的氛围，青海逐渐成为我国与中亚、南亚国家友好往来的重要桥梁和纽带，这为青海文化产业迅猛发展注入不竭的新动力。

四、青海文化产业发展中存在的问题

青海省文化产业发展起步较晚，但发展较快。作为一个地处中原、西藏、西域、北方草原民族四大文化圈交融的地带，青海最不缺乏的就是多元的文化和独特的风情。从生态立省的角度来看，文化产业的发展既能够保护环境，也能够从特色出发，从内涵上发展具有差异性的文化产业。

（一）文化产业总量小，集约化、规模化水平低

青海文化产业总量小，占 GDP 比重低。2019 年全省文化及相关产业实现增加值 53.23 亿元，同比增长 7.7%；占全省 GDP 的 1.81%，同比提高 0.01 个百分点。与其他产业相比，文化经营部门规模小，真正具有竞争力、集约化的大型文化产业的运营企业很少，龙头企业或领军企业更少。受产业规模和集约化小的限制，对具有丰富内涵的文化资源缺乏深入的挖掘和创新，尚无法形成具有核心竞争力的品牌产品和品牌企业，导致发展后劲不足。

（二）文化消费水平偏低

2019 年，青海省城镇居民人均消费性支出 23799 元，其中，文化娱乐用品、教育及服务支出 2436 元，比全国平均水平 3328 元低 892 元，占人均消费性支出的比重为 10.23%，比全国平均水平低 1.4 个百分点。农牧民人均生活消费支出

11343 元，增长 17.60%，其中，文化教育娱乐支出 1103 元，比全国平均水平 1309 元低 206 元，占人均生活消费支出的比重为 9.72%，比重比全国低 1.7 个百分点。青海文化消费空间的扩大受多种因素制约：一是文化消费人群有一定局限性。虽然年轻居民、高收入居民、高学历居民拥有丰富的文化消费需求，但其占比较低，大多数人的文化消费仍较少，整体消费频率低。二是文化消费价格过高。一些文化产品和服务的价格超出了普通居民的承受能力，使一般老百姓对文化消费望而却步。三是文化设施和活动场所不能满足城乡居民的文化需求。一些地区特别是农村牧区缺乏良好的文化消费环境，公共文化基础设施薄弱，如图书馆及其藏书数量少、文化馆组织开展的公共文化活动少、科技知识不够普及等。

（三）文化产业投入有待提高

近年来，各级政府在文化建设发展上投入了大量资金，但因历史原因，投入不足仍然是影响文化产业发展的主要问题，部分陈旧落后的文化设施不能及时更新和改善，公益性文化事业发展较慢。从资金来源来看，投资渠道单一，基本上以政府投入、财政拨款为主，社会参与投资才刚刚起步，民营、个体和其他经济投资文化产业的积极性还没有调动起来。从文化系统自身的因素来看，公益性文化事业单位改革与产业发展的要求尚不协调，不少公益性文化事业单位运行机制落后，一些艺术生产和公共文化服务游离于社会、经济的实际发展与需求之外，因而长期缺乏活力。

（四）未形成品牌优势

青海省经济基础薄弱导致文化产业基础设施、配套设施建设滞后。由于缺乏资金，导致青南地区与四川九寨沟、云南香格里拉大旅游圈构建工作进展缓慢，交通、宾馆等基础设施建设滞后，博物馆和史前文化遗址的深度开发项目进展缓慢等。此外，青海省缺乏自己的文化品牌。事实上，青海不缺乏优质的文化资源，缺乏的是资源的整合与提炼，缺乏的是品牌的营销与推广。格萨尔王、西王母、青海湖神话传说、土族纳顿节、撒拉族婚礼等独具特色的民族文化资源并未被整合成强有力的文化品牌，甚至未进行深度挖掘，经济价值实现更无从谈起。

五、青海文化产业布局

（一）建立以西宁为核心的综合民族文化创意产业区

青海丰富的特色文化资源为推动特色文化创意产业的发展奠定了良好的基础。特色文化创意产业的发展有助于优化青海经济产业结构，增强青海文化影响力，增加就业岗位，传承民族文化。推动青海特色文化创意产业的发展，不仅关系到青海经济的发展、文化的传承、产业结构的调整及人民生活水平的提高，也是响应国家"文化大发展大繁荣"号召，带动中国特色社会主义和谐社会建设的根本要求。建设青海文化创意产业集群，将西宁打造成多元文化展示中心和丝绸之路人文交流中心，发挥引领、辐射作用。以文化产业为主，推动影视、美术、体育、旅游齐头并进，打造集特色文化展示平台、电子商务交易平台、文化服务金融平台、品牌推广服务中心等于一体的综合性文化创意产业园。

（二）构建以河湟文化为主体的文化产业通道

以西宁为中心的河湟地区，历史文化资源集中，宗教文化以及民俗文化等资源丰富，以西宁为核心的河湟地区具有有利的地理位置和便利的交通条件，政府加大在该地区文化环境、文化基础设施等方面的投资，以期充分发挥西宁在河湟地区区位突出、创意人才集中、科技信息优越、产业发展资本充足等优势，力争把西宁建设成为青海民族特色文化创意产业发展的领头兵。园区内现已初步形成了鲁沙尔大景区（含塔尔寺、湟中原县城）、陈家滩特色文化产业区、上新庄文化旅游中小企业创业区、药水滩温泉度假小镇四个功能分区。作为"黄河四大文化之一"这一国家级文化品牌的战略性产业发展载体，旨在将其打造成为以彰显河湟文化影响力为核心，以生态、文化、产业为三大重点的具有重要战略意义和较强国际吸引力的黄河上游生态文化主题产业园区。

（三）搭建丝绸之路文化交流平台

青海是我国西部重要的交通枢纽，地理环境优越、自然资源丰富、特色产业鲜明、人文环境多元。青海在丝绸之路经济带中合理的定位将进一步释放青海的发展潜力、拓宽青海发展的战略空间。以其作为西北地区中心的区位优势，必将成为横连东西、纵贯南北的重要战略节点。除区位优势外，青海还有着丰富的矿产、生物、能源等自然资源。但青海也存在着自然环境脆弱，容易遭受破坏，不适宜大规模矿藏开发及发展重工业的劣势。而其在"青海道"人文资源方面的优势必然会促进青海文化发展，推进青海经济繁荣。同时，"青海道"文化产业的发掘使青海与中亚各国的联系更加紧密。将青海打造成丝绸之路经济带中的重要战略通道、贸易支点和人文交流中心，势必会促进全省社会发展和经济增长。

（四）形成"一核五区"的文化产业发展格局

根据青海省各地文化资源分布状况和文化产业发展基础，加强分类指导和规划引领，突出比较优势，优化产业布局，有序开发特色优势资源，促进文化资源、文化要素向重点地区、优势产业有序集聚，形成"一核五区"的发展格局。"一核"：立足省会西宁政治、经济、文化中心地位，全力打造地域和城市文化品牌，推动形成多元文化展示中心和丝绸之路人文交流中心，着力提升文化产业整体实力和竞争力，发挥引领、带动、辐射作用。"五区"：依托丰富多元的河湟文化资源，加快国家丝绸之路文化产业带、喇家国家遗址公园等重点项目的建设，将西宁、海东打造成为集文化旅游、创意设计、节庆会展、演艺娱乐、文化电商等于一体的河湟文化产业集聚区。依托国家级热贡文化生态保护实验区、藏羌彝文化产业走廊建设，加大对热贡艺术的保护和利用，重点推动热贡艺术向产业规模化、集约化、专业化发展，构建热贡文化产业集聚区。以三江源国家公园建设为契机，依托国家级格萨尔（果洛）、玉树康巴文化生态保护实验区建设，推动文化与生态、旅游统筹协调发展，构建三江源生态文化体验区。依托独特的自然资源和丰富的人文资源，将海南、海北打造成为国内外知名的文化旅游目的地，构建环青海湖生态文化旅游先行区。依托格尔木昆仑玉文化产业园、海西德都蒙古文化产业园、德令哈丝路创意产业园、乌兰茶卡"天空之镜"特色文化产业园等重大项目的建设，发挥青藏公路、铁路在要素聚集和流通中的通道效益，促进海西特色文化产业点状聚集，构建昆仑文化产业集聚区。

（五）构建大文化产业圈

着力培育特色优势产业，做大做强工艺美术业、演艺娱乐业、新闻出版业、文化旅游业、节庆会展业，重点培育影视动漫业、创意设计业，形成"5+2"的特色文化产业发展格局。工艺美术业要突出特色文化元素，推动传统工艺技艺与创意设计、现代科技、时代元素相结合，开发个性化、多样化的文化产品，满足消费新需求。演艺娱乐业要鼓励内容和形式创新，创作文化内涵丰富、适应市场需求、有鲜明地域和民族特色的演艺剧目，支持发展集演艺、休闲、旅游、餐饮、购物等于一体的综合娱乐设施。新闻出版业要加快新闻出版业数字化转型升级，推动传统媒体和新兴媒体，传统出版和新兴出版在内容、渠道、平台、经营、管理等方面的融合发展，支持图书发行渠道和实体书店建设，实施藏文图书报刊走向"藏川甘滇"战略，构建全国藏区及尼泊尔等国家的发行网络。文化旅游业要深入挖掘青海省独特的自然资源和丰富的人文资源，开发具有地域特色和民族风情的旅游产品，促进由单纯观光型向参与式、体验式等新型业态转变。主动融入"黄河上游大草原""大香格里拉""大九寨"等文化旅游经济圈，拓展协同发展空间。节庆会展业要发掘各地传统节庆文化内涵，提升新兴节庆文化品质，支持举办特色突出、参与度高、影响力大、社会效益和经济效益好的节庆会展活动。影视动漫业要推动有线广电网络的数字化和双向化改造、县级数字影院建设，加快发展高清电视、网络广播电视、公共视听载体等新媒体，支持发展网络视听节目、原创动漫产品创作推广及民族语广播影视节目译制制作。创意设计业要推进文化创意和设计服务与装备制造业、消费品工业、建筑业、信息业、旅游业、农业和体育产业等重点领域融合发展，着力提升相关产业文化创意和设计服务水平及文化内涵，不断推出文化创意产品和服务，催生新业态、新技术、新工艺、新产品，满足新需求。

六、青海文化产业发展思路

（一）推动传统优势文化行业转型升级

文化产业作为新兴产业发展势头良好、发展空间很大。应大力推动传统优势文化行业转型升级，使之成为新的经济增长点、经济结构战略性调整的重要支点、转变经济发展方式的重要着力点，为推动青海跨越式发展提供重要支撑。文化企业是进行文化资源开发、发展文化产业的主体，是构建文化产业有机体的基础细胞。从青海省来看，文化市场主体要以特色文化资源为内容，以民族歌舞为重点，以市场为导向，加大精品剧（节）目的创作力度，推出特色浓郁、市场认可、群众喜爱、有影响力的文化品牌。然而，培育文化市场主体必须鼓励依托有实力的文化企业，以市场为导向，以资本和业务为纽带，运用联合、重组、兼并、上市等方式，整合优势资源。因此，要鼓励和支持艺术团体与旅游部门合作，创作排演针对国内外游客的剧（节）目，西宁市、黄南藏族自治州、海北藏族自治州等重点旅游地区，应有专门为游客服务的演艺节目。加强演出中介机构建设，重点培育不同层次的演出协会、演出公司，积极培养演出经纪人，完善演出流通环节，促进演出经纪网络的形成。此外，要鼓励和扶持国办、民营艺术团体"走出去"，利用自身的特色品牌，开拓国内外演出市场。发挥文化系统和社会艺术教育资源优势，以农牧区青年为主体，加大藏族、土族、蒙古族、撒拉族等民族歌舞的培训力度，重点培育一批拥有自主知识产权和文化创新能力、主业突出、核心竞争力强的大型文化产业团体，用强大的企业群体来支撑文化产业的发展。

（二）培育扶持文化创意产业

青海历史悠久，特色文化资源丰富，文化产业发展前景广阔，为青海文化创意产业的发展奠定了良好的基础。文化创意产业的发展有助于优化青海经济产业结构，增强青海文化影响力，增加就业人数，传承民族文化。推动青海文化创意产业的发展不仅关系到青海经济的发展、文化的传承、产业结构的调整、生活水平的提高，更是响应国家"文化大发展大繁荣"的号召，是推动中国特色社会主义和谐社会建设的根本要求，是一项紧迫且艰巨的任务。加强青海各民族民间特色文化资源开发利用，鼓励民族服饰、民族歌舞、民族工艺品等特色文化产品的创作、设计研发和产业化。着力推动唐卡、昆仑玉、藏毯及艺术挂毯、民间刺绣、民族服饰、民族民间工艺品等传统优势行业转型升级。支持演艺剧目创作，完善演艺娱乐基础设施，打造适应市场需求的青海地域和民族特色演艺精品。以特色工艺美术资源为依托，以旅游纪念品的研发生产为重点，实现文化资源的市场化开发、促进文化资源的优化整合。

（三）建立多元的文化产业融资机制

加大政府在文化产业上的投入，对于调动社会力量兴办文化产业的积极性、促进文化产业快速发展，具有非常重要的作用。多元的文化产业融资机制可以提高文化投资效益，通过鼓励和吸引国内各种非公有资本进入文化投资领域，以融资、合资、参股、联合、合作及特许经营等方式，积极参与文化基础设施建设、文化产业项目开发和文化产品的生产经营。通过鼓励金融资本主动介入，实施"外源内用"方略，有效吸收和利用普遍性的国际文化资源，特别是国际资本，使文化企业顺利从金融市场上融资，以解决资金短缺问题。在明确文化产业发展资金的支持范围的同时，重点扶持市场前景好、竞争力强、具有青海特色的产业项目，给予国有文化企业、民营文化企业和城乡文化产业项目以同等待遇。

第五章 城镇化及新型城镇化发展

第一节 城镇化的发展历程、特点及存在的问题

一、城镇化的发展历程

（一）中华人民共和国成立前的城镇发展概况

距今约 6000 年前，青海开始出现聚居点，汉武帝元鼎六年（公元前 111 年）在今西宁设西平亭，奠定了青海城镇的雏形。在历史时期，青海省城镇体系的形成和演变，受地理环境要素、宗教、民族和游牧文化的综合作用，城镇发展动力的主体是中央行政建制和军事据点的设置，城镇发展的主要推进剂是民族宗教文化和农牧贸易的亲和关系。第一，在政治、军事方面，中央政府和少数民族出于拓展和防御的需求，设郡置县直接推动了城镇的建设。第二，农业、牧业经济的互补性直接推动了商业城市的形成。茶马互市改变了城镇的性质，强化了城镇间的商业联系，逐渐形成省域城镇体系的雏形。第三，民族、宗教文化的聚合促使城镇产生了民族集会、庆典、祭祀以及宗教活动的综合功能，寺院周围成为商贸活动聚集的市场，寺院的建设推动了城镇的发展。第四，地理环境对城镇体系空间布局的形成作用明显，自然条件较好的地区人口规模较大、城镇密度高，而海拔高、气候干旱、自然环境恶劣的地区城镇数量较少，密度明显较低。

（二）中华人民共和国成立后的城镇化发展历程

中华人民共和国成立以来，青海省的城镇化发展大致经历了四个阶段，且总体呈现由低速发展向高速发展，再逐渐从规模扩张向以生态文明为目标导向的内涵式城镇化发展状态过渡。

1. 城镇初具规模阶段（1949~1977 年）

1950~1957 年，行政建置的演变使青海省境内形成了一批政府驻地城镇。

如河南、刚察、尖扎、泽库、贵南、天峻、甘德、达日、久治和玛沁等 16 个县在牧区范围内设置，并调整了部分县市的行政区划。到 1957 年，青海省城镇的数目增加到 40 个，形成了初步的城镇网络。

1958~1977 年，国家大中型建设项目促进了工业城镇的发展。国家在海东、海西、海北相继建成了乐都碾伯镇、大通桥头镇、格尔木、冷湖、大柴旦、茫崖镇及海晏矿区等。其中 1958~1960 年新设的格尔木、冷湖、大柴旦 3 个市，其人口规模分别达到 8 万人、3 万人、3.5 万人。"二五"期间，大炼钢铁、大办工业增加了较多的新城镇和工矿点，导致大批农业人口和外省人口涌入青海。三年调整期间，城镇建设水平下降，城镇数量由 45 个压缩到 40 个，其中 1965 年撤销了格尔木、大柴旦、冷湖 3 个市的建制，改市为县或建制镇。我国三线建设拉动了青海的城镇建设，国家从上海、山东、黑龙江迁来了机电、铝制品等大中型项目数十个，大量人员的流入带动了西宁、大通、乐都等地的建设。

2. 城镇化缓慢发展阶段（1978~1998 年）

1978 年，党的十一届三中全会后，国家的工作重心转移到了以经济建设为中心的轨道上，青海省城镇建设与经济发展相适应，城镇的商业功能日益增强，城镇建设投资也向多元化转变。1980 年，青海为配合矿产资源的开发设立了格尔木市，1988 年青海设立了德令哈市。同时，随着黄河上游水电资源的开发，相应产生了龙羊峡、李家峡 2 个水电城镇。城镇的空间布局由东部向西部、南部扩展，柴达木盆地、青南地区产生了一定数量的城镇。特别是柴达木盆地，作为青海资源富集区和青藏线穿越地带，其城镇规模逐步扩大，城镇的发展更为迅速，城镇规模逐步扩大，城镇的职能结构也发生了较大变化，由原来单一商贸、行政功能转向多元化发展。

这一时期中国区域经济发展战略进行了从均衡发展战略向非均衡发展战略的调整与转变，即优先发展东部沿海地区。相应地，在财政、税收、投资建设等方面给予较大的优惠政策；而对西部地区投资比重降低，这对青海省的经济发展步伐及城镇化发展进程产生了一定的影响。在比较经济利益的驱使下，西部的资金和人才大量向东部沿海地区转移，客观造成了西部建设资金的匮乏和人才的缺失，由此影响了西部地区的发展。地处内陆腹地的青海，由于自然条件欠佳、经济基础薄弱，加之国家对 20 世纪 80 年代以前形成的工业基地和三线企业实行调整、内迁和改造，资金、人才持续大量流失，青海省的城镇化建设进程受到了较大的阻碍。

3. 城镇化加速发展阶段（1999~2010 年）

20 世纪 90 年代末开始的西部大开发战略为青海省城镇化发展带来了新的机遇。

西部大开发战略的实行，推进了青海省城镇化发展步伐的加快，大量农村人口向城镇转移，城镇化率逐年提升。2009年青海省城镇总人口为199.2万人，设市城镇增至3个，小城镇增至116个，城镇化率达到41.9%，比1999年的城镇化率34.6%增加了7.3个百分点，年平均上升0.73个百分点。随着城镇化和工业化进程的不断加速，城镇吸纳就业能力也不断提升，据青海统计年鉴记载，2009年，城镇就业人员占全省的比重达到36.7%，比1999年的28.7%上升了8个百分点。与此同时，城镇就业岗位的快速增加带动了乡村劳动力不断向城镇转移，使乡村就业人口的比重由1999年的71.3%下降至2009年的63.3%。同时，青海省依托自身资源优势，积极开发光伏产业、轻金属新材料、硅材料、碳酸锂、机织藏毯等新型产业，开拓新能源经济、生态经济和产业升级的新发展方向。此外，随着国家实施优惠的财政政策，基础设施建设的投资力度不断加大，为青海城镇化发展的加速推进奠定了良好的基础。

4. 城镇化调整稳定发展阶段（2011年至今）

2010年以来，我国相继出台了一系列能指导和支撑青海省城镇发展的政策和文件。2014年3月，中共中央、国务院印发《国家新型城镇化规划（2014—2020年）》。规划提出，中西部地区城市群是推动区域协调发展的新的重要增长极。要培育发展中西部地区城镇群、建立城市群发展协调机制，加快发展中小城市，有重点地发展小城镇，促进大中小城市和小城镇协调发展。2014年5月，青海省委、省政府发布了《青海省新型城镇化规划（2014—2020年）》（以下简称《规划》）。《规划》提出，城镇发展要以建制镇为基础，以城市群和重点城镇为主体，着力破除城乡及城市内部二元结构，着力推进基本公共服务均等化，优化城镇布局，提升承载能力和发展质量，走以人为本、科学布局、城乡统筹、生态文明、文化传承的具有青海特色的新型城镇化道路。2018年3月，国务院印发《兰州—西宁城市群发展规划》，兰西城市群作为我国西部地区的重要辐射中心和增长极，为青海省进一步融入全国大区域发展体系、抓住国家建立区域协调发展新机制、彰显本地比较优势创造了良好机遇。到2020年，青海省常住人口城镇化率达到57.1%，全省城镇化水平迈上新台阶，部分农牧业转移人口的市民化问题得到解决；城镇体系趋于完善，各类城镇协调发展，城镇基础设施和公共服务设施水平显著提升，综合承载能力和可持续发展能力大幅提高；人居环境明显改善，各族人民生活幸福感及和谐度大大提高；改革开放取得重大突破，新型城镇管理体制和运行机制基本建立。至此，青海省进入了城镇化发展的提高调整时期。

青海省今后的城镇化发展，要契合丝绸之路经济带、国家三江源生态保护综合试验区、柴达木循环经济试验区、兰州—西宁城市群建设等国家和区域发展目标和要求，进一步提高青海省城镇化发展质量，因地制宜，突出城镇特色，优化城镇布局形态和结构。同时壮大区域性中心城市，培育新兴城市，打造重点城镇，推进城乡发展一体化。

二、城镇化发展的特点

（一）城镇化水平随经济发展水平稳步提升

改革开放 40 多年来，尤其是西部大开发战略的实施，推动了青海省城镇化的快速发展。

从图 5-1 可以看出，随着经济发展，2000~2019 年青海省城镇化率由34.76%上升至 55.52%，共提高 20.76%。2009~2019 年是青海省城镇化率增长速度最快的时期，平均每年提升 2.85%，同期全国平均增长值为 2.29%。

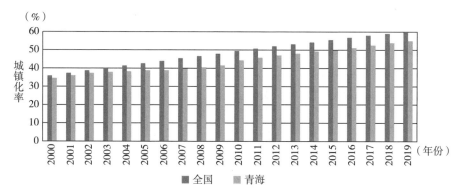

图 5-1 2000~2019 年青海省与全国常住人口城镇化率比较

注：2010 年青海省城镇化率数据为年底普查数据推算数，其余年份数据为人口变动情况抽样调查推算数。

资料来源：根据相关年份《青海统计年鉴》计算整理得到。

（二）城镇化发展进入中期阶段

根据美国地理学家诺瑟姆的发现，各国城市化的发展历程都要经过三个阶段：起步阶段（城镇化水平低于 30%，城市发展速度缓慢）、加速阶段（城镇化水平在 30%~70%，城镇化呈现快速增长的趋势）、稳定阶段（城镇化水平稳定在 80% 左右，城市进入工业化后期发展阶段，城镇化水平增长速度减缓）。青海省城镇化水平总体处于城镇化发展的中期阶段，2015 年城镇化率为 50.30%，首次突破 50%，总城镇人口大于农村人口，这预示着青海省从乡村向城市的真正转变。如果以城镇人口增长系数 K[①] 来衡量，青海省 2000 年的 K 值仅为 0.48，

① K（城镇人口增长系数）= 城镇人口增长规模/总人口增长规模，城镇人口增长系数（K）和城镇化率可作为衡量城镇化发展阶段的基本指标。

2005 年为 1.24，首次突破 1，2016 年 K 值达到 2.07，标志着青海进入城镇化中期阶段。总人口增长表现为以城镇人口为主的增长，乡村人口的绝对规模开始逐渐下降，这是城镇化中期发展阶段的重要转折点。

（三）城镇规模不断扩大，非农产业比重显著增加

随着青海省经济建设发展及农牧区基层综合改革，城镇数量及规模迅速增加，现有 1 个百万以上人口的中心城市，即西宁市；3 个 20 万~100 万人口和 1 个 10 万人口组成的区域中心城市，即海东市、格尔木市、德令哈市和玉树市；8 个 5 万~20 万人口的小城市，即民和、互助、同仁、门源、贵德、西海（含三角城镇）、共和、玛沁；110 个人口在 5 万人以下的小城镇。与此同时，青海省依托本地优势资源环境，实施资源转换战略，不断推进产业结构的优化升级。2000~2019 年，第二、第三产业的增速明显高于第一产业。并且，随着青海省产业和经济结构的调整，第一产业比重下降，第二产业比重上升。产业和经济结构的调整，促使青海三次产业人员就业结构优化。根据《青海省 2020 年国民经济和社会发展统计公报》的数据核算，青海省第一产业增加值为 334.30 亿元，增长 4.5%；第二产业增加值为 1143.55 亿元，增长 2.7%；第三产业增加值为 1528.07 亿元，增长 0.1%。第一产业增加值占全省 GDP 的比重为 11.1%，第二产业增加值的比重为 38.1%，第三产业增加值的比重为 50.8%。根据青海省近几年三次产业增加值占 GDP 的比重来看（见图 5-2），非农产业发展速度明显上升。产业结构与就业结构的优化将促进青海省城镇化的发展。

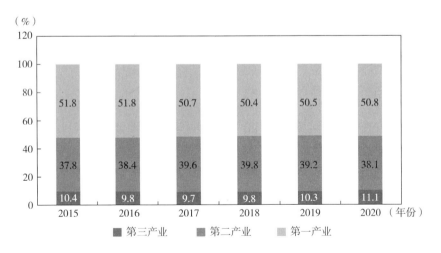

图 5-2　2015~2020 年青海三次产业增加值占 GDP 的比重

三、城镇化发展存在的问题

（一）城镇空间分布与发展不均衡

根据《国务院关于调整城市规模划分标准的通知》，以城区常住人口为统计口径，将城市划分为五类七档。[①] 按照此标准，青海省只有西宁市属于大城市的行列，海东市、格尔木市等发展条件较好的城市均属于小城市的范畴。青海省土地面积共计 72.23 万平方千米，截至 2019 年末，全省常住总人口为 607.82 万人，西宁市和海东市土地面积仅占全省的 2.8%，人口却占全省的 63.84%，其中，省会城市西宁市拥有 238.71 万人口，占总人口的 39.27%，居全省第一，城市人口的首位作用明显[②]，而黄南藏族自治州、果洛藏族自治州、海南藏族自治州、海北藏族自治州、海西蒙古族藏族自治州地区的人口分布不足 10 人/平方千米。大城市的极核带动作用明显不足，广大牧区城镇稀少，东部城镇群城镇数量虽然较多，但均是以县城为主要城镇，规模偏小，城市之间的联系度不够紧密。

截至 2020 年底，青海省整体城镇化率已达到 57.1%，逐步形成了以西宁市为中心，海东市、格尔木市为次中心、各州地政府所在地城镇为区域中心的大城市、小城市、城镇、县城、建制镇等不同规模等级的城镇体系，但从城镇化水平和 GDP 来看，2019 年西宁市和海西州城镇化率均已超过 70%，步入了城镇化加速发展阶段，但省内其他城镇仍处于较低层次的城镇化发展起步阶段，个别地区城镇化甚至离工业文明还有一定的差距，省域整体城镇化水平空间发展不均衡特征显著（见表 5-1）。如青南等地区由于基础设施水平薄弱，辐射带动能力不强，就业岗位缺乏，限制了小城镇在青海城镇化进程中所能发挥的积极作用。

表 5-1　2019 年青海省分地区城镇化差异比较

地区	面积（万平方千米）	总人口（万人）	人口密度（人/平方千米）	城镇人口比重（%）
西宁市	0.77	238.71	310.01	72.85
海东市	1.32	149.32	113.12	40.97

---

①　以城区常住人口为统计口径，将城市划分为五类七档。城区常住人口 50 万以下的城市为小城市，其中 20 万以上 50 万以下的城市为Ⅰ型小城市，20 万以下的城市为Ⅱ型小城市；城区常住人口 50 万以上 100 万以下的城市为中等城市；城区常住人口 100 万以上 500 万以下的城市为大城市，其中 300 万以上 500 万以下的城市为Ⅰ型大城市，100 万以上 300 万以下的城市为Ⅱ型大城市；城区常住人口 500 万以上 1000 万以下的城市为特大城市；城区常住人口 1000 万以上的城市为超大城市。

②　城市首位度，通常用来反映该国或地区的城市规模结构和人口集中程度。为了计算简化和易于理解，杰斐逊提出了"两城市指数"，即用首位城市与第二位城市的人口规模之比进行计算，即 $S=P_1/P_2$。

续表

地区	面积（万平方千米）	总人口（万人）	人口密度（人/平方千米）	城镇人口比重（%）
海南州	4.45	48.80	10.97	44.10
海西州	32.58	52.07	1.60	72.22
海北州	3.41	28.49	8.35	40.12
玉树州	20.30	42.25	2.08	36.85
黄南州	1.79	28.02	15.65	38.50
果洛州	7.63	21.16	2.77	28.02

资料来源：根据《青海统计年鉴》（2020）计算整理得到。

（二）城乡发展差距大，公共服务设施不均衡

青海省乡村各项公共服务设施建设水平明显落后于城市发展。截至 2019 年，青海城镇常住居民人均可支配收入为 33830 元，而农村常住居民人均可支配收入仅为 11499 元。青海省城乡居民可支配收入差距高于全国可支配收入差距，黄南藏族自治州地区差距更加明显，收入差距最大为 2010 年，达到 5.07：1，但整体来看，有收入差距逐年缩小的趋势（见表 5-2）。2019 年西宁市村卫生室机构数为 1158 个，而黄南州和果洛州仅分别为 289 个和 189 个。在教育方面，第六次人口普查数据显示，黄南州、玉树州、果洛州三地 15 岁以上人口文盲率分别为 22.37%、17.85%、11.94%，同期，西宁市文盲率为 3.44%。

表 5-2 2008~2019 年青海省城乡收入水平差异

年份	黄南州城乡居民人均收入比	青海省城乡居民人均收入比	全国城乡人均收入比
2008	4.57：1	3.80：1	3.31：1
2009	5.04：1	3.79：1	3.30：1
2010	5.07：1	3.58：1	3.23：1
2011	4.54：1	3.39：1	3.13：1
2012	4.34：1	3.27：1	3.10：1
2013	3.65：1	3.15：1	3.03：1
2014	3.52：1	3.06：1	2.75：1
2015	3.58：1	3.09：1	2.73：1
2016	3.56：1	3.09：1	2.72：1
2017	3.55：1	3.09：1	2.71：1
2018	3.47：1	3.03：1	2.69：1
2019	3.34：1	2.94：1	2.64：1

资料来源：根据《青海统计年鉴》（2020）计算整理得到。

（三）城镇化发展滞后于工业化发展

截至 2019 年，青海省常住人口达到 607.82 万人，其中城镇人口 337.48 万人，城镇化率为 55.52%，城镇化率已经步入高速发展阶段，但由于第二、第三产业发展仍相对滞后，无法满足农牧人口向非农业转移的需要，进而影响了全省经济的发展。城镇化发展与工业化发展是相互促进相互制约的关系，青海省城镇化发展的相对滞后将为经济发展带来一系列制约：首先，将阻碍农村劳动力的转移以及生产要素的转移，不利于乡村规模经济的发展；其次，将不利于耕地保护和土地的合理化使用；最后，城镇化滞后也将造成第二、第三产业发展的动力不足，将不利于产业结构的调整和优化，同时将不利于城市文明与服务的传播，以及国民综合素质的提升。

（四）城镇体系结构不合理

青海省的城镇多沿着青藏铁路、兰青铁路以及 109 国道分布，目前城镇地理分布表现为东密西疏、北多南少的特点。受限于地理区位环境、资源生态条件、交通建设等，青海省城镇分布分散，总体呈现以西宁市为中心的"核心—边缘"空间结构模式。同时，中心城市规模较小，辐射带动能力不强，次级中心城市整体实力较低，各城镇以单个嵌入的方式发展起来，职能类型相对单一，彼此间功能和经济联系表现出明显的地域邻近性，交通可达性较差，存在产业同质化竞争现象。目前城镇整体处于一体化发育初期阶段。

第二节　新型城镇化建设

一、青海新型城镇化发展的优势与机遇

（一）国家战略

1. 新型城镇化战略

党的十九大报告总结了过去五年我国城镇化建设所取得的成就，同时指出，要推动新型工业化、信息化、城镇化、农业现代化同步发展。在《国家新型城镇化规划（2014—2020 年）》中提出："要挖掘中西部资源环境承载能力较强地区的城镇化潜力，在严格保护生态环境的基础上，引导有市场、有效益的劳动密集型产业优先向中西部转移，吸纳东部返乡和就近转移的农民工，加快产业集群发展和人口集聚"。2020 年《中共中央　国务院关于新时代推进西部大开发形成新格局的指导意见》中指出了西部城镇发展的问题，并提出了推动西部地区高质量发展的思路。2021 年，在国家"十四五"规划及青海省"十四

五"规划中均对新型城镇化路径指出了清晰的发展方向。因此，充分落实国家政策、实现青海省城镇化的快速发展，对青海省新型城镇化发展具有重要的推进作用。

2. "一带一路"倡议

"一带一路"倡议是青海省构建对外开放新格局、引领青海经济进一步走向世界的强力引擎。2015年3月，国家发展改革委、商务部、外交部联合发布了《推动共建丝绸之路经济带和21世纪海上丝绸之路的愿景与行动》。其中，在第六部分中明确了青海在"一带一路"愿景与行动中的地位和作用，"发挥陕西、甘肃综合经济文化和宁夏、青海民族人文优势，打造西安内陆型改革开放新高地，加快兰州、西宁开发开放，推进宁夏内陆开放型经济试验区建设，形成面向中亚、南亚、西亚国家的通道、商贸物流枢纽、重要产业和人文交流基地"。同年，青海省政府工作报告中提出，打造与丝绸之路共建国家和地区航空、铁路、公路有效对接的现代交通网络，与沿海沿江地区加强区域通关一体化合作，建成曹家堡保税物流中心。明确对外交流定位与基础设施建设目标将大力推进青海新型城镇化的进程。

3. 生态文明建设

青海省所处地域空间位置导致其生态环境脆弱、资源环境承载能力较弱。2016年，习近平总书记在青海考察期间，不仅对青海加强生态环境保护、筑牢国家生态屏障做出了明确部署，也为青海省推进绿色发展指明了行动方向。"青海最大的价值在生态、最大的责任在生态、最大的潜力也在生态。"生态文明建设是培育青海省城镇化高质量发展新动能的重要举措，生态文明思想在青海省实践以来，建设成果丰硕，不仅提高了全省人民的人居环境质量，其丰富的矿产资源、能源资源、农牧资源以及特色化的民俗文化资源、生物医药资源等资源禀赋被不断挖掘，为青海省发展绿色城镇化、积极推进以生态型产业为主的产业转型升级提供了巨大的促进作用。在如今"碳达峰、碳中和"发展目标和背景下，我国清洁能源消费需求日益旺盛，为青海省清洁能源资源开发提供了重大机遇。青海省如何借力生态文明发展战略，协调好生态保护和发展的关系，将为实现青海各城镇经济结构优化升级和城镇品质提升带来良好的发展机遇。

（二）方针政策

1. 土地流转政策

2014年11月，中共中央办公厅、国务院办公厅印发的《关于引导农村土地经营权有序流转发展农业适度规模经营的意见》指出"重点培育以家庭成员为主要劳动力、以农业为主要收入来源，从事专业化、集约化农业生产的家庭农场，使之成为引领适度规模经营、发展现代农业的有生力量"。2021年1月，农业农村部发布的《农村土地经营权流转管理办法》提出，"土地经营权流转应当因地制宜、循序渐进，把握好流转、集中、规模经营的度，流转规模应当与城镇化进程和农村劳动力转移规模相适应，与农业科技进步和生产手段改进程度相适应，与农业社会化服务水平提高相适应，鼓励各地建立多种形式的土地经营权流转风险防范和保障机制"。二者均涉及农村土地的流转和农业适度规模经营，并对土地经营权流转的规范性进行了把控，这为青海省推进新型城镇化建设提供了依据，可有序引导农村人口向城镇集聚，增加城镇人口。

2. 农牧业现代化政策

近年来，青海省城镇化发展虽然取得了显著成效，但少数民族牧区的城镇化发展程度仍然较低。科学推进牧区现代化是实现青海省城乡融合发展的重要途径，也是青海省进入新发展阶段、全面贯彻新发展理念、构建新发展格局的内在要求。国家一系列推进农牧业现代化政策的出台，为青海提升农牧业生产水平、推进现代化建设提供了优势条件。广大农牧区要转变农牧业发展方式、加快现代化发展进程，就需要"发展多种形式的规模经营、鼓励和引导工商资本到农村发展适合企业化经营的现代种养业，向农业输入现代生产要素和经营模式"。[1] 此外，我国在青海省实行的生态移民政策对改善牧区城镇问题产生了重要作用，不断推进了新牧区和小城镇的建设。易地搬迁使牧民搬迁至各项公共服务配套良好的现代化社区，享受到了城镇生活，并通过从事商业、现代农业和牧业等多种业态的工作提高了自身生活水平，构建了三产融合发展的现代产业体系。近些年，进入乡镇企业或转而走向城市寻找就业的牧民数量不断增加，此系列政策的实行打造了青海小城镇农牧业特色发展模式。

（三）国家规划

1. 小城镇建设规划

近几年，国家积极推进的小城镇建设规划将对青海有序推进新型城镇化建设起到积极作用。青海大中型城市较少而小城镇居多，大部分小城镇由于缺少大城市的辐射带动能力，要素积累不足，长期未能得到充分发展。随着国家鼓励发展小城镇，青海可以通过强化小城镇经济、发展城镇文明、完善城镇功能、降低入城门槛，吸引省内农牧民就近迁移到小城镇就业和生活，避免了人口远距离迁移给地区经济带来的成本和压力，小城镇建设将积极推进就地城镇化，引导农村人口有序市民化。

2. 人口发展规划

城市群是实现新型城镇化高质量发展的主体形态，其中人口的相对集聚是

---

① 中共中央、国务院：《国家新型城镇化规划（2014—2020年）》。

城市群形成演变以及发挥作用的重要内容。人口作为社会经济发展的主体，是区域转型与可持续发展的核心要素。青海省人口整体分布不均衡，对周边地区人才吸纳能力较弱，《国家人口发展规划（2016—2030年）》中明确提出："培育发展中西部地区城镇群，推动人口合理聚集。"这为兰西城市群、青海省东部城镇群以及以格尔木和德令哈市为中心的青海西部城市群建设带来了契机。通过提高青海省重点城镇的就业容纳能力、优化青海省整体生态环境质量、加快城乡基本公共服务均等化等措施将引导青海省人口稳定增长和适度聚集，这不仅能推动青海省城镇化整体质量的提升，还能为青海省均衡开发和维护我国国土安全提供人口基础。

3. 城市群建设规划

（1）2018年，国家发展改革委、住房和城乡建设部正式印发《兰州—西宁城市群发展规划》（以下简称《规划》），《规划》部署了兰西城市群在2018~2035年发展的总体思路，着眼国家安全、立足西北内陆、面向中亚西亚，将建设具有重大战略价值和鲜明地域特色的新型城市群，这对青海和甘肃构建以城市群为主体的大中小城市协调发展新格局进行了顶层设计，是青海省的地方发展战略融入国家战略的一次重大实践。

（2）青海省要实现新型城镇化的发展目标，必须依托重点区域快速发展的带动作用。以西宁为中心的东部地区是青海省经济社会发展的优先地带，该地区城镇相对密集，城镇体系发育较好，交通基础设施完善，现代服务业相对发达，几乎集中了全省的高等教育机构和科研院所，具备较强的科技创新能力。因此，建设和发展好东部城市群，将成为青海省打造经济发展新增长极、实现跨越式发展的重要举措。

二、青海新型城镇化建设方略

（一）主要发展目标

推进青海新型城镇化健康发展，必须有步骤地开展，并瞄准城镇化在发展过程中遇到的主要问题，实现青海城镇化发展，要扎实做好以下几点：一是城镇化水平和质量的稳步提升。有序推进农业转移人口市民化，推动城镇化健康发展。二是城镇化格局更加优化。提高东部城市群、西宁都市圈区域竞争力的同时，优化各级城市和乡村的布局与形态，使城镇规模结构更加合理。三是城市发展模式科学合理。以紧凑集约型发展模式为主导，倡导绿色出行、绿色消费、绿色生产。四是城市生活和谐宜人。完善城乡基础设施和公共服务设施建设，使城市管理人性化、个性化、智能化。五是城镇化体制机制不断完善。在行政管理、土地管理、户籍管理、财税金融管理上更加完善。

（二）生态型新型城镇化路线

基于青海重要的生态地位及在我国担负的重要生态使命，青海省推进新型城镇化建设要重视将生态环境保护和经济社会发展相结合，处理好"金山银山和绿水青山"的辩证关系，使城镇化发展适应于资源环境承载力。恶劣的自然环境与资源条件，加上全省具有人口规模小、密度低、分布较为分散的特点，决定了青海省不适合走以增加城镇数量、大量聚集人口的外延式城镇化道路，要以习近平生态文明思想为指导，坚定生态型城镇化道路，发挥各城镇的资源比较优势，不断增强和优化现有各级城镇职能，适度提高主要城镇聚集人口的能力，吸纳广大牧区、生态脆弱和敏感地区人口的转移，使全省资源配置不断优化，城镇土地实现集约、高效的内涵式发展，生态脆弱和敏感地区的城镇环境质量不断提高，将特色鲜明的城镇化建设和发展不断深化。

（三）构建特色产业促进新型城镇化

青海民族地区特色鲜明，发展新型城镇化应充分利用青海高原独特的自然环境所提供的特色资源，推进其精深加工，迅速形成优势产业。结合区域资源禀赋和产业发展潜力来看，在第一产业方面，青海应当积极发展以高原生态畜牧业、中藏药种植业为主导的第一产业，并由此延长产业链，从而推进畜牧业产业化，增加产品附加值，增加非农业就业岗位，提高地区收入水平。在第二产业方面，需要改变以粗加工及资源消耗型为主的传统生产方式，积极培养和吸引专业人才，提高技术水平，形成全国盐化工及综合利用基地、水电—高耗能有色金属工业基地、石油天然气工业基地；积极发展新能源及新能源装备制造业，使其成为促进和带动青藏高原区域经济发展的支柱，为青海省提高经济水平奠定基础。同时需要注意生态资源的开发，着重向可循环、低碳化、可持续的新型工业发展模式转变。在第三产业方面，青海是多民族聚居区，具有丰富的历史、人文、自然资源，要立足于青海比较优势而形成的经济结构，在产业体系基础上进行多样化发展，使城镇化具有特色鲜明和可持续的产业支撑。

（四）推进农业转移人口市民化

1. 加快人口城镇化步伐

深化户籍制度改革，加大非户籍人口在城镇的落户力度。优先保障举家迁移农牧业人口的住房需求，推动转移人口随迁子女入学待遇同城化，扩大职业院校面向农牧业转移人口的招生规模，推动公共资源按常住人口规模配置。人口的聚集可以减少青海在区位条件上的劣势并降低交通建设成本，形成产业发展所需要的人口支持，更好地发挥各城镇承担的主要职能，并实现中心城镇对整个区域发展的带动作用。此外，青海进行新型城镇化人口转移，相对其经济发展质量的提高，生态意义和社会意义更加重要，在人口转移方式上，要通过政府的引导和鼓励以逐步实现生态脆弱地区人口向城镇转移。

2. 大力推动农民工创业就业

鼓励农民自主创业，以创业带动就业，加大对农民工创办企业的政策扶持和资金支持。同时积极推进基层就业服务和社会保障设施建设，逐步实现人才跨区域、跨城乡、跨省份流动，将求职应聘、就业失业管理、人才培训管理等相关业务服务纳入资源市场信息系统，实现信息化管理。健全青海省农牧业转移人口市民化成本分担机制，增加对吸纳农牧业转移人口较多的城镇的财政转移支付、建设用地规模和年度建设用地供给总量。

（五）城镇格局优化

1. 壮大区域性中心城市

青海人口相对稠密的区域有西宁市、海东市、格尔木市及各州府所在地。按人口标准划分，这些人口稠密区中只有西宁步入大城市的行列，因而首位城市之下缺乏一定数量的中型城市做衔接，便直接过渡到大部分为人口不足20万的小城市，城市等级体系不完善。基于此，青海应积极壮大区域性中心城市，在人口疏密的牧区，充分发挥格尔木、德令哈、玉树等城市的区域中心地位，合理划定城市边界，有效提高土地利用率，充分发挥区域性中心城市在全省城镇化格局中的重要支撑作用。具体如下：一是进一步提升格尔木的城市地位，通过产业引导、政策优惠等方式吸引农牧民转移，促进城市的人口增长，发挥好丝绸之路经济带重要节点城市的功能；二是充分发挥德令哈作为海西州府所在地的城市综合服务功能；三是将玉树打造成三江源区域的中心城市，推动藏族特色文化发展。

2. 城镇协同发展

城镇协同发展对增强区域竞争力大有裨益，不论是对青海省发展条件相对较好的城市还是对社会经济基础较薄弱的地区，只有加快整合和协同发展的步伐，推动各城镇间形成紧密联系、合理分工、良性竞争的合作模式，才能促进城镇整体发挥更好的乘数效应，提高其区域竞争力。按照一体化的城镇建设思路，青海省各城镇的发展可具体从以下方面进行协同和合作：一是统一的基础设施网络体系是提高各城镇沟通往来、提高城镇建设水平的基础支撑；二是一体化的产业分工合作模式既能进一步发挥各城镇的资源优势，也能促进各城镇间形成更紧密的功能联系，并在区域内形成具有影响力的增长极体系；三是规模等级合理的城镇空间体系不仅能够更好地发挥和提升中心城镇的核心功能，也能更好地整合各城镇职能，形成较强系统性和层级性的城镇网络；四是要素流动通畅的一体化市场能够促进各城镇间打破市场壁垒，实现区域要素市场的培育和整合；五是协同治理的生态环境是青海省社会经济发展的基础，要将资源开发、经济发展、人居品质提升有机结合起来，重视生态环境综合整治和修复。最终形成各城镇之间跨区域的交通、资源、生态保护、能源供应、公共服务等一体化协同发展，提升城镇综合发展质量，形成联动共赢的城市群发展体系。

（六）统筹城乡一体化发展

1. 以城带乡

走新型城镇化发展道路需要以"城镇"反哺"乡村"。通过构建城乡统筹、布局合理、特色明确、优势互补、整体协调的区域城乡体系，全面提升城市综合承载能力、基础设施和公共服务设施的支撑能力，促进生产要素和人口向城镇集聚，形成以工促农、以城带乡、城乡一体的新型工农城乡关系。要进一步提高西宁市、乐都副中心以及5个县域中心城市的实力与品质的全面提升，合理布局村镇居民点体系并形成特色化发展模式，促进城乡基本公共服务均等化。

2. 注重县域中心城市发展

要注重以县域中心城市为核心的城乡统筹发展，赋予县级区域更多的资源整合使用自主权，不断增强县城综合服务能力；优先发展县域中心城市，强化增长极的核心带动作用，真正实现"县+城"。同时，县城要强实力、扩规模、上品质，并为县域提供最直接、最齐全的多功能服务；重点发展若干有特色、有基础的片区中心镇和特色镇（如旅游、工业、商贸等小城镇）；扶持建成一批青海省新型乡村社区和特色村，传承乡村历史文化特色，发挥农牧业、矿产、旅游等资源优势；建设一批新农村示范村，辐射带动周边乡村发展，引导乡村普遍向特色村镇转型。

3. 农牧业现代化发展

要保障青海省实现新型城镇化，必须以提高农牧业现代化为前提。第一，基础设施建设是青海省农牧业发展的重要保障，要积极引进新技术和新设备，将其运用在水利灌溉、土地平整、作物种植等方面，逐步实现生产过程机械化、数字化发展；第二，针对青海省单家独户经营者较多，农牧户无法通过个人解决的急难问题，要不断加强村社组织能力，充分发挥村两委和合作社的作用；第三，由于地理环境复杂、资源分布不均衡、土地零碎化，大部分基础设施无法在农牧业中充分发挥作用，导致产品产量不稳定，因此要合理进行土地整合和连片经营，为青海省农牧业现代化创造便利条件；第四，在进行人口市民化转移的同时，要逐渐转移符合条件的农牧业人口，将其转移为城镇居民，以推进新型城镇化对新农村建设和农牧业现代化的同步带动作用，从而实现城乡协调发展；第五，青海省应继续加大对农牧业的扶持力度，逐步完善和建立上下游配套衔接的产业链，将简单的产品购销合作转变为融合多元的农牧业生产模式，大力实施"农户+公司"以及订单化农牧业，促进农牧业提质增效。

（七）提升城镇发展品质

提升青海省城镇发展品质能促进区域形成可持续的人才吸引力，并不断提升本地居民的人居环境质量，形成高质量的城镇化发展模式。首先，要持续推进高原美丽城镇示范省建设，打造城镇生态空间网络，积极开展城镇蓝绿空间提升行动，建设形成"青山靓、绿水活"的山水城镇。其次，要继续开展城市更新行动，推进城市生态修复和治理工作，不断完善各城镇生活服务功能，并通过城市"微改造"等灵活的手段不断推进城镇老旧小区改造和社区营建工作。再次，要注重城市设计和治理，要塑造特色鲜明的城镇风貌。积极打造、复兴和壮大一批"老字号"、国家地理标志、赛事展会等地域特色品牌，继续提升"大美青海"的国内外品牌影响力。最后，要提高各个城镇的基础设施服务水平，通过继续推进建设"海绵城市"、慢行城市和宜居城市等工作实现青海省城镇的提质增效发展。

第三节　城乡一体化发展

一、城乡发展差异分析

近年来，青海省农村经济发展较快，但相对于城市，其发展仍明显滞后，呈现出城乡二元结构的典型特征，主要表现在以下几个方面。

（一）城乡居民收支差异

2019年，青海省和西宁市城镇居民的人均可支配收入分别是相应农村居民人均收入的2.94倍和2.77倍；前者居民家庭总支出是后者的2.10倍和2.13倍，这表明城镇居民家庭的收支均高于农村家庭。在各类消费性支出中，城镇居民的人均消费支出一般是农村居民的2倍以上，特别是衣着、生活用品及服务等的支出，显示出城镇居民的生活水平要远高于农村居民；在居住消费上，城镇居民人均支出则是农村居民的2.37倍；在医疗保健消费上，城镇居民人均支出是农村居民的1.69倍。进一步分析可知，部分城镇居民因享受了公房出售和医疗保健费用的福利补贴节约了部分开支，可能实际上这两者的城乡差异更大。如果去掉市郊农村住户的数据，则西宁市所辖三县的农村居民收支状况与海东市农村居民相差不大，这也表明西宁中心城市对周边县的经济辐射力量较为薄弱。此外，城乡居民在受教育水平、精神文化生活享受、医疗卫生、福利待遇、养老保险、失业保障等方面也存在较大差距。

（二）城乡人口就业差异

在城乡人口就业方面，青海省从业人员中城镇从业人员和农村非农业从业人员比重较低，多数是农村从业人员，而农村从业人员绝大多数又是从事农业生产的农民。可见，青海省整体仍是一个以传统农业、农村和农民占相对优势的地区。统计资料显示，青海省农民工主要在本省地域就业，跨省就业主要由两部分构成：一部分主要来自海东市化隆县、循化县的回族和撒拉族，在外地从事餐饮服务；另一部分是每年赴甘肃、新疆采摘棉花的人员，每年数量稳定，具有较强的季节性。此外，能成规模跨省就业的状况不多。由于农村劳动力就业人员的受教育水平整体较低，青海省农牧区转移人口多从事第二、第三产业中以体力劳动为主的低端工作，并且择业渠道单一、人口流动性较大，每年春季是农村富余劳动力外出工作的高峰，到冬季又返回农村，务工有明显的短期化倾向，且多依靠政府组织和搭桥。

（三）城乡建设投资差异

除了自然和市场因素外，政府的宏观调控也是影响城乡协调发展的重要因素之一。据统计，2019 年青海省全社会固定资产投资中，相比上一年度，第一产业投资下降 3.6%，第二产业投资增长 21.5%，第三产业投资下降 1.9%，工业投资增长 23.5%。其中，战略性新兴产业、高技术制造业及新能源产业投资均明显增长，但由于对农村基础设施和公共服务设施建设投入相对不足，导致全省在道路交通、饮用水、文化教育、医疗卫生、体育设施、社会福利保障等方面仍具有较大的城乡差别。

二、城乡一体化发展面临的主要障碍

青海省推进城乡社会经济一体化已经取得了显著成效，但在实施过程中也不断面临新的问题和矛盾。当前青海省城乡一体化发展主要存在以下关键障碍：

（一）城市发展与统筹城乡发展的目标不相适应

从当前城市发展现状来看，城市规模、空间结构、职能作用、基础设施建设和社会事业发展的承载能力和辐射带动作用，与统筹城乡经济社会协调发展的根本要求不相适应。一是之前的城市规划对当前城市的发展规模和趋势前瞻性不足，致使城市发展空间狭小，限制了城市规模的扩大，在项目引进、产业布局、社会公共事业发展等方面，面临建设用地严重不足的制约，许多引进项目落地困难；二是城市承载能力和辐射带动作用不足，社会事业和第三产业发展滞后，城市科教支撑、医疗卫生服务、文化产业化、金融服务、信息产业建设、现代物流业等的发展，均难以满足城乡经济社会发展日益扩大的需求。

（二）城乡要素流通不畅

城乡一体化是城市和乡村之间相互协调、相互作用、互促共进的过程，城乡各种要素的相互流通是当今城乡融合发展的必然要求。近年来,青海省城镇化建设速度不断加快,国家及青海省对西宁市、海东市、格尔木等核心城市建设的扶持力度较大,使土地、资本、人才等要素大量流入城市,但由于青海省城镇化发展的"不完全性",导致主要城镇自身的极核作用还不够强,对周边乡村的辐射拉动能力较弱,所以青海省城乡要素的流动和分布是以单向度为主,未形成双向互动。城乡要素的流通不畅导致城乡产业融合存在差距和短板,青海大部分乡村以发展传统种植业、畜牧业为主,产业基础薄弱,对城镇产业的吸引力较低,同时也使公共服务配置、产品的流通以及精神文化服务的供给和需求失衡,城乡之间缺乏充分利用各自资源优势,形成协作融合的城乡体系。

(三) 统筹城乡经济社会发展的配套政策不健全

一是城乡统筹的财政投入机制不完善,农村基础设施建设和社会事业发展供给严重不足。农村基础设施建设、公共事业发展和支农资金未列入财政年度预算,财政投入存在很大的随意性及不确定性。二是成长机制尚未形成。青海省以乡村为投资主体发展乡镇企业,能够大量吸纳农民转移就业的渠道发生了变化,以工补农、以工兴村、以工兴镇的发展体制也逐渐完善,但是与城镇化、新农村建设配套的成长体制机制还没有完全形成。三是金融对"三农"的服务支撑仍有许多不足。商业银行重工轻农,农村信用社有职无权、功能缺位等问题显著,统筹青海省城乡发展缺乏强有力的金融支撑体系。四是城乡建设用地紧缺,供需矛盾突出。目前,工业化、城镇化、农业现代化的发展促使青海对可建设用地有着大量需求,应以灵活且因地制宜的管控政策,合理地统筹区域城乡发展布局和项目建设的要求。

(四) 农村剩余劳动力转移就业困难

青海省人力资源开发总体水平较低,农村剩余劳动力转移就业存在诸多障碍。首先是素质性障碍,虽然广大农村人力资源相对丰富,但其文化水平和从业技能偏低,市场经济意识较为淡薄,转移就业、创业能力均比较弱。即使走出家门,由于缺少就业竞争力,大多外出务工人员只能从事体力劳动,能胜任技术工作和管理工作的只是极少数。其次是制度性障碍,城乡分割的户籍管理制度虽然进行了一系列尝试性改革,但新的城乡统一的户籍管理制度并未真正建立,城乡壁垒依然森严,农村人口进入城镇的"门槛"依然很高。特别是进城务工经商的农民在住房、社会保障、医疗、子女上学、工伤意外保险等方面仍然存在制度性障碍。最后是市场障碍,城乡统一的劳动力市场尚未形成,地区分割、城乡分割的体制尚未完全打破。

三、城乡差异的原因剖析

全省城乡发展存在较大差异的原因主要包括以下方面:一是城乡劳动生产

率差异大。青海省现仍以传统农业生产为主，农业发展难以形成较高的劳动生产率，城镇劳动生产率远远高于农村，工业化、农业现代化、城镇化的推进是农民致富的主要途径。二是城镇辐射乡村能力不足。虽然西宁市、海东市总体经济发展水平较高，但极核带动能力仍较弱，加上周边州县地区经济水平较低，城镇普遍吸引力不足，难以吸引更多的人到城镇创业就业。农村滞留的从事传统农业的劳动力中因有大量人口无法进行就业转移，使城乡就业结构、创新能力和发展动力均存在较大差异。需通过培育若干生产要素集聚、公共服务设施及基础设施相对完善、具有一定辐射带动作用的小城镇，以点带面、以面串线、联动生面，从而带动青海全省的发展。三是乡村从业人口素质有待提高。乡村从业人员中部分人口从事非农产业，其中大部分非农从业人员在外地打工。受制于受教育水平偏低、缺乏专业技术训练等原因，竞争能力普遍较弱，多数人只能从事简单的劳力工作，收入水平不高。因此，提高农民的教育文化素质和创业就业能力，使其在就业市场中具有一定竞争力，是促进农村人口市民化、推进城乡一体化发展的重要措施。

四、城乡一体化发展重点

（一）产业发展一体化

推动城乡产业协同发展，鼓励企业到农村投资，大力推广农村与城市的产业合作项目，合理引导农村劳动力向城市转移，吸引城市人口到农村创业，实现城乡居民就业和收入无差异化，是实现城乡社会经济协调发展的重要内容。

1. 建立城乡产业体系

在继续推动青海省城市与乡村加快发展自身产业，各自形成规模的同时，要重点加强城乡互动力度，以城带乡、以工促农，从而推动城乡产业重构和空间重构。青海省乡村地区可大力发展和建立绿色蔬菜果品生产基地、专业化养殖基地，推动农业的规模化、专业化经营；同时依托青海省乡村较好的生态文旅资源，拓展农业的生态观光旅游功能，发展生态观光旅游、乡村风情旅游等产业。青海省城镇地区的产业发展多立足于县域的矿产资源、农产品资源和劳动力资源，要大力发展矿产资源深加工、农产品精深加工、农产品物流产业，以形成良好的城乡地域合作和分工。

2. 统筹产业布局，实现产业发展园区化

进一步整合优化城乡产业空间布局，促进城乡产业要素合理集聚。一是鼓励产业向国家级、省级开发区集聚，鼓励区位相邻的开发区整合发展，支持西宁、海东承接东中部适宜产业转移；二是高标准统筹建设工程工业产业园区，重点打造西宁经济技术开发区、柴达木循环经济试验区、海东工业园区以及海南州绿色产业园区；三是加快形成现代农业产业园，持续打造都兰、泽库国家级现代农业产业园，继续申建国家级现代农业产业园，培育高标准现代农业产业园。持续做大做强大通、互助、门源、海晏国家级现代农业示范区，提升西宁、海东、海南、海北、海西国家级农业科技园区，申建黄南国家级农业科技园区，创建海西国家农业高新技术产业示范区。通过各类产业园区的建设，集聚城乡优质资源要素，同时带动周边乡镇发展，为其提供更多的创新和就业机会。

3. 优化产业结构，构建合理产业链体系

优化现有产业结构，推进城乡开展产业联动，形成三次产业相互促进、协调发展的现代产业体系，这是构建城乡一体化的重要前提。依托城乡各自的资源禀赋和产业基础，发展特色优势产业。首先，要加强基本农田保护，稳定提高粮食综合生产能力，保障农牧区粮食安全。全力打造河湟流域特色农牧业百里长廊，大力发展油菜、马铃薯、蚕豆、蔬菜、中藏药、特色果品、牛羊肉、奶牛、毛绒、饲草料十大农牧特色产业。其次，以低碳、绿色为发展原则，以发展园区经济为载体，打造新能源产业、新材料产业、盐湖化工产业、有色金属产业、油气化工产业、煤化工产业、装备制造业、钢铁产业、轻工纺织业、生物产业十大特色优势产业，全面促进工业结构优化升级。再次，要坚持市场化、产业化、社会化发展方向，发展金融、现代物流、科技服务、信息与中介、商贸餐饮、房地产、旅游、文化体育、社区服务和商务会展十大产业。重视发展城市大工业的延伸配套产业，加快城市服务业向农村的辐射延伸，增强城市对农村的产业带动效应。同时，大力发展三次产业的产前、产中、产后服务产业，鼓励引导工商资本进入农业产业化经营和农村服务业开发，依托山、河、草、牧等资源，发展休闲、观光、旅游农业，形成第一、第二、第三产业相互融合、联动发展的格局。最后，通过现代科技和信息化手段，积极推广先进的农业机械和工业装备，改造提升传统产业，大力发展知识型产业和节约型产业，转变经济增长方式，提高城乡产业的整体素质和竞争实力。

4. 注重乡村产业发展

长期以来，青海省乡村产业发展受到地理条件、自然环境等多重因素的制约，发展面临较大困境，这也是导致青海省城乡社会经济差异的重要原因，因此青海省乡村产业发展需要汇集更多的优质生产要素和扶持力度。具体可从以下方面着手：一是完善城乡产业统筹发展体系。将现代农业、绿色食品加工、城市支农工业、农产品物流、农业信息服务相结合，实现生产资料、资金、信息、劳动力在城乡之间的流畅循环，减少中间环节和浪费。二是有效整合农村现有高效、多功能的农业产业机制。围绕现有农业产业园和农畜产品加工基地，

形成农产品原材料生产、加工与深加工、销售一条链式的农产品产业链。三是提高农业现代化水平。大力发展规模化农业，改善农村生产生活条件，同时通过采取农业技术培训、科技人才优惠政策、对口帮扶等模式，以科技创新推动当地特色农牧业高质量发展。

5. 完善城乡文化产业体系

积极配合青海省"特色文化名省"建设战略，建立覆盖城乡的公共文化产业服务体系，通过城乡文化的互动交流和互补互促，推动城乡融合发展。首先，要以农村基层为重点，继续实施文化惠民工程。改善农村文化基础设施，建设和改造文化服务网络；重视互联网等新兴媒体建设、运用、管理；加强文物、历史文化名城名镇名村、非物质文化遗产和自然遗产保护，拓展文化遗产传承保护与利用途径；推动重大文化产业项目带动战略，加强文化产业基地和区域性特色文化产业群建设；规划建设以西宁、海东为主的河湟文化，加强文化产业基地建设。其次，要继续打造提升环湖赛国际体育、青海省文化生态旅游等知名品牌，统筹文化、旅游、体育产业发展，加快形成互为依托、相互促进、联动发展的新格局。最后，要推进青海省文化产业结构调整，一方面要大力发展以数字、网络等以高新技术为支撑的新兴文化业态；另一方面要改造提升城乡传统文化产业，挖掘青海省地域乡土景观和民俗文化的内涵，以适应现代城乡文化体系和行为模式。

（二）社会保障一体化

1. 建立多层次的社会保障体系

进一步完善以基本养老、基本医疗、最低生活保障制度为重点的城乡社会保障体系。第一，要合理提高城乡社保筹资规模和层次，同时保障补助水平，建立完善同类社会保障关系转移接续制度，同时加快推进农牧区养老保险，统筹解决好城乡特殊人群养老保险问题。第二，继续完善城乡基本医疗保障制度，建立完善医疗卫生服务体系，进一步加快建立完善青海省城乡居民新型合作医疗制度。各级政府要切实按照中央、省、市有关文件精神，积极组织引导城乡居民应保对象建立完善新型合作医疗制度，实行农民个人缴费、集体扶持和政府资助相结合的筹资机制。第三，要推进计划生育制度改革，完善城乡最低生活保障制度，建立补助标准合理增长机制和专项救助制度，实现城乡救助全覆盖。第四，要完善社会福利体系，加强社会福利、残疾人服务设施建设，提升残疾人和孤残儿童福利水平。第五，要加强社会保障信息网络建设，根据城乡居民的不同特点和需求，完善电子社会保障卡的功能，方便城乡居民的使用，并实现精细管理。

2. 建立城乡统一的户籍管理制度

一方面要继续深化户籍管理制度改革。不断完善财政转移支付和城镇新增建设用地规模与农牧业转移人口市民化挂钩政策,通过增加居住证持有者享有的便利和服务,加快农牧业转移人口的市民化进程。以经常居住地登记户口为基本形式,以合法固定住所和相对稳定的职业或合法生活来源为基本的入户条件,以法治化、证件化、信息管理为主要手段,建立统一的城乡户籍管理制度。另一方面要通过综合施策来促进城乡人口长期均衡发展。建立健全城乡计生权益保障制度,加大基层计划生育、妇幼保健基础设施建设力度,健全计划生育服务体系,强化人口信息资源的开发利用,重点做好农牧区和流动人口的计划生育工作。同时通过优化社保政策、加快城乡基本公共服务均等化等措施,吸引和留住人才,促进人口合理流动,推进人口高质量城市化。积极应对人口老龄化,统筹城乡老龄事业发展,推进多层次的养老服务体系和老年教育基础设施建设。

3. 建立城乡统一的就业政策体系

首先,要通过增加青海省城镇的就业容纳能力、完善就业创业政策体系、加强职业培训和择业观念教育等措施,提高城乡劳动者就业能力;其次,要搭建城乡要素自由流通的制度框架,创新城乡人才合作交流机制,探索"反飞地"、岗编适度分离等创新模式,充分发挥乡贤联系、大学生回乡创业、农业转移劳动力返乡就业的城乡纽带作用,同时重点解决好高校毕业生、农村富余劳动力、城镇就业困难人员等重点人群的就业工作问题;再次,要积极健全统一、规范、灵活的人力资源市场,为劳动者提供高效的就业服务,提高城乡居民进行就业和创业的成功概率;最后,要通过加强劳动执法,提高劳动合同签约率,建立和谐的城乡就业劳动关系,保障青海省劳动者权益,提高就业质量。

(三)基础设施一体化

城乡基础设施一体化就是要强化城乡基础设施的衔接、互补,对促进公共资源在城乡之间均衡配置、实现生产要素在城乡之间自由流动、加快改变农村落后面貌、推动城乡经济社会融合发展,具有重要的先导作用。

1. 实施基础设施服务分级管理制度

按照"省—市—县—乡"四个层级,建立统一与分级相结合的基础设施服务管理体制。按照"权责统一"的原则,细化各个层级政府在建设和管理基础设施工作中的职责和任务。对服务和管理需跨越多个层级的基础设施建设,要进一步厘清层次、划分责任边界,促进权责清晰的精细化管理服务。同时,各级政府要根据本地区发展实际,以城乡居民的需求为导向,提供因地制宜的公共服务,鼓励有条件的地区扩大基础设施服务范围,以促进城乡各类要素的加快流动。

2. 统筹城乡基础设施一体化发展

在青海省内,以市(州)县域为整体,统筹规划布局道路、供水、供电、信息、广播电视、防洪和垃圾污水处理等城乡基础设施建设。其中，互联互通的交通网是融合城乡空间的基础载体，所以要重点推动城乡路网一体化建设，构建城市与乡村之间高效的道路连接。加快城乡基础设施一体化建设，构建事权清晰、权责一致、省级统筹、市（州）县负责的机制；建立城乡基础设施一体化管护运行模式，将公益性设施管护和运行投入纳入一般公共财政预算；明确乡村基础设施产权归属，由产权所有者建立管护制度，落实管护责任；以政府购买服务等方式引入专业化企业，提高管护市场化程度。

3. 深化城乡重大基础设施工程合作机制

第一，积极推动青海省与邻近省基础设施建设管理项目对接，协作解决地区间重大问题，例如，联合实施一批大气、水、土壤污染治理重大工程，推动重大项目环评会商、重大环境事故联合执法。强化青海省内各地区、各部门的统筹、协调、联动，推进黄河干流流域及主要河流流域生态环境整治重大工程，加快推动"引黄济宁"工程，共同抓好大保护，协同推进大治理。① 第二，要加强青海省城乡重点产业项目的政策引导，推动青海省农村工业向小城镇和工业园区集中，解决农村工业分散布局、无序排污的问题。第三，要统一城乡环境保护政策，禁止高污染、高能耗等不符合国家产业政策和环保政策的项目到农村建设，特别要杜绝城市的重污染企业、项目、废水和垃圾向农村转移。畜禽养殖企业规划布局要远离城市、村镇驻地和饮用水源地，所产生的粪便等污染物要进行无害化处理。对城乡生态环境实行统一规划和建设，着力构建城乡衔接的绿化和环保基础设施体系。统筹划分城乡生态建设、环境保护和污染治理的责任，建立生态破坏和环境污染补偿机制，维护农民的环境权益。

（四）空间发展一体化

青海省在积极参与"一带一路"，以及黄河流域生态保护和高质量发展、兰西城市群建设等重大战略实施过程中，要协调好西宁中心城市、海东副中心城市、各县域中心城市和广大乡村地区的发展关系，强化好中心城市对腹地区域的辐射带动作用，进一步明确不同等级城市与乡村的发展目标和职能分工，顺应发展规律。通过打造西宁都市圈、特色"环湖圈"、绿色"江河源"，努力形成大中小城市和乡村共同加快发展的格局，构建多个大小不等的人口、产业聚集地和经济增长极，最终形成体系完备、有机关联的城乡体系。加快推动兰西城市群和青海东部城市群发展，编制并完善与兰西城市群发展规划相契合的青海省国土空间规划，以网状城市群为主体形态，按照"两核一轴一高地"区域协调发展总体布局，构建"一群两区多点"省域城镇化空间体系。

---

① 青海省委、省政府印发《青海省关于建立健全区域协调发展新机制和城乡融合发展体制机制的若干措施》，2020年1月9日。

第四节　城市群建设与发展

（一）东部城市群发展条件综合评价

1. 东部城市群在全省经济社会发展中占有举足轻重的地位

东部城市群是青海省最为宜居宜业的地方，在区域内"一市七县"中，海拔最低的是民和县城，海拔为1800米，最高的大通县城海拔为2720米，西宁市海拔为2250米。东部城市群面积只占全省面积的2.28%，而居住人口却占了全省人口的61.3%。东部城市群是青海省《全国主体功能区规划》中的全国重点开发地区。因此，东部城市群对全省经济社会发展起着举足轻重的作用，不仅起到经济增长极作用，还起到引领全省共同发展的作用。

2. 东部城市群发展面临的问题与挑战

近年来，东部城市群在经济社会等方面有了较快的发展，但作为青海省经济社会发展的增长极和率先崛起地区，在动力机制与发展路径方面，青海还存在一些问题，面临如下挑战。

（1）区域竞争激烈，东部城市群及中心城市的经济实力亟待提高。在我国的西部城市群中，青海省东部城市群处于较低的水平。近年来，我国西部地区相继有多个"城市群"纳入国家级和省级发展战略的层面，这些城市群已经成为我国经济发展新的增长极。随着发达国家和我国沿海地区产业结构的调整，要求西部地区提供更多的资源和发展空间，加之部分产业正在由东部向西部转移，西部地区城市群迎来了加快工业化进程的历史性战略机遇期。一批现状基础好的中心城市正在加快发展，而诸多具备比较优势的中小城市也都加快了发展的步伐，区域竞争趋于激烈。对比我国西部地区其他城市群，青海省东部城市群显然发展实力不足，无论在地域范围、人口总量、经济总量还是人均GDP上，都处于低位，与西部地区其他城市群相比，仍处于落后水平。因此，如何在激烈的竞争中正确定位，找准自己的位置，是目前青海东部城市群发展的突破口。

西宁中心城市实力不强，是城市群发展面临的主要问题之一。与西部地区的同类型中心城市实力对比，西宁市处于比较落后的位序。西宁市域和市区面积是西部城市群各中心城市中最小的。2018年，在10个西部中心城市人口中，西宁市域人口仅比银川和拉萨多，市区的人口仅高于拉萨；市区的GDP及人均GDP仅高于拉萨（见表5-3）。

表5-3 2018年我国西部城市群中心城市实力对比

城市群	中心城市	市域人口（万人）	市域面积（平方千米）	市区人口（万人）	市区面积（平方千米）	市区GDP（亿元）	市区人均GDP（元）
关中—天水经济区	西安	987	10958	852	6007	8015	104381
呼包鄂经济区	呼和浩特	246	17186	138	2065	2281	103348
滇中城市群	昆明	572	21013	320	5952	4126	94798
黔中城市群	贵阳	418	8043	259	2526	2876	83545
宁夏沿黄城市群	银川	193	9025	120	2306	1256	87231
广西北部湾城市群	南宁	771	22244	764	9947	3290	75172
天山北坡地区	乌鲁木齐	222	13788	217	9577	3075	89278
藏中南地区	拉萨	55	29654	31	4328	440	43800
兰州—西宁城市群	兰州	328	13192	209	1574	2241	83401
青海省东部城市群	西宁	207	7607	100	477	1004	76534

资料来源：《中国城市统计年鉴》（2019）。

由表5-3可知，一是西宁中心城市实力较弱，后期规划需要做大做强才能成为有竞争能力的区域中心城市；二是西宁中心城市做大做强既要有内涵发展，也要有外延的空间扩张，现有市区面积显然太小，必须有较大的扩展；三是从长远的发展角度考虑，西宁市的市域也将有所扩展，这对中心城市在更大空间的发展壮大很有必要。

（2）经济水平不断提高，但总体水平仍然较低。2000年以来，城市群区域的经济发展较快，综合经济实力得到显著增强。历年《青海统计年鉴》数据显示，青海省东部GDP（当年价格）由2000年的123.4亿元增长到2019年的1815.5亿元（见表5-4）。2019年，东部城市群GDP占全省GDP的61.2%，比2000年增长14.4个百分点，经济总量优势明显，在青海省经济实力位居首位，但其整体发展水平明显落后于全国平均水平，不仅与东、中部地区省份差距很大，而且在西部地区也处于平均水平之下，区域总体经济发展水平仍然处于工业化的初级阶段。

表5-4 2000~2019年东部城市群的生产总值情况

指标	单位	2000年			2019年		
		合计	西宁市	海东四县	合计	西宁市	海东四县
GDP	亿元	123.4	92.0	31.4	1815.5	1327.8	487.7
GDP占全省GDP的比重	%	46.8	34.9	11.9	61.2	44.8	16.4

资料来源：《青海统计年鉴》（2020）。

（3）土地后备资源不足。东部城市群地处黄土高原西缘，境内山地多、平原少，城镇多建于河谷川水地带，耕地面积只占区域总面积的 19.8%，人均面积为 1.4 亩。可开发的土地资源十分有限，耕地后备资源严重不足。随着经济发展和城镇化进程的加快，城镇规模扩大必然要占用大量宝贵的耕地资源。因此，东部城市群区域在城镇规划建设管理中必须高效集约，合理利用好每一块土地。

（4）人力资源瓶颈与农业产业化的挑战。对于东部城市群区域而言，中心城市西宁是人力资源的富集区，必须积极开发利用，而其他城市专业人才缺乏，需要大力培养和引进。据统计，在区域就业人口中，乡村从业人员占比过半，而乡村从业人员中从事农林牧副渔业的劳动力又不足一半，大部分人从事非农产业，且其中的大多数人常年打工。这些从事非农产业的劳动力将是本地城镇化的主力军，其中也会有部分外出人员异地城镇化①。此外，区域的乡村劳动力素质普遍较低，这种状况难以为本地产业升级和城镇化进程提供所需的人力资源。

农业产业化面临挑战。东部城市群这些年特色农业已有较大发展，但总体上仍是传统农业，农业产业化水平低、农户经营分散、农民增收不快等问题仍然没有得到很好的解决。目前，该区域向外输出的农产品主要是初级产品和低附加值的初加工产品。该区域作为青海省发展条件最优且有一定基础的特色农业生产区，如何充分利用已有的优势，通过农业科技化、产业化经营示范带动等措施实现传统农业向绿色生态农业、特色农业、科技效益农业转型，并适应城镇化加快发展的需要，无疑是其发展面临的巨大挑战。

（5）生态环境保护与经济发展冲突。青海省地处青藏高原，是我国重要的水源地和生态屏障。由于脆弱的自然条件、敏感的生态区位和水土资源条件，限制了城市群区域发展部分工业，这也在一定程度上限制了城市经济的规模化扩张。因此，如何在区域发展中找到经济效益和生态效益的最佳结合点，是东部城市群今后发展的一大挑战。

（二）城市群发展战略

1. 战略定位

（1）国家战略定位。青海省东部城市群将作为联系亚欧大陆桥城镇带上的关键点，起到物流、人流、信息流的交换、传递等枢纽功能。这一定位的明确将青海东部城市群融入国家区域发展空间战略中。青海东部城市群处于西部地区的地理中心位置，所具有的"尺度大、用地少、基础差、生态弱、多民族"五个特征是整个西部地区的共性，因此，青海东部城市群的加快发展对西部大开发也具有重大意义。

---

① 异地城镇化是指农村人口大量集中向大中城市或发达地区城市流动、迁移的城镇化模式。

（2）区域功能定位。青海东部城市群不仅是青藏高原的门户，而且是整个青海、西藏地区的经济中心，包括商贸服务业中心、制造业中心、旅游业中心和现代物流业中心。该区域的功能定位强调了青海东部城市群的发展要生态优先、注重民生、重视民族和睦。该区域是全国发展循环经济的实验区，必须坚定不移地走新型工业化和新型城镇化的可持续发展之路。青海东部城市群的发展若能实现此目标要求，就能成为全省乃至整个西部地区率先发展、科学发展的示范区。

2. 总体空间布局

优化、整合东部城市群人口、产业和资源环境，强化中心城市西宁、副中心城市乐都以及各县域中心城市的跨越式发展，构筑区域和城乡一体化的基础设施体系和公共服务系统，全方位拓展与柴达木国家循环经济区、兰州经济区等周边区域以及我国东部沿海地区的交流协作，为东部城市群的经济社会发展提供具有高度适应性和开放性的空间载体。基于城市群发展的目标定位与空间发展战略，东部城市群将以网络化的交通体系建设为基础，以全方位的发展带、发展圈、发展轴为主线，以多层次的城镇体系和产业园区为节点，以大块区域绿地和绿化廊道为间隔，形成不同类型、不同规模的城镇和产业区向"带、圈、轴"集聚，推动城市群区域呈现"一体化、网络型、开放式"的空间发展格局。

3. 城镇体系空间组织

（1）构建"一核一带一圈"的城镇体系空间发展框架。"一核"即东部城市群的核心区——西宁市主城区，可扩大到西宁中心城市。"一核"是引领城市群、青海省发展的区域性中心城市，但其现有实力还不强，需要继续发展壮大，重点是聚合高端服务和创新功能。"一带"是沿湟水谷地的城镇——产业聚合带，重点发展平安、乐都、民和。"一带"是承接产业梯级转移的重要地区，是现代设施农业产业化走廊，矿产资源精深加工走廊，区域性物流枢纽，区域性历史文化旅游、民族风情旅游、生态旅游示范区，全省重要的现代制造业、新型建材、职业教育示范基地，城市群"菜篮子"主要生产、供应和保障基地，全省重要的宜居宜业地区。"一圈"是以西宁主城区为中心的一小时城市交通圈，圈内包括城市群区域内的各县城和大多数乡镇。要积极推动城市圈的多条环路和纵向对外交通轴线建设，形成城乡统筹发展的交通通道，对农业产业化发展、乡村居民点体系重组和实施城乡基本公共服务均等化有重大作用。

（2）形成"一主一副两区"的空间发展组织。"一主"即西宁市主城区，主城区可以规划建设的用地已经不多，需要向外拓展，与周边城市组团或向县城分散；必须严格控制主城区连片蔓延发展，优化主城区功能结构与人居环境。"一副"即乐都副中心城市，现有城市规模很小、基础十分薄弱，但区位优势明显，通过政策扶持、自身发展，将起到引领海东地区整体发展的作用。"两区"即西宁都市区和海东次区域。以西宁主城区为核心的半小时交通圈都市区，包括距西宁城市中心50千米左右的湟中、大通、平安、互助、湟源等区县，是主城区功能的主要扩展区。以乐都副中心城市为核心的海东次区域，主要包括乐都区、民和县和平安区，辐射范围可扩展到互助县、循化县、化隆县以及海石湾地区等。乐都副中心城市和平安、民和城区都将成为东部城市群新的经济增长极。

4. 产业发展布局

（1）产业结构特征。产业结构从"三二一"向"二三一"转化，工业已成为经济增长的主要力量，目前，东部城市群区域已经形成九大产业集群（见表5-5），但工业结构层次偏低，仍处于以资源型原料工业为主导的发展阶段。近年来，农牧业发展优势明显，东部城市群的农牧业发展以市场为导向，充分发挥优势规模，积极推动农业产业化。

表5-5 东部城市群主要产业集群

产业集群	集中区域	代表企业
新能源产业	西宁东川工业园	青海神光新能源有限公司、青海聚阳能硅业有限公司、青海尚德尼玛太阳能电力有限公司、青海华硅能源有限责任公司
新材料产业	西宁东川、南川工业园和生物科技园	亚洲硅业（青海）有限公司、青海泰丰先行锂能科技有限公司、青海西旺高新材料有限公司
有色金属产业	西宁大通北川工业园、甘河工业园	西部矿业集团有限公司、中铝青海分公司、青海黄河再生铝业有限公司、平安鑫源资源开发有限公司、西宁特钢集团有限公司、紫金矿业集团青海有限公司
化工产业	西宁及甘河工业园	青海宜化化工有限公司、青海桂鲁化工有限公司、青海化工设计开发有限公司
生物医药产业	生物科技园和东川工业园	青海晶珠藏药集团、青海金诃藏药集团有限公司、青海珠峰虫草药业有限公司
装备制造业产业	西宁、南川工业园和乐都	青海风发科技发展有限公司、青海洁神装备制造有限公司、青海康泰铸锻机械有限公司、青海精治铸业有限公司
藏毯藏绒纺织产业	南川工业园	青海圣源地毯有限公司、青海柴达木绒业有限公司、青海藏羊地毯（集团）有限公司
特色工艺品、农产品加工产业	集中程度不高，各地均有	青海康普生物制品有限公司、青海互助青稞酒集团、青海可可西里实业开发集团有限公司、青海弘大农副产品加工有限公司、青海西北骄天然营养食品有限公司
建材产业	集中程度不高，各地均有	青海祁连山水泥有限公司、互助博川矿业公司

资料来源：笔者根据相关资料整理得到。

（2）完善城市群产业体系。结合东部城市群现有基础和发展条件，东部城市群应形成核心竞争力突出、产业链体系健全、分工特色鲜明的高原特色产业体系，如加大对以"宗教文化""高原文化""高原特色农畜产品生产及加工业"等为特色的产业深度挖掘。此外，还需积极延伸产业链体系，如太阳能光伏产业链、电解铝产业链、装备制造产业链、高原生物制药产业链、特色工艺品加工产业链、特色农畜产品加工产业链等。

（3）以工业园区开发建设为主体，加快新型工业化进程。工业园区建设要把调整产业布局结构作为重点，按照分类集中、梯级分区和差异化发展的原则，有保有压、有收有放，依托现有基础，着力建设产业集聚区。根据城市群空间布局要求，积极推动西宁主城区的工业向海东湟水谷地（平安、乐都、民和）转移。重点发展以新能源、新材料、生物技术为代表的高新技术产业，积极推动装备制造业、金属加工、民族特色纺织业发展，用先进技术提升钢铁、有色金属冶炼、化工、建材产业，争取海东工业园区列入国家级开发区。

（4）积极发展旅游业，增强城市群的吸引力。在《青海省东部城市群城镇体系规划（2011—2030）》中对东部城市群旅游资源开发利用的总体发展定位是"世界知名、全国著名的高原特色旅游目的地，青海省重要的旅游集散中心、避暑胜地中国夏都"。围绕这一总体目标，需构建不同等级的旅游服务中心和基地，并建成一批旅游型城镇或旅游占据重要职能的城镇。

（5）促进商贸、金融、物流等现代服务业发展，凸显中心城市功能。城市群区域要按照网络化、同城化、一体化的发展思路，大力促进发展门类齐全的现代服务业。中心城市西宁的经济应向生产与服务并重转型，各级城市都要大力培育综合服务产业，形成辐射与服务区域的能力；以促进中心城市、副中心城市、县域中心城市整体功能的提升和完善，满足和扩大居民消费需求为目标，对城市未来商贸、金融网点的功能、结构、布局和建设规模做出统筹规划，改造和提升传统商业方式，发展新型商贸、金融业态；注重发展为制造业、流通业服务的现代物流产业，重点建设区域性的西宁朝阳物流园、双寨综合物流园、平安空港物流园；培育西川、南川、东川、大通、平安、乐都、民和的专业性和地方性物流园，加强西宁火车站的铁路公路货物联运，以及平安机场、铁路与公路的货物联运，打造城市群区域物流中心和物流体系。

第五节　西宁—海东都市圈构建

（一）规划背景

2018 年，由国家发展和改革委员会、住房和城乡建设部正式印发《兰州—西宁城市群发展规划》（以下简称《规划》），其中为促进人口和经济要素进一步集聚和优化配置，提出了构建西宁—海东都市圈的空间格局。该规划以西宁、海东为主体，辐射周边城镇，旨在加快壮大西宁综合实力，完善海东、多巴城市区功能，强化县域经济发展，共同建设承接产业转移示范区，重点发展新能源、新材料、生物医药、装备制造、信息技术等产业，积极提高城际互联水平，稳步增加城市数量，加快形成联系紧密、分工有序的都市圈。

（二）建设现状

西宁—海东都市圈由西宁海东两市 7 区 6 县（西宁市所辖城东区、城中区、城西区、城北区、湟中区、湟源县、大通县，海东市所辖平安区、乐都区、互助县、民和县、化隆县、循化县）构成，作为兰西城市群发展的"两核"之一，将直接引发青海省人口、经济活动的地区性迁移和重构过程。2019 年，西宁—海东都市圈总人口为 334.9 万人，占青海省总人口的 55.1%，GDP 为 1734.7 亿元，占青海省的 58.5%，几乎集中了青海省全部的外资企业和全球化活动，都市圈内的城镇人口和社会经济活动加速向湟水谷地集中。

（三）发展思路

青海省将以西宁—海东都市圈协调一体化发展为抓手，实施行政区经济向城市群经济转变的重大战略谋划。

该都市圈建设将坚持以网状城市群为主体形态，拓展区域发展新空间，围绕规模和人口聚集度来谋划城市定位和布局，构建"一轴一带、一线一圈"的城市群空间格局。具体包括打造宜居宜业宜游"大西宁"，打造城乡统筹和新型工业化、城镇化、农业现代化"新海东"，实现西宁市和海东市协调一体化发展，以促进城市群节点城市协同融合发展，积极培育一批新兴城市。同时，一方面将加快"大西宁"行政区划调整，拓展发展空间，着力构建点、极、带的经济格局，推进构建"一芯双城、环状组团发展"的生态山水城市，开创生态空间青山绿水、生活空间宜居宜业新局面。另一方面将加快建设海东河湟新区，推动形成与西宁错位互补、分工协作的区域发展新格局，把河湟新区建成国家重要的战略性新兴产业基地、青海省副中心城市、兰西城市群重要节点城市和具有河湟文化特色的高原生态旅游宜居城市。

在西宁、海东协调一体化发展中，青海将把西宁和海东全力打造成为支撑和引领青海省发展的核心增长极，加快形成联系紧密、分工有序的都市圈；在促进城市群节点城市协同发展和积极培育一批新兴城市中，推进沿黄快速通道建设，打通节点城市与中心城市、节点城市之间高效便捷的交通网络，支持符合条件的县有序改市（区），积极培育新兴城市，实现西宁、海东发展一盘棋。

此外，按照建立"西宁—海东都市圈"建设协调推进机制的决定，青海省将着力推动基础设施、生态环保、基本公共服务、市场体系四大领域一体化，包括启动"西宁—海东都市圈"城际交通建设，构建一体化的基础设施支撑体系等。

第六章　基础设施与公共服务建设

第一节　公路网建设布局

一、1949 年前的公路建设概况

青海是祖国西南、西北边防及藏区稳定发展的重要屏障。青海自古以来就是一个以道路交通为主要运输方式的地区。青海的陆路交通历史悠久，道路的缘起，可以追溯到远古时代。早在数万年前的旧石器时代，就有人类在青海大地上繁衍生息，形成了最原始的交通道路。到了青铜器时代，随着社会生产力的发展和人类交往日渐频繁，贯穿青海全境以至内通中原、远达西域的古青海交通路线初具雏形，交通工具也随之出现。后经氏羌、吐谷浑、吐蕃、嘲厮啰等历代的发展，使青海在历史上不仅是古丝绸之路和唐蕃古道的必经之地，也是中原地区通往西域、西藏及南亚地区的主要交通要道，是丝绸之路这条中西交流大通道上的主要枢纽，形成了许多著名的古道，如丝绸之路南线青海道、唐蕃古道、党项古道、河曲道、入藏官马大道、西平张掖道、乐都威武道、临羌山南道、安夷和罗古道等，形成了辉煌的青海古代交通。直到清末，青海省共有古道 18 条，长 3 万多千米。青海的古代交通，在不同历史时期和不同的历史条件下，在维护国家统一、巩固国防、传达公文、通达政令、使臣往返、商贾贸易、辎重运输、支援战争以及僧侣出入、文化交流等方面，都发挥过重要的历史作用。

1949 年以前，青海交通闭塞、信息不充分，现代交通业起步晚。1924 年，西宁才有汽车；1927 年，青海开始建设现代公路，西宁附近有部分公路路段出现；1928 年，由西宁经永登至兰州的汽车路初步开通；1935 年，建成西宁至享堂的公路，后延至兰州；1938 年，西宁至兰州的汽车客运开通，青海公路交通进入初创时期。1935～1947 年，抗日战争导致不少省份相继沦陷，青海作为当

时的战略大后方，为取得同盟国的物资支援，国民政府极力打通青海通往新疆、西藏的交通要道，开始修建青藏、青新国道。截至 1948 年，全省公路里程 3143 千米，桥梁 71 座，民用汽车 216 辆，各级交通管理机构和设施也相应增加，汽车完成总运输量约占全省各类运输总量的 2/3。但由于当时资金严重不足，技术装备十分落后等原因，导致工程质量低劣，遗留的隐患很多，这些公路大都是在原有驮运道及大车道基础上加宽改造而成的，缺桥少涵，路面坎坷不平，有的路段根本没有使用价值，甚至有的路面交工后就不能通车。例如，1947 年 9 月 15 日，青新公路西宁至茫崖段试车后，同青藏公路宁玉段一样，再没有通过车。1949 年以前，青海能勉强通车的公路共计 472 千米，汽车 200 多辆，被地方军阀所垄断。1949 年以后，青海被接管的 14 辆破旧汽车中，勉强能用的只有 4 辆。

二、1949 年后的公路建设概况

中华人民共和国成立以来，青海省的公路建设事业走上健康大发展道路，先后建设和修复了青藏（西宁至拉萨）、青康（西宁至玉树）、青新（西宁至茫崖）、甘青（兰州至西宁）、宁张（西宁至张掖）、宁临（西宁至临夏）和花吉（花石峡至吉迈）等 10 多条干线公路，相继建成了平西、马平、西湟、湟倒、西塔和宁大等 14 条高等级公路，同时，接管茶卡至德令哈、德令哈至小柴旦湖、当金山至大柴旦、大柴旦至察尔汗、湟源至西海 5 条高等级公路。基本形成了以西宁为中心，以高速公路、国道、省道为骨架，以县乡道路、专用公路为支脉，干支相连、脉络贯通，辐射全省城镇、农牧区，外连相邻省份的公路交通网。

根据青海公路建设发展情况，分为四个阶段。

1. 第一阶段（1949~1957 年），恢复发展时期

青海地域辽阔，运输线路长，运输任务繁重，铁路未修通以前，公路运输既承担短途物资的集散，又承担长途客、货运输的任务。1957 年全省通车里程 8259 千米，比 1949 年增长了 16.5 倍，其中有路面的里程 4426 千米，比 1949 年增长了 14.0 倍。当年完成客运量 81 万人（次），比 1951 年增长 400 多倍；货运量 172.7 万吨，比 1950 年增长 1300 多倍，全省客货运输除极少数畜力和人力运输外，其余由公路运输完成。

2. 第二阶段（1958~1978 年），缓慢发展时期

这一阶段，青海公路运输业的发展缓慢。1962 年公路通车里程 15447 千米，但由于急于求成赶速度而忽视了工程质量，造成部分公路达不到通车要求。随着党中央"调整、巩固、充实、提高"方针的贯彻执行，青海省把公路建设的重点转到提高通车能力和技术等级上，1965 年公路通车里程 11981 千米，虽比 1959 年减少 2798 千米，但黑色路面增加了，路面质量有了较大提高。

1966 年，青海省公路建设处于停滞状态，全省公路通车里程徘徊在 1.2 万~
1.3 万千米，1978 年全省公路通车里程为 13675 千米。1965~1978 年是公路通车
里程增长最缓慢的时期，公路通车里程只增加了 1694 千米。

3. 第三阶段（1979~2005 年），稳定发展时期

这一阶段，青海省在增加公路里程的同时，加强了对旧有公路的技术改造，
主要干线公路路面黑色化，建设永久性桥梁，全省公路通车里程、有路面里程
及高级次路面大幅度增加。2007 年公路通车里程 52625 千米，同 1978 年相比，
年均增长 4.7%，比 1965 年增长了 43 倍，年均增长 9.4%。2001 年，全长 34.78
千米的平安—西宁高速公路建成通车，从此青海有了第一条高速公路，这也是
青海省公路交通发展史上的一座里程碑。此后平安—马场垣、西宁—塔尔寺、
西宁—大通等高速公路相继建成开通。

4. 第四阶段（2006~2019 年），快速发展时期

"十一五"以来，青海省高速公路建设实现历史性突破，交通投资保持高位
增长，投资结构明显优化，公路网规模持续增长，等级结构明显改善，国省干
线公路建设取得明显进展。全省已初步形成 G109、G315 和 G214、G215、G227
"两横三纵"公路主骨架，国省干线公路主要路段基本实现了黑色化，并基本达
到二级公路标准。

"十二五"时期，全省交通固定资产投资累计完成投资 1109.65 亿元，是
"十一五"时期的 2.7 倍。在经济下行压力较大的情况下，交通建设对稳增长发
挥了重要作用。

2020 年底，青海省公路网总里程达 8.5 万千米，公路密度达到 1180.56 千
米/万平方千米。其中，高速（一级）公路突破 4000 千米，实现所有的市州和
67% 的县城通高速公路，"东部成网、西部便捷、青南通畅、省际连通"的公路
网基本形成。

三、公路网建设现状

1. 公路建设持续强化，等级结构明显改善

根据《国家高速公路网规划》，推进青海省实现高速公路建设目标，以国家
高速公路、西部"八纵八横"骨架为重点的高速公路建设快速推进。2019 年
底，全省高速公路通车总里程达 3450.93 千米。2020 年底，高速（一级）公路
突破 4000 千米。以西宁为中心、辐射市州的高速公路骨架基本形成。

青海省普通国道、省道布局及线位规划全面完成。2019 年，一级、二级公
路通车里程达到 9306.19 千米，较 2010 年末新增 3746 千米。路网覆盖范围明显
扩大，基本实现相邻市州间二级公路贯通，县城基本通二级公路。

截至 2019 年，青海农村公路总里程已达 6.04 万千米，具备条件的乡镇和建制村通硬化路率分别达到 99.8%、100%，通客车率分别达到 100%、97%。青海农村群众出行难的问题得到有效解决。

2. 运输服务水平整体提升

1978 年以来，青海公路客、货运量呈现直线增加，旅客周转量和货物周转量均表现出上升态势。客运量从 1978 年的 158 万人次增加到 2019 年的 5071 万人次，增长了 31.09 倍。截至 2019 年末，旅客周转量增长至 500460 万人/千米；公路货物运输量由 780 万吨增长至 16102 万吨；货运周转量增加至 2904581 万吨/千米。公路客、货运输量分别占全社会运输量的 24% 和 76%，公路运输的基础作用和主体地位进一步巩固。

2015 年底，全省开通客运班线 893 条，日均发送 7045.7 班次；农村客运覆盖水平稳步提高，实现 100% 的乡镇、83.55% 的建制村通客运班车，比"十一五"末分别增加 10.40 个和 8.85 个百分点。全省旅游客运经营户达 23 户，旅游客运车辆达 699 辆。"十二五"期间新开辟旅游客运班线 3 条，旅游客运网络基本覆盖省内主要旅游景区。西宁公交都市创建工作进展顺利，东部城市群、海西州城乡客运一体化进程明显加快，全省城际和城乡公交一体化线路达 247 条，营运公交车辆 1285 辆。道路货运市场发展平稳，西宁青藏国际综合物流集散中心格尔木昆仑物流运业有限公司甩挂运输试点建设基本完成，城市配送和农村物流加快发展。

3. 公路科技创新和信息化建设稳步推进

经过多年努力，青海省已完成"多年冻土区公路建设与养护技术交通行业重点实验室青海研究观测基地""青海省青藏高原公路建设与养护重点实验室"和"高寒地区交通建设与养护技术国家地方联合工程实验室（青海）"等重点实验室的建设；实施科技示范工程，对多项科研成果进行了转化应用及集成创新。新技术、新材料、新工艺等的广泛应用使典型病害明显减少，公路建设养护质量有了明显提升，形成了较为完整的交通信息化总体框架，基本实现全省公路网络化管理、重点区域和重点交通工具运行状况的实时监测；搭建了全省统一的交通运输行业数据中心、行业通信骨干网和具备一定密度的外场感知设施，行业信息采集和发布能力进一步增强；建成高速公路运营路段联网收费系统，启动 ETC 收费系统并与全国联网。

4. 绿色公路交通初见成效

围绕着生态立省的理念，青海省将绿色交通发展理念贯穿交通运输规划、建设、养护、运输和行业管理的各个环节，秉承绿色、和谐的理念，注重生态环保。为建设更加美丽的新青海，青海省在公路的建设和运营中建成了共和至玉树、花石峡至久治、扎隆沟至碾伯镇等一批绿色公路示范项目；实施了国道227线青石嘴至祁连公路生态建设和修复试点工程、西塔高速公路改扩建绿化工程、西宁南绕城高速公路绿化工程等；依托花石峡至久治高速公路，开展了青藏高原绿色循环低碳生态公路工程试点，打造出一条条"绿色长廊"。2021年，全省高速公路优等路率达到99.63%、国省干线公路优良率达到77.77%，高速公路宜绿化路段绿化率达100%、普通国道宜绿化路段绿化率达90%，基本实现"应绿尽绿"；严格执行建设项目环境评价、水保方案和节能评估标准，加大施工环境监测和生态恢复力度；积极推进筑路材料回收利用，高速公路养护废旧沥青路面材料循环利用率达100%、国省干线废旧沥青路面材料回收率约60%、循环利用率约10%；推广运用环保节能产品和技术，积极实施城市公交、出租汽车、短途班线及城乡客运专线的油改气工程；加强交通环境运行监测，启动了交通运输环境监测网络试点工程。

四、主要干线公路

1. 国道

（1）青藏公路：起自青海省西宁市长江路与胜利路交叉口，止于西藏自治区拉萨市拉萨大桥桥头，线路蜿蜒于"世界屋脊"之上，全长1937千米，其中青海省境内长1386千米，占总长的71.55%；唐古拉山口海拔5231米，风火山口5010米，自昆仑山口至羊八井，海拔一直在4600米以上，到处冰雪覆盖，冻土层广为分布。为世界上海拔最高、里程最长的公路。青藏公路于1954年12月24日建成通车，经过多次大规模改造，实现了全线桥梁永久化，黑色路面全线贯通，成为我国通往西南边陲的交通大动脉。在青藏铁路通车前，全国支援西藏的物资有80%以上通过这条公路运送，为青藏高原繁荣昌盛作出了重大贡献。

（2）西景公路：起于青海省西宁市长江路与胜利路交叉口处，经湟源、倒淌河、河卡、温泉、花石峡、黄河沿、清水河、歇武、结古、囊谦、麻衣勇（省界），进入西藏经昌都，经四川邦达，止于云南省的景洪市，全长3285千米。青海省境内长1084.2千米，占总长度的近33.00%，其中，西宁至倒淌河段长102千米，与青藏公路共线。西景公路历史上先后称为宁（西宁）玉（玉树）公路、青藏公路、青康公路、倒（倒淌河）邦（四川邦达）公路，2000年，正式更名为西景公路。西景公路的西宁至玉树段在1944年9月修通，经过同年10月26日至11月13日试车后，因工程质量问题，在1949年前都没有通车。现今的西景公路是1949年后经多次改建、新建而成，黑色路面全线贯通。1981年11月30日，西景公路列入国家干线公路网，成为省内南北向的交通干线，沿线翻越日月山、鄂拉山、巴颜喀拉山、唐古拉山东段，跨越黄河、长江、澜沧江及其众多支流等名山大川，除湟水谷地和共和盆地外，海拔大都在 4200 米以上，是青海省进入西藏的第二大动脉，其走向和沿线所经过的站点，与昔日"唐蕃古道"大体一致。这条运输线路给牧区运入工业品、粮食、救灾物资，运出畜产品，对青南地区及西藏东部地区经济建设发挥了重要作用。

（3）西莎公路：起于青海省西宁市长江路与胜利路的交叉口处，途经湟源、海晏、刚察、天峻、察汗诺、乌兰、德令哈、大柴旦、鱼卡、马海、南八仙、茶冷口、一里坪、黄瓜梁、花土沟、茫崖镇（省界），出省至新疆莎车，全长 2934 千米，青海省境内长 1272.39 千米，占总长的 43.37%。西莎公路于 1947 年 9 月建成试车，因工程质量低劣，后又失修失养，大都埋没在沙漠荒草之中而废弃。现今的西莎公路是 1949 年后经多次改建、新建而成，黑色路面全线贯通，与甘（肃）新（疆）公路相平行，1981 年 11 月 30 日，列入国家干线公路网，成为各省联系新疆南部的重要通道。西莎公路走向与昔日丝绸之路南线青海道相吻合，为中外游客的古丝绸之路旅游提供了便利的交通条件。

（4）柳格公路：起于甘肃省瓜州县柳园镇，向南经敦煌、阿克塞岔路口后，翻越当金山口进入青海境内，省界处里程碑为 254 千米；再经花海子、鱼卡、大柴旦、达布逊湖至格尔木市，全长 655 千米，青海省境内长 401 千米。该线北端柳园镇与兰新铁路相接，南端格尔木市与青藏公路、青藏铁路相接，是一条沟通青、藏、甘、新四省的重要公路交通线，是西藏通往甘肃西部和新疆的主要交通运输线。古代曾是丝绸之路北线河西走廊和南线青海道之间往来的重要通道，至今不失其重要的战略地位。

（5）宁张公路：起于青海省西宁市同仁路与昆仑路立交桥，北经大通、青石嘴、峨堡、扁都口（省界），止于甘肃省张掖，全长 345 千米，青海省境内长 245 千米。1981 年 11 月 30 日列入国家干线公路网。为古丝绸之路南线的一部分，历代军事上发挥过重要作用。宁张公路是青海东部地区通往省东北部门源、祁连和甘肃西部河西走廊的交通干线。1998 年 11 月 28 日，大阪山隧道建成，可使公路避开大坂山顶积雪严重地段，缩短里程 5.2 千米，使宁张公路四季畅通。

（6）甘青公路：起自甘肃省兰州市黄河铁桥，经达川、张家寺、红古城、海石湾跨大通河入青海省境，再经乐都、平安，止于西宁市长江路与胜利路交叉口。全长 234 千米，其中青海省境内长 115 千米，是青海省连接内陆的一条主要干线。甘青公路穿过大小村镇 53 处，多条支线与沿线乡镇、工矿相连，对青海省国民经济建设具有重要的意义。

2. 省道

（1）西久公路：起于西宁，经湟中徐家寨、河阴镇、黄沙头、南巴滩、河北、大武、甘德县城、达日县城、多尕麻、白玉乡、久治县城，止于久治青川省界，全长 907 千米。该公路是青海东部地区直通省东南部的一条重要交通干线，比原来由西宁经花石峡去果洛州的距离缩短了 180 多千米，避免了冬季因雪灾造成的交通受阻，年节约运输费用达千万元以上。该公路的修建对果洛藏族自治州牧业生产的发展，人民生活水平的提高，与四川沟通在经济、文化等方面的往来具有重要意义。

（2）西互公路：省会西宁通往互助土族自治县的干线通道。南起于西宁市长江路与胜利路交叉路口处，经韵家口、陶家寨、上山城、包家口、双树，北止于互助县城威远镇，全长 44 千米。西互公路于西宁与国道主干线青藏公路、国道宁张公路、省道西久公路联网，由威远镇东西与县际通道平大湟公路贯通，由威远镇北溯接威北旅游公路与省道岗青公路相连，东可通甘肃，西达门源回族自治县，为互助土族自治县对外开放和土乡社会经济发展提供了便利的交通条件。

（3）格茫公路：起于格尔木市的河西转盘，经河西农场、拖拉海热泵站、中灶火、乌图美仁乡、甘森湖，止于老茫崖 315 国道接线处。2007 年，在原有县乡公路的基础上改建贯通，全长 356 千米，使格尔木至老茫崖的行车距离比以往绕行 215 国道和 315 国道缩短了 210 千米，这对加强青海、新疆、四川的联系，促进柴达木盆地的资源开发具有十分重要的意义。

（4）花上公路：起于玛多县花石峡镇，经玛沁县昌麻河乡、优云乡、当洛乡、甘德县上贡麻乡，终点与西久公路（黄河边岔口）相接，全长 186.7 千米。花上公路修建于 1958 年，后经多次改建、新建。该公路是青海省会西宁通往果洛的重要通道之一，同时也是国道西莎公路和省道西久公路重要的连接线，使青海省与四川、云南和西藏往来更为便捷。

（5）安不公路：起于称多县安巴拉山口（青川界），经结古（玉树市府）、治多县城、曲麻莱县城，终点与青藏公路在不冻泉相接，线路总体呈东南—西北走向，全长 625 千米，其中与青康公路共线 49 千米。该公路于 2012 年 7 月 20日开工建设，2016 年 10 月 26 日建成通车。东接国道青康公路，西与国道青藏公路相连，是连接两条国道的重要纽带，也是沿线玉树市、治多县、曲麻莱县与州府连接的重要通道。

（6）清唐公路：起于称多县清水河岔路口，经扎多、邦阳山、曲麻莱县、治多、扎河、索加，终点与青藏公路在唐古拉山镇相接，线路总体呈东西走向，全长 670 千米，其中与安不公路共线 50 千米。该公路是连接西莎公路和青藏公路两条国道的重要纽带。

3. 高等级公路

（1）平西高速公路：该公路是青海省第一条高速公路。起于青海省东部海东行署所在地平安区，通过平安互通立交与 109 国道（二级公路）及临平公路（三级公路）相连。接着路线跨至湟水河北岸向西行，跨红崖子沟，经曹家堡、小峡后进入西宁市，并继续沿湟水河北岸西行，至沙塘川跨河，经西宁火车站至终点西宁市城北朝阳，与祁连路相接，全长 34.78 千米。该公路于 2002 年 6 月全线贯通，实现了青藏高原高速公路"零"的突破。平西高速公路是丹东—拉萨国道主干线的组成部分，是通往青海、西藏的交通要道，也是连接兰州和西宁两大省会城市的快速通道。它在国家及青海公路网中起着举足轻重的作用。

（2）马平高速公路：位于青海省海东地区，线路从青海省与甘肃省交界的民和县马场垣乡湟水河北岸起，经民和县城北、老鸦峡、高庙镇、乐都区，南至平安区北侧，与平安至西宁高速公路相接，全长 84 千米。该公路于 2003 年建成通车，是交通运输部规划的丹东至拉萨国道主干线的重要组成部分，是青海省的主要出省大通道，连接青海西宁与甘肃兰州两个省会城市的主要高速公路干道。该公路对我国西部大开发，带动地方经济发展，维护社会安定和国家安全，以及改变现有道路交通不畅的现状均具有极其重要的作用。

（3）西塔高速公路：起点位于西宁昆仑路与同仁路交叉口南约 350 米处，经沈家寨乡、商校、新庄村立交、新安庄、元堡子村、谢家寨、张家庄、王斌堡、西村、陈家滩至终点塔尔寺，全长 26 千米。2004 年 9 月 29 日，该公路建成通车，既是西宁的南出口，也是西久公路的首段，还是省会西宁通往贵德、大武、久治及四川阿坝地区的主要通道，更是通往佛教圣地塔尔寺的唯一快速通道。该公路建成通车对加快塔尔寺旅游资源开发，缓解西宁南出口的交通压力，提升城市品位，加快西宁与贵德、果洛等地区的联系，促进民族地区经济发展具有重要意义。

（4）宁大高速公路：位于青海省东北部，路线起点位于大通县桥头镇三号桥以北，沿北川河东岸南下，经老营庄、黎明化工厂、鲍家寨北线路口、双苏堡至西宁市朝阳，与朝阳互通立交相接，全长 36 千米。该公路于 2004 年 11 月 6 日建成通车，既是国道宁张公路的首段，也是青海省会西宁通往河西走廊、新疆的重要通道，还是西部开发省际公路的主要通道之一，更是青海省的北大门。

（5）平阿高速公路：起自青海省海东市平安区，与西平高速相接，经青海棉纺厂东北角，沿白沈家沟西岸南行，经沈家、白家、大寨子、新庄、沙卡、古城至石壁、在窑路弯（六台沟）展线后，沿扎隆峡左岸南行，以 3403 米特长隧道穿过青沙山，在全藏村上跨全藏沟、平大公路、浪龙沟，沿浪龙沟右岸下行至终点化隆回族自治县扎巴乡阿岱镇，与建成的阿岱至大力加山二级公路及阿赛公路相接，全长 41 千米。该公路于 2006 年 10 月 1 日建成通车，是青海省对外联系的重要路段，对提高青海路网通达能力、改善青海投资环境、发挥资源优势、促进民族地区经济发展和社会进步具有重要意义。

（6）牙同高速公路：该公路是青海省高速公路网规划张掖至汶川高速公路的重要组成部分。起点位于海东市化隆县牙什尕镇谷子滩，连接平阿高速公路，经群科、尖扎，在哇家滩跨黄河，穿越隆务峡，止于同仁市尕沙日南的向阳村，连接规划的同仁至多福屯高速公路起点，路线全长 62 千米。该公路于 2016 年 6 月 30 日实现基本通车运营。海黄大桥位于青海省海东市化隆回族自治县与黄南藏族自治州尖扎县交界的公伯峡库区，是牙什尕至同仁高速公路的控制性工程，是青海省首座大跨径斜拉桥和高速公路景观大桥，堪称"青海第一桥"。2017 年 9 月 14 日，随着海黄大桥正式建成通车，青海高速路网"三纵"之一的牙什尕至同仁高速公路全线贯通，成为连接青海省藏区的又一条快速通道，这对进一步完善青海路网结构，加快东部城市群建设，推动藏区经济社会发展，加强兰西经济区与成渝经济区的联系，增进民族团结，巩固国防，加快西部大开发战略的实施具有重要的现实意义和长远的战略意义。

（7）共玉高速公路：该公路是玉树地震灾后恢复重建总体规划"一纵一横两联"公路网中"一纵"的重要组成部分，起自共和县的恰卜恰镇，连接京藏高速共和至茶卡公路，途经海南、果洛、玉树藏族自治州，终点止于玉树市结古镇（新寨东）。一路翻越河卡山、鄂拉山、姜路岭、长石头山、大小野马岭、巴颜喀拉山、雁口山，跨黄河、通天河，全长 634.8 千米。共玉公路是我国首条穿越青藏高原多年冻土区的高速公路，其中多年冻土路段长达 227.7 千米，占路线总长的 35.8%。2017 年 8 月 1 日，该公路建成通车，是国家高速公路 G0613 西宁至丽江公路在青海境内的重要路段，也是通往玉树地区的"生命线"，在国家公路网中位居重要地位，已成为青、藏、川、滇藏区黄金旅游线的重要路段。

（8）共茶高速公路：该公路是国家高速公路网规划中，首都放射线北京至拉萨高速公路在青海境内的重要组成路段，也是青海省高速公路网的重要组成部分。地跨海南州与海西州，起于共和县城恰卜恰镇，止于海西州乌兰县茶卡镇，全长 160.8 千米。

（9）湟西高速公路：地跨西宁市与海北州，工程起点位于湟源县董家庄村，终点位于海晏县西海镇。公路全长 48.74 千米，采用双向四车道高速公路，湟源至西海公路工程是青海省通往新疆维吾尔自治区的西莎公路 G315 线的重要组成部分。

五、加强青海省公路网建设的展望

第一，充分发挥丝绸之路经济带、唐蕃古道和藏羌彝走廊的十字要冲的枢纽作用，承东启西、连接南北，全面提升亚欧大陆桥青海段的通行、物流和辐射能力，着力打造现代版"青海道"。加快构建以高速公路为骨架、国省干线公路为支撑、农村公路为基础，层次清晰、功能完善、覆盖广泛的公路网络。加快推进连通丝绸之路经济带主干道的高速公路网升级改造：一是将兰州、西宁、格尔木至拉萨公路向西南延伸至加德满都，连通孟中印缅经济走廊；二是打造自兰州新区经互助、德令哈、茫崖至新疆若羌，通过吐尔尕特、伊尔克斯坦口岸连通中亚、欧洲地区的中国—中亚—西亚公路走廊；三是推进新青川大通道建设，形成连接三省份，沟通西北、西南地区的高速干道，使青海成为进疆物资运输主通道，连通中国—中南半岛经济走廊和丝绸之路经济走廊；四是加速青甘川大通道建设，连接甘肃张掖、青海西宁、四川汶川，打通丝绸之路与藏羌彝走廊的交通捷径。

第二，完善内部路网结构，消除省内国高网不达标路段，实现西宁市至区域中心城市、小城市通高速或高等级公路；加快城镇出入口公路建设，实现重点城镇间通三级以上等级公路；加强乡村公路建设，实现全省乡镇通等级公路，中心村和部分村庄（牧委会）通沥青（水泥）路；加大国家公路运输枢纽及场站建设力度，形成以干线公路为依托的多层次客运网络。

第三，新建 G6 北京至拉萨高速扎麻隆至倒淌河段 72 千米；G0611 张掖至汶川高速扁都口至大通段 205 千米；G0611 张掖至汶川高速牙什尕至同仁段 63 千米；G0611 张掖至汶川高速同仁至赛尔龙段 207 千米；G0612 西宁至和田高速西海至德令哈段 361 千米；G0612 西宁至和田高速小柴旦至茫崖段 554 千米；G0613 西宁至丽江高速玉树至多普玛段 208 千米；G0615 德令哈至马尔康高速德令哈至久治段 743 千米；G1816 乌海至玛沁高速河南至玛沁段 108 千米；G310 连云港至共和公路大力加山至隆务峡段 93 千米；G310 连云港至共和公路牙什尕至共和段 135 千米；G227 张掖至孟连公路大武至班玛友谊桥段 165 千米；G341 胶南至海晏公路加定至海晏段 529 千米；G569 曼德拉至大通联络线小沙河至克图段 73 千米。完成 G6 北京至拉萨高速茶卡至格尔木段改扩建工程 495 千米；完成 G0613 西宁至丽江高速共和至玉树段改扩建工程 640 千米。

第二节　铁路网建设布局

一、铁路概况

青海省境内主要的铁路干线有兰青铁路、青藏铁路、兰新铁路第二双线三条干线铁路，主要的铁路支线有西宁至大同、双寨至甘河、哈尔盖至木里、海晏至西海、柴达木支线、海湖支线、茶卡支线等地方铁路,铁路营业里程达到2074千米,其中高速铁路218千米,线路网密度为28.81千米/万平方千米。已建成铁路有格尔木至敦煌、格尔木至库尔勒等干线铁路,在建铁路有西宁至成都干线铁路。以国家中长期铁路规划和青海省地方铁路规划为依托,青海省及周边省份铁路正逐步形成"一横三纵"的路网格局。

1. 兰青铁路

兰青铁路东起甘肃省省会兰州市西河口,西至青海省省会西宁市,全长216千米,青海省境内长121.14千米,占总长的56.08%。兰青铁路从1958年5月动工至1959年9月竣工,其建成结束了青海没有铁路的历史,兰青铁路在兰州同陇海线和包兰线相接,在河口与兰新线相接,在西宁与青藏铁路接轨,是青、藏两省通往各省份的唯一铁路通道,是青藏高原对外联系的交通大动脉。进入青海后穿行在达坂山和拉脊山之间的湟水谷地内,将民和、乐都、互助、平安及西宁市连接起来,成为青海省东部农业区最重要的交通运输干线,对青海省东部地区的经济建设有着举足轻重的作用。为强化兰青线运能,兰青铁路增建的二线工程于2008年6月30日开通,成为青海省第一条电气化铁路。二线工程东起甘肃省河口南车站,途经兰州市红古区和青海省的民和、乐都、平安等地,西到西宁市,线路总长170千米。建成后的兰青线与青藏铁路接轨,极大地提高了列车运行速度,加快了旅客送达及货物周转,铁路输送能力明显增加,每年输送货物量达4000万吨,远景输送能力将达到每年8640万吨,极大地促进了青藏两省经济社会发展。

2. 青藏铁路

青藏铁路从青海省省会西宁至西藏自治区首府拉萨,全长1956千米,青海省境内长1408千米,占总长的71.98%,平均海拔在3000米以上,海拔4000米以上的地段近千米,有550千米通过多年连续冻土地带,是我国乃至世界上海拔最高、最长的铁路线,堪称世界铁路建设史上的一大奇观,被世人瞩目。

(1)青藏铁路一期工程。该工程东起高原古城西宁,经湟源、海晏、刚察、天峻、乌兰县和德令哈市,穿崇山峻岭,越草原戈壁,过盐湖沼泽,西至昆仑山下的戈壁新城格尔木,也称青藏铁路西格段,全长846千米。1958年分段开工建设,1984年5月全段建成通车。铁路沿线海拔大部分在3000米以上,是中国第一条高原铁路。铁路建成运营以来,已成为开发青海柴达木盆地及推动青、藏两省经济发展的主要交通线路。它促进了青海钾肥厂、锡铁山铅锌矿、青海铝厂、青海油田、格尔木炼油厂、茫崖石棉矿和龙羊峡、李家峡两座大型水电站等一大批大中型项目的建设和发展,为青海各族人民脱贫致富和现代化建设打下了坚实的基础,也为西藏的开发发挥了重要作用。截至2000年底,青藏铁路西格段累计完成货物发送量 8724 万吨，发送旅客 3573 万人，完成进藏物资运输达 875 万吨。这条铁路被沿线各族人民誉为团结线、幸福线、生命线。

（2）青藏铁路二期工程。该工程北起于格尔木市，与青藏公路并行南下，途经纳赤台、昆仑山、五道梁、沱沱河，翻越唐古拉山进入西藏境内，经安多、那曲、当雄、羊八井，到达终点拉萨市，也称青藏铁路格拉段，全长 1142 千米。于 2001 年 6 月 29 日开工，2006 年 7 月 1 日全线通车。自 2006 年开通以来，75% 的进出藏物资由铁路运输承担，从而避免了以往公路运输距离长、运费高、损耗大的缺点，为青藏高原区域经济发展和国防建设作出了突出贡献。由于跨越了世界上最高的高原，这条铁路也被人们称作"天路"。

（3）青藏铁路扩能改造工程。自 2006 年青藏铁路通车以来，每年进出西藏的旅客人数呈增长趋势。2006 年的进藏人数为 29.4 万人次、出藏人数为 36.9 万人次；2012 年的进藏人数为 98 万人次、出藏人数为 92 万人次；2017 年进出藏人数都突破 100 万人次。随着旅客人数的增加和货物运输的需求，格尔木至拉萨段扩能改造工程势在必行。2016 年 3 月 1 日，青藏铁路公司正式启动格拉段扩能改造工程。工程预计投资 37 亿元，其中青海境内投资 15 亿元、西藏境内投资 22 亿元，将在格尔木至拉萨段再新建 13 座车站（青海境内 6 座、西藏境内 7 座）、改造升级包括格尔木站、拉萨西站在内的 8 座车站。2018 年 8 月 30 日，随着青藏铁路格尔木至拉萨段南山口最后一处线路拨接工程的完工，标志着青藏铁路格拉段扩能改造主体工程全面完工。青藏铁路格拉段扩能改造工程，历经两年半，实际总投资达 37.78 亿元。改扩建工程完工后，青藏铁路格拉段车站总数将由原来的 45 个增加到 58 个，大大提升了青藏铁路的列车通行能力，预计增加列车 5 对，运输能力提升 80%，将有效缓解格拉段运输能力紧张的局面。这对提高青藏铁路运输能力、降低运输成本、提升区域路网技术水平具有重要意义。

3. 兰新高速铁路

兰新高速铁路，简称兰新高铁，又名兰新铁路第二双线、兰新客运专线。该铁路东起甘肃省境内兰州西站，横跨甘肃、青海、新疆，途经青海省西宁市，甘肃省张掖市、酒泉市、嘉峪关市，新疆维吾尔自治区哈密市、吐鲁番市，最终引入乌鲁木齐站。线路全长 1786 千米，其中，甘肃段全长 799 千米，青海段全长 268 千米，新疆段正线全长 719 千米，共设 22 个办理客运业务的站点。其中，甘肃段 10 个、青海段 6 个、新疆段 6 个。兰新高速铁路与既有兰新铁路及陇海、包兰等铁路紧密衔接，形成辐射范围更广、服务人口更多的西部铁路运输网络，是一条连接甘肃省兰州市与新疆维吾尔自治区乌鲁木齐市的高速铁路，是世界上一次性建成通车里程最长的高速铁路，也是亚欧大陆桥铁路通道的重要组成部分。

2014 年 12 月 26 日，兰新高速铁路全线开通运营。兰新高速铁路的建成运营大大提升了中国与中亚、欧洲等地的铁路运输能力，有利于完善中国向西开放格局，为构建丝绸之路经济带大通道奠定坚实基础。虽然青海境内线路仅占兰新高铁全长的 15%，但它标志着青海省正式步入高铁时代，高铁旅客发送人数逐年递增，2016 年，西宁站就发送高铁旅客 788 万人次，相当于将青海省总人口运送了一遍，高铁已经成为沿线居民生活中不可分割的一部分。兰新高铁设计最高时速为 250 千米/小时，旅客列车速度目标值为每小时 200 千米以上，大大缩短了客车运行时间，北京至乌鲁木齐将由 40 小时缩短至 20 小时以内，兰州至乌鲁木齐缩短至 12 小时以内，而西宁至乌鲁木齐仅为 7 小时左右。

4. 格尔木至库尔勒铁路

格尔木至库尔勒铁路，简称格库铁路，东起青海省格尔木市，经乌图美仁、甘森、花土沟，从巴什考垭翻越阿尔金山，经米兰、若羌县、尉犁县后，抵达终点新疆维吾尔自治区库尔勒市，线路全长 1206 千米，其中青海省境内长 505 千米；该铁路总投资 376.41 亿元，其中青海段投资 137.95 亿元，于 2014 年底动工建设，青海段（格尔木至茫崖镇）已于 2020 年 6 月 30 日开通运营。

格库铁路西连欧亚大陆桥南通道的南疆铁路，辐射新疆南疆地区，东连青藏铁路和规划中的川青铁路，辐射西藏和内陆地区，将开辟南疆地区与青海、西藏、西南地区间区域交流的便捷通道。格库铁路建成通车后，从格尔木到库尔勒将由原来的 26 小时缩减至 12 小时，这对完善我国至边疆、中亚、地中海等地区的陆路运输通道有着重要的意义。格库铁路是继兰新铁路、临哈铁路之后，第三条出入新疆的铁路大通道，也是中国通往欧洲、西亚的陆路运输大通道之一。该铁路南端在格尔木连接青藏铁路，中部在若羌与和田至若羌铁路交会，北端在库尔勒与南疆铁路相连，进一步完善了我国西部地区尤其是青海和新疆两省的铁路网结构，新疆南部地区可直接连通其他省份，不再北行绕道乌鲁木齐等地。格库铁路的全线通车，将有效增加新疆南部铁路运能，极大便利沿线人民群众出行，促进沿线地区资源开发，对推动青海、新疆两省的经济社会发展，加强民族地区团结和巩固国防安全，推进西部大开发形成新格局，服务"一带一路"建设，具有十分重要的意义。

5. 格尔木至敦煌铁路（青海段）

格尔木至敦煌铁路，简称敦格铁路，位于甘肃省酒泉市和青海省海西蒙古族藏族自治州境内，格尔木至敦煌铁路起点为甘肃敦煌，沿敦格公路溯党河而上，经肃北、阿克塞县，翻越塞什腾山，经鱼卡、大柴旦行委，抵达终点青藏铁路西格段饮马峡站，并有连接线前往格尔木站。线路全长 509 千米，其中青海境内 245.3 千米。敦格铁路于 2013 年开工建设，2016 年青海段马海至饮马河已建成通车。2019 年 12 月 18 日，甘肃省肃北至马海区段正式通车，标志着敦煌铁路全线正式开通运营，成为青藏铁路和兰新铁路两大铁路干线的重要连接线，与兰青铁路、兰新铁路、青藏铁路串联成我国西北地区首条环形闭合铁路网络，这对完善我国西部铁路网布局，加强青海、甘肃、新疆、西藏四省的水文经济往来和交流合作，加快柴达木盆地资源开发，带动西部地区旅游业发展，强力助推民族地区经济社会发展具有重要意义，为甘、青、新、藏四省及其沿线地区的经济社会发展增添了"新引擎"。

二、在建铁路

西宁至成都铁路（青海段）：西成铁路是国家"十三五"期间重点工程建设项目，是我国西部快速铁路通道，纳入国家《"十三五"现代综合交通运输体系发展规划》。西成铁路是连接青海省西宁市与四川省成都市之间的快速铁路干线，起于西宁市，途经青海省海东市、黄南藏族自治州，甘肃省甘南藏族自治州，四川省阿坝藏族羌族自治州，接轨在建成兰铁路黄胜关站，之后与成兰铁路共线，共线引入成都枢纽，全长 810.2 千米，其中正线 502.5 千米，利用在建成兰铁路 307.7 千米。成兰铁路位于青海、甘肃、四川三省交界地带，向北经兰新高铁、兰青线、青藏铁路等干线铁路连通新疆、青海、西藏等西部广大地区；向南接入成都铁路枢纽，并可经过成昆、成贵、成渝和贵广等快速铁路通往西南、华南及北部湾地区，是兰州（西宁）至成都的便捷通道，是西北至西南区际的客运主通道，是一条以客为主、兼顾沿线轻快货物交流的区际快速铁路干线。

三、铁路运输业发展现状

1. 铁路货物运输量及货物周转量

青海铁路主要的出境货流，是向其他省份运输的盐、石油、化肥、有色金属等矿产品及初级产品，青海的轻纺、化工产品、畜产品以及西藏等地经青海外运的矿产品及畜产品等；主要的入境货流是日用工业品，粮食、建材、动力煤、工业设备等，还有全国支援西藏的物资在青海中转。随着青海资源不断被开发，大量的矿产资源产品向外运，而建材等也大量地向内运入，粮食，畜产品等受自然条件影响，每年会有波动，但波动幅度不大。但从运量来看，青海的铁路货运量明显偏低。

从图 6-1 可以看出，青海省铁路货物运输量和周转量随年份呈现出增长的趋势，进入 21 世纪，增长趋势明显，在 2012 年到达顶峰，后受到高速公路网建设的影响，有所下滑，2015 年又有所提升。铁路在货物周转量中起着非常重要的作用，青海的铁路货运量从 1959 年的 46 万吨增加到 2019 年的 3223 万吨，增长了近 70 倍，承担了全省约 16.49% 的货物运输量和约 47.48% 的货物周转量。在全省的货运量中，铁路运输仅次于公路运输，但随着公路网建设的逐步推进，铁路货运量随着公路货运量的增加而有所减少。在货物周转量方面，铁路货物周转量在全省货物周转总量的占比由 1978 年的 85% 下降到 2019 年的 47.48%，呈现出明显下降的趋势。

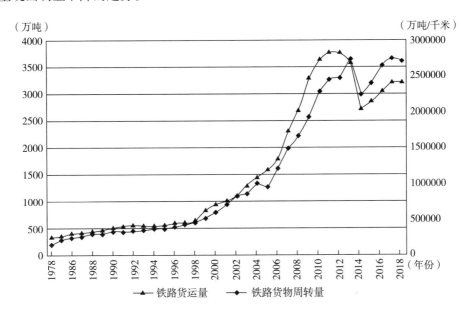

图 6-1　青海省铁路货运运输量、周转量变化

2. 铁路客运量及旅客周转量

在客流上，由于省内东西部之间的差异，青海的工矿企业及其职工，多是由其他省份搬迁调入，因此，同原居住地之间的联系密切，同企业之间的交流频繁，形成了东西向客流；随着近些年青海旅游业的发展，来青海的游客增多，铁路客运量也出现一部分增长。

青海的铁路客运量从 1959 年的 28 万人增加到 2019 年的 1148 万人，在 60 年内增长了 40 倍。1959 年铁路旅客运输开始以来至 1978 年，省内旅客运输量的一半以上是由铁路完成的；由图 6-2 可知，青海的铁路客运量从 1978 年的 170 万人增加到 2019 年的 1148 万人，后者是前者的 6.75 倍。1959～1978 年，省内旅客运输量的一半以上是由铁路完成的；1978～2019 年，随着社会经济的快速发展，公路运输发挥了其特殊优势，公路客运量迅速增长，远远超过铁路成为青海省的主要客运方式，铁路客运量呈现出逐年缓慢增长的趋势。在铁路旅客周转量方面，2013 年以前，铁路的旅客周转量仅次于公路，但在 2013 年开始超过公路旅客周转量，并逐年增加。

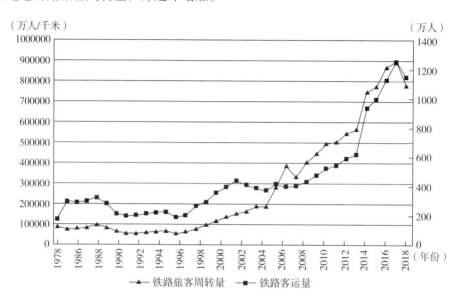

图6-2　青海省铁路客运量及旅客周转量变化

四、青海铁路网建设展望

青海应大力推进国家铁路建设，加快地方铁路发展，构建"1268"铁路建设格局。加快构建"一横三纵"路网格局，以青藏铁路为 1 条主轴线，打造西宁、格尔木 2 个铁路枢纽，依托青藏、兰新、格库、敦格、西成、西昌 6 条干线铁路，形成 8 个方向的出省通道。对外增加进疆入藏通川新通道，构建与周边省份快速连接的铁路干线网，增强连接丝绸之路经济带和长江经济带的通疆达边功能；对内提升东部城市群区际快速通达效率，强化柴达木资源富集区大宗货物运载能力，扩大干线铁路对农牧区的辐射范围。

2021 年 5 月，青海省发展和改革委员会、青海省交通运输厅、中国铁路青藏集团有限公司联合印发《青海省中长期铁路网规划（2021—2050 年）》，明确提出了青海省建设"两心、三环、三横四纵"复合型铁路网格局，提出了"十四五"时期、2026～2035 年、2036～2050 年三个阶段的项目规划（见表 6-1）。西宁至青海湖至茶卡（察汗诺）铁路、西宁城市轨道交通等被列入"十四五"铁路规划目标。"两心"指全面建成西宁、格尔木两个全国性铁路枢纽；"三环"指建成西宁至青海湖至茶卡（察汗诺）铁路、与青藏铁路青海湖北线衔接形成青海湖铁路环线，建成西宁大环线铁路，构建青海省东部人口稠密地区的西宁铁路大环线，建成西宁至玉树至昌都铁路、格尔木（不冻泉）至玉树铁路，与青藏铁路衔接形成全省铁路大环线；"三横"指加快高速铁路、干线铁路、城际铁路、地方铁路等项目建设，形成兰州至西宁至格尔木至拉萨的甘青藏横向通道、成都至格尔木至库尔勒的川青疆横向通道、中卫至西宁至昌都的甘青藏横向通道；"四纵"指建成敦煌至格尔木至昌都的甘青藏纵向通道、嘉峪关至德令哈至玉树至昌都的甘青藏纵向通道、酒泉至祁连至西宁至同仁至久治至阿坝的甘青川纵向通道、张掖至西宁至成都（汉中）的甘青川（陕）纵向通道等。

表 6-1　《青海省中长期铁路网规划（2021—2050 年）》

时期	项目名称、类型及建设内容
"十四五"时期	续建项目：西宁至成都铁路
	新建项目：西宁至青海湖至茶卡（察汗诺）铁路、西宁城市轨道交通、门源至祁连齿轨旅游铁路（一期工程）、铁路引入曹家堡综合交通枢纽工程（新建铁路站房、站场及联络线等）
	提质改造项目：青藏铁路西格段提质工程、青藏铁路格拉段电气化工程、兰新客专兰州至西宁段提质工程
	谋划研究项目：西宁至玉树至昌都铁路、格尔木至成都铁路、西宁大环线铁路、兰州至西宁城际铁路、西宁（兰州）经汉中至十堰高铁、西宁至中卫高铁、青藏铁路格拉段提质工程、门源至祁连齿轨旅游铁路（二期工程）
2026~2035 年	续建项目：西宁至成都铁路、西宁城市轨道交通
	新建项目：西宁至玉树至昌都铁路、格尔木至成都铁路、西宁（兰州）经汉中至十堰高铁、西宁至中卫高铁、西宁大环线铁路、兰州至西宁城际铁路、青藏铁路哈尔盖至天棚段改线工程、格尔木（不冻泉）至玉树铁路、门源经祁连至酒泉铁路、木里至镜铁山铁路、门源至祁连齿轨旅游铁路（二期工程）、西宁至湟中市域铁路、西宁至互助市域铁路
	提质改造项目：青藏铁路格拉段提质工程，开行西宁至曹家堡机场、西宁至多巴、西宁至湟源、西宁至平安和平安至乐都、平安至民和市域（郊）铁路（为西宁至中卫高铁其中一部分）
	谋划研究项目：同仁至泽库至河南至久治至甘孜铁路、德令哈至香日德铁路、香日德至玛多至玉树铁路、德令哈至镜铁山铁路、茶卡至都兰至香日德铁路
	到 2035 年，市（州）级政府所在地全部实现铁路通达，西宁、格尔木两个全国性综合铁路枢纽功能充分发挥

续表

时期	项目名称、类型及建设内容
2036~2050年	续建项目：格尔木（不冻泉）至玉树铁路、门源经祁连至酒泉铁路
	新建项目：同仁至泽库至河南至久治至甘孜铁路、德令哈至香日德铁路、香日德至玛多至玉树铁路、德令哈至镜铁山铁路、茶卡至都兰至香日德铁路、一里坪至老茫崖铁路、塔尔丁至肯德可克铁路、大通至宁缠铁路
	增建复线项目：青藏铁路格拉段增建复线工程、敦格铁路增建复线工程、格库铁路增建复线工程
	到2050年，全省铁路营业里程将超过8200千米，其中高速铁路里程650千米，电气化率和复线率分别超过90%和40%，路网密度超过110千米/万平方千米，实现全省90%以上的县级行政区铁路全覆盖，人均拥有铁路里程达到全国第一

资料来源：《青海省中长期铁路网规划（2021—2050年）》。

第三节　民航机场与航线建设布局

青海省地处西北内陆，地域面积广大，人口及城镇分布极不均匀，民航运输在区域交通运输中具有十分重要的地位，特别是对青南高原等偏僻、自然条件严酷的地区，更是作用巨大。民航运输在重大自然灾害应急救援中也发挥着不可替代的重要作用。

一、航空概况

作为一个面积超72万平方千米，主要城市之间距离均在500千米以上的省份，民航成为青海省交通建设不可或缺的重要部分。但在1949年前，青海航空运输十分落后，仅有的机场是位于西宁市的乐家湾机场，只能为军事服务起降小型军用飞机。1949年后，该机场进行了扩建、改建后，可供安−24以下小型飞机起降。该机场先后开辟了西宁—兰州—太原—北京、西宁—西安、西宁—格尔木、西宁—兰州4条航线。格尔木航空港于1974年底建成开航，先后开辟了西安—格尔木—拉萨、格尔木—拉萨航班。1992年西宁曹家堡机场建成并投入运营，青海省航空运输业出现新的面貌。客运量及旅客周转量呈现逐年上升的趋势。自2010年开始，青海省加快机场建设步伐，构建了安全、快捷、便利的空中交通网络，为青海融入"一带一路"建设，构建丝绸之路青海道空中走廊创造了有利条件，除西宁曹家堡机场外，青海还有格尔木、玉树巴塘、黄南、德令哈、祁连、青海湖、花土沟和果洛玛沁支线机场，"一主八辅"的机场建设布局已初具雏形。

截至 2020 年 8 月 2 日，西宁曹家堡国际机场共开通国内外航线 145 条，通航城市 66 个。2020 年西宁机场暑期航班参与运营的客运航空公司共 22 家，航线 145 条，通达城市 66 个，其中 56 个城市实现直航。西安、上海、北京、广州等 13 个城市日均航班超过 5 班，日均超过 2 班的城市达 12 个。新开阿克苏、延安、阿坝、惠州等城市航班，省内格尔木、玉树、果洛、祁连机场在保持与西宁机场稳定连通的基础上，均新增加密了省外直飞航班。已初步形成以省会西宁为中心，连接省内 6 个支线机场，覆盖国内重点城市、主要旅游和热点城市、多个国家（地区）的航线网络，成为青藏地区规模最大、辐射最广、连通度最高的机场，青藏高原区域中心机场的地位基本确立。青海省民航航空里程逐年增长，尤其是从 2010 年后，增长强劲，截至 2019 年末，青海民航航线里程达167104 千米。随着通航里程的增加，民航客运量也在不断增加，1992 年，民航客运量首次过万次，2011 年，民航客运量突破百万次，2019 年达到 813 万次（见图 6-3）。同时，客运周转量也随之增长，从 1990 年的 105 万人千米增长到2019 年的 57.82 亿人千米，体现出航空运输需求的快速增长（见图 6-4）。

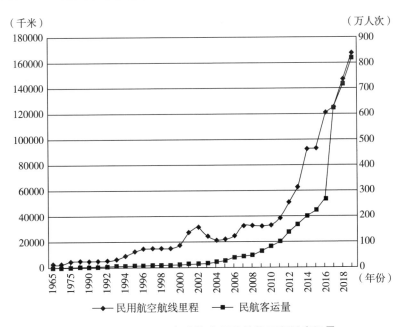

图 6-3　1965~2019 年青海省民航航线里程及客运量

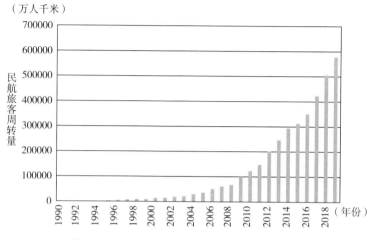

图 6-4 1990~2019 年青海省民航旅客周转量

从进出港航班来看，呈现出类似于航线里程、航空客运量的变化趋势。2016 年 8 月至 2017 年 7 月，青海省机场实际出港航班 25796 班次，同比增长 21.5%；实际出港运力 368.5 万座，同比增长 23.7%。其中，西宁曹家堡机场实际出港航班 22860 班次，占青海省机场出港航班总量的 88.6%，同比增长 20.9%，实际出港运力 333.1 万座，同比增长 23.5%（见表 6-2）。

表 6-2 2016 年 8 月至 2017 年 7 月青海省机场运行情况统计

三字码	机场	实际出港航班量（班次）	航班量同比增速（%）	出港运力（万座）	运力同比增速（%）	省内航班量（班次）	省内航班比重（%）
XNN	西宁曹家堡	22860	20.9	333.1	23.5	1795	7.9
YUS	玉树巴塘	1187	2.1	14.4	1.6	743	62.6
GOQ	格尔木	995	18.2	11.9	18.2	467	46.9
HXD	德令哈	359	23.8	4.3	23.8	359	100.0
GMQ	果洛玛沁	227	—	2.8	—	227	100.0
HTT	花土沟	168	—	2.0	—	0	0.0

注：实际出港航班量及同比增速、出港运力及同比增速、省内航班量及比重的数据周期为 2016 年 8 月至 2017 年 7 月。花土沟机场于 2016 年 6 月复航，果洛玛沁机场于 2016 年 7 月通航，故未计算花土沟和果洛玛沁机场各项指标的同比增长率。

资料来源：非常准大数据，https：//data.variflight.com/。

二、主要机场

青海省目前建成投入使用的机场有 7 个，分别是西宁曹家堡国际机场、玉树巴塘机场、格尔木机场、德令哈机场、花土沟机场、果洛玛沁机场和祁连机场。除西宁曹家堡机场外，其他 6 个机场海拔均超过 2438 米，属于高高原机场。

1. 西宁曹家堡国际机场

西宁曹家堡机场为青海省省会机场，是青海省综合交通运输体系的重要组成部分。机场位于西宁市以东的互助县高寨镇境内，海拔为 2178 米，距西宁市中心约 28 千米。其前身为始建于 1931 年的西宁东郊的乐家湾机场。1957 年，青海省政府对乐家湾机场进行了改造，1958 年 1 月正式开航使用，仅能满足伊尔-14 型以下机型起降。1985 年 5 月 17 日，国务院、中央军委批准将西宁乐家湾机场迁建至互助高寨，新建西宁曹家堡机场，并于 1991 年基本建成，同年 12 月正式交付使用。后经过 2005 年、2013 年两次改扩建，使西宁曹家堡机场成为国内 4E 级干线机场，是青藏高原重要交通枢纽和青海省主要对外口岸。截至 2017 年底，西宁机场运营省内外航线 97 条，通航的国内机场有 64 个，国际机场 6 个。2017 年，旅客吞吐量突破 500 万人次大关，达到 5627696 人次，同比增长 20.22%。2018 年 9 月 28 日，更名为西宁曹家堡国际机场。

2. 格尔木机场

格尔木机场位于青海省海西蒙古族藏族自治州格尔木市柴达木路 4 号，距格尔木市中心 12 千米，为 4D 级军民合用支线机场，属高高原机场，机场海拔为 2842 米。格尔木机场修建始于 1969 年 8 月，1971 年竣工，同年 8 月军用格尔木机场通航。1974 年 11 月，格尔木机场开通民航业务。由于格尔木地处青藏高原腹地，大气含氧量低，会对机械动力产生一定程度的影响，飞机起飞需要更长的起跑时间，加长跑道长度可弥补这一不足，故在 2003 年停航，开始跑道加厚及候机楼扩建工程，2003 年 12 月 24 日，格尔木机场完成一期改扩建。跑道宽度达到 60 米，混凝土道面厚 28 厘米，跑道长 4800 米，是中国国内跑道较长的民用机场之一。跑道大致呈东西走向，可以双向起降飞机。2017 年 9 月 21 日，格尔木机场完成二期改扩建。2017 年，格尔木旅客运输量达到 172266 人次，同比增长 15.57%。2019 年，格尔木机场共完成旅客吞吐量 227098 万人次，同比增长 23.6%，全国排名第 183 位；货邮吞吐量 1739.0 吨，同比增长 38.5%，全国排名第 103 位；飞机起降 3235 架次，同比增长 32.4%，全国排名第 189 位。格尔木机场现已开通西宁—格尔木、成都—西宁至格尔木、西安—格尔木、拉萨—格尔木的往返航线，为柴达木盆地经济建设和人民群众出行提供了帮助和便利。2020 年 3 月机场官方微博显示，格尔木机场航站楼面积为 10203 平方米，设登机廊桥 3 部；站坪设机位 12 个，其中，C 类机位 11 个，D 类机位 1 个；可满足年旅客吞吐量 75 万人次、货邮吞吐量 2250 吨、飞机起降 3989 架次的使用需求。

3. 祁连机场

祁连机场位于青海省海北州祁连县东南 38 千米处的峨堡镇黄草沟村，海拔为 3163 米，属国内 4C 级高高原机场。跑道长 3400 米，宽 45 米。2014 年 8 月获得国务院立项批复，2016 年 4 月正式开工建设。2018 年 3 月 23 日，祁连机场试飞成功。2018 年 8 月 28 日，祁连机场竣工通航。目前已开通祁连—西宁的往返航线。

4. 果洛玛沁机场

果洛玛沁机场位于果洛州府所在地玛沁县大武镇东南 5.5 千米处，海拔为 3787 米。该机场为国内支线机场，民航分类中的小型机场，跑道长 3800 米，适用机型为空中客车 A319-115、空中客车 A319-133、波音 737-700（26KB2）飞机。2012 年 9 月 14 日，果洛玛沁机场在美丽的大武滩草原上正式奠基，2016 年 7 月正式通航。本机场规划航线以青海境内各机场及青海周边机场为主，规划航线为果洛—西宁、果洛—拉萨、果洛—成都、果洛—西安。2017 年，该机场旅客运输量达到 70834 人，同比增长 472.67%。

5. 玉树巴塘机场

玉树机场位于玉树藏族自治州结古镇以南 18 千米处的上巴塘。1942 年 7 月玉树巴塘机场开工建设，后废弃。1952 年，玉树巴塘机场开始重建，并开通北京—西宁—玉树—拉萨航线。1970 年停止飞行，机场再次废弃。2007 年 5 月，机场重新开工建设，2008 年 8 月，玉树机场跑道工程建设完工，2009 年 8 月 1 日实现通航。机场等级为 4C 级，跑道长 3800 米，宽 45 米，可满足空客 319 等机型起降。通航当年开通玉树—西宁、玉树—西安往返航班，每周 3 班。玉树地震后增加至每周 17 班，并开通了北京—玉树的直飞航线。在 2010 年玉树地震抢险救灾中，玉树巴塘机场共保障救援飞行 490 架次，运送救灾物资 2174.86吨，救援人员 17051 人次，其中伤员 2133 人次，为夺取抗震救灾的全面胜利作出了突出贡献。2017 年，玉树机场已形成 4 家航空公司运营、5 个通航点、6 条航线的航空布局。每周有 2 个北京、7 个成都、7 个西安、8 个拉萨、30 个西宁航班。2017 年，该机场旅客运输量达到 263706 人，同比增长 45.52%。

6. 德令哈机场

德令哈机场位于青海省海西蒙古藏族自治州德令哈市西南部，巴音河南侧，距德令哈市中心直线距离约 29 千米，机场海拔约 2860 米，建设规模为国内支线民用机场，飞行区设计等级为 4C 级，跑道长度 3000 米。2012 年 7 月 25 日国务院常务会议正式审批通过了德令哈机场建设项目。2014 年 6 月 16 日德令哈机场正式竣工通航。目前已开通西宁—德令哈往返航班，2017 年，该机场旅客运输量达到 62961 人，同比增长 231.08%。

7. 花土沟机场

花土沟机场位于青海省海西蒙古族藏族自治州茫崖行政区花土沟镇，于2012 年 10 月 16 日开工，2014 年 12 月 31 日完成校验飞行，2015 年 3 月 13 日顺利完成试飞，2015 年 6 月 26 日正式通航，是一座民用机场。其距离省会西宁1300 千米，海拔为 2906 米，属于国内 4C 级支线机场。该机场地处青海与新疆两省交界处，对于区域经济开发和人民交往具有重要意义，也为连接青海、新疆、甘肃的交通网络，融入"一带一路"搭建了崭新的平台。2017 年，该机场旅客运输量达到 38945 人，同比增长 61.86%。

三、青海航空网络建设展望

加快推进西宁曹家堡国际机场三期工程建设，力争开通国内主要城市航班，加强与大中城市的空中联系，形成顺畅的东西航空运输网络；实施格尔木机场改扩建工程，开通格尔木机场与西藏、甘肃、新疆以及东部省份的航线，努力将其打造为青海省西出"丝绸之路"的重要航空口岸；加快完成果洛玛沁民用机场、祁连民用机场续建工程，开工建设青海湖机场、黄南机场、久治机场、贵德机场、玛多机场，构建以西宁机场为青藏高原航空枢纽、格尔木机场为次中心，八个支线机场为支点，通用机场为基础节点的民用机场网络布局，全面形成"一主八辅"民用运输机场运营格局。

适时开辟俄罗斯及中亚、东南亚和中东国家的国际航线及客货运包机业务，全力开通欧亚等丝绸之路经济带沿线地区的中转或直达航班，建设全新的空中欧亚大陆桥；逐步将西宁、格尔木机场打造成为中国西部同中亚地区航空一体化网络建设的重要支点，进而拓展青海经中亚至西亚、东欧的航空市场，成为面向南亚、东南亚、泛印度洋地区的航线运力网络的重要节点，打造辐射高原、通达全国、连接国际的丝绸之路经济带航空驿站。

第四节　水利工程建设布局

水利工程是一项利民惠民，关系着国家建设与发展的基础工程。做好水利工程建设，不仅有助于我国水利、水电、农业的发展，也有利于保护生态环境。水利工程建设不仅对干旱具有预防作用，也对洪灾、水灾等自然灾害具有储水功能。中华人民共和国成立以来，青海水利建设得到了较快发展，特别是"十二五"以来，水利投入的稳定快速增长，有力推动了水利基础设施的建设，使防洪减灾能力不断提高，农牧民生产生活条件逐步改善。

一、水电站

青海省共有水电站 254 座，装机容量 1565.06 万千瓦。其中，在规模以上水电站中，已建水电站 174 座，装机容量 646.52 万千瓦；在建水电站 22 座，装机容量 917.15 万千瓦（见表 6-3）。

表 6-3　青海省不同规模水电站数量和装机容量

水电站规模		数量（座）	装机容量（万千瓦）
合计		254	1565.06
规模以上 （装机容量≥500 千瓦）	小计	196	1563.67
	大（1）型	6	1198.00
	大（2）型	2	138.00
	中型	8	133.05
	小（1）型	31	62.64
	小（2）型	149	31.98
规模以下（装机容量<500 千瓦）		58	1.39

注：大（1）型水电站，装机容量≥120 万千瓦；大（2）型水电站，30 万千瓦≤装机容量<120 万千瓦；中型水电站，5 万千瓦≤装机容量<30 万千瓦；小（1）型水电站，1 万千瓦≤装机容量<5 万千瓦；小（2）型水电站，0.05 万千瓦≤装机容量<1 万千瓦；规模以下水电站装机容量<0.05 万千瓦。

1. 龙羊峡水电站

"龙羊"藏语意为"峻崖深谷"。龙羊峡水电站位于青海省海南藏族自治州共和县、贵南县和贵德县交界处的龙羊峡谷西端，经纬度为北纬 36°07′21″、东经 100°55′06″，海拔为 2620 米，是中国自行设计、施工的大型水利枢纽工程，是黄河上游规划的第一座大型梯级水电站，中国第二大水电站。龙羊峡是连接共和盆地和贵德盆地的深切峡谷，周边出露的岩层主要是早震旦系、石炭系、二叠系、三叠系和第三系、第四系以及华力西、印支两期构造运动的侵入岩。峡谷以深切峡谷、土林、风积地貌为主。峡谷长约 37 千米，宽不足 100 米，最窄处仅有 30 米左右，两岸相对高度为 200～300 米，最高可达 800 米，河道狭窄，水流湍急，峡谷西端入水口海拔为 2571 米，峡谷东端出水口海拔为 2241 米，水位落差达 33 米，水能资源丰富。龙羊峡水电站于 1976 年开工建设，1986 年下闸蓄水，1989 年全部投产运营。龙羊峡坝址峡谷断面呈"V"形，峡谷基岩裸露，主要由印支期花岗闪长岩组成，主要建筑物均布置在花岗闪长岩质砂板岩内，水电站坝高为 178 米，宽为 23 米，主坝长为 396 米，左右两岸均高附坝，大坝全长为 1140 米，库区面积为 383 平方千米，库容为 247 亿立方米，总装机容量达 128 万千瓦,年发电量为 23.6 亿千瓦时。除发电之外,龙羊峡水电站还具有防洪、防凌、灌溉、养殖四大功能。

2. 拉西瓦水电站

拉西瓦水电站位于龙羊峡深切峡谷东端,隶属青海省贵德县拉西瓦镇,距离龙羊峡水电站 32.8 千米,经纬度为北纬 36°04′15″、东经 101°11′07″,海拔为 2378 米,是黄河上游龙羊峡至青铜峡河段规划的第二座大型梯级水电站。龙羊峡是连接共和盆地和贵德盆地的深切峡谷,河谷狭窄,两岸岸坡陡峻,高差近 700 米,水位落差大,水能资源丰富。拉西瓦水电站 2004 年河床截流成功, 2006 年 4 月 15 日正式开工建设,2009 年 3 月下闸蓄水,2009 年 5 月首批 2 台机组正式并网发电,2010 年 8 月 17 日实现首批 5 台机组全部并网发电,2011 年 5 月拉西瓦水电站完成浇筑封顶。针对特殊的地质构造,拉西瓦水电站采用特高薄拱坝,枢纽建筑物由双曲薄拱坝、坝身泄洪建筑物、坝后消能建筑物和右岸全地下厂房组成,电站最大坝高为 250 米,底部宽为 49 米,水库正常蓄水位高程为 2452 米,总库容为 10.56 亿立方米,6 台机组总装机容量达 420 万千瓦, 多年平均发电量为 102.23 亿千瓦时,曾创下黄河流域装机容量最大、大坝最高、出线电压等级最高、单位千瓦投资中国国内最低、全地下厂房等多项建设纪录。 拉西瓦水电站的主要任务是发电,无其他综合利用要求。

3. 李家峡水电站

李家峡水电站位于青海省海东市尖扎县和化隆县交界处的黄河干流李家峡河谷中段,距离龙羊峡水电站 108.6 千米,经纬度为北纬 36°07′07″、东经 101° 48′28″,海拔为 2172 米,为黄河上游龙羊峡至青铜峡河段规划的第三座大型梯级水电站,是中国首次采用双排机布置、蒸发冷却新技术的水电站,也是世界上最大的双排机水电站。李家峡是连接坎布拉盆地和康扬盆地的深切峡谷,峡谷全长为 5 千米。地层以前震旦系云母闪斜长片岩为主,层间穿插花岗伟晶岩脉,上覆第三系红层呈不整合接触,斜坡表层分布有第四系坡积碎石土。李家峡水电站 1988 年 4 月正式开工,1996 年 12 月蓄水,1999 年 12 月第一期工程机组投产运营,2001 年第四季度竣工。坝址区位于河流转弯地段,河谷断面呈 "V"形,两岸基本对称,右岸谷坡约 50°,左岸谷坡约 5°,河槽宽约 50 米,坝址区基岩裸露,岩性为前震旦系变质岩,主要由较坚硬的条带状混合岩、斜长片岩相间组成,并穿插有花岗岩脉。坝型为混凝土三心圆双曲拱坝,属中等厚度双曲拱坝,最大坝高为 155 米,最大底宽为 45 米,坝顶宽度为 8 米,坝顶海拔高程为 2185 米,正常蓄水位海拔高程为 2180 米,总库容为 1.65×10^9 立方米, 总装机容量为 200 万千瓦时,年均发电量为 59 亿千瓦时。李家峡水电站以发电为主,兼有灌溉等综合功能。

4. 公伯峡水电站

公伯峡水电站位于黄河上游青海省循化撒拉族自治县和化隆回族自治县交界处的黄河干流上，距离上游李家峡水电站76千米，距离下游积石峡水电站58千米，经纬度为北纬35°52′38″、东经102°13′50″，海拔为1917米，是黄河上游龙羊峡至青铜峡河段规划的第四座大型梯级水电站，是中国水电站装机容量达到1亿千瓦时的重要里程碑。公伯峡又叫"古什群峡"，属于黄河深切拉脊山的深切峡谷，峡谷两岸对峙，河道狭窄，水流湍急，从宗吾桥至出水口的赞卜乎村，全长15千米。山地峡谷第三纪、第四纪地层覆盖物较厚，地层松散，胶结作用弱，坡积、洪积地貌发育，公伯峡位于峡谷东端出口，该地宽30余米，基岩出露，是架桥、筑坝的理想之地。公伯峡水电站于2001年8月开工建设，2004年8月首台机组提前并网发电，2006年7月5台机组全部投产运营。工程枢纽由挡水大坝、引水发电系统及泄水建筑物等部分组成。水电站坝高132.2米，坝顶高程2010米，水库正常蓄水位为2005米，总库容为6.2亿立方米，总装机容量为150万千瓦，多年平均发电量为51.4亿千瓦时。水电站以发电为主，且有防洪、灌溉、供水等综合功能，可改善下游16万亩土地的灌溉条件。

5. 积石峡水电站

积石峡水电站位于黄河上游青海省循化撒拉族自治县境内的黄河干流上，距离上游公伯峡水电站58千米，经纬度为北纬35°49′34″、东经102°42′18″，海拔为1800米，是黄河上游龙羊峡至青铜峡河段规划的第11座大型梯级水电站，是青海省境内继龙羊峡、拉西瓦、李家峡、公伯峡水电站之后的第五座大型水电站。积石峡又叫"孟达峡"，因孟达天池而得名。积石峡是更新世黄河切割拉脊山而形成的高山峡谷，峡谷两岸沟谷和坡积物发育，岸坡陡立，地貌、地质条件复杂，出露的地层主要有前震旦系暗绿色黑云角闪片岩、斜长角闪片岩，偶夹石英岩及不纯的大理岩，白垩系紫红—紫灰色砾岩、含砾砂岩、砂岩夹泥质粉砂岩、砂质泥岩，第三系岩性为砖红色—浅红色砂砾岩、含砾砂岩、砂岩、砂质泥岩及粘土质泥岩等，局部夹有石膏层，第四系地层主要分布于山麓及河谷地带，峡谷全长为23千米，切割深度达1000米，峡谷水力坡降为2.4‰，峡谷河道最窄处仅为15米，积石峡水电站建在峡谷出水口附近。积石峡水电站于2005年开始筹建，2007年3月实现截流，2008年1月发电厂房工程开工，2009年9月完成大坝主体填筑，2010年5月面板混凝土施工完毕，2010年10月14日下闸蓄水，2010年11月9日1号机组完成72小时试运行后正式并网发电，2010年12月12日积石峡水电站3台机组全部并网发电。积石峡水电站由混凝土面板堆石坝、左岸表孔溢洪道、左岸中孔泄洪洞、左岸泄洪排沙底孔、左岸引水发电系统和坝后厂房组成。最大坝高为100米，正常蓄水位为1856米，总库容为 2.635 亿立方米，总装机容量为 102 万千瓦，多年平均发电量为 33.63 亿千瓦时。该水电站主要任务是发电，兼具防洪、灌溉等多种功能，是黄河上游大型水电站之一。

二、水库

青海省共有不同规模水库 204 座，总库容为 370.03 亿立方米。其中，已建水库 192 座，总库容为 308.36 亿立方米；在建水库 12 座，总库容为 61.67 亿立方米（见表 6-4）。

表 6-4　青海省不同规模水库数量和总库容

水库规模	合计	大型			中型	小型		
		小计	大（1）	大（2）		小计	小（1）	小（2）
数量（座）	204	14	6	8	14	176	71	105
总库容（亿立方米）	370.03	363.67	329.91	33.76	3.80	2.56	2.30	0.26

注：大（1）型水库，总库容≥10 亿立方米；大（2）型水库，1 亿立方米≤总库容<10 亿立方米；中型水库，0.1 亿立方米≤总库容<1 亿立方米；小（1）型水库，0.01 亿立方米≤总库容<0.1 亿立方米；小（2）型水库，0.001 亿立方米≤总库容<0.01 亿立方米。

三、水闸

青海省共有过闸流量 1 立方米/秒以上的水闸 660 座，橡胶坝 38 座。其中，在规模以上水闸中，已建水闸 207 座，在建水闸 16 座，分（泄）洪闸 1 座，引（进）水闸 76 座，节制闸 122 座，排（退）水闸 24 座（见表 6-5）。

表 6-5　青海省不同规模水闸数量

水闸规模		数量（座）	比例（%）
合计		660	100
规模以上（过闸流量≥5 立方米/秒）	小计	223	33.79
	大型	2	0.30
	中型	10	1.52
	小型	211	31.97
规模以下（1 立方米/秒≤过闸流量<5 立方米/秒）		437	66.21

注：大型水闸，过闸流量≥1000 立方米/秒；中型水闸，100 立方米/秒≤过闸流量<1000 立方米/秒；小型水闸，过闸流量<100 立方米/秒。

四、堤防

青海省堤防总长度为 657.33 千米，5 级及以上堤防长度为 592.19 千米。其中，已建堤防长度为 513.89 千米，在建堤防长度为 78.30 千米（见表 6-6）。

表 6-6 青海省不同等级堤防长度

堤防级别	合计	1 级	2 级	3 级	4 级	5 级	5 级以下
长度（千米）	657.33	0	127.28	88.81	287.14	88.96	65.14
比例（%）	100	0	19.36	13.51	43.69	13.53	9.91

注：1 级堤防，防洪（潮）[重现期（年）] ≥ 100 年；2 级堤防，50 年 ≤ 防洪（潮）[重现期（年）] < 100 年；3 级堤防，30 年 ≤ 防洪（潮）[重现期（年）] < 50 年；4 级堤防，20 年 ≤ 防洪（潮）[重现期（年）] < 30 年；5 级堤防，10 年 ≤ 防洪（潮）[重现期（年）] < 20 年；5 级以下堤防，防洪（潮）[重现期（年）] < 10 年。

五、泵站

青海省共有泵站 822 座，均为已建成泵站（见表 6-7）。

表 6-7 青海省不同规模泵站

泵站规模		数量（座）	比例（%）
合计		822	100
规模以上 （装机流量≥1 立方米/秒或 装机功率≥50 千瓦）	小计	562	68.37
	大型	0	0
	中型	3	0.37
	小型	559	68.0
规模以下（装机流量<1 立方米/秒且装机功率<50 千瓦）		260	31.63

注：大型泵站，装机流量>50 立方米/秒或装机功率≥1 万千瓦；中型泵站，10 立方米/秒 ≤ 装机流量<50 立方米/秒或 0.1 万千瓦 ≤ 装机功率<1 万千瓦；小型泵站，装机流量<10 立方米/秒或装机功率<0.1 万千瓦。

六、地下水取水井

青海省共有地下水取水井 7.49 万眼，地下水取水量共 31183.05 万立方米（见表 6-8）。

表 6-8 青海省地下水取水井数量和取水量

取水井类型			数量（万眼）	取水量（万立方米）
合计			7.49	31183.05
机电井	小计		1.56	30815.28
	灌溉	小计	0.06	2474.02
		井管内径≥20厘米	0.04	2303.55
		井管内径<20厘米	0.02	170.47
	供水	小计	1.50	28341.26
		日取水量≥20立方米	0.09	28203.15
		日取水量<20立方米	1.41	138.11
人力井			5.93	367.77

七、其他水利工程

农村供水：青海省共有农村供水工程 5.5 万处，其中，集中式供水工程 0.21 万处，分散式供水工程 5.29 万处。农村供水工程总受益人口达 310.46 万人，其中，集中式供水工程受益人口为 283.95 万人，分散式供水工程受益人口为 26.51 万人。

塘坝窖池：青海省共有塘坝 448 处，总容积为 673.27 万立方米；共有窖池 7.72 万处，总容积为 192.12 万立方米。

灌溉面积：青海省共有灌溉面积 389.05 万亩，其中，耕地有效灌溉面积为 273.59 万亩，园林草地等有效灌溉面积为 115.46 万亩。

灌区建设：青海省共有设计灌溉面积 1 万亩（含）~30 万亩的灌区 89 处，灌溉面积共计 254.56 万亩；设计灌溉面积 50 亩（含）~1 万亩的灌区 1453 处，灌溉面积共计 124.21 万亩。

八、青海水利工程建设展望

青海省水利工程建设，要把握青海省国土空间主体功能定位，协调经济社会发展和生态环境保护的关系，立足补短板、强基础、利长远，按照"东西部开源节流并重、南北部保护修复并举"的思路，以水生态文明建设为主线，以构建完善的水资源保障体系为路径，以落实最严格的水资源管理制度为抓手，以民生水利建设为基础，以节水供水重大水利工程建设为重点，以全面深化水利改革为动力，构建"以水保生态、以水惠民生、以水促发展"的水利发展格局，着力提高区域水资源的承载能力，有效解决区域分布不均、工程性缺水等突出问题，进一步增强东部城市群地区发展的水资源支撑，力争在柴达木和共和盆地供水保障能力上取得新突破。加强水利基础设施建设，统筹实施节水供水、蓄水引水、治水保水、增水洁水、通水补水等重大水利工程，努力构建和谐文明的水生态保护体系、科学高效的水资源配置体系、健全完备的防洪抗旱减灾体系、系统完善的水利管理体系。

在完成引大济湟主体工程的基础上，重点实施北干二期、西干渠、湟水干流供水等引大济湟后续工程。建设蓄集峡、那棱格勒河、香日德河、曲什安河等大型水库，统筹推进柴达木盆地水资源配置、"三滩"引水生态综合治理、湟水南岸水利扶贫等重大水利工程，加快建设各类水库、农田水利等城乡节水供水工程，开展河湟地区、环青海湖地区和三江源地区水利综合治理，积极配合国家做好南水北调西线工程前期工作。加强防洪抗旱减灾建设，大力推进黄河干流、重要支流和中小河流等防洪抗旱减灾工程，基本建立主要城镇防洪体系。

第五节　能源通道建设布局

一、能源发展现状

1. 总体情况

"十二五"以来，青海省能源工业持续健康快速发展，总量和规模不断扩大，结构不断优化，较好地满足了国民经济和社会发展对能源的需求。从整体来看，青海省能源发展具有以下较明显的成效（见表6-9）。

表6-9　"十二五"能源主要指标

指标（单位）	2010 年	2015 年	
		实际量	年均增长（%）
规模以上能源工业增加值（亿元）	230.1	280.2	0.8
占生产总值的比重（%）	17.0	11.6	—
占工业增加值的比重（%）	37.5	31.3	—
装机（万千瓦）	1293.0	2171.0	10.9
其中：水电	1085.0	1145.0	1.1
火电	205.0	415.0	15.1
太阳发电	3.0	563.0	184.9

续表

指标（单位）	2010 年	2015 年	
		实际量	年均增长（％）
风电	—	47	—
发电量（亿千瓦时）	468.0	568.0	3.9
其中：水电	371.0	368.0	−0.2
火电	97.0	117.0	3.8
太阳发电	—	76	—
风电	—	7	—
电网国土面积覆盖率（％）	61	80	19
电网人口覆盖率（％）	91	99	8
煤炭产量（万吨）	1860.0	810.0	−15.3
探明石油储量（亿吨）	4.3	6.3	7.9
探明天然气储量（亿立方米）	3000	3820	5
原油产量（万吨）	186.0	223.0	3.7
天然气产量（亿立方米）	63.0	61.0	−0.5

（1）"四突破"：太阳能、水电、风电和高效清洁煤电发展取得重大突破。截至 2015 年底，太阳能发电装机突破 500 万千瓦，达到 564 万千瓦，"十二五"累计发电量 178 亿千瓦时，居全国第一。黄河上游湖口至尔多段水电开发工作取得重大突破，规划获得国家发展改革委批复，有力地支持了玛尔挡、尔多等水电站开发。风力发电实现零的突破，建成了茶卡、诺木洪、锡铁山等风电场，装机 47 万千瓦，为下一步建设规模化风电场奠定了基础。煤电高效清洁利用有所突破，世界海拔最高的超临界煤电机组并网发电，青海首台热电联产机组投产运营。

（2）"三增加"：电力装机、发电量和新能源比重显著增加。能源生产供应能力明显增强，2015 年全省电力装机比 2010 年增长 68％，发电量比 2010 年增长 21％。能源结构不断优化，2015 年可再生能源装机占全省电力装机的 81％，保持在全国前列，其中新能源发电比重不断提高，占全省发电量的 14.5％。

（3）"两创新"：新能源发展思路和发展模式不断创新，探索出了一条创新引领、网源协调、水光互补、带动产业、统筹发展的新路子，科技创新、建设规模、利用效率、协同能力等多项指标走在全国前列，为我国光伏可持续发展树立了典范。光热发电、水光互补、分布式能源等新形态不断出现，建成全国首个商业化运行的光热示范项目、世界最大的水光互补发电项目，形成了能源新技术和新模式的示范高地。

（4）"一全面"：全面解决人口用电问题，能源发展惠及广大人民群众，"十二五"期末，青海电网已覆盖大部分县域。

2. 电力能源结构发展情况

2015 年底，青海省电力装机突破 2000 万千瓦大关，达到 2171 万千瓦，其中，水电为 1145 万千瓦，占发电总量的 53%；火电为 415 万千瓦，占发电总量的 19%；太阳能发电为 564 万千瓦（含光热 1 万千瓦），占发电总量的 26%；风电为 47 万千瓦，占发电总量的 2%。一是积极利用青海省丰富的水力资源，黄河上游水电开发建设加快，建成装机 1034 万千瓦，"十二五"期间新增水电装机 60 万千瓦。二是火电建设步伐加快，"十二五"期间陆续建成宁北火电厂、华能西宁热电联产和中电投西宁火电厂，缓解了青海冬季严重缺电的难题，新增火电装机 210 万千瓦。三是太阳能开发利用突飞猛进，2015 年底太阳能发电装机占全国的 13%，成为全国最大的太阳能发电基地之一；光伏电站发展带动了太阳能光伏制造业的发展，光伏产业成长为青海省特色优势产业，中控德令哈 1 万千瓦项目建成并网，成为全国第一个商业化运行的光热电站。积极探索水光、风光等多能互补的清洁能源利用新模式，世界最大规模的龙羊峡水光互补 85 万千瓦项目建成并网运行；"十二五"期间全省新增太阳能发电装机 561 万千瓦。四是风力发电不断推进，截至 2015 年末，已累计核准风电场 25 个，容量 116 万千瓦，"十二五"期间全省新增风电装机 47 万千瓦。

3. 电网发展情况

青海省电网以东西 750 千伏的双链式为主网架结构，330 千伏支撑形成环网状，330 千伏电网纵贯南北，110 千伏电网辐射供电，供电能力与质量得到提升。"西电东送"通道输电能力显著增强，骨干网架结构进一步优化，新能源并网能力有效提升。全面解决了全省无电住户的用电问题，电网覆盖范围不断扩大。

青海"十二五"期间建成了 750 千伏西宁—格尔木输变电工程、750 千伏柴达木、日月山变电站扩建工程。随着 750 千伏青新、±400 千伏青藏、750 千伏西宁至甘肃武胜等一批联网工程的投入与运营，青海与西藏、新疆、甘肃等省际电网交换能力也不断增强。建成 330 千伏玉树电网与青海电网联网、格尔木—那林格—花土沟输变电工程，开工建设了果洛网外三县、玉树网外三县与青海电网联网工程，玉树、果洛、茫崖、冷湖等地区供电能力及可靠性大幅度提升。持续实施了农网改造升级和无电地区电力建设，电网覆盖面积不断扩大。青海农村供电可靠率达到 99.67%，农村综合电压合格率达到 98.85%。玉树六县、茫崖、冷湖等地区与青海主网联网，为下一步理顺电力管理体制奠定了基础。

"十二五"期间建成 750 千伏变电站 6 座，变电容量 1440 万千伏安，线路 17 条、2716 千米；330 千伏变电站 29 座、变电容量 1662 万千伏安，线路 115 条、5578 千米；110 千伏变电站 121 座，变电容量 898 万千伏安，线路 309 条、8108 千米。

4. 煤矿建设情况

"十二五"期间，青海煤炭资源勘查获得重大成果，新增探明煤炭资源储量 28 亿吨。截至 2015 年底，全省建成生产煤矿 25 处，核定产能 838 万吨/年，其中，动力煤 718 万吨/年，焦煤 120 万吨/年。"十二五"期间新增煤炭产能 333 万吨/年，其中，动力煤 213 万吨/年，焦煤 120 万吨/年。

5. 石油、天然气勘探开发情况

"十二五"期间，青海油气勘探连续取得重大突破，继发现昆北、英东两个亿吨油田后，又发现了扎哈泉致密油田以及东坪牛东气田，东坪气田为国内最大基岩气藏。截至 2015 年，共发现 19 个油田、8 个气田，累计探明地质储量石油 6.3 亿吨、天然气 3820 亿立方米。其中，"十二五"期间累计生产原油 1058 万吨、天然气 327 亿立方米；新增探明石油地质储量 1.9 亿吨、天然气 820 亿立方米。

6. 能源通道建设情况

青海省已建成 7 条天然气输气管线，设计年输气能力 102 亿立方米，原油、成品油各一条，油气管网不断延伸，原油管道干支线管道总里程达到 439 千米，管输能力为 300 万吨；天然气主干网为 2867.6 千米，管输能力约 101 亿立方米。涩宁兰天然气沿线的西宁、海东、格尔木、德令哈等城市实现管道送气，形成东通兰州、西通阿克塞、南通拉萨、北通敦煌的送气输油通道。

二、青海省能源建设的机遇

我国能源开发利用方式将发生根本性变革，能源结构步入战略调整期，青海的能源发展面临三个重大机遇：

一是国家能源结构的战略调整将给青海能源发展带来重大机遇。当前我国正深入推进能源革命，油气替代煤炭、非化石能源替代化石能源的双重更替将逐步加快。青海油气储量丰富，水电、太阳能、风电、地热资源等非化石能源资源优势突出，应抓住机遇打造海南州、海西州千万千瓦级可再生能源基地，建设绿色能源示范省。

二是"丝绸之路经济带"建设也将带来新的契机。青海紧邻陕西、甘肃、新疆，具备一定的区位优势、资源优势、政策优势，是构建"丝绸之路经济带""绿色能源示范带""能源消费和生产革命示范带"的重要环节。围绕"丝绸之路经济带"建设，可将青海建设成为我国西部的新能源基地、工业基地、大数据创新创业基地，拓宽优势资源转换的实施空间。

三是全国碳排放交易体系的建立将给青海的清洁能源发展提供新的动力。作为中国应对气候变化的政策与行动的一部分，全国范围的碳排放权交易体系于 2017 年启动。新能源企业将可通过碳交易获取额外收入，提高新能源项目收益率，对新能源的发展将产生积极的影响。

三、能源通道建设展望

青海省将积极落实国家能源战略布局，有序推进油气管道建设，构筑以格尔木为枢纽的青藏高原油气供应网络，着力提升管道输送能力，扩大天然气供应覆盖面。推动中哈石油管道工程延伸至格尔木，争取尽快开工建设哈—格油气管道，研究推进石油炼化和大型储备项目，形成西接中亚、西亚，南接西南地区的油气能源资源安全大通道。新建平安—黄南、湖东—海晏县天然气输配管道等项目。

同时，青海省将加快智能电网建设，实施新能源大型并网工程，推进新疆至青海至华中、华东、西南等地特高压电网建设，实现新能源电力打捆外送打造电力丝绸之路。加大农网升级改造力度，实现国家电网到县、重点乡镇全覆盖，提高供电可靠性、稳定性。

第六节　公共服务建设

公共服务是 21 世纪公共行政和政府改革的核心理念，包括加强城乡公共设施建设，发展教育、科技、文化、卫生、体育等公共事业，为社会公众参与社会经济、政治、文化活动等提供保障。公共服务以合作为基础，强调政府的服务性，强调公民的权利。享有公共服务是公民的基本权利，保障人人享有公共服务是政府的重要职责。

一、公共教育

近年来，青海省将支持教育事业摆在优先发展的战略位置，积极发挥财政职能的积极作用，不断优化财政支出结构，加大投入力度，支持教育各项工作取得了极大的成绩，有力地支持了全省教育事业稳步快速发展，具体表现在以下方面：

办学条件明显改善。青海省投入大量资金，实施中小学布局调整暨校安工程、中小学标准化学校建设工程、民族地区薄弱高中改造、中等职业教育基础能力建设、师范大学新校区建设等一系列教育民生工程，全省初高中生均校舍面积基本达到国家标准，各级教育生均图书册数、每百名学生拥有计算机台数、互联网接入学校比例均有大幅提升，实现了教学点数字教育资源全覆盖。

教育普及程度大幅提高。2015年青海省学前教育毛入园率、义务教育巩固率、高中阶段毛入学率和高等教育毛入学率分别达到80.0%、99.4%、80.74%和38.33%。与2011年相比，分别提升30.16个、29.72个、7.59个和8.82个百分点，走在了西部地区前列（见图6-5）。截至2015年底，全省义务教育阶段学校有1248所，在校生达到667115人。全省高中阶段教育招生67077人，高职院校招生8090人。中等职业学校毕业生就业率达到97%，高职院校毕业生就业率达92%以上。

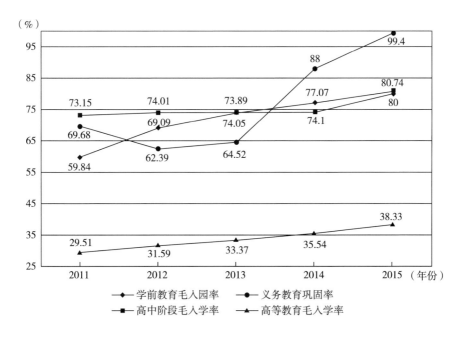

图6-5　青海省"十二五"期间教育主要发展指标

民族教育有序发展。青海省紧紧抓住六省（市）对口支援藏区六州机遇，大力发展民族教育，2015年少数民族在校生达到605531人，占全省学生总数的53.98%，超过少数民族46.97%的人口比例，比2010年增加44906人，增长

8%。牧区六州学前三年毛入学率达到 66.84%；少数民族适龄儿童毛入学率达到 107.41%；初中少数民族适龄人口毛入学率达到 101.72%。

教育公平取得重要进展。"两基"顺利通过国家验收，15 个县率先实现国家县域义务教育均衡发展目标。青海构筑了从学前教育到高等教育的学生资助政策体系，2015 年资助金额达 15.95 亿元，五年累计约 80 亿元，从而保证了每个孩子不因家庭经济困难不能入学或辍学。满足农牧民子女受教育的水平和能力不断提升，各类资助保障政策持续提标扩面，流动人口和家庭困难子女就学问题基本解决。

教育服务经济社会发展能力大幅提升。2011～2015 年，青海省普通高等学校累计培养本科以上毕业生 3.7 万人，职业教育培养 13 万余名技术技能人才，为经济社会发展提供了有力的人才和智力支撑。设立青海大学—清华大学三江源研究院、青海师范大学丝绸之路经济带研究院、青海民族大学国别研究中心等智库，组建 7 个职业教育集团。学科专业结构进一步优化，人才培养模式改革不断深化，产学研合作持续推进。

教师队伍整体素质不断提高。青海省已实现城乡统一的教师编制标准，初步建立了"省考、县聘、校用"的教师补充机制。教师培训制度进一步落实，2011～2015 年累计培训教师 10.8 万人次，缓解了教师总量不足的问题，教师队伍结构显著改善。实施乡镇以下教师岗位补助制度，教师提升教学质量的积极性和创造性被进一步激发。

二、医疗卫生

随着改革实践的不断深入，医疗卫生在提高人们的生活质量、促进劳动力再生产中具有重要的作用，是社会高度关注的热点，也是贯彻落实科学发展观，实现经济与社会协调发展，构建社会主义和谐社会的重要内容之一。青海省加快实施医药卫生体制改革，卫生计生事业获得长足发展，人民健康水平显著提高。人均期望寿命从 2010 年的 69.96 岁增长到 2015 年的 71.70 岁；婴儿死亡率从 16.07‰ 下降到 10.29‰；孕产妇死亡率从 45.14/10 万下降到 31.95/10 万；法定报告传染病发病率从 625.6/10 万下降到 549.99/10 万；人口自然增长率稳定在 9‰。青海省卫生资源总量逐年增加，每千人口执业（助理）医师数从 1.73 人增长到 2.25 人，每千人口注册护士数从 1.46 人增长到 2.33 人，每千人口拥有床位数从 3.56 张增长到 5.63 张。基层医疗卫生服务条件大幅改善，县级医院、乡镇卫生院（城市社区卫生服务中心）和村卫生室标准化建设分别达到 60%、70% 和 100%。

青海的卫生机构数从 1952 年的 67 个增加到 2019 年的 6517 个，后者是前者的97.27倍。2000年青海省拥有卫生机构数1847个，达到1952~2009年的峰值。随着社会的发展、体制的完善，青海省病床的数量也有大幅增加，由1952年的529张增加到2019年的40062张，后者是前者的75.73倍，这为人们就医提供了很大的便利。卫生技术人员在1952~2019年里保持着持续增长的趋势，从1952年的513个增加到2019年的46645个，后者是前者的90.93倍（见图6-6）。

图6-6 青海省床位、卫生技术人员及卫生机构数变化

但由于青海省面积大、人口少、居住分散、服务半径大、服务成本高等特点，使得卫生资源相对不足，制约医疗卫生事业改革发展的内部结构性问题依然存在，主要表现为：卫生资源总量不足，布局结构不合理，优质医疗资源缺乏；基层医疗卫生机构服务能力明显不足，技术水平亟待提高，服务设施和条件需要持续改善；地方病和慢性非传染性疾病严重威胁广大人民群众的身心健康，防控形势依然严峻；社会办医规模不足且结构不合理。未来，青海省应坚持以保障人民健康为中心，以深化医药卫生体制改革为动力，以促健康、转模式、强保障为着力点，更加注重以预防为主，更加注重提高医疗服务质量和水平，更加注重工作重心下移和资源下沉，实现发展方式由以疾病为中心向以健康为中心转变，显著提高各族群众的健康水平，努力推进健康青海建设。

三、邮电及通信

邮电通信业是社会与经济发展的基础设施，它是通过交通线路、电报、电话、传真、电视、广播等方式传递语言、文字、图像、数据、函件等的产业部门，而且是国民经济中的重要职能部门，它具有很强的公益事业性和重要的社会效益。随着科学技术革命的深入，邮电通信业成为衡量一个国家或一个地区经济发展水平高低的基本标志之一。

1. 邮电业务发展状况

中华人民共和国成立以来，青海省初步建成了覆盖全省、通达世界、技术先进、业务全面的信息通信基础网络。1949~1978年，青海省的邮电通信事业发展相对较慢，但在党的十一届三中全会之后，其邮电通信业实现了超速发展，服务能力、服务水平和服务质量均有了质的飞跃。

由表6-10可以看出，青海省邮电事业日新月异、发展迅猛。"九五"之后，实现了高速度高效益的跨越发展，建成了包括光纤、数字微波、程控交换、移动通信、数据通信等全覆盖的电信网和业务种类齐全、网点密布的公用邮政网。全省邮电业务总量由1949年的4万元增加到2016年的720428万元，后者是前者的180107倍；函件由1949年的39万件增加到2016年的321万件，增长了8.23倍，2017年后有所下降；报刊期发数由1978年的56万份减少到2019年的51万份，呈现出先增后降、再增再降的趋势，1995年报刊期发数为262万份，达到峰值；1949年本地电话只有城市15户，农村没有用户，2018年城市用户达95.90万户，农村用户达23.98万户；2019年的邮政局所数量和邮路长度分别是1949年的10.39倍和53.84倍。整体而言，青海省邮电业的发展突飞猛进，为青海的建设事业，为各族人民的生产、生活服务作出了突出贡献。

表6-10　1949~2019年青海省邮电业务量

年份	业务总量（万元）	函件（万件）	报刊期发数（万份）	城市电话（万户）	农村电话（万户）	邮政局所（处）	邮路长度（千米）
1949	4	39	—	0.0015	—	44	1727
1952	19	73	—	0.20	0.10	144	3053
1978	764	1789	56	0.81	0.35	247	30601
1985	1720	2344	154	1.50	0.72	243	28648
1986	1866	2607	151	1.66	0.84	—	—
1987	2023	2829	150	1.86	0.97	—	—
1988	2480	3222	147	2.04	1.10	—	—
1989	3020	3221	81	2.19	0.24	—	—
1990	3457	2778	70	2.49	0.25	237	24567
1991	6223	2074	69	2.73	0.17	—	—
1992	7510	2186	74	3.29	0.16	—	—

续表

年份	业务总量（万元）	函件（万件）	报刊期发数（万份）	城市电话（万户）	农村电话（万户）	邮政局所（处）	邮路长度（千米）
1993	9541	2864	79	4.13	0.18	—	—
1994	11592	3389	114	5.39	0.22	—	—
1995	15595	3354	262	9.12	0.28	—	—
1996	23901	3156	80	13.43	0.41	521	22431
1997	32718	2664	75	17.10	0.47	217	21994
1998	47018	2966	74	20.80	0.77	292	20683
1999	67672	2108	52	26.14	1.41	208	25488
2000	49181	2762	47	34.35	2.51	201	26978
2001	64792	2961	45	42.52	4.29	198	28090
2002	199104	3580	44	50.21	7.67	220	35351
2003	229811	3800	67	64.91	11.51	210	24107
2004	339801	2836	75	77.66	16.69	211	24101
2005	314330	1886	51	92.90	20.60	219	23721
2006	396898	981	49	99.50	25.90	233	20680
2007	537416	627	42	96.00	27.00	245	24587
2008	699514	566	47	92.50	27.00	288	24508
2009	916651	440	37	84.10	25.20	185	33586
2010	1221325	472	47	80.80	22.40	185	43484
2011	479943	430	48	84.60	19.60	180	48841
2012	569083	533	48	85.60	16.90	183	88855
2013	602757	412	44	86.60	15.20	186	64969
2014	802792	405	48	86.48	13.67	427	58428
2015	1054328	371	51	88.77	12.60	457	33661
2016	720428	321	27	89.18	12.90	455	95136
2017	—	483	48	94.88	11.81	457	86279
2018	—	272	51	95.90	23.98	456	88507
2019	—	310	51	—	—	457	92978

2. 通信业务发展状况

1998 年以来，青海完成了邮电分营、电信重组、政企分开等一系列改革措施。邮政建立了一整套独立、完整的邮政运行体系，为今后实现多元化、全方位的服务创造了有利条件。

从表 6-11 可以看出，青海电信业务总量从 1990 年的 3265 万元增加至 2019
年的 6369794 万元，后者是前者的 1950.93 倍；移动电话用户从 1994 年的 0.16
万户增长至 2019 年的 673.06 万户，后者是前者的 4206.63 倍；在本地固定电话
用户当中，城市电话用户增长快于农村，2018 年城市电话用户是 1985 年城市电
话用户的 63.93 倍，在 2006 年达到峰值 99.50 万户后，开始出现减少趋势；
2018 年乡村电话用户是 1985 年乡村电话用户的 33.31 倍，乡村电话自 1985 年
以来缓慢增长，在 2007 年达到峰值，之后缓慢减少；公用电话用户由 1985 年的
0.01 万户增加至 2016 年的 3.18 万户，后者是前者的 318 倍，2017 年又有所下
降，公用电话数量的增加，极大地为人民的生活提供了便利，但随着移动电话
用户的大量普及，公用电话的数量在 2006 年达到峰值后开始下降，人们进入了
使用移动电话来沟通交流和传播信息的时代。

表 6-11　1985~2019 年青海省电信业务量

年份	电信业务总量 （万元）	移动电话用户 （万户）	城市电话 （万户）	农村电话 （万户）	公用电话 （万户）
1985	—	—	1.50	0.72	0.01
1986	—	—	1.66	0.84	—
1987	—	—	1.86	0.97	—
1988	—	—	2.04	1.10	0.02
1989	—	—	2.19	0.24	0.02
1990	3265	—	2.49	0.25	0.02
1991	—	—	2.73	0.17	0.03
1992	—	—	3.29	0.16	0.03
1993	—	—	4.13	0.18	0.04
1994	8084	0.16	5.39	0.22	0.05
1995	12118	0.26	9.12	0.28	0.15
1996	11906	0.65	13.43	0.41	0.24
1997	31612	1.41	17.10	0.47	0.49
1998	47018	3.53	20.80	0.77	0.61
1999	32608	6.59	26.14	1.41	0.83
2000	42974	21.07	34.35	2.51	1.09
2001	50714	42.10	42.52	4.29	1.33
2002	184376	77.14	50.21	7.67	1.53

续表

年份	电信业务总量 （万元）	移动电话用户 （万户）	城市电话 （万户）	农村电话 （万户）	公用电话 （万户）
2003	214468	100.36	64.91	11.51	3.23
2004	323539	117.73	77.66	16.69	5.60
2005	296620	121.36	92.90	20.60	6.80
2006	376669	172.20	99.50	25.90	7.60
2007	516460	222.00	96.00	27.00	7.60
2008	677000	247.20	92.50	27.00	7.30
2009	890000	310.70	84.10	25.20	6.75
2010	1198000	397.80	80.80	22.40	6.19
2011	457000	461.80	84.60	19.60	5.70
2012	544000	537.20	85.60	16.90	5.60
2013	576700	542.40	86.60	15.20	4.68
2014	767437	543.99	86.48	13.67	4.61
2015	1017064	517.53	88.77	12.65	3.83
2016	672108	539.76	89.18	12.90	3.18
2017	1616839	610.88	94.88	11.81	2.81
2018	4228131	686.40	95.90	23.98	—
2019	6369794	673.06	—	—	—

第七章　区域差异与空间布局

第一节　区域经济差异

近年来，青海省经济发展虽然取得了较大的进步，经济总体水平不断提高，经济实力不断增强，各区县的经济形势也随之发生了变化，但区域差异性也更为突出，且有明显扩大的趋势。

一、青海区域经济差异现状

（1）青海省各地区之间在经济总量、经济结构、人民生活水平、社会消费品零售总额及人口规模等方面存在较大差异（见表7-1）。

表7-1　2019年青海省分地区经济差异

地区	GDP（亿元）	三次产业比例	人口密度（人/平方千米）	城镇居民人均可支配收入（万元）	农牧民人均纯收入（万元）	社会消费品零售总额（万元）
西宁市	1327.82	3.9：30.0：66.1	270.73	3.48	1.26	632.09×10^4
海东市	487.73	14.5：37.9：47.6	130.78	3.20	1.16	116.77×10^4
海北州	91.72	27.6：19.3：52.8	8.68	3.39	1.39	27.29×10^4
黄南州	100.95	25.8：26.0：48.2	15.54	3.32	1.00	14.35×10^4
海南州	174.66	25.0：42.3：32.7	10.57	3.31	1.25	33.75×10^4
果洛州	46.16	18.2：30.0：51.8	2.67	3.55	0.91	10.09×10^4
玉树州	59.82	57.6：9.1：33.5	1.55	3.52	0.91	20.93×10^4
海西州	666.11	5.6：65.9：28.5	1.24	3.52	1.50	93.27×10^4

由表7-1可知，从经济总量上看，西宁市经济总量最大，海西州次之，玉树州最小；从经济结构上看，西宁市和海西州的第一产业比重较小，第二产业

和第三产业比重较大,玉树州的第一产业比重最大,居于首要位置;从居民购买能力上看,城镇居民购买能力为果洛州最强;农村居民购买能力以海北州和海西州较强;从生活质量和条件上看,西宁市城镇和农村的生活条件都要好于其他地区;从社会消费品零售总额上看,西宁是青海最大的市场,海东地区次之;从人口密度上看,西宁市和海东地区人口较多、较为集中,海西州人口最稀少。

(2)城区和农牧区之间收入差距呈扩大趋势。2019年,青海省城镇居民人均可支配收入为29169元,同比增长9.0%,高于全国平均水平0.7个百分点;农村居民人均可支配收入为9462元,同比增长9.2%,高于全国平均水平0.6个百分点。2000~2019年,青海省城镇居民人均可支配收入由5068元增加到41429元,增长717.46%;同期全国城镇居民人均可支配收入由5170元增加到33830元,增长543.35%。农村居民人均可支配收入由5594元增加到8664元,增长54.88%;同期全国农村居民人均可支配收入由1490元增加到11499元,增长671.74%。在青海城乡居民收入总体水平不断提高的同时,城镇和农村居民之间的收入差距却未趋于均衡,相反却呈现逐年扩大的趋势。

二、区域经济差异成因分析

青海区域经济发展不协调的主要表现为青海各经济区内资源禀赋、经济基础、科技水平、劳动者素质等方面的差距。

(一)自然条件差异

青海东部黄土高原综合发展地区大都处于黄土高原向青藏高原和西北干旱区的过渡地带,地形复杂、地势高低悬殊,形成了不同的农业生态环境区域。该区域处于青海省东大门的地理位置,发展历史悠久,自然地理条件良好,属于青海省经济发展水平高、城镇集中、人口稠密的地区。西宁市是全省经济、政治、文化、科技的中心和交通、通信的枢纽,基础设施条件相对优越,产业相对发达,体育、科技、文化资源相对丰富,人才相对集中。西宁周边地区地域广大,自然条件相对优越,农业资源、水能资源、有色金属、建材和文化旅游资源丰富,交通便利,发展动力充足,这些都为该区域的发展奠定了良好的物质基础。柴达木资源开发地区自然条件艰苦,地广人稀,经济发展主要以资源开发为主,有较强的共性。该区域是青海的资源富集区和重要的新兴工业基地,具有得天独厚的发展潜力,形成了以盐化工、石油、天然气化工为重点的资源型工业结构,已探明的矿产资源潜在价值占全省总量的90%以上,是全省资源开发的主战场。青南高原、环青海湖地区、祁连山地生态脆弱,属于草原牧区生态保护地区,该区域草原辽阔、水草丰美,牧业基础条件良好,是发展现代畜牧业的主要区域。该区域分布有大量青藏高原特有的野生动植物资源，旅游资源丰富，特色突出。同时也是青藏高原生态安全的天然屏障，在维护国家生态安全、保护江河中下游地区生态环境、保障我国未来可持续发展方面居于十分重要的战略地位。

（二）区位差异

区位差异是形成青海区域经济增长差异的一个重要外部因素，东部地区面积为 $3.04×10^4$ 平方千米，连接西北重镇兰州，通柴达木盆地和青藏高原腹地，青藏铁路、109 国道和兰青高速公路等横穿该区，西宁空港初具规模，航空运输通往国内主要城市，区位和交通条件较好。良好的区位条件为东部地区的发展创造了机遇和条件。因此，好的区位条件使东部地区在仅占全省 4.2% 的土地面积上，集聚了全省 68.58% 的人口，创造了 61.16% 的 GDP，创造了 50.48% 的地方一般预算内收入。柴达木地区面积约为 $24.2×10^4$ 平方千米，位于青藏高原北部、主体为柴达木盆地，处青、甘、新、藏四省交会的中心地带，西可至中亚，南直通南亚，是西北地区重要的战略通道和对外开放门户，是国家西北、西南路网骨架中的重要交通枢纽和连接西藏、新疆、甘肃的战略支撑点，该区域的经济增长速度较快。环青海湖地区面积 $8.58×10^4$ 平方千米，该区域位于我国西北干旱区、东部季风区和青藏高原区三大区域的交会地带，是阻挡西部、北部荒漠化向东蔓延的天然生态屏障，是黑河、大通河、湟水河和青海湖的源头地区，生态地位十分重要。环青海湖地区旅游资源特色突出、知名度高，煤炭、有色金属、石棉等矿产资源丰富，区域内草原辽阔、水草丰美，是青海牧区自然条件较好、畜牧业较为发达的地区。三江源地区河流密布、湖泊、沼泽众多，高山冰川广布，有包括河流湿地、湖泊湿地和沼泽湿地在内的湿地总面积达 $7.33×10^4$ 平方千米，草场资源比较丰富，2019 年该地区第一产业的产值占全省 GDP 的比重达到了 45.57%，吸纳了当地将近 67% 的就业人口，这显示出第一产业在区域产业结构中的重要地位；同时，三江源地区虽然拥有一些比较丰富的矿产资源（诸如金矿等），但是保护生态环境需要禁止矿产资源的开发，这在一定程度上影响了该地区的经济增长速度。

（三）产业结构差异

改革开放以来，青海经济发展取得了长足的进步，伴随着经济的发展，产业结构有了很大的变化。2000 年青海省 GDP 为 263.68 亿元，其中，第一产业为 40.12 亿元，占全省 GDP 的 15.22%；第二产业为 80.90 亿元，占全省 GDP 的 30.68%；第三产业为 142.66 亿元，占全省 GDP 的 54.10%。2019 年青海省 GDP 为 2965.95 亿元，其中，第一产业为 301.90 亿元，占全省 GDP 的 10.18%；第二产业为 1159.75 亿元，占全省 GDP 的 39.10%；第三产业为 1504.30 亿元，占全省 GDP 的 50.72%。2000~2019 年，第一产业比重下降 5.04%，第二产业比重增加 8.42%，第三产业占比下降 3.38%。

2019 年，经济总量前三位的是西宁市 1327.82 亿元、海西州 666.11 亿元与海东市 487.73 亿元，这些区域的产业构成也发展较好，它们的第一产业比重分别为 3.9%、5.6% 和 14.5%；海西州、海南州和海东市第二产业比重较高，分别为 65.9、42.3% 和 37.9%；西宁市、海北州和果洛州的第三产业比重较高，分别为 66.1%、52.8% 和 51.8%（见表 7-2）。

表 7-2　2019 年青海省分地区三次产业比重　　　　　　　　单位:%

产业　　　　地区	西宁市	海东市	海北州	黄南州	海南州	果洛州	玉树州	海西州
第一产业	3.9	14.5	27.9	25.8	25.0	18.2	57.6	5.6
第二产业	30.0	37.9	19.3	26.0	42.3	30.0	9.1	65.9
第三产业	66.1	47.6	52.8	48.2	32.7	51.8	33.3	28.5

（四）经济发展成本差异

从海拔来看，西宁与河湟农业区平均海拔为 1700~3200 米；柴达木资源开发地区平均海拔为 2700~3500 米；草原牧区生态保护地区平均海拔为 3500~4500 米。这种高海拔导致发展成本很高：一是海拔高，意味着它的重力侵蚀加大，平衡的稳定度削弱，开展基础建设时，滑坡、崩塌、泥石流等水文地质与工程地质灾害的频度和强度加大，会增加区域的开发成本与养护成本；二是地表海拔高低加大，地球的外引力加大，水土流失和生态破坏加剧，无论是自然作用或人为作用下，挪动运移的土石方量也会大大增加；三是地表海拔高低加大，意味着其所处的生存条件和发展条件更加艰难。以上这些都会给人们的生产和生活带来额外的成本。这种成本使获取利益的自由资本和人力资本都不会向海拔高的地区流动，因此西宁与河湟农业区的人力、资本、技术和市场的吸引力在全省来说较高，草原牧区生态保护地区则是最低的，其经济发展成本也最高。

（五）人口和劳动力差异

青海省地域辽阔，地理环境复杂且差异显著，人口分布很不均衡，各市（州）经济发展条件迥异，经济发展水平差异较大。2019 年青海省人口密度每平方千米仅为 8.7 人，人口主要集中在西宁市及海东市的河湟谷地农业区，该地区人口占全省总人口的 63.84%，土地只占全省总面积的 2.98%。也就是说，全省大约 60% 的人口集中在不足 3% 的土地上；而柴达木资源开发地区和草原牧区生态保护地区两地拥有近 68 万平方千米的土地,占全省土地面积的 97%,人口仅占全省总人口的 32.28%。人口呈现东密西疏,地区差距显著。在衡量青海省人口素质时,选取了初中升学率和高中升学率两个指标来衡量劳动力素质潜力。西宁市及河湟农业区初中升学率达到 93.69%,高中升学率达到 78.32%;柴达木资源开发地区初中升学率达到 81.58%,高中升学率达到 83.32%;草原牧区生态保护地区初中升学率达到 84.56%,高中升学率达到 59.65%。这说明西宁市及河湟农业区和柴达木资源开发地区的教育基础有优势。青海地广人稀,而且由于海拔较高、地势复杂,可耕地面积较少,且农时较短,从事农业的农村劳动力在一年当中有较多时间赋闲。从农村劳动力比例来看,青海农村富余劳动力资源较多,主要集中在西宁市和海东市。

(六)城镇化率不同

2019 年青海省的城镇化率为 55.52%,但建制市只有 3 个(西宁、德令哈和格尔木),且距离较远、分布不均、带动效应较差。由于城镇建设速度慢、水平低,势必影响第二、第三产业的发展,进而影响吸纳农村劳动力的能力。2019 年海西州城镇化率最高,达 72.12%;其次是西宁市,城镇化率为 72.11%,经济发展水平偏低的果洛州和玉树州的城镇化率分别为 27.88% 和 36.65%(见表 7-3),城镇化水平较低。这表明城镇化率越低经济发展水平就越低,城镇化率越高经济发展水平也越高,故城市群与区域经济发展呈相互作用、相互影响的关系。在城镇化过程中由于各种基础设施的完善、人才的聚集,区域中心城市最终将对区域内的中小城市、城镇产生涓滴效应,带动其发展壮大。

表 7-3　2019 年青海分地区城镇化率

地区	城市人口(万)	总人口(万)	城镇化率(%)
西宁市	170.98	237.11	72.11
海东市	56.91	148.02	38.45
海北州	11.31	28.43	39.78
黄南州	10.46	27.68	37.79
海南州	20.43	47.63	42.89
海西州	37.4	51.86	72.12
果洛州	5.81	80.84	27.88
玉树州	15.27	41.66	36.65

第二节 空间布局与区域发展

根据劳动地域分工理论、区域经济发展水平和特征的相似性及差异性、经济联系的密切程度及点轴理论，可将青海省分为东部核心经济区、柴达木经济区、青南高原经济区。东部核心经济区点轴密度最大，其次是柴达木经济区，再次是青南高原经济区。青海河湟地区是青海区域发展较好的地区，点轴发展系统中的一级增长极和一级发展轴线大都位于此带，绝大部分二级、三级增长极和二级、三级发展轴线也位于此带。由此可知，东部的河湟地区为青海省点轴发展的关键地带。柴达木盆地有一个一级增长极，一个二级增长极，数个四级、五级增长极，是青海点轴发展的次关键地带。环湖地区处在过渡地带，各有一条一级轴线和二级轴线通过，有两个三级增长极，数个四级、五级增长极，是青海重要的发展区，也是最具活力的地区。而广大的三江源地区只有两个三级增长极，多个四级、五级增长极，沿轴线还没有形成产业密集带。根据点轴发展理论，处于不同发展阶段的不同区域应选择不同的发展模式，从而可以有针对性地解决不同层次、不同地区的发展布局问题。

一、区域内发展战略——"四区两带一线"模式

通过综合评价区域自然条件、资源禀赋、环境容量和经济社会发展基础及潜力，充分考虑差异性与相似性，按照有利于统筹协调、分类指导、发挥比较优势的原则，把青海省划分为东部地区、柴达木地区、环青海湖地区、三江源地区和沿黄河发展带、沿湟水发展带及兰青—青藏铁路发展轴线，简称"四区两带一线"。

（一）东部河湟地区——点轴式与网络式结合

该区是青海省区位和自然地理条件最好，经济较发达，点轴密度最大，轴线系统比较完整的地区。以西宁市为中心，铁路和公路干线呈辐射状分布，不同级别的经济增长极分布于这些交通干线上，其中，兰青线、青藏线为一级发展轴线，227国道、214国道为二级发展轴线，沿黄（河）线、西互线、平大线、阿赛（到隆务段）、西久（到河阴段）、岗青线为三级发展轴线。由此可知，这一地区的点轴系统比较完整，地区布局框架基本形成。尤其是湟水流域，点轴系统呈网状分布，因此，选择点轴发展模式和网络式发展模式比较适合。具体做法包括：把以西宁为中心的东部地区建成引领全省经济社会发展的综合经济区和促进全省协调发展的先导区；进一步提升产业发展的层次和水平，优先

发展高新技术产业和资源精深加工业，大力发展劳动密集型的第三产业；积极承接三江源、环青海湖等生态功能区的人口转移；打造中高级人才培训基地，为全省资源开发和经济发展提供人才智力支持。构建"一轴两群（区）"为主体的城镇化格局，以兰青—青藏铁路为主轴，以轴线上的主要城镇为支撑点，推进形成以西宁为中心的东部城镇群。加快大通、乐都、贵德城镇化步伐，逐步发展成为新兴城市，使其成为全省人口和经济的主要空间载体。

（二）西部柴达木地区——点轴式与据点式相结合

该区包括天峻县和格尔木市唐古拉山乡以外的海西蒙古族藏族自治州，位于该区的城镇基本上是工矿型，加之荒漠化，过密地布局增长极和轴线难度大。现阶段拥有一个一级增长极格尔木、二级增长极德令哈，四级、五级增长点数个，一级发展轴青藏线（包括青藏铁路、315 国道、109 国道、215 国道），不同级别的增长极基本分布在发展轴两侧，点轴体系相对完整。目前格尔木市和德令哈市处于极化阶段，其他的小城镇处于极化的初始阶段，所以该区现阶段宜采用据点式与点轴发展相结合的模式。具体做法包括：把柴达木地区建成全国重要的新型工业化基地、循环经济试验区和支撑全省跨越式发展的重要增长极；进一步加大资源开发的深度和广度，为东部地区工业发展提供能源、基础原材料支撑。

（三）中部环湖地区——据点发展与点轴发展相结合

该区包括门源县、贵德县以外的海北藏族自治州和海南藏族自治州以及海西的天峻县。目前该区拥有两个三级增长极、四个四级增长极和一个五级增长极，由青藏铁路、315 国道、109 国道组成的一级轴线横穿中部，三角城、西海镇、沙柳滩、恰卜恰、新源分布于轴线上，本区中部（135 国道和 109 国道之间）经济发展较快，发展的潜力较大；南北两侧发展较慢，以牧业为主，且位于生态敏感区，因此，该区中部采取点轴发展模式，南北两侧以据点发展为主。具体做法包括：把环青海湖地区建成青海省生态旅游和现代畜牧业发展的示范区；打造全国重要的旅游目的地和国家级旅游景区，促进全省旅游业的快速发展；打造全省现代高效畜牧业生产基地，为农牧区畜牧业发展提供优质种源，为东部和柴达木地区提供优质畜产品；打造环青海湖人与自然和谐相处示范区，为东部地区提供生态安全保障。

（四）青南的三江源地区——据点式

该区拥有两个四级增长极和数十个五级增长极、一条二级发展轴（214 国道）和一条三级发展轴。该区地域辽阔，自然条件差，经济发展主要以畜牧业为主，经济发展水平低，地域缺乏集聚中心，轴线对区域经济的带动作用尚不明显。因此，培育对区域发展起带头作用的增长极尤为重要，故该区宜采取据点发展模式。从发展现状和发展条件来看，该区的结古镇和大武镇有望成为重要的增长极，形成以结古、大武等州府所在地组成的城镇化格局。具体做法包括：把三江源地区建成全国重要的生态安全屏障和国家级生态保护综合试验区，为全国和省内其他区域建立生态补偿机制提供经验和模式，为高原野生动植物资源开发利用提供种质支撑，加快草原畜牧业向生态畜牧业转变；打造三江源—九寨沟—香格里拉高原生态旅游精品线路，为全省开发探险、登山、科考等高端旅游市场提供支持；落实生态立省战略，构建以三江源草原草甸湿地生态功能区为屏障，以青海湖草原湿地生态带、祁连山地水源涵养生态带为骨架的"一屏两带"生态安全格局，生态建设工程取得重大进展，生态补偿、资源补偿等政策机制基本建立。

（五）沿黄河发展带建设

沿黄河发展带指黄河干流沿岸区域，涉及玉树州曲麻莱县，果洛州玛多县、玛沁县、达日县、甘德县、久治县，海南州兴海县、同德县、贵南县、共和县、贵德县，黄南州河南县、泽库县、尖扎县、同仁市和海东市循化县、化隆县、民和县，共18个县。以黄河为纽带，以城镇为网络，根据该地区的资源情况和经济基础，应实行有所侧重的开发战略。着重体现沿河两岸产业的分工特色，强调在分工的基础上实行协作互补，围绕建设若干强大的龙头企业或专业化部门，实现区域经济的综合发展。该地区产业布局的重点是发展水电工业、高效农牧业及加工业、特色旅游业等产业链，并加快交通等基础设施和城镇的建设步伐。

（六）沿湟水发展带建设

沿湟水发展带指湟水河及其一级支流区域，涉及西宁市4区3县，海东市民和县、乐都区、平安区、互助县和海北州海晏县，共12个县（区）。沿湟水发展带企业的现状是数量多、规模小、实力弱、技术差、产品少、档次低，真正上规模、紧密联结的不多，绝大部分企业以初加工为主。沿湟水发展带城镇的聚集规模必须达到公共物品所能承载的容量，充分利用原有的地理条件、自然资源和经济发展所带来的利益，不断地完善城镇的硬件建设和公共物品建设，创造良好的城镇环境才能吸引更多的外来人力物力参与该地区的经济建设。从根本上克服作为相对独立系统的城市领域与农村领域所产生的一系列矛盾，并为"四区两带一线"发展战略开辟广阔的前景，进而真正实现"统筹城乡经济社会发展"，从根本上解决区域发展存在的差距问题。

（七）兰青—青藏铁路发展轴线

该轴线涉及西宁市4区3县，海东市民和县、乐都区、平安区、互助县，海北州海晏县、刚察县和海西州天峻县、乌兰县、德令哈市、格尔木市、大柴旦行委，共 18 个县（市、区、行委）。青海省构建以"一轴两群（区）"为主体的城镇化格局，以兰青—青藏铁路为主轴，以轴线上的主要城镇为支撑点，推进形成以西宁为中心的东部城市群，以格尔木为中心的柴达木城镇化地区，以兰青铁路、青藏铁路沿线上的民和、乐都、平安、西宁、海晏、德令哈、格尔木等地为节点，以南北两翼为辐射带，包括海东市、西宁市、海北藏族自治州、海西蒙古族藏族自治州以及海南藏族自治州的共和县、贵德县，黄南藏族自治州的同仁市、尖扎县。西宁—格尔木经济区集中了青海的主要城市、经济实力、科技力量和人口资源，是全省最有条件加快发展的区域。西宁市作为青海省政治、经济、文化中心，是多民族融合的高原名城，是祖国内陆进入青藏高原的东大门，也是青藏高原上最大的区域中心城市；格尔木市是青海省能源与原材料的工业基地，是进出西藏的咽喉，素有"海藏通衢"之称，也是西陇海兰新经济带向拉萨延伸轴线上的重要支点。因而，西宁—格尔木经济区在西陇海兰新经济带中有较强的经济集聚能力和辐射能力。

二、区域外发展战略

（一）兰州—西宁经济区建设

根据现有城镇分布、产业发展状况和地理环境特征，该区适合发展以兰州、西宁两个中心城市为核心，西宁—兰州发展轴和永登—兰州—定西、贵德—尖扎—循化—临夏两条次级发展轴为纽带的点轴开发系统。整合兰州、西宁两个中心城市的资源、人才和技术优势，依托兰州和西宁两个国家级经济技术开发区，调整优化产业结构，积极推行现代管理制度和企业技术改造，率先将兰州和西宁建成带动区域经济快速发展的两大辐射中心。兰州市应发展成为区域性国际化城市，兰州—西宁城市区域的一级中心，西北地区重要的交通、通信枢纽和商贸、金融中心，以及连接中亚、西亚和欧洲各国的开放型、多功能的内陆口岸城市和黄河上游最大的旅游城市。兰州市工业主要发展石油化工、有色冶金、机电、建材、新医药、生物工程、新材料等重工业和高新技术产业。西宁市应发展成为区域性中心城市，青藏高原最大的商品集散地和贸易中心，西北地区重要的交通枢纽，青藏高原最大的生态旅游城市。西宁市工业主要发展机械制造、化工、冶金、电力、轻纺、食品等轻重工业。以兰州、西宁为中心，沿兰青—包兰铁路走向，构建兰州—西宁城市区域的一级发展轴。该轴线是联系宁夏、内蒙古和北方大部分地区的重要通道，是兰州—西宁城市区域中产业发展水平最高的轴线，沿轴线地区的产业高度集聚，优势产业众多，目前已形成以石油化工、有色冶金、建材、能源、化工、轻纺、食品等为主的轻重工业和以生物工程、新材料、新医药、电子信息、先进制造业为主的高新技术产业。

这条轴线将成为带动兰州—西宁城市区域经济腾飞的重要发展轴。沿黄河谷地，构建以贵德、尖扎、循化和临夏为重要支点的次级发展轴。该轴线是黄河上游的水电走廊和富矿区，资源优势明显，是今后兰州—西宁城市区域的重点开发轴和能源供给线。同时，沿西陇海—兰新铁路走向，构建以兰州和定西为核心的次级发展轴。该轴线是联系新疆、陕西以及中东部地区的重要轴线，其产业主要发展石油化工、建材、冶金、农副产品加工等轻重工业和高新技术产业。以兰州和西宁两个中心城市为核心，以西宁—兰州一级发展轴为主体，永登—兰州—定西、贵德—尖扎—循化—临夏两条次级发展轴为两翼，以东部沿海发达地区为终点，面向国际市场，形成兰州—西宁城市区域开放发展的总态势。兰州—西宁城市区域正处于城市区域发展的初期阶段，这一阶段建立区域经济增长极，促使区域内要素和经济活动向优势区位集聚形成规模经济和集聚经济，才能在较短时间内实现经济的快速发展。因此，这一阶段宜采取点轴开发为主的城镇发展模式。为了构建城镇一体化发展的空间网络结构，应当着力于以下几方面的建设：重点发展西宁—兰州发展轴，开发贵德—尖扎—循化—临夏发展轴。依托兰青—包兰铁路、109国道、高速公路、输气管道、空中航线以及多条国家光缆主干线组成的高效基础设施网络体系，西宁—兰州发展轴已基本形成。这条轴线已经成为兰州—西宁城市区域内经济发展水平、基础设施条件、产业发展状况最优越的区域，为了强化该轴线对区域经济的辐射带动作用，应当重点发展这条轴线，具体措施：首先进一步改善西宁—兰州发展轴的基础设施系统，缩短主要城镇之间的路程时间距离；其次强化西宁和兰州2个核心城市的扩散作用，辐射带动沿线城镇发展；最后加强沿线城镇的产业分工协作，促进沿线城镇专业化发展。贵德—尖扎—循化—临夏发展轴是黄河上游的水电走廊和富矿区，沿线有众多城镇和工矿区集聚，资源优势十分明显，发展潜力巨大。但是，与西宁—兰州发展轴相比，其经济发展水平较低，基础设施条件较差，使黄河谷地贵德—尖扎—循化—临夏发展轴的城镇处于孤立发展的环境中。

（二）兰西银经济区

　　根据区域城镇分布、产业发展和地理环境等特征，构建兰西银经济区适宜采取"两点一轴"为主的城市空间一体化发展战略，即以兰州、西宁、银川三个中心城市为一级发展极，以兰青、包兰、黄河沿线为轴线，点、线、面结合，从而形成多层次的网络型协调发展的区域空间结构体系、不同功能分区的增长极体系与发展重点不同的产业带体系。建设兰西银一体化经济区，核心是提升和发挥中心城市的聚散功能。因此，要整合兰州、西宁、银川三个中心城市的资源优势，依托兰州、西宁、银川三个国家级经济技术开发区，率先将这三市建成带动区域经济快速发展的三大辐射中心。同时，沿河湟两岸走势，构建兰州—西宁—银川一体化发展轴线，并以发展轴线为对称轴向外推移，带动甘、青、宁的发展，从而顺应西北地区西陇海—兰新线与呼包—包兰—兰青线两条重点开发轴线组成的"十"字形区域开发主骨架，形成点轴开发体系，促进黄河上游经济区（城市群）的形成，并通过辐射和集聚作用，带动和促进甘青宁三省社会经济的全面发展。

第八章　生态文明建设与可持续发展

第一节　生态文明建设的意义及作用

2014 年，青海省委、省政府印发《青海省生态文明制度建设总体方案》，提出以三江源国家生态保护综合试验区为重要平台，在生态文明重点领域改革取得突破性进展，基本建立比较系统完备、可供复制推广的生态文明制度体系。《青海省国家和省级重点生态功能区限制和禁止类产业目录》《青海省国家重点生态功能区市县限制和禁止发展产业清单》等相继出台。2015 年，青海省委、省政府又出台了《贯彻落实〈中共中央　国务院关于加快推进生态文明建设的意见〉的实施意见》，提出到 2020 年，全省资源节约型和环境友好型社会建设取得重大进展，主体功能区布局基本形成，基本建成生态文明先行区和循环经济发展先行区。

2015 年，《青海省生态文明建设促进条例》施行，条例共分七章共 76 条，首次对青海省生态文明建设的责任主体、规划与建设、保护与治理、保障机制、监督检查、法律责任等内容作出明确规定。这是中国藏区诞生的第一部省级地方生态文明建设法，也是除贵州省之外中国第二部省级层面的生态文明地方性法规。

2020 年，青海省委、省政府印发《青海省构建现代环境治理体系的实施意见》，提出要牢固树立绿色发展理念，围绕推进地方治理制度创新和治理能力建设目标任务。依据生态建设和保护制度，青海启动了生态保护红线划定工作，并且开始着手建立省域生态红线评价数据库。围绕主体功能区建设，青海目前已确立了自然资源产权制度、生态补偿制度、资源有偿使用制度、国家公园制度和生态文明考核评价制度等。"着力打造生态文明高地"被列入青海省"十四五"时期的主要目标和重点任务。青海省将举全省之力保护"中华水塔"，率先建立以国家公园为主体的自然保护地体系，着力打造生态文明高地。

近年来，在强化生态保护和气候暖湿化的共同作用下，青海省域各类生态系统格局和质量总体保持稳定，趋势向好，青海省长江、黄河、澜沧江及内流河干流水质均达到优良，三江源、青海湖、祁连山等重点生态功能区在涵养水源、防沙固沙、保持水土、维护生物多样性、保护自然文化资源等方面得到显著提升，森林、水系、草原、湿地、荒漠、农田和野生动植物等生态系统稳定性增强。循环经济成为城市化地区发展主导模式，污染物排放得到有效控制，绿色生态空间保持合理规模。

第二节　三江源自然保护区建设

一、三江源自然地理概况

三江源自然保护区位于青藏高原腹地，西南部与西藏自治区接壤，东部与四川省毗邻，北部与青海省蒙古族藏族自治州都兰县相接。三江源自然保护区是中国面积最大的自然保护区，也是世界高海拔地区生物多样性最集中的地区和生态最敏感的地区。地理位置为北纬 31°39′~36°12′、东经 89°45′~102°23′，总面积为 36.6 万平方千米，包括 17 个县（市、区），占青海省土地总面积的 50.67%，总人口为 55.72 万，居民以藏族为主。

三江源自然保护区内气候属青藏高原气候系统，为典型的高原大陆性气候，表现为冷热两季交替，干湿两季分明，年温差小，日温差大，日照时间长，辐射强烈，无四季区分的气候特征。冷季为青藏冷高压控制，长达 7 个月，热量低，降水少，风沙大；暖季受西南季风影响产生热气压，水气丰富，降水量多。由于海拔高，绝大部分地区空气稀薄，植物生长期短。全年平均气温为 -5.6℃~3.8℃，其中最热月份为 7 月，平均气温为 6.4℃~13.2℃，极端最高气温为 28℃；最冷月份为 1 月，平均气温为 -6.6℃~-13.8℃，极端最低气温为 -48℃。年平均降水量为 262.2~772.8 毫米，其中，6~9 月降水量约占全年降水量的 75%，而夜雨量比例则达 55%~66%。年蒸发量在 730~1700 毫米。日照百分率为 50%~65%，年日照时数为 2300~2900 小时，年辐射量 5500~6800 兆焦耳/平方米。沙暴日数一般在 19 天左右，最多达 40 天。

三江源自然保护区以山地地貌为主，海拔为 3335~6564 米，山脉绵延、地势高耸、地形复杂，最低海拔位于玉树藏族自治州东南部的金沙江江面，平均海拔为 4400 米左右。海拔 4000~5800 米的高山是保护区地貌的主要骨架。主要山脉为东昆仑山及其支脉阿尼玛卿山、巴颜喀拉山和唐古拉山山脉。由于受第四纪冰期作用和现代冰川的影响，海拔 5000 米以上的山峰可见古冰川地貌。自然保护区中西部和北部呈山原状，起伏不大、切割不深、多为宽阔而平坦的滩地，因地势平缓、冰期较长、排水不畅，形成了大面积沼泽。东南部高山峡谷地带，切割强烈，相对高差多在 1000 米以上，地形陡峭，坡度多在 30 度以上。

三江源自然保护区土壤属青南高原山土区系。由于青藏高原地质发育年代轻，脱离第四纪冰期冰川作用的时间不长，现代冰川还有较多分布，至今地壳仍在上升，高寒生态条件不断强化，致使成土过程中的生物化学作用减弱，物理作用增强，土壤基质形成的胶膜比较原始，成土时间短，区内土壤大多厚度薄、质地粗、保水性能差、肥力较低，并容易受侵蚀而造成水土流失。三江源区受地质运动的影响，海拔差异很大，并且高山山地多，相对海拔较高，形成了明显的土壤垂直地带性分布规律。随着海拔由高到低，土壤类型依次为高山寒漠土、高山草甸土、高山草原土、山地草甸土、灰褐土、栗钙土和山地森林土，其中，以高山草甸土为主，沼泽化草甸土也较普遍，冻土层极为发育。沼泽土、潮土、泥炭土、风沙土等为隐域性土壤。

历史上，三江源区曾是野生动物种群繁多的高原草原草甸区。但是，随着人口的增加和人类生产经营范围的扩大，该地区生态环境日趋恶化。尤其是过度放牧等人类活动，加快了生态环境恶化的进度。草地大规模地退化与沙化，地区草地生产力和对土地的保护功能下降，优质牧草逐渐被毒草、杂草所取代，一些草地危害动物如鼠类乘虚而入，导致草地载畜量减少，野生动物栖息环境质量下降，栖息地破碎化，生物多样性降低。加上全球气候变暖的影响，冰川、雪山逐年萎缩，直接影响高原湖泊和湿地的水源补给，众多的湖泊、湿地面积缩小甚至干涸，沼泽地消失，泥炭地干燥并裸露，生态环境变得脆弱。

三江源地区生态环境的恶化，造成了该地区畜牧业生产水平低且不稳，影响和制约了当地少数民族的生存与发展。随着三江源区植被与湿地生态系统被破坏，水源涵养能力减退，生态系统失稳，将进一步影响长江、黄河流域乃至东南亚等地的生态环境。

二、三江源自然保护区的建设与发展

由青海省人民政府批准建立的三江源省级自然保护区，涵盖了长江、黄河、澜沧江源头三大流域，其是我国江河最多、湿地资源丰富、青藏高原珍贵野生动植物最为集中的保护区之一，也是我国集自然生态环境、区域性生物物种和水资源保护于一体的生态网络区。三江源自然保护区在三江源区范围内由相对完整的 6 个片区组成，包括 18 个保护分区，总面积达 15.23 万平方千米，占青海省总面积的 21%，占三江源地区总面积的 42%。它和青海可可西里、西藏羌塘和新疆阿尔金山自然保护区连成一片，构成世界上面积最大、海拔最高的自然保护区群。

2005 年开始，中国政府投资约 75 亿元，启动了三江源生态保护和建设（一期）工程，包括生态保护与建设项目、农牧民生产生活基础设施建设项目、支撑项目三大类，共 22 个子项目；2014 年，三江源二期工程实施；2016 年，三江源国家公园体制试点在青海启动；2021 年 10 月 12 日，国家主席习近平在《生物多样性公约》第十五次缔约方大会领导人峰会上发表主旨讲话时指出：中国正式设立三江源、大熊猫、东北虎豹、海南热带雨林、武夷山等第一批国家公园。因此，三江源国家公园列入中国首批国家公园，也是青海省第一个国家公园。

三江源地区把生态保护和建设作为主要任务，全力推进国家级生态保护综合试验区建设，建立生态补偿机制，创新草原管护体制，强化生态系统自然修复功能，建成全国重要的生态安全屏障。加快区域内城镇化进程，积极发展生态畜牧业、高原生态旅游业和民族手工业，点状和有序开发太阳能、风能、地热能等绿色能源。目前，三江源自然保护区主要建设内容及措施包括如下几个方面：

第一，保护工程：重点功能区人口密度低（0.93 人/平方千米），采取半开放式的保护措施，即原有居民不搬迁，但禁止放牧，牧民群众转为保护员，参与自然保护区建设，发放劳务费，这样在解决人员安置的同时，最大限度地发挥当地群众的积极性，有利于保护区建设。

一方面，实验区采取开放式保护措施，即牧民群众仍然以牧为主，但压缩牲畜数量，将总量控制在草地能够承受的范围内，减轻草场压力；而群众减收部分，由国家通过生态补偿费的方式给予适当补助。另一方面，对于生态环境遭到严重破坏的地区采取封闭式管理，禁止放牧。居民可采取小城镇建设或相对分散、投靠亲友等方式安置，国家一次性发放安置费，促使区域生态环境得到自然恢复。

第二，治理工程：治理工程在部分重点功能区和实验区内实施，主要治理对象是水土流失和草地鼠害。保护区水土流失面积达 1315 万公顷，其中，黄河流域水土流失面积为 754 万公顷；长江流域水土流失面积达 321 万公顷；澜沧江流域水土流失面积达 240 万公顷。造成水土流失的主要原因包括过去几十年来森林资源的不合理利用、草地过度放牧和草原垦殖等方面。想要改变这一现状需主要采取人工造林种草、封山育林（草）、退耕还林（草）、减畜育草等措施，与现阶段实施的林业重点治理工程、重点县生态环境建设工程相衔接，恢复植被，治理水土流失。

保护区鼠害发生面积达 700 多万公顷，鼠害严重地区鼠口密度达 100～150 只/公顷。多年来，药物防治造成了新的生态破坏，在灭鼠的同时，大量鹰、狐狸、蛇等天敌被灭杀，繁殖力极强的高原鼠兔、高原鼢鼠等，再度成灾。因此，鼠害防治应遵循自然规律，采取生物措施，保护和人工繁育鼠类天敌，重建生物链，才能使鼠口密度减少到最低水平，维持生态永久平衡。

第三，科研与宣传教育：在科学研究方面，通过保护区摸底调查、高原生态环境监测、珍稀野生动物繁育研究、培育耐寒耐旱树种草种等专题调查研究工作，以科技为先导，解决建设中存在的问题，克服难题，加快保护区建设步伐。

在宣传教育方面，一是通过邀请国际国内环保人士、环境专家、动物学家等，进行调研考察，扩大对外宣传，使更多的人来关注三江源；二是通过新闻媒介宣传、科普读物发放、组织学习培训等形式，教育保护区群众，增强生态意识、热爱家园、热爱三江源、建设保护区。

第四，社区共建：一是全面发展草原"四配套"建设，通过舍饲圈养，集约经营，提高牧民经济收入；二是大力发展社区清洁能源建设，通过推广应用太阳能、风能、沼气、电能等，解决燃料和取暖问题，减少草木消耗量；三是加快牧区城镇建设步伐，通过城镇化建设，从根本上改变长期以牧业为主、游牧度日的生活方式，吸纳广大牧民群众尽早参与市场经济发展，提高人民生活水平；四是发展生态体验及农牧业产品加工等环保型产业，走可持续发展道路。

三、三江源自然保护区建设的成效

三江源自然保护区建设至今，对生态系统退化趋势有了初步的遏制，取得了明显的成效。通过生态系统结构—服务功能动态过程趋势分析三江源保护区建设工程的生态成效，结合野外观察台站、野外调查、实证调查等方法，利用遥感技术、地理信息技术和模型技术，获取到三江源生态系统长时间序列变化。

（一）生态系统状况持续向好

三江源生态恢复工程前的 30 年，三江源草地总面积减少 1389 平方千米，湿地和水面面积减少 375.1 平方千米，荒漠面积净增加 674.38 平方千米，且退化加重。2005～2012 年工程实施后，三江源草地面积净增加 123.80 平方千米，水体与湿地面积净增加 279.85 平方千米，荒漠生态系统面积净减少 492.6 平方千米。植被多年平均盖度明显提高，盖度增长区域面积占三江源总面积的 79.10%。

（二）三江源区草地持续退化的趋势得到初步遏制

三江源草地退化格局在 20 世纪 70 年代已基本形成，不同退化草地面积占草地总面积的 40% 以上。2005 年，三江源自然保护区生态保护和建设工程启动实施，开启山水林草湖系统保护修复的新模式。2016 年，三江源国家公园体制试点改革正式启动。三江源保护工程实施后，退化程度维持不变的草地面积占总退化面积的 68.5%，轻微好转、明显好转的草地面积占退化面积的 24.8% 和 6.17%。同时，草地平均产草量由恢复前的每公顷 533 千克增加到每公顷 694 千克，同比提高了 30.30%。同时，通过生态移民政策和全区减畜工作，减畜超过 20%，草地载畜压力指数明显下降。

（三）湿地和水体生态系统有所恢复

生态工程实施后，三江源全区水体与湿地生态系统面积净增加 279.8 平方千米，增加了 9.1%。其中，治多县的玛日达错、盐湖和玛多县的鄂陵湖水面面积扩大最为突出，治多县的库赛湖和海丁诺尔以及唐古拉山镇的乌兰乌拉湖水域面积扩张明显。同时应注意的是，受气候变化影响，冰川退缩现象在三江源区较为普遍。

（四）生态系统服务能力整体提高

三江源生态系统的水源涵养和流域供水服务能力增加，多年平均水源涵养量由 153.6 亿立方米增加到 164.71 亿立方米，水源涵养量相比增加了 7.23%。长江、黄河和澜沧江流域林草生态系统水源涵养量在生态工程实施后每年分别增加了 9.23 亿立方米、10.48 亿立方米和 1.3 亿立方米。水体和湿地面积净增加了 179.8 平方千米。土壤保持和防风固沙能力由实施前的 5.46 亿吨增加到 7.23 亿吨，增加 32.42%。

第三节　三江源国家公园体制试点及建设

一、三江源国家公园体制试点及成效

自 1872 年全球第一个国家公园在美国黄石地区建立以来，依托国家公园进行生态和自然资源及遗产保护成为许多国家自然保护地体系建设的重要形式。此后一个多世纪里，国家公园作为一张名片和国家形象在全世界范围内不断推广，国家公园成为全球最具知名度、影响力、吸引力的自然保护地模式。截至 2021 年，全球已有 200 多个国家和地区建成 5200 多个国家公园（樊杰，2021）。

2015 年 12 月，国家发展改革委报请中央全面深化改革领导小组第十九次会议审议通过了《三江源国家公园体制试点方案》（以下简称《试点方案》），正式确定在三江源地区开展国家公园体制试点，提出要将其建成"青藏高原生态保护修复示范区，三江源共建共享、人与自然和谐共生的先行区及青藏高原大自然保护展示和生态文化传承区"，并要求"既实现生态系统和文化自然遗产的完整有效保护，又为公众提供精神、科研、教育、游憩等公共服务功能"。2016年3月，中共中央办公厅、国务院办公厅印发《三江源国家公园体制试点方案》，拉开了中国建立国家公园体制实践探索的序幕。2016年6月7日，三江源国家公园管理局在青海西宁挂牌成立，开创了中国国家公园体制建设之先河。试点区涉及4县12个乡镇53个村，17211户牧民，72074人口。范围包括三江源国家级自然保护区的扎陵湖—鄂陵湖、星星海、索加—曲麻河、果宗木查和昂赛5个保护分区以及可可西里国家级自然保护区，总面积12.31万平方千米。三江源国家公园体制试点作为全国第一个国家公园体制试点在青海启动，这是我国第一个国家公园，也是世界上面积最大的国家公园体制试点。在三江源地区开展国家公园体制试点建设，是党中央、国务院统筹推进"五位一体"总体布局的重大战略决策，是践行"绿水青山就是金山银山"理念的重要行动，是实现人与自然和谐共生的具体实践。

　　历经五年的艰辛付出，三江源国家公园体制试点在管理体制、运行机制、生态保护与社区发展方面进行了卓有成效的探索和实践，积累了宝贵的经验，在管理体制创新等方面取得了重要成效，"九龙治水""碎片化"的制约有效解决，从国家到省、州、县、乡、村，形成了分工明确、协调联动，纵向贯通、横向联合的共建机制，组建了三江源国有自然资源资产管理局，积极探索自然资源资产集中统一管理的有效实现途径，为实现国家公园范围内自然资源资产管理、国土空间用途管制"两个统一行使"和自然资源资产国家所有、全民共享、世代传承奠定了体制基础。按照符合中央要求、呈现中国特色的原则，经国务院同意，国家发展改革委发布了我国第一个国家公园规划——《三江源国家公园总体规划》。与此同时，青海省编制完成了生态保护规划、生态体验和环境教育规划、产业发展和特许经营规划、社区发展和基础设施建设规划以及管理规划5个专项规划；颁布施行了我国第一个由地方立法的国家公园法规——《三江源国家公园条例（试行）》，明确了管理体制、机构设置、运行机制、职能职责、行政执法，为国家层面开展国家公园立法探索了路子、积累了经验；制定印发了涉及科研科普、生态管护、公益性岗位、特许经营、预算管理等方面的14个管理办法，形成了"1+N"政策制度体系；成立了"三江源国家公园标准化技术委员会"，制定发布了管理规范和技术标准指南、标准体系导则、形象标识、标准术语以及生态管护规范、生态圈栏建设规范等地方标准，有效推进了国家公园建设管理标准体系建设；开展了全民所有自然资源资产所有权委托代理机制试点，建立多渠道野生动物冲突意外伤害补偿机制和自然生态环境领域行政执法与刑事司法工作衔接机制，在国家公园制度体系建设和管理水平提升方面取得重要突破。

从中国第一个国家公园体制试点启动实施，到领衔第一批国家公园正式设立，三江源国家公园作为全国首批、排在首位、面积最大、海拔最高、生物多样性最丰富的国家公园，经过一系列试点探索和建设实践，顺利完成"为全国生态文明制度建设积累经验""为国家公园建设提供示范"的重大使命，为中国国家公园建设提供了"青海方案"、贡献了"青海智慧"，在中国生态文明建设史上留下了重要印记。

二、三江源国家公园总体布局

三江源国家公园包括长江源、黄河源、澜沧江源 3 个园区，三江源国家公园试点区域总面积达 12.31 万平方千米，涉及治多、曲麻莱、玛多、杂多四县和可可西里自然保护区管辖区域，共 12 个乡镇、53 个行政村。区域内有著名的昆仑山、巴颜喀拉山、唐古拉山等山脉，逶迤纵横，冰川耸立。这里平均海拔 4500 米以上，雪原广袤，河流、沼泽与湖泊众多，面积大于 1 平方千米的湖泊有 167 个。三江源国家公园介于东经 89°50′57″~99°14′57″、北纬 32°22′36″~36°47′53″，占三江源国土面积的 31.16%，其中，冰川雪山 833.4 平方千米、河湖和湿地 29842.8 平方千米、草地 86832.2 平方千米、林地 495.2 平方千米。

三江源国家公园分布了多个国家级自然保护区及重要湿地，具体包括三江源国家级自然保护区的扎陵湖—鄂陵湖、星星海、索加—曲麻河、果宗木查和昂赛 5 个保护分区和可可西里国家级自然保护区，其中，核心区 4.17 万平方千米，缓冲区 4.53 万平方千米，实验区 2.96 万平方千米。为增强联通性和完整性，将 0.66 万平方千米非保护区一并纳入。同时，三江源国家公园范围内有扎陵湖、鄂陵湖 2 处国际重要湿地，均位于自然保护区的核心区；有列入《中国湿地保护行动计划》的国家重要湿地 7 处；有扎陵湖—鄂陵湖和楚玛尔河 2 处国家级水产种质资源保护区；有黄河源水利风景区 1 处。

三、三江源国家公园建设目标

根据《三江源国家公园总体规划》，其建设目标分为总体目标、近期目标、中期目标和远期目标。

（1）总体目标。山水林田湖草生态系统得到严格保护，满足生态保护第一要求的体制机制创新取得重大进展，国家公园科学管理体系形成，有效行使自然资源资产所有权和监管权，水土资源得到有效保护，生态服务功能不断提升；野生动植物种群增加，生物多样性明显恢复；绿色发展方式逐步形成，民生不断改善，将三江源国家公园建成青藏高原生态保护修复示范区，共建共享、人与自然和谐共生的先行区，青藏高原大自然保护展示和生态文化传承区。

（2）近期目标。国家公园体制全面建立，法规和政策体系逐步完善，标准体系基本形成，管理运行顺畅。绿色发展方式成为主体，生态产业规模不断扩大，转产转业牧民有序增加，国家公园内居住人口有所下降。山水林田湖草生态系统得到全面保护，生物多样性明显恢复，江河径流量持续稳定，长江、黄河、澜沧江水质稳定、保持优良，生态系统步入良性循环。基本建成青藏高原生态保护修复示范区，共建共享、人与自然和谐共生的先行区，青藏高原大自然保护展示和生态文化传承区。

（3）中期目标。到 2025 年，保护和管理体制机制不断健全，法规政策体系、标准体系趋于完善，管理运行有序高效。全面形成绿色发展方式，继续带动牧民转产转业，国家公园内居住人口不增加。山水林田湖草生态系统良性循环，生物多样性丰富，应对和适应气候变化能力增强，江河径流量持续稳定，长江、黄河、澜沧江水质更加优良。形成独具特色的国家公园服务、管理和科研体系，生态文化发扬光大。青藏高原生态保护修复示范区，共建共享、人与自然和谐共生的先行区，青藏高原大自然保护展示和生态文化传承区的示范带动作用进一步彰显。

（4）远期目标。到 2035 年，保护和管理体制机制完善，行政管理范围与生态系统相协调，实现对三大江河源头自然生态系统的完整保护，园区范围和功能优化，山水林田湖草生态系统良性循环，生物多样性更加丰富，建立起生态保护的典范；国家公园规划体系、政策体系、制度体系、标准体系、机构运行体系、人力资源体系、多元投入体系、科技支撑体系、监测评估考核体系、项目建设体系、经济社会发展评价体系全面建立，成为体制机制创新的典范；可持续的绿色发展方式更加成熟、基础设施配套完善、生态体验特色明显，成为我国乃至世界重要的环境教育基地，以及国家公园的典范。

四、三江源国家公园功能分区

分区管理是国际上国家公园普遍采用的管理方式，有利于发挥国家公园的多重功能，科学的功能分区是协调国家公园各种利益关系的重要手段。三江源国家公园功能分区分为二级三类，即一级功能区和二级功能区，三类指各级功能区内分别包含核心保育区、传统利用区及生态保育修复区。

一级功能区突出更加严格的保护，通过地理统筹和功能统筹，按照生态系统功能、保护目标将各园区划分为核心保育区、传统利用区、生态保育修复区，实行差别化管控策略，实现生态、生产、生活空间的科学合理布局和可持续利用。

核心保育区是维护自然生态系统功能，实行更加严格保护的基本生态空间。以自然保护区的核心区和缓冲区范围为基线，衔接区域内自然遗产地、国际和国家重要湿地核心区域和国家级水产种质资源保护区、国家水利风景区等的核心区边界，以及野生动物关键栖息地等划定。该区采取严格保护模式，重点保护好雪山冰川、江源河流、湖泊、湿地、草原草甸和森林灌丛，着力提高水源涵养、生物多样性和水土保持等服务功能。维护大面积原始生态系统的原真性，限制人类活动。

传统利用区是国家公园核心保育区以外的区域，生态状况总体稳定，是当地牧民的传统生活、生产空间，是承接核心保育区人口、产业转移与区外缓冲的地带。按照土地利用总体规划，对城乡建设用地进行严格管控；其他区域严格落实草畜平衡政策，适度发展生态有机畜牧业，进一步减轻草原载畜压力，加快牧民转产转业，逐步减少人类活动。

生态保育修复区是由传统利用区内中重度退化草地划定而成，加强退化草地和沙化土地治理、水土流失防治和自然封育。以亟须修复的退化、沙化草地为主，强化自然恢复和实施禁牧等必要的人工干预措施，待恢复后再开展休牧、轮牧形式的适度利用，并加强严格保护。

二级功能区是在一级功能区的基础上细化到重要自然资源，提出保育措施，明确作业要求。具体分为核心保育区、传统利用区和生态保育修复区，各自功能定位如下：

（1）核心保育区。在现状调查基础上，以保持自然生态过程的原真完整为目的，以生态系统服务功能为依据，针对水源涵养、水土保持及动植物重要栖息地等重要生态功能区，提出保育措施。

（2）传统利用区。在实现更加严格保护的前提下，根据生态保护要求和生态畜牧业生产需要、村落分布和草原承包经营权界限等情况，划分出生活区和生产区。按照土地利用总体规划，控制城乡建设用地规模和布局，优化划区轮牧线。

（3）生态保育修复区。在生态系统和生态过程评价的基础上，按照退化成因，结合草原承包经营权界限，划分自然修复区和人工修复区，提出保育措施。

第四节　青海湖自然保护区建设

一、青海湖自然保护区的自然地理概况

青海湖又名库库诺尔、错鄂博，古称西海、鲜水、鲜禾羌海和错温波，是

中国第一大微咸水湖。湖水清澈碧蓝，湖面广袤如海，故名库库诺尔，系蒙语译名，意为青色的海；错鄂博系藏语名，意即西海。青海得名于北魏，《魏书》卷一〇一之《列传》的"吐谷浑"条中载"青海周回千余里，中有小山，……，东西对峙。水色青绿，冬夏不枯不溢。自日月山望之，如黑云冉冉而来"；唐代继续沿用西海和青海称谓；《通鉴》卷二一五之天宝七年十二月条记"哥舒翰筑神武军于青海上，……，又筑城于青海中龙驹岛（即今海心山）"；《通鉴》卷二二四之大历八年九月条载"每岁盛夏，吐蕃畜牧青海"；唐《敦煌吐蕃古藏文文书》称青海湖为错温波，意为青色的湖。青海湖跨海晏、刚察、共和三县，位于青藏高原东北隅，祁连山的东南部，北部以大通山、东部以日月山、南部以青海南山、西部以阿尼尼可山为界，形成一个内陆盆地，青海湖位于盆地洼处。1981 年实测水位 3193.9 米，长 109.0 千米，最大宽 67.0 千米，平均宽 39.8 千米，面积为 4340.0 平方千米，最大水深 27.0 米，平均水深 17.9 米，蓄水量为 778.0×10^8 立方米。

湖中有沙岛、海心山、鸟岛、海西山和三块石 5 个岛屿，沙岛最大，面积近 10.0 平方千米；其次为海心山，呈菱形，面积为 0.94 平方千米。青海湖形成于早一中更新世，在成湖初期，属外流淡水湖，与黄河水系相通。晚更新世初，盆地东部地壳强烈上升，堵塞古青海湖出口演变成为闭流类湖泊，倒淌河随之倒流入湖。在全新世冰后期的高温期时，湖面最高，彼时古存海湖水位比现在约高 100.0 米，而后随气候变化湖面出现多次波动，形成四级湖积阶地在 3.5~3kaBP 存在一次更强的冷波动，湖盆进入新的演化阶段。此后，湖盆周围地势继续上升，气候复趋干燥，湖面缩小，水位下降。原在湖内的黑山、将军台，开始脱离湖体成为滨湖孤山。建于湖滨的汉代察汗城，现已距湖东岸 25.0 千米。另据古籍记载，青海湖面"魏周千里，唐八百余里""乾隆时七百余里"，湖面渐趋缩小。

湖区属高寒半干旱气候，年均气温为 1.2℃，1 月平均气温为-12.6℃，极端最低气温为-30℃，7 月平均气温为 5℃，极端最高气温为 28.0℃。多年平均降水量 336.6 毫米，5~9 月降水量占年降水量的 85% 以上；年蒸发量为 950.0 毫米，6~9 月蒸发量约占年蒸发量的 60% 以上。年日照时数为 3040.0 小时，日照百分率为 70%~80%。该区盛行西北风，最大风速 22.0 米/秒，年均风速为 3.1~4.3 米/秒；9 月至翌年 4 月为大风期，月最大风速 16.0~22.0 米/秒，5~8 月风力最小，平均风速在 16.0 米/秒以下。土壤类型从东南往西北依次分布风沙土、栗钙土、山地草甸土、高山草甸土和高山寒漠土等，另有沼泽土广布于低洼积水处及山前潜水溢出带。植被类型主要为荒漠草地、草原、草甸、沼泽草地及灌丛草地等，森林鲜见。集水面积为 29661.0 平方千米，补给系数为

5.83。湖水主要依赖地表径流和湖面降水补给，入湖河流 40 余条，西、北部河流较多且源远流长，水量较大，东、南部则相反。主要入湖河流有布哈河、巴戈乌兰河、沙柳河、哈尔盖河、甘子河、倒淌河和黑马河等，其径流量约占入湖总径流量的 95%，其中布哈河是青海湖盆地最大的河流，长为 286.0 千米，流域面积为 14384.0 平方千米，多年平均年径流量为 $7.98×10^8$ 立方米，约占入湖总径流量的 45%。径流年内分配主要集中于夏、秋两季，5~9 月径流量占年径流量的 70%~85%。

青海湖有浮游藻类 35 属，其中常年出现的有 9 属，优势种为圆盘硅藻；有浮游动物 17 属，以原生动物为主；有底栖动物 19 属，种类以摇蚊为主，其密度与生物量均占 80% 以上，尤其以回转摇蚊种群的幼虫占优势，大多分布在淤泥质浅水区及某些河口地区。青海湖水生植物极度贫乏，偶见少量的篦齿眼子菜和一些大型轮藻等沉水植物。鱼类有青海湖裸鲤、硬鳍条鳅、尖头条鳅和背斑条鳅 4 种。裸鲤一般分布在深水区，喜栖底层，仅繁殖季节或索饵时才洄游到入湖河口和岛屿附近，是一种杂食性鱼类，除食圆盘硅藻、新月硅藻、曲壳硅藻等浮游藻类外，还食刚毛藻、植物碎屑、大型浮游动物和甲壳动物的肢体及小条鳅等。

青海湖是维系青藏高原东北部生态安全的重要水体，是阻挡西部荒漠化向东蔓延的天然屏障，是青藏高原生物多样性最丰富的宝库，是水禽的集中栖息地和繁殖育雏场所，也是极度濒危动物普氏原羚的唯一栖息地。青海湖已成为研究鸟类迁徙规律、研究高原动物食物链、生态环境、生物多样性的宝库，是高原生物重要基因库。

二、青海湖自然保护区面临的主要生态环境问题

青海湖自然保护区作为青海湖主要水源涵养和重要调节场所，其生态环境变化直接导致青海湖水源的水质和水量变化，具体表现在以下方面：

第一，湖水水面下降。青海湖水位曾经以平均每年 12.1 厘米的速度下降，水位下降最快是在 2000 年，1 年内下降了 21 厘米。以这样的速度，青海湖每年将减少湖水 4.36 亿立方米，高原大湖泊有分裂为"一大数小"的湖泊群的风险。造成青海湖缩减的因素主要有气候变暖、人类活动加剧以及降雨量减少等原因，特别是在青海湖周边开荒，破坏了注水河流的水源，导致青海湖入湖水量减少。据统计，青海湖的水位在整个 20 世纪一直呈现出下降趋势，入湖水量减少了 60%。2005 年以后，随着青海湖流域的降雨量增加，青海湖水位又回到 20 世纪 70 年代末的水平，但长久来看，青海湖依然面临水位下降的风险。

第二，草地退化。青海湖流域是青海省的主要牧业基地，拥有全省 24% 的

牧区人口，牧区草食牲畜的 29% 集中在这一地区。据调查，湖区的优良草场由 20 世纪 50 年代的 201 万公顷下降到 90 年代末的 109 万公顷，产草量下降了约 50%，平均年产草量减少 6 亿多千克。由于草场退化，部分地区杂草、狼毒和黄花棘豆等有毒牧草发展成为优势种，草场鼠虫灾害增加，影响了青海湖流域畜牧业的生产和牧民的生活。

第三，珍稀濒危野生动物繁衍受到威胁。青海湖流域是青藏高原野生动物重要的栖息地。野生动植物资源极为丰富，其中国家一类、二类保护动物有 35 种，占全国一、二类保护动物数量的 32.3%。然而，生态环境退化威胁到野生动物的生存环境。加上草原上人为活动范围的扩大，如人为设置栅栏，在一定程度上阻隔了普氏原羚等野生动物种群间的迁徙通道，进一步威胁到了野生动物的种群交流。

第四，渔业资源濒临枯竭。青海湖裸鲤（湟鱼）不仅是青海水产业的支柱，也是青海湖特有的鱼类资源，被国家列为名贵的鱼类资源，其分布数量约占湖内生长鱼类资源总量的 95% 以上。由于湖区气候相对寒冷和鱼类饵料相对贫乏，湖中鱼类的生长速度十分缓慢。从 20 世纪 80 年代开始，过度捕捞和偷捕使鱼类资源锐减。加上补给河流来水量减少等生态环境因素的影响，湟鱼的群体和个体数量均下降，其资源可再生能力受到威胁。

三、青海湖自然保护区的建设与发展

1955 年起，青海省环湖建立了多个水文气象站，收集了湖区系统的水文气象资料。同年，有关部门测出了第一张湖水等深图。1957 年，国家测绘局航测了湖区并编制了地形图，青海省地质局所属各单位也陆续进行了各种比例尺的区域地质、水文地质普查，物探和浅钻工作。青海省农垦厅在湖区做了大量植被、土壤调查。同年，青海湖历史上第一次开始了大规模机船捕鱼作业。多年来，渔业工人在生产实践中收集了大量湖底地形、湖积物分布、风向和湖流的资料。随着生产的发展，科学研究也进入了一个新阶段。中国科学院地理研究所、水生生物研究所、动物研究所、地质研究所，以及甘青综合考察队、南水北调地质队、高原生物研究所等单位，先后多次在湖区进行过地理、地质、地貌、构造、湖沼、动物、水生生物、矿产和水力资源等方面的考察，积累了十分丰富的基础资料，为后期青海湖自然保护区建设提供了有利的条件。

1975 年，青海湖自然保护区建立，其是以保护青海湖湿地以及鸟类资源及其栖息地为宗旨，集资源保护、科学研究、生态旅游于一体的自然保护区；1992 年，青海湖被列入《关于特别是作为水禽栖息地的国际重要湿地公约》；1997 年，国务院批准建立青海湖国家级自然保护区；2003 年，青海省人大常委会通过《青海湖流域生态环境保护条例》；2007 年，国家发展改革委正式批复《青海湖流域生态环境保护与综合治理规划》，主要建设内容分为农牧、林业、水利、生态监测、气象 5 个工程类别，包括湿地保护与恢复、退化草地治理、沙漠化土地治理、生态林建设、河道整治、生态监测体系建设等。主要恢复措施包括：

第一，转变流域管理模式。从传统的单一资源管理模式向系统资源管理模式转变，实现生态保护、环境规划、经济发展统一协调的生态型管理模式；加快水土保持生态建设步伐，退耕还林、增加植被，涵养水资源；严格取水许可制度，推广节水技术；加强法规建设、普法教育和执法队伍建设，为青海湖区生态环境治理和保护提供强有力的法律保障和支持。

第二，生态保护与恢复建设。通过人工增雨增加青海湖流域降水量，有效缓解地表水资源匮乏问题；实施沙漠化治理，加大植被建设，恢复和改善自然生态系统，建立高效的人工生态系统，能遏止沙漠化发展，有效提高自然生态系统的生产能力，从而逐步形成高效稳定的绿洲生态系统，以涵养水分，保持肥力，防风固沙，阻止水土流失，达到生态系统循环的目的。针对该地区自然地理特点，应以种植草本和灌木为主。

第三，封湖育鱼和增殖放流。自 2002 年起，青海每年培育青海湖裸鲤苗种 700 万尾；2015～2016 年，裸鲤苗种规模达到 1000 万尾。青海省已累计向青海湖流域放流 1 龄湟鱼苗种 1 亿多万尾，在封湖育鱼和增殖放流的"双轮"驱动下，湟鱼资源得到恢复性增长。截至 2016 年底，裸鲤资源量已恢复到 7.08 万吨，是保护初期的 27 倍。

第四，资源合理利用。利用保护区独特的自然资源、丰富的生态景观和民俗文化，探索创新工作机制，适度地开发和利用保护区内的自然资源；开展生态旅游，推动区域经济发展依托青海湖保护区湿地和鸟类资源优势的特点，开展生态观鸟旅游；实施生态建设工程，实施天然林保护工程、野生动物和湿地建设等工程；吸纳社区周边的劳动力资源，有效增加群众收入，不断破解民生发展问题，使保护区民众受益。

第五，加强宣传教育。宣传教育是先导，习近平总书记多次提及要加强生态文明建设，因此培养公民的生态文明意识势在必行：一是通过邀请国内外各界人士对青海湖进行调查研究，扩大对外宣传，吸引更多人关注青海湖自然保护区；二是利用新闻媒体、发放科普读物、组织学习培训等形式，加强对保护区群众的教育，增强保护区周围居民生态环保意识，树立热爱家园、保护青海湖的生态文明理念。

四、青海湖自然保护区建设的成效

青海湖自然保护区建设至今，对生态系统退化趋势有了初步的遏制，青海省第一次全国地理国情普查结果显示，2016 年 9 月，青海湖面积为 4429.3 平方千米，与 2004 年 9 月的 4259.6 平方千米相比，增加了 169.7 平方千米。2020 年《青海湖生态环境保护状况》显示，青海湖区域鸟类由 1996 年的 164 种增加到目前的 225 种；青海湖水位连续 15 年回升，2019 年水位达到 3196.24 米，较 2004 年水位回升 3.27 米；2019 年青海湖水体面积达到 4549.38 平方千米，与 2004 年同期相比扩大了 304.88 平方千米。这表明青海湖生态环境持续向好，表现为"三增、三减、一不变"。

通过禁捕和增殖放流，国家二级保护动物青海湖裸鲤资源量恢复到 4.5 万吨，是保护初期资源量的 16.36 倍。2014 年青海湖裸鲤资源量增长了 6000 吨，是 2000 年第四次封湖禁渔以来数量增长最多的一年。

通过实施天然草原退牧还草、退化草地综合治理等生态保护与综合治理工程，项目区局部地区草原生态环境趋于改善，生态服务功能初步显现，局部地区生态退化趋势缓解。青海湖流域生态监测综合技术组《2011 年度生态监测报告》显示，沙化草地治理区草地植被盖度达到 48%，比对照区提高 11%，植被高度平均达到 4.51 厘米，比对照区提高 0.23 厘米，草地平均亩产可食鲜草 127.73 千克，比对照区增加 4.96%。

黑土型退化草地治理区草层平均高度达到 11.71 厘米，植被覆盖度达到 60%，亩产可食鲜草 231.14 千克，与对照区比较，草层高度增加 4.21 厘米，植被覆盖度提高 38%，可食牧草增长 9.53%。

草地毒杂草得到有效控制。将治理区与对照区进行比较，治理区草层高度和覆盖度分别增长 3.09 厘米和 20%，优良牧草增长率达 19.92%，草地毒草比重下降了 19.31%，草地毒草蔓延的趋势得到了有效遏制。

草地鼠虫害防治成效显著。将防治区与对照区进行比较，草地虫害防治区草地总产草量和可食牧草产量分别增长 26.25% 和 72.09%，鼠害防治区草地总产草量和可食牧草产量分别增长 40.33% 和 60.47%。

退牧还草禁牧和补播工程区比对照区草地植被高度增长 4.29 厘米，覆盖度增加 29 个百分点，草地产草量和可食牧草产量分别增加 76.48% 和 74.50%。

青海湖流域生态环境保护与综合治理工程项目实施后，增加林地面积 30.93 万亩，灌木林盖度平均增长 2.5%，高度平均增长 10.2 厘米，人工营造的灌木林逐步成林，封山育林地在围栏封护和专人的管护下，植被得到自然恢复，林地涵养水源、保持水土的生态效益在逐渐发挥。

沙化土地和湿地被封育保护，区内植被有了一定的恢复，植被盖度增加，通过草方格工程固沙种草措施的实施，使地表风沙流得到一定的阻挡，局部工程固沙种草已显现出成效，植被盖度增加30%以上。通过湿地保护项目的实施，使416.91万亩草原植被得到有效保护恢复，植被盖度明显增加。同时在工程围栏建设中，充分考虑了普氏原羚通道，有效保护了青藏高原特有珍稀动物。

布哈河、沙柳河等河道的有效整治，疏通了裸鲤洄游通道，同时通过建设防洪堤，有效提高了流域防洪能力。此外，群众的生态环境建设和保护意识显著提高，有力地推动了青海湖流域生态环境建设进程。

青海湖示范区经过近几年的品牌创建，在旅游环境、旅游安全、服务功能、综合管理、生态保护及景观市场价值等方面有了显著提升，知名度和美誉度不断提高，市场吸引力进一步增强，旅游人数和综合收入逐年攀升，截至2016年底，青海湖景区接待人次从2008年的32万人增加到2016年的188万人，净增长156万人。2000年，青海湖景区保护利用管理局正式启动"青海湖国家公园三年行动"；2020年编制完成《青海湖国家公园总体规划》，2021年完成青海湖国家公园申报工作，2022年青海湖国家公园正式进入创建阶段。

第五节　祁连山自然保护区建设

一、祁连山自然保护区自然地理概况

青海祁连山自然保护区位于青海省东北部，介于东经96°49′~102°41′、北纬37°03′~39°12′。东北部与甘肃省的酒泉、张掖、武威地区相接，西部与海西蒙古族藏族自治州的乌兰县毗连，南部与海北藏族自治州的海晏县、刚察县为邻，东部与海东市的互助县、大通县接壤。保护区地跨2州4县（市），行政区域涉及海北藏族自治州祁连县、门源县，德令哈市的戈壁乡、怀头他拉乡、宗务隆乡，天峻县的苏里乡、孕河乡、木里乡、舟群乡。保护区由相对完整的8个保护分区组成（党河源、黑河源、黄藏寺、三河源、石羊河、团结峰、仙米、油葫芦），总面积为80.22万公顷，占全省总面积的1.2%，占祁连山地区总面积的24.4%。其中，核心区为36.55万公顷、缓冲区为17.51万公顷、实验区为26.16万公顷。主要保护对象为湿地、冰川、珍稀濒危野生动植物及森林生态系统。

祁连山自然保护区属大陆性高寒半湿润山地气候，表现为冬季长而寒冷干燥，夏季短而温凉湿润，全年降水量主要集中在5~9月，该区气温由浅山地带

向深山地带递减，而雨量递增，高山寒冷而阴湿，浅山地带热而干燥。随着山区海拔的升高，各气候要素发生有规律的自下而上的变化，呈明显的山地垂直气候带。自下而上为浅山荒漠草原气候带、浅山干草原气候带、中山森林草原气候带、亚高山灌丛草甸气候带和高山冰雪植被气候带。

祁连山保护区植被类型有针叶林、阔叶林、针阔混交林、灌丛、草甸、草原、沼泽及水生植被、垫状植被和稀疏植被等植被型。该地区的植物区系完全是温带性质，并属于中国—喜马拉雅植物地区，唐古特植物亚区中的祁连山小区。该区有高等植物 95 科 457 属 1311 种，其中，蕨类植物 8 科 9 属 11 种，裸子植物 3 科 3 属 6 种，被子植物 57 科 245 属 599 种。种子植物合计 58 科 248 属 605 种，分别占北祁连山地区种子植物的总科数的 71.6%、总属数的 57.5%、总种数的 49.5%，物种种类较为丰富多样。两栖动物和爬行动物种类很少，分别为 2 种和 1 种。它们的适应性较强，均可栖息于农田、森林、草原，属于中国北方的广布种。鸟类有 120 种，占青海省鸟类品种的 49%，隶属于 12 目 30 科。它们的栖息环境主要是草甸、湿地、森林灌丛和草原。兽类有 39 种，隶属于 6 目 15 科，多数栖息于草地（草原和草甸）和森林（灌丛），个别动物如石貂等栖息于高山裸岩（流石坡）。

祁连山冰川与水源涵养生态功能区是我国保留最完整的寒温带山地垂直森林—草原生态系统，森林茂密、草原广袤、冰川发育，是珍稀物种资源的基因库，是黑河、大通河、疏勒河、托勒河、石羊河、布哈河、沙柳河等河流的发源地，对维系青海东部、甘肃河西走廊和内蒙古自治区西部绿洲具有重要作用。

二、祁连山自然保护区面临的生态环境问题

近几十年来，祁连山年均气温整体呈明显的上升趋势，达到 0.26℃/10a ~ 0.46℃/10a，高于全国 0.5℃/10a 的升温速率。祁连山水源涵养功能减弱，水资源总量逐年减少，湖泊和湿地面积萎缩，土地退化和沙漠化面积日益扩大，绿洲生态系统不断退化，对我国西部生态安全构成严重威胁，主要表现在以下方面：

一是林草植被退化，生态环境恶化。祁连山生态环境问题主要表现在林草植被退化、恶化，天然植被涵养水源能力不断下降。祁连山草原"三化"面积已经增长至 45%，还受到严重的虫鼠危害，大约 1/3 的天然原始森林发生过病虫害。此外，祁连山雪线不断上升，祁连山上、中、下游的水土流失面积不断扩大，土地沙化现象日益严重，沙尘暴等自然灾害也逐年增多。

二是林牧、林农矛盾突出。由于祁连山地区土地权属不清，造成多数地方

存在"一地两证"现象,即同时具备林权证和草原证。林地与草地相互重叠,不利于生态环境保护,也不利于畜牧业的发展。随着祁连山地区人口逐年增多,经济和工业的迅速发展,毁林毁草以及开荒现象不断增多,这不利于祁连山地区资源的管理与保护,破坏了当地的自然环境和生物多样性。

三是水土流失加剧,土地荒漠化扩大。由于长期受自然和人文因素的影响,青海祁连山区水土流失加剧,土地荒漠化扩大。水土流失是土地荒漠化的重要过程,是造成祁连山区生态恶化的重要因素。资料显示,青海祁连山区水土流失总面积达 7.38×10^4 平方千米,其中轻度以上水土流失面积达 3.81×10^4 平方千米,占区域内土地总面积的 47.39%。区域内水土流失面积、侵蚀程度、危害程度有加剧趋势,山体滑坡、泥石流等危害时有发生,影响了当地社会经济的可持续发展。

四是雪线上升、冰川减少。据统计,青海祁连山地区冰川及永久积雪面积为 845.63 平方千米,主要分布在疏勒南山、托勒南山和托勒山等海拔4000 米以上的区域。由于受全球气候变暖的影响,黑河源头的雪线由 20 世纪六七十年代的 3800 米上升至目前的 3950 米以上,源头冰雪消融速度加快,冰川面积仅剩 290.7 平方千米,储量仅为 103.7×10^8 立方米,而年冰川融水量达 2.21×10^8 立方米。如按此速度消融,不足 50 年黑河上游源头的冰川将会消失。冰川的萎缩,雪线的上升,会减少流域内河流径流的补给量,如祁连山西营河冰川融水径流量已减少了 46%,导致对下游地区的供水量大大减少。

五是沼泽湿地大幅萎缩。青海祁连山地区沼泽及沼泽化草甸总面积为 61.36×10^4 公顷,其中,青海湖湖滨沼泽为 2.17×10^4 公顷,河源沼泽化草地为 59.19×10^4 公顷。青海祁连山地区的沼泽和沼泽化草甸正向高寒草甸演替,面积不断萎缩,水量减少,原有的沼泽化草甸上的小土丘凸起、干裂,泥炭外露,湿生植物逐渐被中生植物所替代,水源涵养功能在减退。

三、祁连山自然保护区的生态建设经验

国家对祁连山冰川和生态保护问题高度重视,青海省委、省政府采取了多项有效措施,不断加强对青海湖的保护与治理。2005 年,祁连山省级自然保护区成立,面积约为 83.4 万公顷,8 个核心区面积为 43.8 万公顷,8 个保护分区的缓冲区面积为 14.9 万公顷,实验区为 24.7 万公顷,保护对象为湿地、冰川、野生动植物和森林生态系统。

2012 年,国家发展改革委正式批复《祁连山生态保护与建设综合治理规划(2012—2020 年)》,总投资 79.41 亿元,内容包括林地、草地和湿地保护

与建设工程。治理目标是到 2020 年祁连山地区封山育林区植被覆盖率达到 30%～50%，森林覆盖率提高 6.89%，中东部和西部草原植被覆盖率分别提升 60% 和 30%。

2017 年，中央全面深化改革领导小组第三十六次会议审议通过了《祁连山国家公园体制试点方案》。会议指出，祁连山是我国西部重要生态安全屏障，是黄河流域重要水源产流地，也是我国生物多样性保护优先区域。开展祁连山国家公园体制试点，要抓住体制机制这个重点，突出生态系统整体保护和系统修复，以探索解决跨地区、跨部门体制性问题为着力点，按照山水林田湖是一个生命共同体的理念，在系统保护和综合治理、生态保护和民生改善协调发展、健全资源开发管控和有序退出等方面积极作为，依法实行更加严格的保护。要抓紧清理关停违法违规项目，强化对开发利用活动的监管。

2021 年，《祁连山生态绿皮书：祁连山生态系统发展报告（2020）》正式发布，该书包含总报告、分报告、政策篇、专题篇、案例篇和附录等部分，对祁连山水源涵养、草地管理、生态系统功能评价、野生动植物保护、生态修复以及国家公园管理体制机制创新和发展态势进行了跨学科研究与分析，为祁连山国家公园建设提供了更多理论依据与方向指导。

目前，祁连山生态文明建设的主要经验有以下方面：

（一）积极推进生态系统保护和恢复工程

青海省通过加强天然林、湿地、草地和高原野生动植物保护，实施天然林保护、退耕还林还草、退牧还草、水土流失和沙化土地综合治理、生态移民等生态保护和建设工程，切实保护好黑河、大通河、疏勒河、石羊河等水源地林草植被，增加水源涵养。通过实施森林、草地资源的保护和修复项目，通过建立野生动植物资源监测体系，实施野生动物、濒危物种保护以及野生动物救护工程，极大丰富了区域森林、草地生态系统的多样性，为野生动植物栖息和繁衍提供了良好的保护体系和生存环境。

（二）积极推进生态旅游业发展

青海省充分挖掘和开发祁连山自然和人文旅游资源，加强祁连山生态林业旅游的宣传力度，树立旅游品牌，扩大祁连山生态林业旅游的知名度，在保护环境的前提下带动祁连山地区经济发展。祁连山自然保护区是目前青藏高原北部边缘保存最为完整的自然生态系统，地形地貌复杂独特，资源丰富，已经开发出许多著名旅游景点。祁连山是我国藏族、裕固族等少数民族的聚居地，各个少数民族拥有本民族独特的文化、风俗习惯以及宗教习惯，是我国少数民族文化的重要组成部分，其独特的民族风情、生活习惯、音乐、舞蹈必然会获得我国乃至世界游客的喜爱。

（三）进行生态工程治理，实施科技兴区战略

保护区管理部门积极与有关科研院所联合攻关，为保护区生态保护建设提供重要理论指导和决策依据。先后实施了《祁连山天然草地生态系统修复与保护技术集成示范》《干旱沟壑型小流域综合生态治理技术集成与示范》和《祁连山湿地生态系统修复保护技术集成与示范》等课题，筛选出适宜退化草地生态适宜草种6个。建立了天然草地鼠害综合防控技术集成模式、毒杂草草地综合防治技术集成模式、天然草地合理利用技术模式，技术推广示范面积达4000公顷；建成小流域综合生态治理示范区1146公顷，建立了优化组合生态系统构建技术模式、农牧耦合优化生产技术模式和旱坡植被保育技术模式；建立了典型退化湿地生态修复技术示范基地50公顷。

（四）严格执法，管理能力提升显著

近年来，青海省进一步明确自然保护区的管理体制，以及各级地方政府和主管部门的职责，依法加强对祁连山森林的保护。经过严格依法保护和全面加强管理，基本遏制了乱采滥伐、乱垦滥开、乱捕滥猎、乱采滥摘的毁林现象，野生动植物种群数量显著增长，并保持了1949年以来未发生森林火灾的好成绩。积极探讨了区县共建共管机制，全面加强了保护区管理；推行了年度目标责任制管理，全面落实了森林管护责任；建立了护林防火区域联防体系，加强了天然林区森林防火工作，逐步使保护区管理模式由国营林场模式向自然保护区管理模式转变，管理方法由粗放管理向科学管理转变。

四、祁连山自然保护区建设的成效

祁连山生态保护工程实施后，保护区内林地、疏林地、灌木林和未成林地面积分别增加了4.8%、26.9%、54.3%和283.6%。每年新增森林生态系统服务价值155.8亿元，森林覆盖率增加1.3%，活立木蓄积增加212.4万立方米。通过封山育林，保护区内天然更新幼树密度、植物种数量、灌木盖度和高度分别增加了557.6%、18.8%、57.7%和180.0%。

青海省应充分利用祁连山草原、黑河大峡谷、原始森林等自然景观，把发展生态旅游作为吸引游客休闲度假的重要手段，本着"保护优先、适度开发、生态旅游、可持续发展"的原则，牢固树立保护环境、尊重自然的意识。通过实施黑河源头生态治理工程、天然林保护工程，以生态优势推动旅游业发展等规划，真正做到"既要金山银山，又要绿水青山"，实现了发展旅游与保护生态双赢。

第六节　祁连山国家公园体制试点与建设

一、祁连山国家公园建设的必要性

祁连山是我国西部重要的生态安全屏障和水源产流地，是我国重点生态功能区和生物多样性保护优先区域、世界高寒种质资源库和野生动物迁徙的重要廊道，是雪豹、白唇鹿、黑颈鹤、豺等珍稀野生动植物的重要栖息地和分布区。祁连山阻止了腾格里、巴丹吉林和库姆塔格三个沙漠南侵，阻挡干热风暴直扑"中华水塔"三江源，是我国西部重要生态安全屏障和重要水源产流地，哺育了欧亚大陆重要的贸易和文化交流通道——丝绸之路，维系了西部地区脆弱的生态平衡和经济社会可持续发展，在全国生态文明建设和生态安全保护上发挥着重要作用。

在祁连山开展国家公园体制试点，是深入贯彻党的十九大精神，统筹推进"五位一体"总体布局和协调推进"四个全面"战略布局的重要举措，是践行"绿水青山就是金山银山"理念的具体行动，是实现人与自然和谐共生的具体实践。

二、祁连山国家公园发展历程

祁连山国家公园是在原来自然保护地建设基础上发展起来的，从地方级自然保护区到祁连山国家公园，大致经历了三个阶段（尹月香等，2022）：

第一阶段：1949~1985 年是祁连山自然保护区的初建阶段。中华人民共和国成立以后，经过长期的森林采伐和农田开垦，祁连山地区生态遭到严重破坏，引起国家和学术界的重视和反思。1978 年，国家开始进行三北（西北、华北、东北）防护林体系的生态工程建设，青海和甘肃是西北防护林重要省份，围绕防沙治沙和水土保持，大力保护和扩大林草植被，加强水源涵养林建设、退耕还林、湿地保护与恢复等，建立和巩固国土生态安全体系。1980 年甘肃省政府决定封山育林，十年内停止对祁连山林区的采伐。同年，国务院确定祁连山水源涵养林为国家重点水源涵养林区。

第二阶段：1986~2012 年是祁连山自然保护区的发展阶段。1988 年 5 月 9日，国务院发布《关于公布第二批国家级森林和野生动物类型自然保护区的通知》，国务院同意原林业部提出的第二批国家级森林和野生动物类型自然保护区（共计 25 处），祁连山自然保护区位列其中，标志着祁连山自然保护区已经成为国家级森林和野生动物类型自然保护区之一。2000 年，保护区被确定为国家天然林保护工程区。2004 年，保护区森林被认定为国家重点生态公益林。2005 年，青海省为有效保护祁连山湿地、冰川、珍稀濒危野生动植物及森林生态系统，决定建立青海祁连山省级自然保护区。2008 年，在原国家环保部公布的《全国生态功能区划》中，祁连山区被确定为水源涵养生态功能区，"祁连山山地水源涵养重要区"被列为全国 50 个重要生态服务功能区之一，标志着祁连山国家级自然保护地生态功能的进一步扩充和完善。

第三阶段：2013 年至今是祁连山国家公园体制试点阶段。2013 年党的十八届三中全会提出"建立国家公园体制"，2015 年《生态文明体制改革总体方案》提出加强对国家公园试点的指导，制定总体方案，同年国家发展改革委等部委提出《建立国家公园体制试点方案》，并开展国家公园体制试点。2017 年中央全面深化改革领导小组第 36 次会议审议通过《祁连山国家公园体制试点方案》。2018 年 10 月 29 日，祁连山国家公园管理局揭牌仪式在甘肃兰州举行，国家林业和草原局与甘肃、青海两省将采取最严格的保护措施，制定最严格的保护制度，推进祁连山国家公园建设。

三、祁连山国家公园地理概况

祁连山国家公园地跨我国甘肃、青海两省，地处青藏、蒙新和黄土三大高原交会地带的祁连山北麓，地理位置为东经 94°49′18″~102°59′08″、北纬 36°46′45″~39°47′05″。国家公园总体为西北至东南走向，区域狭长，总面积为 5.02 万平方千米，分为甘肃和青海两大区域，其中，甘肃片区面积为 3.44 万平方千米，占总面积的 68.50%，包括祁连山国家级自然保护区、盐池湾国家级自然保护区、天祝三峡国家森林公园、冰河沟及马蹄寺省级森林公园等保护地；青海片区面积为 1.58 万平方千米，占总面积的 31.50%，包括祁连黑河源国家湿地公园、仙米国家森林公园和青海祁连山省级自然保护区等。祁连山国家公园是我国重点生态功能区及生物多样性保护优先区域，也是我国首批设立的十大国家公园试点之一。

祁连山国家公园青海片区包括青海省海北藏族自治州门源县、祁连县，海西州天峻县、德令哈市，共有 17 个乡镇 60 个村 4.1 万人。公园内生态系统独特，自然景观多样，平均海拔 4000~5000 米。冰川广布，分布多达 2683 条，面积 7.17 万公顷，储量 875 亿立方米，是青藏高原北部的"固体水库"。河流密布，主要有黑河、八宝河、托勒河、疏勒河、党河、石羊河、大通河 7 条河流，流域地表水资源总量为 60.2 亿立方米。公园内湿地总面积为 39.98 万公顷。草地和森林广袤，草原面积达 100.72 万公顷，林地达 15.24 万公顷。野生动植物丰富，有野生脊椎动物 28 目 63 科 294 种，国家一级重点保护野生动物雪豹、白唇鹿、马麝、黑颈鹤、金雕、白肩雕、玉带海雕等 15 种。野生高等植物 68 科 257 属 617 种。祁连山国家公园青海省境内包括 1 个省级自然保护区、1 个国家级森林公园、1 个国家级湿地公园，其中祁连山省级自然保护区核心区面积达 36.55 万公顷，缓冲区面积达 17.51 万公顷，实验区面积达 26.17 万公顷；仙米国家森林公园面积达 19.98 万公顷；黑河源国家湿地公园面积达 6.43 万公顷。

四、祁连山国家公园建设目标

根据《祁连山国家公园总体规划征求意见稿》，其建设目标分为总体目标、近期目标和中长期目标。

（1）总体目标。通过建立国家公园，使祁连山典型的寒温带山地针叶林、温带荒漠草原、高寒草甸复合生态系统得到完整保护，水源涵养和生物多样性保护等生态功能明显提升，自然资源资产实现全民共享、世代传承，创新生态保护与区域协调发展新模式，构建国家西部重要生态安全屏障，实现人与自然和谐共生。

（2）近期目标。到 2020 年，整合建立跨区域统一的自然保护机制，自然资源和生态系统保护能效明显提高，稳步推进山水林田湖草综合保护管理和系统修复，雪豹等野生动物栖息地质量有所改善，栖息地连通性增强，有害生物灾害显著减少，人为活动干扰影响降低。完成祁连山国家公园体制试点任务，总结试点经验，在综合评估的基础上，适时对范围和分区进行调整，正式设立祁连山国家公园。完成祁连山国家公园管理机构及管理体系设立，建立较为健全完善的管理体制，形成精干有效的管理队伍。完成自然资源资产产权统一登记，形成自然资源本底公开共享平台和天地空一体化自然资源与生态监测平台，并以此为基础开展生态评估。建立已有矿业权分类退出机制，祁连山国家公园内商业探矿权退出全部完成，商业采矿权基本退出，逐步解决历史遗留生态环境破坏问题。妥善处理国家公园内自然资源保护和居民生产生活的关系，协调推进国家公园及周边林（牧）场职工和居民转产转业，与当地政府相互配合积极发展生态产业，绿色发展方式成为主体，国家公园内居住点减少、一般控制区居住人口有所下降。

（3）中长期目标。进一步完善中央直接行使国有自然资源资产所有权的国家公园管理体制，形成归属清晰、权责明确、监管有效的国家自然资源资产管理模式，为全国自然资源资产管理体制改革提供可复制、可推广的经验。保护和管理体制不断健全，法规政策体系、标准体系趋于完善，管理运行有序高效。保护效能明显提高，形成人与自然和谐共生格局，实现对祁连山生态系统的完整性和原真性保护，生态环境根本好转，水源涵养和生物多样性保护等生态功能稳步提升。天地空一体化自然资源与生态监测评估体系稳步运行，多元化科研合作交流深入开展，成为国际知名的科研监测平台。健全合作监督、志愿服务、特许经营等机制，初步形成祁连山国家公园服务、管理、生态体验和自然教育体系。绿色发展方式更加多样，形成生态友好型社区生产生活模式，继续带动居民转产转业，祁连山公园内居住人口明显减少，人为干扰显著降低。祁连山国家公园内矿产等工矿企业退出全部完成。祁连山国家公园功能日趋完善，成为生态系统保护与管理体制健全、生态文明体制改革与创新完善、具有中国特色的国家公园。

五、祁连山国家公园功能分区

按照《祁连山国家公园总体规划征求意见稿》，根据国土空间和自然资源用途管制要求，遵循生态系统完整性、原真性、生态保护，以及区域发展的协调性、管理的有效性等分区原则，祁连山国家公园功能分区划分为核心保护区和一般控制区二类区域。

（1）核心保护区。将祁连山冰川雪山等主要河流源头及汇水区、集中连片的森林灌丛、典型湿地和草原、脆弱草场、雪豹等珍稀濒危物种主要栖息地及关键廊道等区域划为核心保护区。核心保护区是祁连山国家公园的主体，实行严格保护，维护自然生态系统功能。祁连山国家公园核心保护区为2.75万平方千米，占国家公园总面积的55%，其中青海省片区0.94万平方千米。

在管控措施上，核心保护区实行最为严格的管控，依法禁止人为活动，逐渐消除人为活动对自然生态系统的干扰。严禁各类开发活动，严禁任意改变用途，严格禁止任何单位和个人占用和改变用地性质，鼓励按照规划开展维护、修复和提升生态功能的活动。禁止建设并清理不符合保护和规划要求的各类生产设施、工矿企业；禁止新建与保护管理无关的人工基础设施，除现有巡护、防火道路外不新建其他道路，对已有道路实行车辆通行管控，在阻碍野生动物迁移的关键地段增设生态廊道；禁止形成村屯和集中定居点增量，优先实施生态搬迁，将分散居住村屯集中安置到试点区外或就近安置在一般控制区；禁止任何生产经营和开发利用活动，全面禁牧，优先安排禁牧家庭人员从事生态公益性岗位工作；禁止毁林毁草、烧山、天然草地垦殖；禁止擅自开展道路修缮、升级、拓宽等施工；禁止擅自对人饮灌溉防洪设施维修维护；禁止设置围栏，已有围栏评估后逐步撤除；禁止开展体验和旅游。除必要的栖息地管理外原则上不采取人工造林、种草等修复措施。

（2）一般控制区。将祁连山国家公园内核心保护区以外的其他区域划为一般控制区。同时，对于穿越核心保护区的道路，以现有和规划路面向两侧共700米范围内，按照一般控制区的管控要求管理。一般控制区是祁连山国家公园内需要通过工程措施进行生态修复的区域、国家公园基础设施建设集中的区域、居民传统生活和生产的区域，以及为公众提供亲近自然、体验自然的宣教场所等区域，为国家公园与区外的缓冲和承接转移地带。

在管控措施上，一般保护区实行依法限制人为活动。根据生态工程、基础设施建设、居民生产生活，以及可持续发展等管理目标，实行差别化管控措施。在生态修复地，通过自然修复为主，适当人工干预为辅的生态工程措施。在居民生产生活区，根据划定城镇边界开发要求，明确国家公园区域内居民生产生活边界，加强村镇建设规划管理，确保国家公园规划建设与城乡建设融合发展。从严控制开发利用，严格控制建设及农业开发占用生态空间。在严格保护自然资源生态系统的前提下，允许当地居民从事符合保护要求的种植、养殖、加工和农事民俗体验活动；允许开展自然体验教育活动，访客需按规划路线、指定区域开展相关活动；允许设置移民安置点；允许建设符合保护和规划要求的业务管理、公共服务设施，生产生活设施和惠民工程。禁止毁林、烧山、天然草原垦殖，禁止使用高毒农药，改造现有农业灌溉设施达到节水农业要求；禁止新批矿业权、水电和风电项目，分步清除区域不符合保护和规划要求的各类设施、工矿企业。进行农村生活垃圾无害化处理，避免对自然环境的污染。

第九章　丝绸之路经济带建设与青海区域发展

第一节　丝绸之路青海道的历史与内涵

一、丝绸之路的由来

"丝绸之路"最早可能并不是现代意义上的一些具体线路，其形成初期应该更具有宏观性。目前人类发现的较早古猿人是非洲埃塞俄比亚高原距今约440万年的"始祖南猿"和距今250万年的"埃塞俄比亚南猿"，一些研究认为真正意义上的现代人起源于20万年前的非洲，后由非洲扩散到欧洲和亚洲，现代人类的迁徙和扩张沿三条路径进入中国，最北支路线从中亚由天山北麓进入俄罗斯、蒙古高原，最远到达北美大陆，一部分则进入中国，最新的研究表明这部分人大约10万年前就已经生活在中国；中线则是通过喀喇昆仑山口沿塔里木盆地南缘经河西走廊进入中国北方；第三条支路是沿喜马拉雅山南麓进入东南亚，再从东南亚扩散到中国南方，再从中国南方扩展到中国北方。同时对早期的旧石器进行研究表明"间或有少量与西方技术的交流"；对宁夏灵武水洞沟遗址的以石叶为主要特征的石器类型进行研究发现，与西方石叶工艺相似，表明这一石器类型是与外界文化交流的结果，由此来看，早在10万年前古丝绸之路是中西方人类迁徙的重要通道。

真正具有商贸意义的丝绸之路可能基于距今大约4000年的原始社会的农业和畜牧业分化之后才开始形成。据大量的考古学、地理学和植物学研究表明，较为可靠的证据有两个：一个是小麦。小麦最早起源于公元前15000~公元前10000年的亚洲西南部，当时中国大部分地区以种植粟和稻为主，考古发现中国最早确信的炭化小麦实物证据是甘肃民乐县六坝乡东灰山遗址（距今大约5000年）、甘肃天水西山坪遗址（距今大约4800年）和洛阳皂角树遗址出土的小麦遗存（距今大约 4000 年）。多方考古研究证据表明，中国小麦并非本土原生，大约 5000 年前由西亚远道运输而来，大致从北非和地中海地区到西亚、中亚（或南亚），有学者将其称为"粟麦之路"，认为这条陆上通道是从输送谷物开始的，在小麦东来的同时，还有中国的粟类和大豆西运，这条道路可能起于美索不达米亚平原，经中亚进入新疆，过河西走廊到达渭水流域。另一个是人类活动。据对三星堆遗址的研究发现，广汉三星堆出土的青铜塑像中的高鼻深目形象和木芯纯金包卷的铜龙头杖，其雕塑风格和做工与西亚文明和古埃及艺术接近，同时在新疆戈壁沙漠和楼兰等地发现的部分木乃伊和干尸，具有明显西方人种特征，其年代也在距今 3000 年以上。古埃及木乃伊头发中发现的距今大约 3000 年以上的蚕丝纤维、瑞士和德国发现的新石器时代的粟、伊朗西部扎格罗斯山区的戈丁塔比发掘的距今 5500 年的陶器残片等说明，在史前时期，东亚和西亚、地中海以及北非之间有着广泛的联系，从而推断"丝绸之路"的历史可能远比人们已知的要古老得多。据考古发现，草原丝绸之路形成于公元前 5 世纪前，在先秦和春秋战国时期，中原大量的青铜器、车器、兵器等出现在北方地区草原民族的墓葬中，中原丝绸、漆器、铜镜等经由此线远播至哈萨克斯坦阿尔泰地区以及希腊，而欧洲草原的动物纹样、玻璃器皿以及金银器也由此线路传播至中原，演变为中原流行的神兽纹样，由此说明，汉代张骞"出使西域"之前，北方的草原丝绸之路（相当于现在的丝路"新北线"）是重要的中西文化交流和贸易的通道，因此可以推断，东亚、中亚以及地中海之间的联系，最早的起源可追溯到史前。

1877 年德国著名地理学家费迪南·冯·李希霍芬将在中国生活十年间所探寻的地理发现，编纂出版了《中国——我的旅行成果》，书中他把"公元前 114 年至公元 127 年，中国与中亚、中国与印度以丝绸贸易为媒介的这条西域交通道路"命名为"丝绸之路"。此后，更多学者研究发现，其实真正的丝绸之路在时间上、空间上和交易货物上要比这个定义丰富且复杂。大约公元前 500 年的波斯帝国阿契美尼德王朝就在今伊朗至土耳其之间修建了一条贸易通道，后亚历山大征服波斯帝国，波斯帝国麾下遗留的部分伤兵与当地人文化结合并向东蔓延，第一次建立了希腊和中国的联系，有人认为这是李希霍芬提出的丝绸之路的最早起源，此后这条道路在公元 1457 年随着君士坦丁堡陷落，奥斯曼土耳其帝国崛起，高额的陆上关税和"禁止与堕落的西方往来交易"等原因，逐渐衰落，同时也随着当时"大航海时代的开启"，被海上"丝绸之路"所替代。

从地理学角度讲，丝绸之路并不是严格意义上的一条路，而是多条路线构成的一条综合贸易通道，李希霍芬的陆上"丝绸之路"的起点从中国古都西安出发，经由甘肃、青海、新疆、西藏到中亚、南亚、西亚，最后到达地中海沿岸及意大利、希腊和耶路撒冷等地，全长 7000 余千米。从公元前 130 年至 1457 年，"丝绸之路"上的贸易兴盛近 1600 年之久。

改革开放以来，中国经济面向东部沿海开放，从深圳特区设立到 14 个沿海城市开放，东部地区迅速崛起，有力地带动了中国区域经济的发展，不仅使中国区域内部的经济空间和城市体系发生了深刻变化，同时也对环太平洋地区乃至世界各国的发展带来巨大影响，中国社会经济的迅速崛起和国力的日渐强盛，重构了新的世界经济和政治格局。面对复杂的国际政治环境和全球经济一体化，2013 年习近平主席出访中亚和东南亚国家期间，提出了具有新时代特征的区域经济合作创新模式，即"新丝绸之路经济带"和"21 世纪海上丝绸之路"的重大倡议。随着古代中国的朝代更替，丝绸之路盛衰涨落，对中国经济、文化等曾产生了重要影响，而这一倡议既与古老的丝绸之路一脉相承，又充分体现了时代特点，是统筹国际、国内两个大局做出的重大战略决策，在向东开放的基础上，通过"一带一路"实现中国向西和向南开放，这对开创我国全方位对外开放，推进中华民族伟大复兴具有划时代意义。

二、丝绸之路青海道

历史上丝绸之路青海道的形成与陆上丝绸之路的三次南移有关。

（一）丝绸之路的第一次南移

张骞出使西域之前，新疆地区和中亚、西亚之间的联系通道并不通畅，河西走廊可能主要沟通着新疆和田地区与中原之间的玉石贸易联系，即便是能够通达中西方，也并不是当时官方认可的商道，大量的贸易和文化交流主要依赖于草原丝路，草原丝绸之路的起点是洛阳，洛阳曾经是早期中国社会的古都。汉代张骞出使西域是官方第一次用政治力量将丝绸之路南移，张骞在原有的"玉石之路"的基础上，出使西域，开拓了东亚和中亚、西亚的新路径，使丝绸之路里程大大缩短，贸易和交流内容进一步扩大，中国对欧洲和中亚地区的影响大大加强。由此，北方草原丝绸之路因为路途遥远，逐渐走向衰败，具有现代地理意义的丝绸之路正式形成，当时丝绸之路"青海道"（也称"羌中道"）就已经存在，但并不是主要通道。

（二）丝绸之路的第二次南移

自汉代至魏晋时期，河西走廊是丝绸之路的主要交通干线。公元 5 世纪时期的南北朝，由于中国北方群雄割据，河西走廊战事频繁、交通梗阻，当时统治青海的吐谷浑，势力西抵新疆的且末、于阗，东抵西平（今西宁）、金城（今兰州），吐谷浑与南北对峙的政权积极贸易通商，中原东西往来的使节和商队纷纷改由青海通过，丝绸之路青海道盛极一时，当时的伏俟城（今共和铁卜加古城）东经西宁、兰州与中原相连，向西接鄯善、喀什，与中亚各国交通往来，是丝绸之路青海道上必经的咽喉要道。青海丝绸之路古道经由西宁、都兰、香日德、诺木洪，或经过茫崖、冷湖到达塔里木盆地南疆若羌，或越阿尔金山到达哈密再从南疆进入西域，从公元6世纪到9世纪前半叶兴盛300年之久，同期海上丝绸之路也在南部海域开通并进行贸易。丝绸之路的这次南移是当时复杂的政治格局所决定的，吐谷浑政权充分利用了这次地缘政治。

（三）丝绸之路的第三次南移

公元9世纪中叶，唐朝在与吐蕃抗衡的过程中，丝绸之路青海道走向衰落，河西走廊的丝绸之路再度兴起，但唐朝为了安抚羌藏，命文成公主远嫁，建成了跨越陕西、甘肃、青海和西藏，长约3000千米的"唐蕃古道"，后这条古道向西一直延伸到印度与尼泊尔，被诸多学者认为是丝绸之路的重要组成部分。青海凭借其地理区位优势、环境优势和人文优势，成为丝绸之路和唐蕃古道的重要节点。丝绸之路的这次南移不仅由当时的官方主导，而且拓宽、开辟了新的线路，向西不仅连接了西亚诸国，同时还连通了尼泊尔、印度和巴基斯坦等西南亚诸国，在亚欧大陆区域贸易中发挥着极其重要的桥梁和纽带作用，青海也成为陆上丝绸之路的必经之地。

青海位于青藏高原东北部，是青藏高原的东部门户，毗邻河西走廊通道和新疆维吾尔自治区"桥头堡"，其区位优势明显，丝绸之路青海道自公元5世纪的南北朝兴盛以来，在青海丝绸之路南道的基础上又在唐代开辟了"唐蕃古道"，也由此奠定了青海的文化基础，藏传佛教以及伊斯兰教均是沿着这两条道路在青海落地生根、开花。据史学考证，青海的回族是唐朝时期阿拉伯人、波斯人来青海经商留居于此形成，撒拉族是古代西突厥乌古斯部撒鲁尔的后裔，13世纪的元代取道撒马尔罕，经长途跋涉迁徙到青海定居于黄河之畔的循化街子一带，长期以来，信奉伊斯兰教的回族和撒拉族一直和中亚、西亚有着密切的经贸往来，显示了青海在丝绸之路中的区位和文化优势。

当代青海的丝绸之路主要由三条路线构成。

一是青藏高原东北缘的古丝绸之路青海道。青藏高原东北缘的古丝绸之路在中西方文化交流与区域经济发展中不仅发挥了重要的历史作用，同时也沿青藏高原周边形成了丰富的民俗文化、历史遗产和绿洲农业以及特殊矿产品开发地，如敦煌、嘉峪关、张掖、和田、玉门等，这些既是现代区域经济发展的基础，也是今后进一步深化开发和发展的新经济增长点。中华人民共和国成立后，亚欧大陆桥建成，承接和发展了过去丝绸之路的功能，成为我国与西方交流的重要经济和文化通道，但是这条通道在过去我国向东开放的战略背景下，其经济作用和文化交流作用并没有得到真正发挥。目前在贸易方式、交通工具和道路密度发生根本性变化的前提下，国家提出的新丝绸之路经济带构想再一次使这一古老的交通要道焕发了新的生命与活力，其内涵与外延远远超越了历史，赋予了新的意义。首先，过去的丝绸之路主要依靠驼队和马队，其运输时间长、运量小，1949年开始主要依赖公路和铁路，但由于向西开放程度低，运输物资种类有限，贸易逆差大。近年来由于交通技术水平的提高和交通路网密度的迅速增加，加之国内产能过剩和物联网贸易的发展，中国对东中亚和欧洲的影响日益增大，中国向西开放的需求日益加剧。其次，交通体系和路径发生了质的变化，随着西部地区高速铁路、高速公路、航空网络等现代化的立体交通体系基本形成，国家新建的客运专线、高等级铁路以及航空运输网缩短和降低了运输时间和成本，同时随着敦煌至格尔木、格尔木至库尔勒、张掖至西宁等铁路和支线机场的建设，其路径的南移和运输方式的扩展使青海的地理区位优势凸显，格尔木、德令哈、西宁、海东等节点城市的地位明显强化。最后，运输的物资和形式发生巨大变化。古代丝绸之路向西主要输出手工业产品（丝绸、陶器等）和技术，向东主要输入动植物和农业产品，现代丝绸之路经济带可借助高等级铁路、物联网向西输出中国制造的农业、轻纺、电子、建材等产品，还可以输出大量文化、生态资源以及新兴技术，同时可引进先进的管理技术、生态理念、体育竞技、旅游服务和精品文化。尤其是青海的资源优势在丝绸之路沿线国家和地区中形成强烈互补，可为经济发展和对外贸易提供资源与产业合作的基础。

二是贯穿青藏高原中部的古唐蕃古道。唐蕃古道是唐代以来贯穿整个青藏高原的重要通道，也是中国最具特色的藏民族文化的精品旅游线路，广义上的唐蕃古道的开通，打通了中国和印度、尼泊尔等地区的联系，虽然山高路险、地广人稀，但是在文化传播和交流中起着巨大的作用，当代青藏公路、川藏公路的开通为唐蕃古道中段的经济发展和文化传播起到了巨大作用，青藏铁路、川藏铁路和拉萨至尼泊尔铁路将再次为唐蕃古道插上腾飞的翅膀。古代唐蕃古道由一条主线和两条支线构成，贯穿了河湟谷地、青藏高原腹地高原面、西藏河谷地区、昆仑山、唐古拉山和喜马拉雅山等，不管是北线还是南线，都具有丰富的人文资源和自然资源，有较大的开发价值。加之京藏高速、共玉高速公路的建成，"唐蕃古道"将成为穿越青藏高原的重要文化和经济走廊。

三是青藏高原南部的贸易通道茶马古道。青藏高原南部的茶马古道大致有3条线路：北线从西安经甘南、阿坝到达藏东南的昌都、拉萨等地；中线大致从成都经川西进入藏东南和西藏；南线主要是从云南昆明经丽江、迪庆进入藏东南等地，其中最具有开发价值的线路是北线和南线。北线贯穿我国藏族文化的"多康文化""羌藏彝走廊"，沿线既有多样的民俗风情和人文旅游资源，如临夏

（回族）、康定（藏族）、凉山（彝族）等，而且地貌类型复杂多样，自然地理环境独特，自然景观变化巨大，各民族镶嵌在不同的自然景观之中，具有十分重要的旅游价值；南线主要贯穿云南西北部的香格里拉和藏东地区，民族多元，传统文化保留完整、自然景观优美、自然资源丰富，沿线分布有10余个少数民族，民风淳朴、民俗多彩，是最灿烂的文化旅游走廊。川藏铁路，玉树至西藏、云南至西藏等高等级公路的建成通车，将促进茶马古道成为中国乃至世界级的文化和经济新通道。

三、丝绸之路青海道新的历史内涵

（一）青海将成为新丝绸之路经济带西部区域交通的战略枢纽

青海地处欧亚大陆中心南侧、我国内陆腹地中心附近、青藏高原东北缘，南连川藏、北通新疆、东接甘肃的中间地带，是进入青藏高原的门户和通往新疆的重要陆上通道，是未来中国西部连接东西南北的十字要冲。历史上青海东部素有"天河锁钥""海藏咽喉""金城屏障""西域之冲"和"玉塞咽喉"之称，地理位置十分重要。目前，青海省境内集公路、铁路、航空运输、管道运输于一体的现代化运输网络初具规模。由高速公路、国道、省道干线公路、出省通道构成的"六纵九横二十联"公路网，"一主八辅"的机场建设，具有现代运输方式的地下输气输油管道、光缆，空中输电线路，东连陇海、北接兰新、西通南疆、西南连拉萨、东南通成都的铁路网共同构成的立体交通网络的现代版"青海道"已初具框架，逐渐形成我国西部的重要通道和连接东西、沟通南北的交通枢纽，从东亚到中亚、西亚乃至南亚的大多数国家有了更加便捷的通道。青海将成为中巴经济走廊和丝绸之路经济带的核心辐射区域，有力地支撑未来"丝绸之路经济带"的繁荣和发展。

（二）青海将成为新丝绸之路经济带资源开发的战略基地

青海省资源富集，特别是盐湖、石油天然气、有色金属等资源储量可观，在已探明的129种矿产资源中，有9种居全国首位，23种居全国前三位，54种居全国同类储量的前十位。青海矿产资源不仅储量大，而且品位高、类型全、分布集中，开采条件优越，不少品种稀缺性强。同时，在能源类型中，清洁能源约占全省能源的85%，是中国乃至世界上不可多见的清洁能源基地。青海水电资源得天独厚，太阳能、风能、可燃冰、盐湖等资源丰富多样，储量可观。近年来，青海省以循环经济理念推动工业转型升级，基本形成了以资源加工型为主的骨干产品，以机电、高新技术为主的优势产品，以纺织和农畜产品加工为主的高原特色产品三大类出口产品结构。青海藏毯产业基地、海西州柴达木绿色食品暨保健品基地成为国家外贸转型示范基地。与青海有贸易往来的国家和地区达到 164 个，主要分布在亚欧地区，年出口超 1000 万美元的企业超过 20 家。这些资源优势为青海融入丝绸之路经济带，加快与周边省份和中亚国家的产业合作提供了重要的产业基础。

（三）青海将成为新丝绸之路经济带向西开放合作交流的"旱码头"

从地理位置上看，新疆周边与俄罗斯、哈萨克斯坦、吉尔吉斯斯坦、塔吉克斯坦、巴基斯坦、蒙古、印度、阿富汗 8 个国家接壤，西藏周边与印度、尼泊尔、不丹、缅甸等国接壤，而青海南通西藏，北接新疆，可以依托自身的资源优势和中国西部连接东南西北十字要冲的地缘优势，扩大和加强与中亚、南亚乃至欧洲的对外开放和合作交流。

从历史上看，古丝绸之路的兴起是在当时历史背景、区域经济格局和交通工具等特定条件下，由于物资交换和贸易的需要而产生的，其极大地改善了西部地区的区位条件，有力地促进了中西方经济文化交流，推动了历史时期的经济发展。后来，随着远洋航运的迅速发展，世界经济格局的改变，世界贸易和物资需求格局发生显著变化，陆上丝绸之路逐步衰落，海上运输迅速崛起，由此我国东部沿海地区的区位条件显著提升，特别是向东部倾斜的非均衡发展战略的实施，使这种区位优势的"红利"迅速释放出来，极大地推动了东部沿海地区的发展。

当前，随着国家"一带一路"倡议的提出，特别是陆上丝绸之路经济带的构想使西部的区位条件得到了极大改善，极大地推动了西部地区的经济发展，包括青海在内的西部地区将焕发新的经济活力。

（四）青海将成为新丝绸之路经济带向西开放合作的"文化桥梁"

青海省位于黄土高原与青藏高原的交接地带，是内流区与外流区、季风区与非季风区交汇地带，也是中西方文化、农耕文明和游牧文明的交融地带，多民族在这聚居，多元文化类型在这里长期碰撞和交融。全省 100 多万穆斯林人口在宗教信仰、文化习俗等方面与中亚国家有较强的共通性。特有的少数民族——撒拉族的先民和土库曼人在历史上同属突厥乌古斯部，撒拉族在土库曼斯坦被认同为"中国撒拉尔土库曼人"，二者有着深切的渊源，风俗习惯相近。宗教、民族方面的强相似性易建立亲近认同感，这是其他省份无法替代的特色人文交流资源，是架起青海与中亚在文化、教育、经贸等方面桥梁的宝贵资源，具有与中亚国家共建丝绸之路经济带的民族和文化优势。

（五）青海将成为新丝绸之路经济带重要的生态安全屏障

青海省地处三江源头，是北半球最重要的水源涵养地，每年向下游供水 600 多亿立方米。青海气候变化时间超前于全国 6 年左右，气温提升速度明显高于全国同期，是亚洲气候变化敏感区和启动区。青藏高原如巨大的天然屏障，一方面阻挡着北极南下的寒流，另一方面阻挡了西北部沙漠的扩张和南方温暖潮湿空气的北进，是全国乃至东南亚生态安全保护屏障。青海具有独特的地理、生态环境，生物多样，是现代物种分化和分布的中心之一，是我国重要的珍稀物种繁衍地和世界高原种质基因库。青海自然景观旅游资源丰富多彩，具有原生态、多样性和独一无二的自然美，是我国重要的生态旅游和探险活动场所。近年来，青海省把保护生态作为义不容辞的神圣职责，大力实施生态立省战略，采取退耕还林、退牧还草、生态移民、天然林保护、发展生态产业等措施，扎实推进三江源生态保护与建设，并启动实施三江源综合试验区建设，着力打造生态文明先行区，生态保护和建设取得积极进展，为丝绸之路建设提供了重要的生态安全屏障。

第二节　青海融入丝绸之路经济带建设的规划重点

一、产业发展规划重点

青海省地域广袤、资源富集、特色鲜明，但开发区域、承东启西的产业发展基础有限，多数产业仍处于产业链价值链低端。因此，应积极融入丝绸之路经济带建设，推动产业升级、实行全方位开放、坚持绿色发展，实现农牧业、工矿业发展的新型化和现代化，以建成具有青海特色的现代化经济体系。

（一）高原生态农牧业

青海省环境洁净、气候冷凉，可充分发挥青海冷凉气候特点和绿色无污染产品优势，强化农牧业基地设施建设，加快农业产业结构调整，建立以油菜、马铃薯、蚕豆、蔬菜、中药材、特色水果、牛羊肉、奶牛、毛绒、饲草料为特色的产业生产基地和出口加工基地，扩大产业规模，提升产品质量，提高农牧产品生产加工能力和国际市场竞争力。同时，以共建"一带一路"国家和地区为主要目标市场，建立特色农产品生产经营销售平台。发展虫草、沙棘等特色生物资源高端保健品等制品，推进农畜产品加工业品牌化、规模化发展，优先安排特色农牧业产品基地和高新精加工项目，集中打造以航线站点、旅游景点、重要城镇节点为中心的特色农牧业产业园区，形成向东承接产业转移、向西扩大外向交流的全新农牧业格局。

充分发挥饲草资源丰富的资源禀赋优势，在牧草生产技术、草原生态恢复治理等方面的技术优势，开展高寒荒漠草场生态保护、草原可持续发展治理等方面的技术交流与合作，并积极推进面向中西亚地区的优质饲草料生产、加工、输出和储备基地的建设。

充分发挥青海冷水养殖资源和水质优良的优势，与挪威、丹麦、荷兰等主要冷水鱼养殖发达国家进行技术交流与合作，建设国家最大的冷水养殖研究中心和示范基地。

建立高层次人才对外交流合作机制，加快同周边地区和国家的农业技术交流合作和境外农牧业资源开发，鼓励和支持有条件的农牧企业"走出去"，到丝绸之路经济带沿线国家兴办农场、牧场，利用中亚国家丰富的土地资源优势，开展农业种植、养殖。建设农副产品生产、加工和营销基地，推进境外农牧领域深层次合作。加强农牧业专业人才互培代训工作，培育创新技术转型发展，提升产品科技含量和附加值，突出实施"品牌战略"。

（二）现代化循环工业体系

（1）传统产业。青海矿产资源富集，以传统工业采掘业、粗加工工业为主，在丝绸之路建设中将延伸盐湖化工产业链条，有效提高盐湖资源综合利用水平，高效开发钾、钠、镁、锂、硼和氯资源。充分发挥青海盐湖生产企业在地下溶采技术、地下富钾卤水和现代盐湖钾盐资源的开采技术优势，发展大型采盐船等盐湖资源开发利用装备制造业，推进钾盐企业合作，参与丝绸之路经济带沿线国家盐湖资源勘探开发，输入我国急需的钾盐资源和钾肥产品，输出成熟技术和成套装备以及国内氯碱、氯化聚合物和碱金属等行业过剩产能，掌握国际化工产品市场，共同建立风险防范机制，支持青海省大型企业在国外建立钾肥生产基地，构建以青海柴达木盆地为核心的"丝绸之路经济带盐化工基地"。

全面建成千万吨当量高原油气田，提升原油加工能力和汽油、柴油产品质量，加强原油加工副产物、废弃物的综合利用水平。

全面实施建材产业余热利用、脱硝改造、富氧燃烧、风控信息化等技术推广应用，支持水泥企业实施工业固废、城市建筑垃圾、危险废物等协同无害化处置，提高建材行业绿色、循环发展水平。

推进铅、锌、镍、钛、铁矿等资源的绿色开采，实现资源利用最大化；在青海省丝绸之路经济带沿线重点工业园区建设镁、铜、锌、铅、锶、锂、钛等金属开发及下游精深加工项目，打造铝、镁等轻金属下游加工产业链，建成国内重要的有色金属及下游加工产业集群。进一步加强国际合作，加大对境外资源开发利用，重点支持青海省有实力的有色冶金企业"走出去"，设立生产基地，在中亚和东欧等沿线国家开展铜、铅、锌、钨、镍等有色金属和稀贵金属矿产资源的勘查、冶炼和加工，利用境外资源和原料，提升青海省有色金属企业规模和市场竞争力。

（2）新兴产业。随着东西部合作的加强，青海新型产业发展迅速。未来重点是以有色金属、盐湖化工等传统产业延伸发展为重点，将关键战略材料、先进基础材料、前沿新材料作为主要发展方向。推进装备制造业提质增效升级，以重塑产业发展优势为目标，推动自主创造、智能制造和绿色制造，发展具有青海特色的节能环保产业体系。以"互联网+"等新一代信息技术应用为契机，重点打造以基础设施、云应用平台等为主要内容的云计算和大数据产业链，培育立足青海省、面向全国的云计算数据中心和国家级灾备中心。

努力打造有全国影响力的锂电产业基地和重要的光伏光热制造基地，壮大新能源光伏行业与上游晶硅原料产能相匹配的铸锻切片电池等产品规模，提高下游光伏发电产业对上游光伏制造产业的带动发展能力。大力发展晶体硅电池、非晶硅薄膜电池、太阳能光伏组件、蓄能电池、动力电池组件、太阳能热水器、光热幕墙、风机及零部件产品，完善太阳能光伏和光热利用、储能电池、风能等产业链，引导新能源产业向高端化发展。积极开拓国际市场，重点面向丝绸之路经济带沿线国家，着力推进新能源产业国际合作，建成在丝绸之路经济带上极具发展潜力的新能源产业集群。

以电子信息材料、新型化工材料、新型合金材料、新型建筑材料为主攻方向，依托青海矿产资源、能源和产业基础等方面的比较优势，重点发展铝基、镁基、钛基和锂合金等新型轻金属合金材料，镍基下游高端合金及功能材料。加大科技投入力度，开发以先进高分子材料和特种纤维及其复合材料为主的新化工材料。结合周边国家市场需要，大力延伸化工、有色金属和建材产业链，加快打造镁合金、镁电池和医药级、食品级镁化合物产业链和产业集群。培育形成一批拥有自主知识产权、核心竞争力强、市场占有率高的优势骨干企业和企业集团。

（3）装备制造业。积极顺应全球制造业高端发展的新趋势，依托西宁、海东两大装备制造基地，充分发挥青海省装备制造产业比较优势，扶持面向中亚和南亚市场的先进装备制造业，大力发展数控机床、专用汽车、环保设备、石油机械、压力容器、非标设备和大型铸锻件及基础零部件等产业，加快结构调整和技术改造，提高加工工艺水平和产业配套能力。进一步推进产业转移，探索引进轨道交通装备、工业机器人、现代农业机械骨干企业在青海省建立相关零部件配套生产企业，形成高端装备制造业产业集群，打造在单一领域具有核心竞争力的特色装备制造出口基地。

二、交通建设规划重点

青海省在丝绸之路经济带中具有不可替代的区位优势，应充分发挥古丝绸之路青海道、唐蕃古道和藏羌彝走廊的枢纽作用，承东启西、连接南北，全面提升亚欧大陆桥青海段的通行、物流和辐射能力，着力打造现代版的新丝绸之路"青海道"。构建以西宁、格尔木为重要枢纽，集铁路、公路、航空、管道、电网、光缆于一体，统筹规划不同运输方式，打造多式联运、相互衔接、相互配套、互联互通、横穿东西、纵贯南北、覆盖城乡、内外畅通的综合交通运输体系，建立新经济格局下协调发展的国内外交流立体通道。

（一）铁路网络建设

青海省铁路建设相对滞后，近年来随着青藏铁路、兰新铁路、格尔木至敦煌、格尔木至库尔勒铁路的建成通车，铁路建设迎来了重要的发展机遇。今后青海铁路建设的重点是加快青藏铁路、兰新铁路扩能改造和三、四级西宁—成都铁路的建设，开工建设格尔木—成都铁路，积极规划建设西宁—玉树—昆明铁路，把西宁、格尔木打造成丝绸之路经济带上的交通枢纽。加快德令哈—旺尕秀、茶卡—都兰、甘河支线等地方铁路和铁路专用线建设，努力构建青海省"两心、三环、三横、四纵"的复合型铁路网格局，未来交通建设应以高速铁路建设为突破口，在快速铁路贯通"兰西格"的基础上，力争与我国正酝酿建造的泛亚高铁、中亚高铁、欧亚高铁和中俄加美高铁4条世界级的高铁线路相通，将青海建成中国连通世界高铁通道的重要节点。

（二）公路网络建设

青海公路建设的重点是加快推进连通丝绸之路经济带主干道的高速公路网的升级改造，构建四大通道：一是自兰州、西宁、格尔木至拉萨，向西南延伸至加德满都，连通孟中印缅经济走廊的通道；二是自兰州新区经互助、德令哈、茫崖至新疆若羌，通过吐尔尕特、伊尔克斯坦口岸连通中亚、欧洲地区，连通中国—中亚—西亚经济走廊的通道；三是从新疆乌鲁木齐，经茫崖、德令哈、香日德、花石峡、大武、久治至四川成都的新青川通道；四是连接甘肃张掖、青海西宁、四川汶川的南北向高速公路青甘川的通道。

重点建设加定至西海、西海至德令哈、小柴旦湖至茫崖石棉矿高速公路；依托国家高速G0611（张掖至汶川）构建东部纵向通道，向北沟通河西走廊张掖、武威，向南经甘肃南部直达四川成都。重点建设大通至扁都口、克图至小沙河、同仁至赛尔龙等高速公路；依托国家高速G0613（西宁至丽江）构建中部纵向通道，向北接入河西走廊，向南经西藏昌都直达云南丽江。重点建设共和经玉树至多普玛高速公路；依托国家高速G3011（柳园至格尔木）和G0615（德令哈至马尔康）构建西部纵向通道，向北接入河西走廊敦煌，向东南进入四川阿坝通达成都。重点建成格尔木经茫崖至新疆高速公路、加快建成德令哈经香日德、花石峡、大武至久治高速公路。

完善内部路网结构，实现西宁市至区域中心城市、小城市通高速或高等级公路。加快城镇出入口公路建设，实现重点城镇间通三级以上等级公路。加强乡村公路建设，实现全省乡镇通三、四级公路，中心村和部分村庄（牧委会）通沥青（水泥）路。加大国家公路运输枢纽及场站建设力度，形成以干线公路为依托的多层次客运网络。

（三）航空网络建设

加快推进西宁曹家堡门户机场建设，全力争取西宁机场与所有大中型城市开通航班，持续加密成都、广州、深圳、北京、上海等中东部城市航班，加强与东南和中部大中城市的连接，形成顺畅的航空运输网络。实施格尔木机场改扩建工程，开通格尔木机场与西藏、甘肃、新疆以及东部省份的直通航线，努力将其打造为"丝绸之路"的重要航空口岸。加快完成果洛玛沁机场、祁连机场续建工程，开工建设青海湖机场、黄南机场、久治机场等，构建以西宁机场为中心、格尔木机场为次中心，支线机场为支点，通用机场为基础节点的民用机场网络布局。

加强与丝绸之路沿线国家的沟通联系，开辟国际（地区）航线，尽快开通连接中亚、西亚、南亚和中东国家的国际航线及客货运包机业务，建设全新的空中亚欧大陆桥。逐步将西宁、格尔木机场打造成为中国西部同中亚地区航空一体化网络建设的重要支点，进而拓展青海经中亚至西亚、东欧的航空市场，成为面向南亚、东南亚、泛印度洋地区的航线运力网络的重要节点，打造辐射高原、加密全省、通达全国、连接国际的丝绸之路经济带航空驿站。

（四）交通枢纽建设

建设以铁路、公路客运站和机场等为主的综合客货运枢纽，优化布局、提升功能。依托综合交通枢纽，加强铁路、公路、民航、水运与城市轨道交通、地面公共交通等多种交通方式的衔接，完善集疏运系统与配送系统，实现客运"零距离"换乘和货运无缝式衔接。

将西宁、格尔木建成丝绸之路经济带综合交通枢纽，增强和提高枢纽综合输送能力和换乘效率。规划海东、德令哈、玉树为省域综合交通枢纽，加强和提高枢纽交通运输能力和效率，实现综合交通运输的现代化。

三、能源业规划重点

着力发展清洁能源，大幅改善用能条件，增强能源供给能力，加快打造国家重要区域能源接续基地、国家清洁能源基地，努力建成清洁低碳、安全高效的现代能源体系，打造丝绸之路经济带能源资源的战略要地、能源进口的重要通道。

积极落实国家能源战略布局，推动中哈石油管道工程延伸至格尔木，争取国家尽快开工建设哈萨克斯坦—格尔木油气管道，研究推进石油炼化和大型储备项目，进一步强化昆北、英东、扎哈泉、牛东等地区油气勘探开发，加强页岩油气、可燃冰调查评价与勘察，打造能源战略储备基地，形成西接中亚、西亚，南接西南地区的油气能源资源安全大通道。充分发挥青海省在光伏产业中的技术优势，联合新疆等省份，积极与中亚、西亚等对清洁能源有需求且产业发展潜力大的国家开展合作，通过资金注入、技术扶持、共建产业园等形式，促成青海省光伏发电、风能发电项目走出国门，形成绿色能源产业合作带。加快智能电网建设，实施新能源大型并网工程，推进新疆至青海，至华中、华东、西南等地特高压电网建设，实现新能源电力打捆外送，打造电力丝绸之路。争取国家鼓励扶持政策，支持青海省煤炭、电力等能源开发企业参与蒙古、俄罗斯以及中亚等国的煤炭、电力项目建设，为青海省产业提供可靠的能源支撑。

四、文化建设规划重点

（一）文化合作交流

青海省文化类型多样，地域特色浓郁，因此，今后的规划重点是加快文化基础设施建设，努力拓宽对外文化交流合作的机制和渠道，积极引进和汇聚沿线国家，特别是与青海省民族风俗习惯相近相通的国家的一些经典文化项目，满足青海省各族群众不同的文化需要，提升青海省文化艺术的品质和品位。组织和引导古秘撒拉尔、热贡艺术、土族歌舞等省域特色文化精品项目"走出去"，推动商业化运作模式，实现互利共赢和共同发展。

推动教育科研领域合作，搭建专业人才交流培训平台。鼓励省内科研机构、高校与丝绸之路沿线国家、省（区）横向联合，推动人才联合培养、科技联合攻关等合作计划，支持青海省丝绸之路经济带研究院、青海省丝路研究中心、中亚学院，对丝绸之路经济带沿线国家政治制度、民族构成、产业构成、市场需求、风险防控等方面的研究。加大面向欧亚国家的留学生交流工作，鼓励省属有条件的高校在沿线国家合作建立孔子学院、孔子课堂，深入推进青海师范大学与南洋理工大学等东南亚地区的高校合作，办好丝绸之路沿线城市青少年的交流互访活动，扩大青海省教育和科技领域的国际影响力。

开展文化保护领域合作，推进唐蕃古道、藏羌彝走廊联合申遗工作。组织和联合有关部门深度挖掘和整理丝绸之路沿线文化遗产，有效整合文化遗产资源，设立专项保护基金，加强与联合国教科文组织和丝路沿线文化保护组织合作。做好与曼托瓦省在藏文化保护和传承方面的合作项目，并积累经验，将黄南热贡、果洛格萨尔、互助土族文化等非物质文化影响力提升工程，喇家遗址、乐都柳湾、都兰吐蕃墓葬等物质文化遗产保护修缮工程和少数民族特色村镇、传统民居、历史文化名城名镇名村整体保护工程有机结合，并实施文化遗产保护工作者、非物质文化遗产传承人、文化产业创意人、传统文化艺术表演者等人才培训工程，打造青海省丝绸之路物质和非物质文化高地。

（二）文化实力建设

提升文化展示能力，打造民族文化时尚之都。紧紧围绕丝绸之路经济带和唐蕃古道两条文化通道的民族特色，凭借青海省多元文化兼具特点，充分挖掘藏族的服饰、饮食和民俗文化，加强文化广场、街区、公园和场馆等展示平台建设。结合新兴电子技术和智慧智能技术，升级文化展示形式，强化文化展示内涵，突出城市功能、城市环境、城市形象和特色地域文化的有机统一，着力打造丝绸之路沿线的伊斯兰文化和藏文化时尚之都。

深化民间文化交流，展示青海新形象。引导和繁荣民间文化交流项目，塑造富有青海时代文化气息、地域特色和城市品位的文化形象，充实群众文化的创作和表演力量，挖掘已有的民间文化交流项目和文化资源，各级政府应引导和组织富有活力的民间文化组织以及文化企业积极参与丝绸之路的文化建设，扎实推进丝路沿线民间文化交流的自觉性和主动性。

（三）文化产业建设

挖掘传统工艺美术品的生产潜力，推动国际高端艺术品的产业发展。立足青海省宗教、轻纺、玉器、奇石、民间绘画、刺绣等传统特色工艺品，统筹规划和整合优势资源，扶持一批传统工艺美术品生产企业，增强面向丝路文化产品的创意设计理念和内涵，保护和扩大拥有知名品牌的文化企业。重点扶持和引导唐卡、昆仑玉等文化产品进入高端市场，提升文化创意的附加值，扶持和推动藏毯制造业健康有序发展，深化创意设计和新产品开发，扩大品牌知名度和产业规模，引导奇石、堆绣、刺绣等手工文化品逐步实现产业化，增强技术创新和规模化生产能力。筹建"青海特色文化产业创意研发中心"，加强工艺美术类后续人才和传承人培养，加大新产品开发力度，增强特色文化产品创意设计附加值，逐步搭建文化企业、个体经营者和创意设计者之间洽谈项目、交流产品的平台。

重塑丝绸之路青海道文化，推动精品文化旅游业发展。充分挖掘丝绸之路南线青海道和唐蕃古道沿线藏传佛教文化、昆仑文化、河湟文化、草原文化、西域文化和伊斯兰文化的深厚底蕴，结合青藏高原特殊而又粗犷雄浑的自然景观资源，增强对中亚、南亚、西亚和欧洲的旅游推介力度，着力打造丝绸之路青海道、唐蕃古道两条精品旅游线路及三江源和青海湖两个国际旅游目的地。积极鼓励开展以丝绸之路为主题的专项旅游活动，提高西宁、格尔木两个城市面向亚欧的旅游接待能力，使其成为丝绸之路沿线重要的旅游核心城市，全方位推动丝绸之路旅游活动和产业的发展。

提升节庆会展业的办会层次，增强国内外影响力。在努力办好环青海湖国际公路自行车赛、中国藏毯国际展览会、清真食品博览会、"水与生命"音乐之旅主题晚会、青海湖国际诗歌节、青海文化旅游节等特色品牌节庆活动的同时，将青海省"青洽会"升级为国家级的"一带一路绿色发展论坛及绿色产业博览会"，打造成中国与共建"一带一路"国家和地区绿色产业合作的重要平台。围绕丝绸之路主题积极推动西宁FIRST青年电影展、贵德黄河文化旅游节、海晏王洛宾音乐艺术节、乐都河湟地区国际民间射箭邀请赛、德令哈海子诗歌节、格尔木中国盐湖城文化旅游艺术节等区域性重大节庆活动，建造丝绸之路、青藏高原两大影视创作、拍摄产业基地，提升青海文化产业的国际影响力和汇聚能力。

五、对外贸易规划重点

（一）贸易平台建设

平台经济是基于网络和电子信息技术发展起来的新经济形态。青海应把扩大对外开放、调整经济结构与培育特色优势产业紧密结合起来，着眼于南亚、中亚、西亚市场需求，扩大贸易规模、优化贸易结构、创新贸易方式，提高外向经济发展水平。以需求为导向，以核心企业为主导，以信息技术为驱动力，通过搭建集多方信息、多方服务、多方交易于一体的国际贸易平台，如石油天然气、盐湖化工、锂电材料、清真产品、藏医药产品、藏毯、特色农牧产品等国际贸易平台，促使传统企业通过平台模式实现有形市场与无形市场的有效对接，实现线上、线下协同发展。积极开拓国际跨境电子商务交易空间，建设服务平台，打造电子商务、电子口岸数据交换中心和研发基地。尤其是对青海这一资源大省而言，发展新型贸易平台，可以掌控各种资源的交易，进而对资源价格拥有话语权，这不仅关系到青海省在丝绸之路经济带竞争中的地位，而且关系青海如何尽快实现产业结构转型、服务业加快发展的目标。

（二）出口型企业培育

加强出口基地建设，以重点企业为龙头，稳定传统优势产品出口，提升出口产品质量、档次和创新要素比重，实现出口商品由以初级产品为主向高附加值产品转变，分层次打造国家级、省级、州市级出口产业基地。实施"千万美元潜力培育计划"和出口自主品牌培育计划，在穆斯林民族服饰、清真绿色食品、藏毯、特色农产品、装备制造、水电、钾肥、藏文化、医药、新能源以及生物制品等行业扶持一批年进出口总额超千万美元，具有国际竞争力和知名度的骨干企业，逐步打造面向共建"一带一路"国家和地区且具有本地化、自主型、外向型的特色产业集群。

（三）口岸建设

以全省重点工业园区和交通路网为依托，充分利用西宁、海东、格尔木等地区位优势，加快铁路口岸建设，逐步实现铁路口岸作业区就地报关报检、就地订舱、结汇、出口清关的口岸功能，努力实现货物贸易"大通关"。树立航空在"一带一路"建设中的重要地位，充分发挥西宁国际航空口岸的巨大作用。进一步完善口岸基础设施功能，整合使用口岸监管设施资源和查验场地，实现共享共用的目标。积极推进国际贸易"单一窗口"和口岸体系建设，建立青海省电子口岸信息服务平台，推进海关、检验检疫、边检、智能验证台、国税、外汇等部门信息共享。加强与西部其他省份的电子口岸的联系与合作，建立丝绸之路经济带沿线省份统一平台，依托电子口岸的查验、查询系统完善共享功能，实现电子口岸的互联互通。

（四）保税区建设

将综合保税区建设作为推动青海外向型经济发展的突破口和支撑点，重点推进曹家堡保税物流中心、西宁综合保税区、青海国际保税购物等海关特殊监管区建设。推行"保税仓储+保税展销"、进口商品直销、国际采购—进口—销售等模式进口馆，以及机场口岸免税商店建设。统筹规划建设综合保税区配套产业区，根据需要逐步增设保税监管区域和场所，增强综合保税区辐射功能。充分利用格尔木市地处丝绸之路经济带交通枢纽的优势地位，申报建设格尔木自由贸易区和柴达木内陆开发开放试验区，探索西部内陆地区对外开放的新路子。

（五）物流设施建设

重点建设集交易、运输、仓储、配送、转运中心及配套服务功能于一体、辐射全省、连接丝绸之路经济带沿线的西宁国家级区域性物流基地，重点打造朝阳现代生活资料物流园、青藏高原农产品集散中心等重点园区。依托曹家堡空港优势，加快海东国际空港基地建设，使之成为立足青海东部城市群、服务全省、面向青藏高原、影响全国的区域级流通节点，重点打造曹家堡综合保税区、青海商贸综合物流园等。加快海西工业品物流基地建设，重点打造格尔木、德令哈综合物流园，形成以盐湖化工、石油天然气、煤炭和非金属矿产等工业品为主的生产型物流园区，建设成为连接西藏、新疆和全省的重要大宗工业品集散地。推动大数据、云计算在物流领域的应用，建设智能仓储体系，优化物流运作流程，降低物流成本，积极融入丝绸之路经济带现代物流体系。

六、金融建设规划重点

（一）金融体系

依据青海省参与丝绸之路经济带的战略定位，结合藏区发展实际，积极向中央金融监管部门争取差别化金融政策。重点促进产业政策、财政政策与金融政策的协调配合，强化金融支持实体经济发展的激励约束机制和资源配置能力。

完善金融组织体系，为青海参与丝绸之路经济带建设的基础设施、项目和产业园区提供融资支持。支持银行系统引入战略投资者、扩充资本金、做大资产规模，力争大型投资银行在青海设立分支机构，进一步发挥国家开发银行"投、贷、债、租、证"的综合金融服务优势，支持并鼓励中国农业发展银行、中国进出口银行加大对重点领域和薄弱环节的支持力度，完善青海省政策性金融支持体系。鼓励和引导金融机构支持青海省绿色发展、循环发展、低碳发展，形成有利于节约能源资源、应对气候变化的融资结构和融资模式。以"国有资本+社会资本"的筹集方式，发起设立丝绸之路生态产业发展基金，吸纳更多社会民间资本参与丝绸之路经济带生态产业发展，推进青海省生态品牌建设。依托青海湿地、草场、森林碳储量大的优势，发挥青海环境能源交易中心作为环境金融交易平台的功能，推动建立丝绸之路经济带碳汇计量监测体系和交易标准，探索有利于可持续发展的生态补偿机制。推动外向型企业在境内外上市，培养更多的外向型上市后备企业。加速发展区域股权交易市场，鼓励企业挂牌融资，推动在青海省设立大宗商品期货交割仓库。健全青海省金融风险防范工作机制，健全金融稳定日常监测制度和重大风险应急决策处置制度。

（二）融资方式

突出支持基础设施建设，为实现道路连通提供金融支撑。鼓励和支持金融机构通过银团贷款、债券、中期票据、融资租赁等综合服务方式，加强对铁路、公路、航空等交通通道项目，油气管道等能源通道项目，物流、通信、信息等基础项目建设的融资支持，全面构筑青海"向东、向西、向南"国际大通道。

突出支持循环经济发展，为建成绿色通道提供金融支撑。立足青海省生态屏障地位，推动金融机构运用贷款、债券、保险、租赁等传统金融产品和服务，为西宁经济开发区和柴达木循环经济试验区等重点园区建设提供融资支持的同时，创新运用合同能源管理融资、绿色金融债券、可交易的排放物减少信用、温室气体减少信用等符合循环经济特征的典型适用融资模式，加强对循环经济、水力、光伏发电等清洁能源、环境保护和节能减排技术改造等项目的融资支持，将青海建成丝绸之路经济带绿色通道。

突出支持外向型特色优势产业基地建设，为实现贸易畅通提供金融支撑。立足打造"西北五省向西开放经贸共同体"，鼓励和支持金融机构围绕西宁经济技术开发区南川工业园区藏毯基地、西宁经济技术开发区生物科技产业园区穆斯林服饰及用品基地、海西州绿色食品保健品基地三个国家级基地发展，建立适应出口基地特点的融资管理和融资评审制度。探索开发适合出口企业特点的中小企业私募债、供应链融资、贸易融资、订单质押和股权质押等创新金融产品和业务，构建与青海发展外向型经济接轨的专业金融服务体系。

（三）金融平台

依托丝绸之路经济带圆桌会议机制，在货币流通、市场准入、审慎监管和维护区域金融稳定等方面加强与沿线国家的深度合作，扩大人民币的跨境使用。鼓励商业银行根据青海省参与丝绸之路经济带的发展需求，积极接入中国人民银行人民币跨境收付系统，加大跨境贸易人民币结算服务力度，扩大跨境贸易人民币结算规模、覆盖面和影响力。鼓励和支持中国人民银行西宁中心支行开展跨境贸易人民币结算试点工作，稳步推进设立跨境贸易与投资人民币清算中心，支持与沿线国家金融机构互开同业往来账户，创新搭建多币种清算渠道。鼓励和支持中国人民银行西宁中心支行稳步推进非金融机构办理个人本外币兑换特许业务，设立个人本外币兑换特许机构，经营范围延伸至旅游购物贸易项下，满足外币现钞兑换需求，为青海与丝绸之路经济带沿线国家人员往来提供金融便利。

推进外汇管理改革，加快企业"走出去"步伐。立足青海省关于大力实施"走出去"战略要求，鼓励和支持中国人民银行西宁中心支行稳步推进货物贸易外汇管理制度改革，为企业贸易外汇收支提供便利。鼓励西部矿业、盐湖集团等优势企业，通过股权投资、并购贷款等方式，参股或并购丝绸之路经济带沿线国家资源能源类企业。引导企业扩大出口收入存放境外业务，提高资金使用效率。深入开展对境外直接投资、对外承包工程等各类项目的人民币贷款业务，满足企业"走出去"过程中对人民币的需求。鼓励和引导金融机构积极申请远期结售汇、人民币与外币掉期、人民币对外汇期权等金融衍生业务经营资格，综合运用国际贸易融资、内保外贷、境外融资贷款以及出口信用保险等金融手段，为外向型企业对外贸易便利化提供综合金融服务。青海省应实施金融差异化战略及路径，即按照全方位对外开放新格局的大思路，利用好、争取好中央差别化金融政策，全力助推青海打造成为丝绸之路经济带上的重要战略支点，使丝绸之路经济带成为青海向西开放的主阵地和推动全省经济发展的新增长极。

第三节 青海省融入丝绸之路经济带的发展展望

一、机遇与挑战

青海道曾是古丝绸之路的一条重要支线和辅道，虽然其所包含的三条线路及其形成的历史有所不同，但都承接了丝绸之路的部分功能，尤其是当河西走廊等地区发生战乱或动荡时，青海道就成了古代中西经济文化交流的重要通道，在中西经济文化交流中发挥了重要作用，由此青海也成为世界上少有的多元文化汇聚交融的典型地区，这为青海建设新丝绸之路经济带奠定了坚实的历史文化基础。青海紧邻第二亚欧大陆桥，在中国与中亚经济板块中，青海处于中心位置，与中亚有着巨大的地缘和文化接近性，并与中亚、西亚等沿线国家和地区有着千丝万缕的联系，经贸合作源远流长。在现代，无论是东南沿海地区的工业品向中亚国家出口，还是中亚国家的能源资源向我国经济发达地区输送，青海都发挥了内承外接的重要交通枢纽功能。随着兰新铁路第二双线从青海北部穿境而过，尤其是西宁—格尔木—库尔勒等铁路线的建设，大大缩短了青海与中亚国家的铁路运输距离，青海将再一次成为丝绸之路的重要交通路线。同时，青海的自然资源、生态资源和太阳能等资源丰富，与中亚地区有着较强的相似性和互补性，在深度合作和融合开发上具备重要的条件保障，大量的能源资源也为青海承接东部产业转移和中亚、西亚以及欧洲的产业转入提供了必要的资源条件和能源保障，青海将成为国家工业制成品出口、国外先进工业产品加工和进口的重要生产加工和转运基地。尤其是柴达木盆地与中亚国家有着较为接近的自然条件和资源条件，通过多年对循环经济发展的探索和经验总结，青海可将柴达木循环经济发展的成功模式与经验推广到相对落后的中亚国家，实现在资源开发方面的深度融合。

虽然，青海在丝绸之路经济带建设中的区位、资源、能源等优势明显，拥有很多机遇，但是在区域发展和向西开放的过程中也存在诸多挑战。

（一）机遇

一是丝绸之路经济带的建设使青海成为向西开放的前沿阵地。我国改革开放至今已进入与国际体制接轨的重要历史阶段。但长期以来，由于历史机遇、交通建设、地理环境等因素的限制，青海自身的资源优势及经济优势得不到发挥，难以参与国内和国际区域经济的分工与协作。但随着中国社会经济的迅速崛起和国力的日渐强盛，重构了新的世界经济和政治格局。共建丝绸之路经济带倡议的提出，打开了我国向西开放的渠道，从根本上改变了青海发展的地理区位劣势，青海一跃从开放末梢变为开放前沿。依托丝绸之路经济带建设，拓展向西开放空间，构建开放型经济成为青海省区域发展的重要引擎。2016年青海进出口总额达到100亿元，年均增长17.6%，在西亚、欧洲设立了18个中国（青海）特色商品国际营销点，建成9个进口商品展销中心，认定3个国家级外贸转型示范基地和1个国家级出口商品质量安全示范区。在全球经济不景气的大背景下，青海开放型经济发展呈现逆势上扬态势，为积极建设新丝绸之路经济带奠定了基础。丝绸之路经济带的建设为青海经济的外向发展拓展了巨大空间，也为未来发展增添了强大动能，成为由对内开放走向对外开放的转折点。青海省地域广袤，但适宜的人居空间、可供开发区域资源有限，面临创新驱动能力不足，多数产业仍处在产业链价值链低端，对外开放不充分、发展差距日益拉大等问题。随着"一带一路"倡议的推进，青海迎来全方位高水平开放发展的重要机遇，面向新发展阶段，应充分利用资源优势，深入实施"精品战略"，推动绿色发展、全方位开放、产业升级，打造特色产业链，大力推动以新能源、新材料、特色农畜产品、生物医药等为主导的绿色产业发展，有针对性地培育一批特色鲜明的西向出口基地，促进外向型优势产业集群式发展。加大与周边国家和地区的商品贸易联系，建设面向中亚、西亚、南亚的出口加工区、商贸城等国际营销网络，逐步扩大藏毯、特色纺织、高原特色农畜产品等对中亚国家的出口，积极争取国家政策支持，加大对中亚国家资源型产品的进口，助推企业不断开拓国际市场。

　　二是绿色丝绸之路建设为青海生态保护和发展带来机遇。虽然青海省属于后发展地区，人类活动程度相对较低，但生态环境保护得相对完好，污染程度较低，是我国重要的水源涵养地，也是我国青藏高原生态安全屏障的重要组成部分。"一带一路"倡议中明确指出："在投资贸易中要突出生态文明理念，加强生态环境、生物多样性和应对气候变化合作，共建绿色丝绸之路。"共建"一带一路"国家和地区覆盖了全世界74%的自然保护区，因此，青海省应以保护中华民族生态安全屏障和大江大河源头水源涵养地为神圣职责，进一步明确在国家生态安全中的地位和责任，生态文明建设向纵深化方向发展，国土空间开发保护格局进一步得到优化，生态环境保护和经济发展、巨大生态潜力转化为生态服务价值的优势进一步显现，资源环境相均衡、经济社会生态效益相统一的"绿色格局"初步形成；产业发展由生产要素驱动向要素与效率共同驱动转型升级仍处在关键期，分享技术变革、推动产业链创新链"双向融合"的局面逐步打开，资源整合和循环经济环境效益得到逐步提高，经济—社会—生态可持续发展的"绿色实力"正在显现；连南接北、承东启西大通道优势和纽带功能日益提升，区位优势更加凸显，区域城乡发展布局日趋合理，西宁、格尔木、德令哈等城市牵引力逐渐显现，生态文明制度体系建设、生态保护扶持政策体系、持续稳定的生态补偿机制的"绿色福祉"正在逐步确立；"绿水青山就是金山银山"的理念深入人心，青海作为生态文明建设的前沿阵地，通过开展防沙治沙、林业产业、湿地保护及流域综合治理、跨境生物多样性保护与有害生物防控等应对气候变化方面的国际合作，为守护好"三江之源"，保护好"中华水塔"，建设国家公园示范省，筑牢国家生态安全屏障，确保一河清水向东流的"绿色屏障"初步建立。随着"一带一路"倡议的纵深推进，青海"朋友圈"的不断扩大，为青海双向开放开拓了广阔前景，为青海绿色高质量发展提供了强大的驱动力。

三是区域的多元文化为青海融入丝绸之路经济带文化建设提供了机遇。青海是一个多民族省份，世居民族藏族及其藏传佛教与南亚地区的印度、尼泊尔等地区有着较强的共通性，而世居青海的回族、撒拉族在宗教信仰方面又与中亚国家具有较强的共通性。加之青海自古既是中西文化交汇之地，佛教文化、伊斯兰文化、儒家文化、道家文化、基督教文化在这里和谐共存，又是农耕和游牧文化的交融地带，多元的文化类型在这里长期碰撞和交融。因此，青海与南亚、中亚和西亚等地区有共建丝绸之路经济带的民族优势。近年来，青海省积极推动文化名省建设，先后举办了环青海湖国际公路自行车赛、三江源国际摄影节、青海湖国际诗歌节等大型国际性活动，为世界了解和认识青海搭建了平台，扩大了青海的文化魅力。"一带一路"倡议涉及 65 个国家和地区、44 亿人口，跨越了东西方四大文明，涵盖了世界四大宗教发源地，"一带一路"覆盖了全球近 50% 的文化遗产。青海应紧紧抓住这一重大历史机遇，综合运用区位优势、战略通道、民族相通、特色资源和南丝绸之路历史渊源等，以"和平、发展、合作、共赢"为主题，加强与沿线地区及国家的文化交流，提升人文交流水平，为其他领域交流合作聚集人气，营造良好氛围。随着"一带一路"倡议的推进，青海省全方位深度打造文化品牌，加强文旅融合，强化与世界各国的友好往来与交流，全面提升各类赛事水平，繁荣艺术创作，扎实推进现代公共文化服务体系建设，创建西宁、格尔木、互助国家级公共文化服务体系示范区（项目）；推动文旅活动国家（地区）与国家（地区）之间、政府与企业之间、企业与利益主体之间的协同创新，追求合作与双赢；举办文化万里行专项文化交流、文化贸易、文化创意高峰论坛等活动，创建的"山宗水源路之冲——'一带一路'中的青海""江河源人类史前文明展""唐蕃古道——七省区精品文物联展"等重点项目，弘扬优秀传统文化，以人文交流为契机，联动教育、科技、贸易、投资、金融等领域，为深化多边合作奠定坚实的民意基础。

青海文化和旅游发展的优势进一步彰显，全省城乡居民文化和旅游消费需求升级，为区域多元文化融入"一带一路"文化建设提供了新机遇，拓展了新空间。

四是丝绸之路经济带建设为青海的基础设施发展带来机遇。青海自然资源丰富，但是经济生产方式落后，经济发展水平较低，因此，基础设施建设远落后于东部其他省份，近年来，通过中央财政专项支持，虽然青海基础设施建设有了较大改观，但还主要处于公路建设、铁路建设和机场建设阶段。目前青海省域内高等级公路里程较少；青海与新疆的铁路联系仍是一片空白，青藏铁路基本相当于一条支线，尚未真正融入国家交通网络之中；西宁机场的航班较少且运力十分有限，远不足以达到国际开放的水平。因此，交通基础设施薄弱、运距长、运输成本高仍是制约青海对外开放和经济发展的重要瓶颈。"一带一路"倡议的提出，将促进丝绸之路基金加大对域内外共建国家和地区的铁路、公路、机场、水路、物流、油气、通信等基础设施方面的投入，并加强交通信息网络互联互通。青海应充分利用作为向西开放前沿阵地的机会，积极争取资金，大力投入基础设施建设，有效改善青海的基础设施条件。青海应着力构建青海、新疆铁路交通联合体，为青海向西开放创造条件，加快格尔木—成都、西宁—成都的铁路建设，构建青海和我国西南地区的铁路路网体系，为青海向南亚开放做出积极准备。青海应同时深化与西藏的地域共同体建设，融入国家主干交通网络体系之中，成为连接我国西南与西北两大经济区的交通枢纽，并开辟出我国东南、西南地区与中亚、欧洲商贸往来的一条捷径，这必然给青海的对外开放和经济发展创造重大契机。

五是丝绸之路经济带的建设为青海地区产业升级带来机遇。青海省能源类型多、储量丰富，石油、天然气、水能、光能和风能优势显著。除此之外，青海被誉为"世界四大无公害超净区之一"，具有得天独厚发展绿色食品的条件，绿色产业发展潜力和优势巨大。但是长期以来，由于青海尖端技术人才缺乏、管理观念相对落后粗放，青海丰富的旅游、矿产、清洁能源、生物等资源优势转化为经济优势的成效尚不显著、产业体系不完善、产业链条不长、产品研发能力不足，仍属于相对传统落后的产业体系。而丝绸之路经济带的建设可推动青海产业升级。青海可立足自身资源优势和产业基础，紧紧围绕延长产业链，以市场为导向，以清洁循环低碳为重点，依托中部资金、技术和人才优势，承接和引进一批补链产业，完善产业体系。青海应围绕"丝绸之路经济带"沿线关键通道、关键节点和重点工程，提升青海现代农牧业、高原生态畜牧业、新能源、新材料、装备制造业和盐湖钾肥等优势产业的升级转型；围绕绿色、低碳、循环发展模式，带动丝绸之路经济带沿线地区和国家绿色农牧业、矿产资源、盐湖资源、新能源和新技术等方面的资源和技术开发与发展；围绕中亚、西亚和南亚市场需求以及国内中东部加工制造产业基地的西迁，承接和引进一批精深加工、高端制造等产业，建立出口商品加工基地，生产面向周边国家和地区市场的终端产品。青海通过发展外向型经济，可成为丝绸之路经济带上资源开发、产业转移和战略储备的重要支撑平台，实现丝绸之路经济带沿线国家和我国东西部地区共同发展。

（二）挑战

丝绸之路经济带的建设和向西开放，使位于青藏高原东北缘，邻接河西走廊的青海省再一次成为丝绸之路沿线重要的地缘省份，这为青海的发展带来了难得的历史机遇，但同时相对落后的经济水平、有限的资源环境承载能力、薄弱的对外经贸基础、同质化竞争激烈和创新能力不足严重制约着青海的经济发展，使其面临巨大挑战。

一是相对滞后的经济发展水平。青海人口总量不大，但因生态脆弱，承载能力已趋极限，经济发展与人口资源环境的矛盾日益突出。从资源总量上讲，青海虽位居全国前列，但困于高海拔、高开发运输成本以及产业链受技术制约难以延伸等因素，青海资源优势难以转换为经济优势，存在"富庶的贫困"现象。就其经济增长模式来看，青海产业层次低、链条短，产业结构单一，是以低资源成本、低劳动力成本、高环境成本为主的发展模式。长期以来，由于地理环境等因素限制，青海外向型经济始终难有大的作为，进出口贸易一直是其"短板"，金融、信息、市场中介等服务体系不健全，影响和制约着外向型经济的发展。加之青海经济总量很小，财政收入占全国的比重较低，其区域经济价值远小于生态价值和社会价值。青海自身财力弱、发展资金不足、民生领域欠账多，"小马拉大车"局面短期内难改变，改善民生、促进基本公共服务均等化面临巨大压力。

二是资源环境承载能力有限。由于地处三江源头，青海90%以上的地区是禁止开发区和限制开发区，39%的地区是纳入国家生态建设重点保护的区域。青海生态环境保护压力大、产业承载能力有限，特别是在矿产资源开发、工业制造业、基础设施建设等方面影响较大、门槛较高。通过分析得到青海的资源承载超载人口为177.48万人，且自然资源和经济资源的承载力均为超载状态，而青海人均生态盈余高达72.29平方千米，总的生态盈余达到3.78149×10^8平方千米，人均生态足迹需求仅为5.93928×10^8平方千米，人均生态足迹需求面积均小于全球和全国的供给阈值。

三是对外经贸基础薄弱。受经济、人口、科技发展滞后等因素的制约，对外贸易对青海经济的拉动能力十分有限。首先，进出口结构不平衡，出口比重较大，进口比重过低，需求量不足，全省经济对外贸易依存度很低，参与国际经济竞争的实力很弱。其次，企业规模小，开展进出口业务率低。目前，在西宁海关注册拥有进出口权的企业数量为 330 余家，实际开展进出口业务的企业不足 100 家，不到注册企业的 30%，有 35 家企业进出口额不足 10 万美元。再次，高能耗产品出口比重仍然过大。2009 年起，国家出台了一系列政策措施限制"两高一资"产品出口，对青海省电解铝、碳化硅等企业产生了很大的影响。最后，出口地区单一，主要贸易国仍以东南亚国家和地区为主，进出口基数低、规模小，青海年货物进出口总额和外商直接投资合同金额居西北五省之末。

四是同质化竞争激烈。在陕西、新疆、甘肃、宁夏相继提出融入"一带一路"建设的实施方案后，青海也提出了一系列发展目标，但由于资源禀赋相似、经济发展模式相近，青海的发展定位和产业融合政策容易与周边省份形成同质化竞争。这不但难以获得良好的效果，还可能造成资源浪费。如何在同类地区走出一条具有青海特色的发展道路，青海必须充分把握和认识自身的"五大优势"，避免与周边省份的同质化竞争，深入分析和挖掘与周边省份及丝绸之路经济带沿线国家合作的方向和潜力，积极探索青海特色的发展模式。

五是创新能力不足。青海省经济基础薄弱，科技创新能力不强，横向比较不仅落后于东部发达地区，也落后于西部省份。青海的区域核心竞争力还没有完全形成，产品的深度加工还不够，以传统的初加工为主，高附加值产品少、产业链短。虽然在新能源、新材料、矿产资源开发与利用、盐湖化工等产业上有一定优势，但与丝绸之路沿线的省份相比，仍然存在一定差距。制约青海创新能力的主要因素：一方面，支撑创新发展的平台和政策体系不够完善，一些支持政策还没完全落实到位，制约创新发展的体制机制障碍还没完全清除，研发、转化、交易、服务紧密衔接的平台体系尚未构建完善，基层缺少创新平台和技术人才支撑，地区间创业创新发展态势还不平衡；另一方面，技术创新成果的覆盖面较窄，仅仅局限在部分高新企业，大多数企业对研发重视不足，政产学研结合不紧密，科研人员参与创新的意愿和动力不足，导致科技创新工作明显滞后。

二、发展展望

青海是丝绸之路经济带的重要通道，是通向南亚次大陆和中亚国家的重要枢纽，在"一带一路"中有着重要的地理和区位优势。丝绸之路经济带建设将极大地拓展青海经济发展的战略空间，为实现全省经济社会跨越发展提供重要支撑。青海把融入丝绸之路经济带建设，作为面向未来可持续发展的重大战略，基于自身丰富的矿产资源、不断完善的交通网络、多元开放的人文环境、极具潜力的能源开发及合作前景、重要的生态安全屏障等区域优势，在丝绸之路经济带上选择重点地区、重点市场、重点领域进行对接，青海将持续加大"走出去"和向西开放力度，努力把青海打造成为丝绸之路经济带向西开放的重要通道，我国西部地区经济发展的新增长极，我国与中亚、南亚各国人民开展人文交流的桥梁和纽带，丝绸之路经济带上的重要节点。

参考文献

［1］ Lahr M. M., Foley R.. Multiple Dispersals and Modern Human Origins ［J］. Evolutionary Anthropology: Issues, News and Reviews, 1994, 3（2）: 48-60.

［2］ Rebecca L. C., Mark S., Allan C. W.. Mitochondrial DNA and Human Evolution ［J］. E. Learning Age, 1987, 325: 31-36.

［3］ 白俊光, 吕生弟, 韩建设. 李家峡水电站坝前水库滑坡蓄水前后稳定性预测 ［J］. 岩土力学, 2008（7）: 1723-1731.

［4］ 北极星电力网. 拉西瓦水电站 ［EB/OL］.（2014-09-09）［2022-12-22］. http://news.bjx.com.cn/html/20140909/544592.shtml.

［5］ 陈桂琛. 青海湖流域生态环境保护与修复 ［M］. 西宁: 青海人民出版社, 2008.

［6］ 陈怀录, 徐艺诵, 冯东海, 孟杰. 西部贫困地区开发区发展模式探索——以甘肃省定西市开发区为例 ［J］. 西北师范大学学报（自然科学版）, 2012, 48（2）: 109-114.

［7］ 陈乐一, 李玉双, 李星. 我国经济增长与波动的实证研究 ［J］. 经济纵横, 2010（2）: 29-33.

［8］ 陈念水, 吴曾谋. 公伯峡水电站工程枢纽总布置 ［J］. 水力发电, 2002（8）: 30-33.

［9］ 崔永红, 翟松天. 青海经济史: 当代卷 ［M］. 西宁: 青海人民出版社, 2003.

［10］ 丁生喜, 等. 青海省新型城镇化与区域可持续发展研究 ［M］. 北京: 中国经济出版社, 2016.

［11］ 杜平贵, 王辉. 推进青海融入丝绸之路经济带建设的战略思考与建议 ［N］. 中国经济时报, 2015-04-13（005）.

［12］ 段渝. 古代巴蜀与南亚和近东的经济文化交流 ［J］. 社会科学研究, 1993（3）: 48-55+73.

［13］ 樊杰. 国家公园是生态文明的亮丽名片 ［N］. 中国科学报, 2021-10-

15（1）.

［14］尕布藏昂青.青海区域经济不平衡发展研究［D］.兰州：西北民族大学，2014.

［15］高新才.西北区域经济发展蓝皮书：青海卷［M］.北京：人民出版社，2008.

［16］葛肖虹，刘俊来，任收麦，等.青藏高原隆升对中国构造-地貌形成、气候环境变迁与古人类迁徙的影响［J］.中国地质，2014，41（3）：698-714.

［17］关嵩山.西部生态化城镇建设道路研究［M］.北京：知识产权出版社，2016.

［18］国家发展改革委，住房城乡建设部.兰州—西宁城市群发展规划［EB/OL］.（2018-03-13）［2022-12-22］.https：//www. ndrc. gov. cn/xxgk/zcfb/ghwb/201803/t20180319_962248. html？code=&state=123.

［19］国家统计局城市社会经济调查司.中国城市统计年鉴2019［M］.北京：中国统计出版社，2020.

［20］洪进，余文涛，郭韬.中西部地区"两型社会"建设的人口与城镇化战略研究［M］.合肥：合肥工业大学出版社，2015.

［21］侯梅锋，何士龙，李栋，等.连云港海底底泥及青海湖底泥细菌多样性研究［J］.环境科学，2011，32（9）：2681-2688.

［22］胡亚东.黄河积石峡水电站库岸地质灾害研究［D］.成都：成都理工大学，2004.

［23］焦世泰，石培基，王世金.兰州—西宁城市区域空间整合战略构想［J］.地域研究与开发，2008（2）：43-46.

［24］李水城，莫多闻.东灰山遗址炭化小麦年代考［J］.考古与文物，2004（6）：51-60.

［25］李小强，周新郢，张宏宾，等.考古生物指标记录的中国西北地区5000 aBP水稻遗存［J］.科学通报，2007，52（6）：673-678.

［26］李晓东，肖建设，李凤霞，等.基于EOS/MODIS数据的近10a青海湖遥感监测［J］.自然资源学报，2012，27（11）：1962-1970.

［27］李毅，李正欣.青海省对外贸易发展现状、存在问题及原因解析［J］.中国市场，2015（8）：143-145+152.

［28］李勇.环青海湖地区农业可持续发展基本要素分析［J］.柴达木开发研究，2008（3）：25-28.

［29］李裕.中国小麦起源与远古中外文化交流［J］.中国文化研究，1997（3）：47-54.

［30］林圣龙.中西方旧石器文化中的技术模式的比较［J］.人类学学报，1996，15（1）：1-19.

［31］刘峰贵，王锋，张海峰，等.青藏高原文化旅游资源开发探讨［J］.青海社会科学，2012（5）：77-81+119.

［32］刘峰贵，张海峰.丝绸之路经济带背景下的青海区位优势［J］.青海师范大学学报（哲学社会科学版），2015，37（4）：56-60.

［33］刘同德.青藏高原区域可持续发展研究［D］.天津：天津大学，2009.

［34］刘武.早期现代人在中国的出现与演化［J］.人类学学报，2013，32（3）：233-246.

［35］刘学堂，李文瑛.新疆史前考古研究的新进展［J］.新疆大学学报（哲学·人文社会科学版），2012，40（1）：1-7.

［36］刘彦随，张紫雯，王介勇.中国农业地域分异与现代农业区划方案［J］.地理学报，2018，73（2）：203-218.

［37］洛阳市文物工作队.洛阳皂角树：1992-1993年洛阳皂角树二里头文化聚落遗址发掘报告［M］.北京：科学出版社，2002.

［38］马爱锄.西北开发资源环境承载力研究［D］.西安：西北农林科技大学，2003.

［39］马德君.西部地区城镇化协调发展研究［M］.北京：经济日报出版社，2016.

［40］马震.新中国成立70年来青海经济发展历程及启示［J］.柴达木开发研究，2019（5）：31-35.

［41］潘照东，刘俊宝.草原丝绸之路探析［C］//张海鹏，陈育宁.中国历史上的西部开发——2005年国际学术研讨会论文集.北京：商务印书馆，2005：27.

［42］祁连山国家公园管理局.祁连山国家公园（甘肃片区）简介［EB/OL］.（2018-12-28）［2022-12-22］.https：//www.forestry.gov.cn/qls/3/20190102/110721843289374.html.

［43］祁连山国家公园管理局.祁连山国家公园（青海片区）简介［EB/OL］.（2018-12-28）［2022-12-22］.https：//www.forestry.gov.cn/qls/3/20190102/111134776220205.html.

［44］钱学森，等.论地理科学［M］.杭州：浙江教育出版社，1994.

［45］青海省地方志编纂委员会.青海省志：公路交通志［M］.合肥：黄山书社，1996.

［46］青海省地方志编纂委员会.青海省志：青海湖志［M］.西宁：青海人

民出版社，1998.

［47］青海省发展和改革委员会.青海省"十三五"能源发展规划［EB/OL］.（2016-02-19）［2022-12-22］.http：//fgw. qinghai. gov. cn/ztzl/n2018/sswgh/sswzxgh/201602/t20160219_51004. html.

［48］青海省发展和改革委员会.青海省"十三五"教育发展规划［EB/OL］.（2016-02-19）［2022-12-22］.http：//fgw. qinghai. gov. cn/ztzl/n2018/sswgh/sswzxgh/201602/t20160219_50995. html.

［49］青海省发展和改革委员会.青海省"十三五"综合交通运输体系发展规划［EB/OL］.（2018-01-12）［2022-12-22］.http：//fgw. qinghai. gov. cn/ztzl/n2018/sswgh/sswzxgh/201801/t20180112_51013. html.

［50］青海省国民经济和社会发展第十四个五年规划和二〇三五年远景目标纲要［Z］.2021.

［51］青海省交通运输厅.青海省交通运输"十三五"发展规划［EB/OL］.（2016-10-12）［2022-12-22］.http：//jtyst. qinghai. gov. cn/tzgg/zfxxgk/zfxxgkml/ghjh/zcjgh/2017-10-12-100939. html.

［52］青海省统计局农牧处.青海农牧业发展巨变，成绩斐然［EB/OL］.（2021-07-09）［2022-12-22］.http：//tjj. qinghai. gov. cn/infoAnalysis/tjMessage/202107/t20210709_74031. html.

［53］青海省农牧厅.青海省黄河、湟水流域特色农牧业发展规划（2008—2010 年）［EB/OL］.（2012-08-24）［2022-12-22］.https：//wenku. baidu. com/view/db0da4ec172ded630b1cb6d4. html.

［54］青海省祁连山自然保护区管理局.祁连山国家公园概况［EB/OL］.（2020-02-28）［2022-12-22］.http：//qlsnp. cn：9080/park/#/wzgygknew.

［55］青海省人民政府办公厅.青海省人民政府办公厅关于印发青海省医疗卫生服务体系规划（2016—2020 年）的通知［EB/OL］.（2016-06-28）［2022-12-22］.http：//www. qinghai. gov. cn/xxgk/xxgk/fd/zfwj/201712/t20171222_20670. html.

［56］青海省人民政府办公厅.青海省卫生计生事业发展"十三五"专项规划［EB/OL］.（2016-06-26）［2022-12-22］.http：//www. qinghai. gov. cn/xxgk/xxgk/fd/ghxx/201712/t20171223_21710. html.

［57］青海省水利厅，青海省统计局.青海省第一次水利普查公报［N］.青海日报，2013-05-28.

［58］青海省统计局，国家统计局青海调查总队.2020 年青海省国民经济和社会发展统计公报［N］.青海日报，2021-03-01（6）.

［59］青海省统计局，国家统计局青海调查总队.青海统计年鉴2020［M］.北京：中国统计出版社，2020.

［60］青海省住房与城乡建设厅，南京大学城市规划设计研究院.青海省东部城市群城镇体系规划（2011-2030年）［Z］.2011.

［61］青海省人民政府.青海省四区两带一线发展规划纲要［Z］.2011.

［62］邵全琴，樊江文，刘纪远，等.三江源生态保护和建设一期工程生态成效评估［J］.地理学报，2016，71（1）：3-20.

［63］申维祖.青海明确"西宁-海东市都市圈"建设蓝图［N］.中国县域经济报，2019-04-04（2）.

［64］水利部黄河水利委员会.公伯峡水电站［EB/OL］.（2011-08-13）［2022-12-22］.http：//yrcc.gov.cn/hhyl/sngc/201108/t20110813_99548.html.

［65］水利部黄河水利委员会.积石峡水电站［EB/OL］.（2011-08-13）［2022-12-22］.http：//yrcc.gov.cn/hhyl/sngc/201108/t20110813_100548.html.

［66］水利部黄河水利委员会.拉西瓦水电站［EB/OL］.（2011-08-13）［2022-12-22］.http：//yrcc.gov.cn/hhyl/sngc/201108/t20110813_98203.html.

［67］水利部水利水电规划设计总院，青海省水利水电科学研究所.青海省"十三五"水利发展规划［EB/OL］.（2016-02-19）［2022-12-22］.http：//fgw.qinghai.gov.cn/ztzl/n2018/sswgh/sswzxgh/201602/t20160219_51006.html.

［68］苏海红，丁忠兵.丝绸之路经济带建设中青海打造向西开放型经济升级版研究［J］.青海社会科学，2014（5）：61-66+80.

［69］孙发平，杜青华.新中国成立以来青海经济发展的成就、经验与启示（上）［N］.青海日报，2019-10-28（10）.

［70］邰彬.青海省生产力布局思考［J］.青海金融，2017（12）：4-8.

［71］汪青春，温婷婷，余迪，等.基于多源资料的青海省风能资源再评估研究［J］.青海科技，2020，27（4）：70-79+100.

［72］王慧杰.青海省区域经济差异与协调发展研究［D］.西宁：青海师范大学，2012.

［73］王涛，高峰，王宝，等.祁连山生态保护与修复的现状问题与建议［J］.冰川冻土，2017，39（2）：229-234.

［74］王霞，马德君.青海深度融入"丝绸之路经济带"的机遇探析［J］.青海师范大学学报（哲学社会科学版），2016，38（1）：8-11.

［75］吴景山.青海古代交通研究状况考述［J］.青海社会科学，2012（2）：136-140+156.

［76］吴新智.现代人起源的多地区进化学说在中国的实证［J］.第四纪研

究，2006，26（5）：702-709.

[77] 许光中.青海推进新型城镇化问题研究［M］.北京：经济科学出版社，2017.

[78] 燕华，李成英，王延鹏.西宁市城市空间发展研究［J］.安徽农业科学，2011，39（21）：13006-13008+13150.

[79] 杨春英.青海区域经济协调发展的统筹性分析［J］.青海师范大学学报（哲学社会科学版），2006a（4）：14-17.

[80] 杨春英.以科学发展观统筹青海区域经济协调发展［J］.攀登，2006b（3）：21-23.

[81] 杨红.青海"沿湟水发展带"县域经济发展的现状及对策分析——以海东四县为例［J］.特区经济，2010（12）：203-205.

[82] 伊万娟，李小雁，崔步礼，等.青海湖流域气候变化及其对湖水位的影响［J］.干旱气象，2010，28（4）：375-383.

[83] 尹月香，王世靓，郭圣莉.国家公园共建共治共享机制的构建——以祁连山国家公园为例［J］.青海社会科学，2022，32（5）：63-72.

[84] 袁卫民.循环经济产业体系发展思路研究——以青海省柴达木循环经济试验区为例［J］.企业经济，2013，32（6）：33-36.

[85] 在武昌、深圳、珠海、上海等地的谈话要点［M］.邓小平文选：第3卷.北京：人民日报出版社，1993.

[86] 张杰，侯彩霞.兰州—西宁—银川城市带空间联系分析［J］.干旱区资源与环境，2012，26（2）：42-46.

[87] 张黄元，等.青海省"十三五"特色农牧业发展规划［EB/OL］.（2016-02-19）［2022-12-22］.http：//fgw. qinghai. gov. cn/ztzl/n2018/sswgh/sswzxgh/201602/t20160219_51007. html.

[88] 张俊英.青海乡村旅游精准扶贫的实现路径［J］.青海社会科学，2019（5）：158-162.

[89] 张森水.中国北方旧石器工业的区域渐进与文化交流［J］.人类学学报，1990（4）：322-323.

[90] 张卫民.丝绸之路经济带与江苏发展的新机遇［J］.城市观察，2015（1）：34-39.

[91] 张效科.青海融入丝路经济带面临的挑战及对策［J］.财经界，2016（29）：19-20+40.

[92] 张新红.西北内陆城镇密集区整合发展研究——以兰州—西宁城镇密集区为例［D］.兰州：西北师范大学，2007.

［93］张玉柱，黄春长，周亚利，等.黄河上游积石峡史前滑坡堰塞湖形成年代与发展演变研究［J］.中国科学：地球科学，2017，47（11）：1357-1370.

［94］张忠孝.青海地理［M］.西宁：青海人民出版社，2004.

［95］张忠孝.青海综合经济区划探讨［J］.青海社会科学，2006（3）：54-57.

［96］中共青海省委，青海省人民政府.中共青海省委、青海省人民政府关于印发《青海省新型城镇化规划（2014-2020年）》的通知［N］.青海日报，2014-05-12（5-8）.

［97］中国科学院兰州地质研究所.青海湖综合考察报告［M］.北京：科学出版社，1979.

［98］中华人民共和国中央人民政府.国家发展改革委关于印发三江源国家公园总体规划的通知［EB/OL］.（2018-01-17）［2022-12-22］.http：//www.gov.cn/xinwen/2018-01/17/content_5257568.htm.

［99］中华人民共和国中央人民政府.国家新型城镇化规划（2014-2020年）［EB/OL］.（2014-03-16）［2022-12-22］.http：//www.gov.cn/zhengce/2014-03/16/content2640075.htm.

［100］中华人民共和国中央人民政府.中华人民共和国国民经济和社会发展第十四个五年规划和2035年远景目标纲要［EB/OL］.（2021-03-13）［2022-12-22］.http：//www.gov.cn/xinwen/2021-03/13/content_5592681.htm.

［101］中华人民共和国驻匈牙利大使馆网.抓住世纪之交历史机遇，加快西部地区开发步伐（1999年6月18日）［EB/OL］.（2004-04-14）［2022-12-22］.https：//www.fmprc.gov.cn/ce/cehu/chn/ztbd/xbdkf/zcfg/zyzcfg/t84470.htm.

［102］周英.西宁—格尔木经济区发展研究［J］.攀登，2004（3）：79-82.

［103］周元福.青海省现代物流发展现状及对策建议［J］.经济师，2006（3）：189-190.

［104］卓玛措，罗正霞，马占杰，李春花.青海省区域发展空间模式研究［J］.青海民族学院学报，2008（2）：95-100.

［105］赵睿琪.兰州—西宁城镇密集区经济空间结构研究［D］.兰州：西北师范大学，2010.

后　记

　　这是一次"朝圣"之旅。在完成本书的修改和统稿，即将交付出版社之际，我这样对自己说。

　　《青海经济地理》是一本关于世界"第三极"青藏高原关键区域的经济活动空间格局与演变的著作。每当在这里，或徒步、或骑行、或驾车，那湛蓝的天空，洁白的祥云，青青的牧草，悠闲的牛羊，清澈的湖水，雄浑的山脉，总是让人留恋；五彩的经幡，悠扬的歌声，总是让人动容。不说旧石器时代人类15000年前到这里的季节性游猎，不说新石器时代人类5200年前到青藏高原海拔2500米以下的河谷地带大规模定居，不说3600年前人类在这里海拔3000米以上地区的永久定居，就从河湟谷地纳入中央集权下的封建王朝郡县管理体系的西汉算起，这里的区域开发已经有2200多年的历史了。中华人民共和国成立以后，和祖国其他区域一样，这里的区域发展取得了举世瞩目的成就。我们走过草原文明、农耕文明、工业文明，现在迈入生态文明时代。回望历史，在这里，区域经济活动的"圣殿"是何等模样？未来，这里的区域发展需要什么样的核心"信仰"？回答这些问题，是撰写本书的初衷。本书试图厘清青海省当前自然、经济和社会的基本情况，以便根据经济和自然规律优化青海省生产力空间布局及组合，协调区域发展中的人地关系、地域系统，为区域经济社会可持续发展及生态文明建设提供决策参考。

　　本书是《中国经济地理》丛书之一，是在全国经济地理研究会组织和指导下编写的，感谢孙久文教授、安虎森教授、付晓东教授、石培基教授。

　　本书是集体智慧的结晶。由张海峰负责本书的框架设计及书稿审定，具体编写分工是：第一章：陈琼；第二章：张海峰；第三章：张海峰；第四章：李生梅；第五章：周强；第六章：牛月；第七章：李生梅；第八章：毛旭锋、张海峰；第九章：刘峰贵。由衷地感谢本书的所有合作者！

　　本书在写作过程中，参阅和引用了大量国内外相关文献，在此对被引用文献的作者表示感谢！引用的相关文献虽然注明了出处，但恐有遗漏，还望见谅！

　　经济管理出版社为本书的出版付出了大量努力，在此一并表示诚挚的谢意！

　　最后，尽管我们努力了，但受水平所限，本书肯定存在不足之处。我们恳请读者见谅，并不吝赐教，让我们有机会改正。

张海峰

2022 年 12 月于西宁